Innovationen gesund gestalten

Antje Ducki
Martina Brandt
Daniela Kunze
Michael Drupp
(Hrsg.)

Innovationen gesund gestalten

Ein Praxisleitfaden zur Gestaltung gesunder
Unternehmensstrukturen

 Springer

Herausgeber
Antje Ducki
Beuth Hochschule für Technik Berlin
Fachbereich I
Berlin, Deutschland

Daniela Kunze
Beuth Hochschule für Technik Berlin
Fachbereich I
Berlin, Deutschland

Martina Brandt
Beuth Hochschule für Technik Berlin
Fachbereich I
Berlin, Deutschland

Michael Drupp
AOK Die Gesundheitskasse für Niedersachsen
Hannover, Deutschland

Ergänzendes Material finden Sie auf springer.com/978-3-662-48275-9

ISBN 978-3-662-48275-9   ISBN 978-3-662-48276-6 (eBook)
DOI 10.1007/978-3-662-48276-6

Die Deutsche Nationalbibliothek verzeichnet diese Publikation in der Deutschen National-
bibliografie; detaillierte bibliografische Daten sind im Internet über http://dnb.d-nb.de abrufbar.

Planung: Marion Krämer

Gedruckt auf säurefreiem und chlorfrei gebleichtem Papier

Springer-Verlag GmbH Berlin Heidelberg ist Teil der Fachverlagsgruppe Springer
Science+Business Media
(www.springer.com)

Vorwort

Liebe Leserin, lieber Leser,

kleine Betriebe stehen aktuell vor großen Herausforderungen, wenn sie vor dem Hintergrund des demografischen Wandels und grundlegender Veränderungen in der Arbeitswelt wettbewerbsfähig bleiben wollen. Neue Informationstechnologien, die damit zusammenhängende ständige Erreichbarkeit und wachsende Mobilität führen zu einer Beschleunigung aller Herstellungs-, Dienstleistungs- und Kommunikationsprozesse, die zunehmend mit alternden Belegschaften bewältigt werden müssen. Zugleich wachsen für Unternehmen, bedingt durch ein entsprechend flexibleres und mobiles Konsumenten- und Kaufverhalten, die Anforderungen an Qualitätssicherung und Dienstleistungsorientierung. Gelingt es, die betrieblichen Abläufe und Strukturen diesen Anforderungen anzupassen, bestehen gute Voraussetzungen, mit neuen Leistungsangeboten von den zugleich vorhandenen Marktchancen dieser Entwicklung profitieren zu können.

Viele Kleinbetriebe haben diese Zusammenhänge erkannt, sind aber zugleich in den Alltagsroutinen gefangen und tun sich schwer, allein die nötigen Veränderungsprozesse einzuleiten. Unterstützende Konzepte, wie Innovationen durch gesundheitsbezogenes Organisationslernen in kleinen Betrieben befördert werden können, sind jedoch bisher kaum verbreitet.

Hieran anknüpfend haben drei Institutionen ihre unterschiedlichen Kompetenzen gebündelt und mit der Entwicklung des in diesem Buch vorgestellten ressourcenorientierten modularen Verfahrens einen neuen Weg beschritten, diese Betriebe in die Lage zu versetzen, ihre Innovationsfähigkeit dauerhaft zu stärken, indem sie das Thema „Gesundheit" zielgerichtet in die betrieblichen Prozesse integrieren.

Während die Beuth Hochschule für Technik Berlin für die wissenschaftliche Fundierung der Verfahrensentwicklung verantwortlich war, brachte die AOK Niedersachsen ihre praxisorientierten Kompetenzen der betrieblichen Gesundheitsförderung ein und die HWK Osnabrück – Emsland – Grafschaft Bentheim ihre engen Kontakte zu den Mitgliedsbetrieben sowie ihre Kompetenz in der Betriebsberatung und die damit verbundene hohe Sensibilität für die aktuellen Problemlagen der Betriebe.

Die erfolgreiche Erprobung des Verfahrens bei 26 Kleinbetrieben im Rahmen eines durch das Bundesforschungsministerium und den Europäischen Sozialfonds geförderten Projekts ist nicht nur Beleg für die Tragfähigkeit des verfolgten Konzepts. Sie ist zugleich ein gelungenes Beispiel, wie mit dem Aufbau regionaler Akteursallianzen die Voraussetzungen für eine weitere regionale Verbreitung des Verfahrens geschaffen werden können.

Dieses Buch enthält neben den theoretischen Grundlagen alle notwendigen Unterlagen für die Durchführung des Verfahrens. Es sollte ausschließlich von erfahrenen Beratern, vorzugweise in einer Akteursallianz und als Gruppenverfahren, angewendet werden. Darüber hinaus werden ausgewählte wissenschaftliche Ergebnisse der Erprobung vorgestellt und die aus den Erprobungserfahrungen abgeleiteten Erfolgsfaktoren für die praktische Anwendung des Verfahrens beschrieben.[1, 2]

Herzlichen Dank allen Betrieben, die an der Entwicklung und Erprobung des Verfahrens beteiligt waren sowie den Mitarbeiterinnen der beteiligten Institutionen, die mitorganisiert und damit auch einen wichtigen Beitrag zum Gelingen des Projektes geleistet haben.

Wir danken auch Herrn Huu Tan Nguyen, der sich um die technische Realisierung des umfangreichen Anlagenteils für dieses Buch gekümmert hat, sowie Frau Tina Petsch, die vor allem in der ersten Erprobungsrunde an der Verfahrensentwicklung mitgewirkt und mehrere Betriebe beraten hat.

Prof. Dr. Antje Ducki
Beuth Hochschule für Technik

Dr. Michael Drupp
AOK Niedersachsen

Sven Ruschhaupt
HWK Osnabrück – Emsland – Grafschaft Bentheim

Ilona Kopp
Projektträger im DLR

Berlin, Hannover, Osnabrück, Bonn im Juni 2015

1   Diese Veröffentlichung basiert auf dem Forschungsvorhaben HanD/I: Der demografische Wandel im Handwerk: Innovationen durch gesunde Unternehmensstrukturen (Förderkennzeichen 01HH11083, 01HH11084, 01HH11085), das mit Mitteln des Bundesministeriums für Bildung und Forschung (BMBF) und des Europäischen Sozialfonds (ESF) im Förderschwerpunkt „Innovationsfähigkeit im demografischen Wandel" finanziert wurde.
2   Zur leichteren Lesbarkeit wird im Folgenden bei der Benennung von Personen – wo immer möglich – eine „geschlechtsneutrale" Formulierung verwendet (z.B. Beschäftigte, Belegschaft, Mitarbeitende). Ist dies nicht möglich, wird nur eine Form angewendet (z.B. Unternehmer), wobei selbstverständlich jeweils beide Geschlechter gemeint sind.

Inhaltsverzeichnis

Theoretische Grundlagen

Martina Brandt, Antje Ducki

A. Ducki, M. Brandt, D. Kunze, M. Drupp (Hrsg.), *Innovationen gesund gestalten*,
DOI 10.1007/978-3-662-48276-6_1, © Springer-Verlag Berlin Heidelberg 2016

1.1   Innovation in Kleinbetrieben

■ **Innovation als Antwort auf Herausforderungen aktueller Trends**
Die aktuellen Trends in Wirtschaft und Gesellschaft wie Globalisierung, zunehmende Digitalisierung, das wachsende Umweltbewusstsein und die demografische Entwicklung stellen insbesondere kleine und mittlere Unternehmen (KMU)[1] mit ihren Ressourcenbeschränkungen vor vielfältige Herausforderungen (Zoch 2011). Diese Betriebe stellen in der Europäischen Union die vorherrschende Unternehmensform dar, denn mehr als 99 % der Unternehmen sind hier KMU. Die meisten davon (über 90 %) sind Mikrounternehmen mit weniger als 10 Beschäftigten, darunter viele Handwerksbetriebe. Sie erwirtschaften jedoch über 20 % der wirtschaftlichen Wertschöpfung, gefolgt von kleinen Unternehmen mit 10 bis 49 Beschäftigten (Europäische Kommission 2010) und verdienen deshalb besondere Beachtung.

Der Wettbewerb auf ihren Märkten hat sich für diese Betriebe in den letzten Jahren verschärft, und sie sind eindeutig negativer von demografischen Veränderungen betroffen als größere Unternehmen (Europäische Kommission 2010). Diese Veränderungen betreffen vor allem Fragen zur Sicherung des Fachkräfte- und Nachwuchsbedarfs infolge der zu erwartenden verschärften Konkurrenz auf dem Arbeitsmarkt bei gleichzeitig alternden Belegschaften. Nach einer aktuellen Studie des Instituts für Arbeitsmarkt- und Berufsforschung (IAB) bieten kleine Betriebe zwar mehr offene Stellen an als die mittleren und die großen Betriebe zusammen, haben aber deutlich weniger Bewerber als große Betriebe und nutzen im Durchschnitt weniger Suchwege pro Stellenangebot. Fast ein Viertel ihrer Suchprozesse führt nicht zu einer Stellenbesetzung (Dietz et al. 2013).

Zugleich können sich aber aus der sich ändernden Altersstruktur der Bevölkerung und weiterer sozialstruktureller Veränderungen neue Marktpotenziale und Chancen ergeben, was vor allem für die auf Privatkunden orientierten Anbieter von Produkten und Dienstleistungen wichtig ist (Zoch 2008; Kranzusch et al. 2009). Hier werden vor allem sich abzeichnende Trends wie der mit steigendem Alter zunehmende Anteil allein lebender Menschen und die daraus resultierende Bedeutung haushaltsnaher Dienstleistungen sowie die Anpassung des Wohnraums relevant – befördert durch die vorhandene hohe Kaufkraft und Konsumfreudigkeit der derzeitigen Rentnergeneration (Schmücker 2011). Nach einer Studie des Deutschen Instituts für Wirtschaftsforschung werden sich die Konsumausgaben der 75-Jährigen und Älteren bis 2050 rein demografisch bedingt mehr als verdoppeln auf dann 168 Mrd. Euro (Buslei et al. 2007).

Andere Trends wie die zunehmende Digitalisierung haben ebenfalls Auswirkungen auf kleine Betriebe, die sie derzeit selbst aber schlecht abschätzen können. Produkte werden durch die Integration von Hard- und Software „intelligent" und die Produktion immer weiter individualisiert und perfektioniert. Wie eine aktuelle Befragung des Zentralverbands des Deutschen Handwerks (ZDH) mit 36 Handwerkskammern gezeigt hat, konnten 41 % der befragten Unternehmen keine Angaben machen, ob sie verschiedene Aspekte der Digitalisierung wie Marktplätze im Internet, Direktverkauf industrieller Anbieter im Internet oder steigende Individualisierungsmöglichkeiten von Produkten als Chance oder als Nachteil für ihre Unternehmen bewerten. Erstaunlicherweise wünschen aber fast 46 % der Betriebe keine Unterstützung vonseiten der Handwerksorganisationen, wenn es um den Einsatz von Informations- und Kommunikationstechnologien geht (ZDH 2014).

---

1   Nach der offiziellen Definition der EU sind KMU kleine und mittlere Unternehmen mit weniger als 250 Mitarbeitern, einem Jahresumsatz bis 50 Mio. Euro und einer Jahresbilanzsumme bis 43 Mio. Euro.

Insbesondere für das Handwerk wird dem wachsenden Marktsegment der älteren Konsumenten mit deren hohen Erwartungen an Qualität und Service eine besondere Relevanz zuerkannt, weil der Großteil der Leistungen dieser Betriebe besonders geeignet ist, diese Kundenbedürfnisse zu befriedigen und zu einer selbstbestimmten Lebensführung beizutragen. Dies zeigen diverse Studien und Befragungen, die in den letzten Jahren zu Marktchancen und Handlungsstrategien für Handwerksbetriebe im Zusammenhang mit dem demografischen Wandel durchgeführt wurden (z. B. Kranzusch et al. 2009; Küpper und Zoch 2010; RKW Kompetenzzentrum 2010; Haverkamp 2011; Schmücker 2011; Zoch 2011). Diese Chancen werden aber oftmals vor allem von den kleinen Betrieben noch nicht erkannt (Schmücker 2011).

Die Betriebe stehen vor diesem Hintergrund vor einer mehrfachen Herausforderung. Um wettbewerbsfähig bleiben zu können, müssen sie mit alternden Belegschaften sowohl den oftmals körperlich beanspruchenden Arbeitsaufgaben als auch den sich wandelnden Kundenansprüchen an Produkte und Dienstleistungen gerecht werden und dabei die Chancen der zunehmenden Digitalisierung ausschöpfen. Dies gelingt nur mit innovativen Lösungen sowohl für die Organisation der betrieblichen Abläufe und Strukturen als auch im Hinblick auf die marktorientierten Leistungsangebote.

- **Innovationsverständnis**

Wie ist es um die Innovationskraft dieser kleinen Betriebe – verstanden als die Flexibilität, auf solche Umweltveränderungen schnell reagieren zu können – bestellt, um den genannten Herausforderungen gerecht zu werden? Dazu ist zunächst zu klären, welches Verständnis von Innovation hier zugrunde gelegt werden soll, da es in der wissenschaftlichen Literatur bislang noch keine einheitliche Terminologie bezüglich des Innovationsbegriffs gibt.

Innovationen im allgemeinsten Verständnis sind Neuerungen. Diese können sich auf unterschiedliche Gegenstände beziehen: Produkte, Verfahren, Vertriebswege, Corporate Identity usw. Lange Zeit war die betriebswirtschaftliche Forschung auf einen technologisch fokussierten Innovationsbegriff im Sinne neuartiger technischer Produkte und technologischer Prozesse orientiert und hatte dabei vor allem die Innovationstätigkeit großer Unternehmen im Blick. Mit dem erweiterten Innovationsbegriff der OECD, der auch nichttechnologische Innovationen einschließt, rücken zunehmend auch die Innovationsaktivitäten des Mittelstands in den Fokus des Interesses.

Um genauer zu definieren, welche betrieblichen Innovationen gemeint sind, wenn es im Folgenden um die Innovationstätigkeit kleiner Betriebe geht, hilft die Sicht der Innovationsforschung weiter, nach der sich erst in der Zusammenfassung verschiedener Dimensionen bestimmen lässt, was innovativ ist oder sein soll (Was ist neu? Wie neu? Neu für wen? Wo beginnt, wo endet die Neuerung? Ist neu gleich erfolgreich?) (Hauschildt und Salomo 2011). Darauf bezugnehmend wird im Weiteren folgendes Begriffsverständnis für betriebliche Innovationen zugrunde gelegt:

- Als betriebliche Innovationen werden sowohl neuartige Produkte und Dienstleistungen als auch neue (betriebsintern realisierte) Prozesse, Strukturen, Managementmethoden und soziale Maßnahmen verstanden.
- Bei der Beurteilung der Neuheit ist allein die Sicht des Betriebes entscheidend, d. h., bei einem neuen Produkt muss es sich nicht um eine Marktneuheit handeln, ein neuer Prozess muss nicht vom Unternehmen als Erstes eingeführt sein, sondern er muss für den Betrieb neu sein.
- Betriebliche Innovationsprozesse umfassen mehrere Phasen von der Ideenfindung bis zur Umsetzung. Für neue Produkte und Dienstleistungen ist dieser Prozess erst mit der Einführung auf dem Markt abgeschlossen.

◨ **Tab. 1.1** Beispiele für Innovationen aus dem Handwerksbereich	
Produktinnovation	Spezialerzeugnisse für Allergiker (Bäckerei)
Dienstleistungsinnovation	PKW-Hol- und -Bringdienst (KFZ-Werkstatt)
Prozessinnovation	Onlinebestellsystem (Metallbau)
Organisationsinnovation	Stellenfunktionsbeschreibungen für Arbeitsplätze (Tischlerei)
Sozialinnovation	Betriebssportgruppe (Elektro)

— Der Erfolg ist kein maßgebliches Kriterium für die Abgrenzung des Innovationsbegriffs, da im Innovationsmanagement stets nur von einem erwarteten Innovationserfolg ausgegangen werden kann.

Dieses ganzheitliche Innovationsverständnis bezieht also neben neuen Produkten und Dienstleistungen soziale und organisationale bzw. auf Herstellungsprozesse bezogene Neuerungen und Verbesserungen mit ein, die oftmals erst die nötigen Voraussetzungen für marktorientierte Innovationen im Sinne neuer Produkte und Dienstleistungen schaffen. Dafür werden die Begriffe Produkt-, Dienstleistungs-, Prozess-, Organisations- und Sozialinnovationen verwendet. In ◨ Tab. 1.1 sind hierfür entsprechende Beispiele aus dem Handwerksbereich aufgelistet.

Wie eine Studie des Instituts für Mittelstandsforschung gezeigt hat, sind kleine und mittlere Unternehmen in der Gesamtbetrachtung aller Innovationen deutlich häufiger innovativ als bislang angenommen. Demnach beteiligen sich 78 % der Unternehmen mit 10 bis 49 Beschäftigten und 84 % der Unternehmen mit 50 bis 249 Beschäftigten am Innovationsprozess (Maaß und Führmann 2012).

Nach Angaben des Mannheimer Innovationspanels (MIP) des ZEW haben im Jahre 2010 in der Industrie 64.000 KMU und im Dienstleistungsbereich 85.000 KMU Innovationsaktivitäten durchgeführt. Dabei sind mit Ausnahme einiger Wirtschaftssektoren mit relativ wenigen innovationsaktiven KMU (z. B. das Baugewerbe) alle Unternehmen mit 5 und mehr Beschäftigten erfasst, die in den letzten drei Jahren Produkt- oder Prozessinnovationen eingeführt haben. Von den Kleinstbetrieben mit weniger als 5 Beschäftigten in Industrie und Dienstleistung waren 2008 nach Angaben des KfW und IAB-Betriebspanels knapp 40 % innovativ.

Was das Handwerk betrifft, wird der Anteil der Handwerksunternehmen an den innovativen eigenständigen KMU mit 5 bis 249 Beschäftigten im verarbeitenden Gewerbe, im Bauwesen und im Dienstleistungsbereich auf Basis des KfW-Mittelstandspanels auf 30 % geschätzt, von den innovativen Mikrounternehmen waren etwa ein Fünftel Handwerksunternehmen (Belitz et al. 2012).

Im Vergleich zu den Großunternehmen zeigen KMU ihre Stärke dabei vor allem im Bereich nichttechnologischer Innovationen. Darüber hinaus gibt es zahlreiche weitere Unterschiede im Innovationsverhalten. In kleinen Betrieben nimmt der Unternehmer die zentrale Rolle im Innovationsprozess ein. Er ist für alle Aktivitäten verantwortlich und füllt in Personalunion die Rolle des Entwicklers, Finanzierers und Vermarkters der Innovation aus (Warkotsch 2004). Darüber hinaus kennzeichnen flache Hierarchien, das geringe Ausmaß von Koordinationsproblemen, formalen Regeln und Entscheidungsprozeduren, schnelle Entscheidungen, eine hohe Flexibilität aufgrund kurzer Informationswege und ein direkter Kundenkontakt das spezifische Innovationspotenzial kleiner Betriebe (Cernavin und Mangold 2013).

Defizite handwerklicher Innovationstätigkeit werden vor allem im Prozessmanagement, bei den Ressourcen Personal und Finanzen sowie bei der Ausschöpfung der Vermarktungschancen gesehen (Lahner und Müller 2004). Oftmals können kleine und mittlere Unternehmen ihre eigene Innovationsfähigkeit nicht beurteilen und weisen ein mangelndes Innovationsmanagement auf, ihre Innovationsprozesse sind ineffizient und wenig systematisiert (Schallock und Graf 2007).

- **Ressourcenorientierter Ansatz zur Stärkung der Innovationsfähigkeit**
Es stellt sich die Frage, wie die Innovationsfähigkeit dieser kleinen Betriebe gestärkt werden kann. Dazu bieten Innovationstheorien verschiedene Erklärungen an. Neben einem eher technizistischen Verständnis, wonach der planbare Output Innovation durch einen entsprechenden Input an Forschungskapazitäten, Budgets, Spezialisten und Technologiemanagement erzeugt werden kann, existiert ein Innovationsverständnis, wonach Innovationen in sozialen Kontexten erzeugt werden und im Wesentlichen das Produkt kollektiver Handlungs- und Lernprozesse sind. Innovationskompetenz entsteht nach diesem ressourcenorientierten Verständnis durch das betriebliche Milieu und die Sozialorganisation, die die Fähigkeiten zur (Re-)Kombination und Verwertung unternehmensspezifischer Ressourcen und Fähigkeiten beeinflussen (Mattäi 2009).

Beim ressourcenorientierten Ansatz geht es um die Frage, welche Faktoren die Problemlösefähigkeit von Unternehmen und Individuen steuern und nicht um Fragen der Ressourcenbeschaffung. Unter dem Begriff Resource-based View (RBV) verbergen sich sehr heterogene Ressourcenansätze, die oft nicht genauer zwischen Ressourcen und Fähigkeiten unterscheiden, Gemeinsamkeiten liegen in den zentralen Grundprämissen für die Erklärung wirtschaftlichen Erfolgs, der auf der Unterschiedlichkeit von Unternehmen hinsichtlich ihrer jeweiligen Ressourcenausstattung- und -verfügbarkeit basiert. Vorteile resultieren vor allem aus den immateriellen Ressourcen, die betriebsgebunden sind und deswegen ihre Wirkung jeweils nur im Kontext eines historisch gewachsenen betrieblichen Milieus entfalten (Mattäi 2009).

Innerhalb des ressourcenorientierten Ansatzes werden verschiedene Begriffsabgrenzungen und Klassifizierungen von Ressourcen verwendet, wobei am häufigsten zwischen materiellen, immateriellen sowie finanziellen und organisationalen Ressourcen unterschieden wird (Goos und Hagenhoff 2003).

Die ressourcentheoretische Perspektive (vor allem bezogen auf Humanressourcen und Wissen) spielt auch im betriebswirtschaftlichen Verständnis von Innovation als Managementaufgabe eine wichtige Rolle. Sie wird hier ergänzt durch eine führungstheoretische Perspektive (komplexe Entscheidungsprobleme, Überwindung von Bewusstseinsbarrieren) und eine diffusionstheoretische Perspektive (marktbezogener Ansatz), die alle drei für ein erfolgreiches Innovationsmanagement integriert werden müssen (Hauschildt und Salomo 2011). Darüber hinaus ist eine offensive und präventive Förderung von personalen, sozialen und organisationalen Ressourcen bei Veränderungsprozessen auch das Ziel eines ressourcenorientierten Change Managements (Kersting 2005).

1.2 Gesundheit und Prävention in Kleinbetrieben

Im ressourcenorientierten Ansatz, der auf die Stärkung der Problemlösefähigkeit von Unternehmen und Individuen zielt, wird insbesondere der Zusammenhang zwischen Gesundheit, Problemlösungspotenzial und Ressourcenmanagement interessant. Müller-Christ sieht Gesundheit als Ursache für ein hohes Problemlösungspotenzial, für dessen Erhaltung die dafür notwendigen Ressourcen ständig reproduziert werden müssen (Müller-Christ 2004).

- **Gesundheitsverständnis**

Tatsächlich ist Gesundheit, verstanden als entwickelte Handlungsfähigkeit (Ducki und Greiner 1992), eine zentrale Voraussetzung für zielgerichtetes menschliches Handeln. Mittlerweile gibt es einen breiten Konsens, dass Gesundheit mehr ist als nur die Abwesenheit von Krankheit. Gerade im Kontext der Arbeitswelt wird der umfassende Gesundheitsbegriff der WHO, der Gesundheit als das Zusammenwirken körperlicher, psychischer und sozialer Aspekte beschreibt und neben Beschwerdefreiheit auch positive Dimensionen wie Wohlbefinden und Zufriedenheit umfasst, heute den meisten Arbeiten zugrunde gelegt. Dieses allgemeine Gesundheitsverständnis betont nicht nur die positiven Zustände der Gesundheit, sondern öffnet auch den Blick für die Verbundenheit von körperlicher Gesundheit mit psychischen und sozialen Zuständen. Für viele körperliche Krankheiten wie Muskel- und Skelett-, Atemwegs- oder Herz-Kreislauf-Erkrankungen gelten psychogene Anteile am Krankheitsgeschehen als gesichert (Rigotti und Mohr 2011).

Ein solches umfassendes Verständnis von Gesundheit eröffnet neue Optionen zur Beeinflussung der Gesundheit. So wird in der Ottawa Charta der WHO von 1986 betont, dass Gesundheitsförderung darauf abzielt, Menschen ein höheres Maß an Selbstbestimmung über ihre Gesundheit zu ermöglichen und sie zur Stärkung ihrer körperlichen, seelischen und sozialen Gesundheit zu befähigen. Im Mittelpunkt steht hier nun nicht nur das Verhindern von Krankheit, sondern die Befähigung, positive Zustände der Gesundheit zu erhalten und weiterzuentwickeln. Für betriebliche Ansatzpunkte zur Gesundheitsförderung bedeutet dies, dass ein guter Arbeitsschutz, Unfallverhütung und die Reduzierung von Belastungen allein nicht ausreichen, da sie ausschließlich auf Krankheitsvermeidung ausgerichtet sind. Ergänzend geht es auch darum, betriebliche Bedingungen zu schaffen, die Kompetenzen zu erweitern, Wohlbefinden, Arbeitsfreude und -zufriedenheit zu fördern, indem Belastungen abgebaut *und* Ressourcen der Gesundheit ausgebaut werden. So hebt die Luxemburger Deklaration zur betrieblichen Gesundheitsförderung in der Europäischen Union deutlich hervor: Arbeit kann nicht nur krank machen, sondern sie kann „auch die berufliche und persönliche Entwicklung fördern. Betriebliche Gesundheitsförderung will diejenigen Faktoren beeinflussen, die die Gesundheit der Beschäftigten verbessern" (► www.luxemburger-deklaration.de).

Diese eher proklamatischen Aussagen werden durch umfangreiche Forschungsarbeiten unterstützt, die sich in den letzten Jahrzehnten mit der Frage beschäftigt haben, was Menschen gesund erhält. Aron Antonovsky hat hier den Begriff der „Salutogenese" eingeführt. Salutogenetische Forschungsfragen behandeln Fragen nach den Entstehungsbedingungen von Gesundheit.

- **Stress, Arbeit und Gesundheit**

Eine salutogenetische Betrachtung des Gesundheitsgeschehens braucht zunächst allgemeine Modelle, mit denen erklärt werden kann, wie Gesundheit und Krankheit hergestellt wird und welche Prozesse dabei eine Rolle spielen. Das transaktionale Stressmodell (Lazarus und Launier 1981) ist ein solches Modell. Stress entsteht gemäß dem Modell dann, wenn die Bewältigung einer Anforderung für eine Person wichtig ist, die Person aber die eigenen Bewältigungsvoraussetzungen als nicht ausreichend einschätzt. Damit ist Stress „ein subjektiv unangenehmer Spannungszustand, der aus der Befürchtung entsteht, eine aversive Situation nicht ausreichend bewältigen zu können" (Zapf und Semmer 2004).

Am Stressprozess sind Stressoren (auch Belastungen genannt), Ressourcen sowie innere Bewertungsprozesse der Person beteiligt. Es werden *situative, soziale* und *personale* Stressoren oder Belastungen unterschieden. Stressoren können sich in der Arbeitswelt ergeben aus der Arbeitsaufgabe (Art und Umfang der Tätigkeit), der Arbeitsumgebung (z. B. Lärm), der

Arbeitsorganisation (z. B. Arbeitszeit, Arbeitsabläufe), den Arbeitsmitteln (z. B. Software) und der sozialen Situation (z. B. Führungsstil, Betriebsklima). Personale Belastungen können sich durch übertriebene Leistungserwartungen, unrealistische Zielsetzungen oder pessimistische Grundhaltungen ergeben.

Stressoren bewirken in der Person psychophysische Beanspruchungen, die in Abhängigkeit von den jeweiligen Voraussetzungen, einschließlich der individuellen Bewältigungsstrategien und den verfügbaren situativen, sozialen und personalen Ressourcen, variieren können. Verfügt der Mensch beispielsweise über ein stabiles soziales Netz, über Freiheiten in der Art der Arbeitsausübung, ist er ausgestattet mit einer optimistischen Grundhaltung, Humor und der Fähigkeit, Probleme aktiv anzugehen, treibt er Ausgleichssport und ernährt sich gut, können viele Belastungen kompensiert werden und es muss nicht zu dauerhaften Schädigungen kommen. Fehlen jedoch solche Ressourcen oder übersteigen Belastungen ein bestimmtes Maß an Dauer (z. B. Einwirkungen über mehrere Jahre), an Intensität (z. B. permanente Arbeitshetze) oder treten kombiniert auf (z. B. hoher Zeitdruck und fehlende Wertschätzung), können sich negative Wirkungen wie innere Anspannung, Angst, Nervosität, Erschöpfung und ungesunde Verhaltensweisen ergeben. Stressoren oder Belastungen führen dann zu einer psychischen Fehlbeanspruchung, die sich zunächst in Befindlichkeitsstörungen äußert und sich unter bestimmten Arbeits- und Lebensbedingungen zu einer psychischen Erkrankung entwickeln kann.

Ressourcen werden in diesem Kontext sehr breit gefasst als „Hilfsmittel, die es dem Menschen erlauben, die eigenen Ziele trotz Schwierigkeiten anzustreben, mit den Stressbedingungen besser umzugehen und unangenehme Einflüsse zu verringern" (Frese 1987). Auch sie lassen sich nach der Ursache oder Quelle ihres Entstehens unterscheiden. *Situative* Ressourcen der Arbeitsorganisation und Arbeitsaufgaben liegen z. B. in klaren Aufgabenzuschnitten, durchschaubaren und transparenten Arbeitssituationen, einem hohen Handlungs- bzw. Entscheidungsspielraum, in vollständigen und ganzheitlichen Aufgabenstrukturen und vielfältigen Anforderungen. Zeitliche Ressourcen sind variable und frei gestaltbare Zeitspielräume, soziale Ressourcen u. a. ein unterstützendes und wertschätzendes Arbeitsklima. Darüber hinaus gilt die Sinnhaftigkeit von Aufgaben als wichtige Ressource (Zapf und Semmer 2004).

Personale Ressourcen sind u. a. stabil-flexible Handlungsmuster sowie lösungsorientiertes Verhalten im Umgang mit Problemen und Stress, Selbstbewusstsein und Selbstwirksamkeit und Kontrollüberzeugungen oder auch die Fähigkeit, sich nach großer Anstrengung zu erholen und abzuschalten (Ducki 2000). Antonovsy hat den „Kohärenzsinn" als eine weitere zentrale personale Ressource eingeführt (Antonovsky 1987). Darunter versteht man grundlegende Haltungen zum Leben, die durch folgende Einstellungen geprägt sind:

- Die Geschehnisse in der Umwelt sind *verstehbar* und somit vorhersagbar.
- Die Geschehnisse sind *handhabbar*, d. h. dass man durch die Nutzung geeigneter Ressourcen Einfluss auf die Konsequenzen von Umweltereignissen ausüben kann.
- Die Geschehnisse sind *bedeutsam* und haben einen Sinn, d. h. dass die Aufwendung von Ressourcen als sinnvoll betrachtet wird.

Menschen, die über einen stark ausgeprägten Kohärenzsinn verfügen, können – so die vielfach empirisch bestätigte Annahme – auch starken Belastungen standhalten, ohne ernstlich zu erkranken. Die innere Widerstandskraft immunisiert sie in gewisser Weise und befähigt sie, auch in Krisensituationen stabil zu bleiben. In neuerer Zeit wird dies auch unter dem Thema der Resilienz diskutiert (Becke 2011; Felfe et al. 2014).

Personale Ressourcen sind vor allem bei den Menschen stark ausgeprägt, die auch über viele situative (externe) Ressourcen wie z. B. ein hohes Bildungsniveau, ein hohes Einkommen, privilegierte soziale Positionen und hohe berufliche Entscheidungsspielräume verfügen (Udris und Rimann 2006). Damit kommt den situativen Ressourcen eine besondere Wichtigkeit zu, denn wenn sie gesteigert werden, können darüber indirekt auch die personalen Ressourcen gestärkt werden. Die gesundheitsschützende Wirkung der Ressourcen wird dadurch erklärt, dass durch sie der Umgang mit Stressoren erleichtert wird. Durch Ressourcen können zum einen Stressoren reduziert werden. So kann der Stressor Zeitdruck abgemildert werden, wenn die Aufteilung von Aufgaben nicht vorgegeben wird, sondern eigenständig vorgenommen werden kann (Ressource Entscheidungsspielraum). Insbesondere der Handlungs- und Entscheidungsspielraum und soziale Unterstützung gelten als zentrale wirksame Schutzfaktoren bei Stress und sind auch in Längsschnittstudien bestätigt (Zapf und Semmer 2004; Melzer und Hubrich 2014). Zapf und Semmer (2004) verweisen auf die wichtige Tatsache, dass allein der Gedanke, eine belastende Situation verändern oder verlassen zu können, die Entstehung von Stress positiv beeinflussen kann, und zwar unabhängig davon, ob von dieser Möglichkeit Gebrauch gemacht wird. Zum anderen stärken situative Ressourcen personale Ressourcen wie das Kohärenzgefühl, Zuversicht und Selbstvertrauen (Udris und Rimann 2006).

Nahezu jedes Situationsmerkmal (z. B. der Handlungsspielraum) und jede Eigenschaft und Fähigkeit einer Person kann als potenzielle Ressource verstanden werden. Allerdings ist zu beachten, dass diese Merkmale zunächst nur Potenziale darstellen, die erst dadurch zu Ressourcen werden, dass sie in den Dienst zentraler Ziele, Motive und Interessen von Personen gestellt werden. Nicht Handlungsspielraum per se ist eine Ressource, sondern vielmehr die Nutzung desselben, um Ziele effektiver erreichen zu können (Ducki und Kalytta 2006). Diese Einschränkung ist für die betriebliche Praxis außerordentlich wichtig, denn sie bedeutet, dass Beschäftigte angeregt und befähigt werden müssen, Potenziale als Ressourcen zu erkennen *und* auch zu nutzen. Nutzen sie sie nicht, können Potenziale keine gesundheitsrelevanten positiven Effekte erzielen.

Ressourcen haben aber nicht nur positive Effekte auf die Gesundheit der Beschäftigten, sondern stellen auch notwendige Voraussetzungen für die Entwicklung der Innovationsfähigkeit von Unternehmen dar.

▪ Ressourcen, Gesundheit und Innovationsfähigkeit

Generell gelten als wichtigste aufgabenbezogene und soziale Innovationsvoraussetzungen ein hoher Handlungs- und Entscheidungsspielraum, Transparenz, gute betriebliche Informationsstrukturen, eine offene Fehlerkultur, (alters-)heterogen zusammengesetzte Arbeitsteams sowie eine wertschätzende und inspirierende Führung. Insbesondere in Kleinbetrieben zählen die innerbetriebliche Kommunikation, ein geregelter Informationsaustausch sowie eine konsequente Kundenorientierung zu den wichtigsten innovationsförderlichen Bedingungen (Bamberg et al. 2009). Als wichtigste personale Voraussetzungen gelten Offenheit, Ambiguitätstoleranz und Verantwortungsbewusstsein (Gunkel et al. 2007; Ohly und Stelzer 2007, Kauffeld et al. 2004; Pundt und Schyns 2005; Guldin 2001). Als Innovationshindernisse werden Informationspathologien, fehlende Zeit- und Entscheidungsspielräume und Zeitdruck genannt (Herrmann et al. 2012). ◻ Tab. 1.2 zeigt die Schnittmenge zwischen innovations- und gesundheitsförderlichen Bedingungen, für die Studien vorliegen, die sowohl positive Effekte für die Gesundheit als auch für die Innovationsfähigkeit belegen.

Ressourcen wirken somit im betrieblichen Geschehen multifunktional. Sie zu stärken bedeutet, die Innovationsfähigkeit und die Gesundheit der Beschäftigten gleichzeitig zu fördern.

Der Zusammenhang von Gesundheit und Innovation ist eine wechselseitige Beziehung: Gesundheit ist einerseits eine zwingende Voraussetzung für Innovation (z. B. Van Dyne et al. 2002,

⬛ Tab. 1.2 Ressourcen der Innovationsfähigkeit und der Gesundheit

Situative Ressourcen	Soziale Ressourcen	Personale Ressourcen
Autonomie	Unterstützender, kooperativer,	Veränderungsbereitschaft
Aufgabenvielfalt	inspirierender Führungsstil	Intrinsische Motivation
Vollständige Handlungen	Vertrauensvolles Teamklima	Enthusiasmus
Rückmeldung	Soziale Unterstützung durch	Offenheit, Neugier
Partizipation	Vorgesetzte	Humor
Transparenz		
Zeitspielraum für Ideen		
Lern- und Fehlerkultur		
Informationsbereitstellung		

Gunkel et al. 2007), andererseits kann Innovation Gesundheit beeinflussen (Volkholz 2007). Werden beispielsweise neue Maschinen oder Arbeitsmittel angeschafft, die z. B. das Heben und Tragen erleichtern und den Rücken schonen, hat dies direkte und unmittelbare Wirkungen auf die Gesundheit der Beschäftigten. Soziale Innovationen, die darauf ausgerichtet sind, eine wertschätzende Kommunikation im Unternehmen zu befördern, wirken als Ressourcen positiv auf die psychosoziale Gesundheit der Beschäftigten. Gleichzeitig kann ein betrieblicher Innovationsprozess auch Stress auslösen und die Gesundheit der Beschäftigten negativ beeinflussen, da bei der Entwicklung von Innovationen unter der Bedingung der Unsicherheit gehandelt wird, mit negativen Folgen für das Stressniveau der Betroffenen (IAI 2010). Zuletzt sind nur gesunde Beschäftigte in der Lage und bereit, freiwillige Leistungen über die üblichen Routinen hinaus zu erbringen und somit Innovationen voranzubringen (Mendius 2001).

Die letzten Abschnitte haben deutlich gemacht, dass Gesundheit und Innovationsfähigkeit in mehrfacher Hinsicht miteinander verbunden sind: Aufgabenaspekte wie Anforderungsvielfalt und Handlungsspielraum, soziale Aspekte wie Fehlertoleranz, offene Feedbackkultur und ein wertschätzendes Führungs- und Arbeitsklima, die als zentrale Voraussetzungen für Innovation angegeben werden, stellen gleichzeitig die wichtigsten situativen Ressourcen der Gesundheit dar.

■ Ressourcenstärkung in Kleinbetrieben

Ressourcen der Gesundheit und der Innovationsfähigkeit können durch Arbeitsgestaltung und Organisationgestaltung hergestellt und gefördert werden. Kleinbetriebe haben hier vergleichsweise günstige Ausgangsbedingungen: Gerade situative Gesundheitsressourcen wie Handlungs- und Entscheidungsspielräume, Aufgabenvielfalt und Möglichkeiten der direkten Einflussnahme sind in Kleinbetrieben aufgrund der geringeren Arbeitsteilung deutlich stärker ausgeprägt als in Großunternehmen (Haverkamp et al. 2009; Bamberg et al 2009; Beck 2011). In vielen Handwerksberufen werden darüber hinaus die Aufgabe selbst und das herzustellende Produkt der Arbeit als wichtige Ressource genannt. Buchmann (1998) hat für das Dachdeckergewerbe als salutogene Faktoren der Arbeit eine starke Identifikation mit der Aufgabe, Sinnbezug, das Schaffen überdauernder Werte und einen ästhetischen Bezug zum Arbeitsprodukt identifiziert. Der direkte Kontakt zum Arbeitsgegenstand und zum Kunden sichern Transparenz und Verstehbarkeit im Arbeitsprozess, was wichtige Voraussetzungen für ein Kohärenzgefühl sind. Auch sind die Kommunikations- und Informationsbedingungen durch kurze Wege und flache Hierarchien zunächst einmal gut, jedoch kommt es hier sehr darauf an, ob und wie diese Voraussetzungen dann auch genutzt und umgesetzt werden. Das heißt, dass besonders in Kleinbetrieben viele

Potenziale vorhanden sind, um Gesundheit und Innovationsfähigkeit in den Unternehmen zu stärken. Jedoch müssen diese Potenziale wie oben aufgeführt auch als solche erkannt und bewusst benutzt werden, um die Gesundheit der Beschäftigten und das Innovationspotenzial des Unternehmens zu stärken. Erst dann können sie positive Wirkungen entfalten. Zwar hat das Handwerk diese potenziellen Vorzüge in den letzten Jahren durchaus als Stärke erkannt und wirbt damit zunehmend auf dem enger werdenden Fachkräftemarkt. Jedoch besteht in der alltäglichen Umsetzung nach wie vor Handlungsbedarf, insbesondere wenn man sich die Zahlen zur Gesundheitsförderung in Kleinbetrieben genauer betrachtet.

- ▪ **Gesundheit und Gesundheitsförderung in Kleinbetrieben**
Obwohl rund ein Drittel aller sozialversicherungspflichtigen Beschäftigten in KMUs beschäftigt sind (IfM 2012), fokussieren sich die Anstrengungen zur Verankerung des Themas Gesundheit im Betrieb erst seit wenigen Jahren auch auf Kleinst- und Kleinbetriebe und gelingen oftmals nur in Ansätzen. Nach dem Präventionsbericht der gesetzlichen Krankenkassen von 2014 werden nur 4 % der geleisteten Aktivitäten der Kassen in Betrieben mit bis zu 9 Beschäftigten umgesetzt, 17 % in Betrieben mit 10 bis 49 Beschäftigten und 14 % in Unternehmen mit 50 bis 99 Beschäftigten, hingegen 42 % in Unternehmen mit 100 bis 499 Beschäftigten (MDS 2014).

Die Gründe hierfür sind vielschichtig und liegen sowohl in den Merkmalen der Zielgruppe begründet als auch in begrenzten Ressourcen der unterstützenden Institutionen (Freigang-Bauer und Gusia 2011). Der Vorrang des Tagesgeschäfts, fehlende Ressourcen und fehlendes Wissen (z. B. über die Umsetzung, über externe Unterstützung und zu Anbietern) werden von Betrieben selbst als Hürden genannt (Bechmann et al. 2010). In Kleinbetrieben wird zudem aus Sicht der Unternehmer „betriebliches Gesundheitsmanagement" nur selten als Bestandteil einer erfolgreichen Unternehmensstrategie verstanden. Betriebsräte und Mitarbeitervertretungen als mögliche Initiatoren für die Gesundheitsprävention sind zumeist nicht vorhanden (Greifenstein und Weber 2008; Pundt et al. 2009). Dabei hat das Thema Gesundheit gerade für kleine Betriebe eine hohe Bedeutung. So können z. B. längere Ausfallzeiten durch Erkrankungen oder Unfälle hier schnell existenzgefährdend werden. Für die kleinen Dienstleistungs- und Handwerksbetriebe werden die Kosten für einen AU-Tag mit Beträgen zwischen 200 und 400 Euro deutlich höher als im Durchschnitt angegeben (BAuA 2011).

Den eher hemmenden Faktoren stehen jedoch auch eine Reihe förderlicher Faktoren für Maßnahmen zur Gesundheitsförderung in Kleinst- und Kleinbetrieben gegenüber. Dazu gehören die überschaubare Mitarbeiterstruktur und die oft engen Beziehungen zwischen Unternehmer und Beschäftigten sowie die soziale Unterstützung durch die familiäre Struktur. Durch die starke regionale Verankerung bieten sich zudem gute Chancen, gesundheitsförderliche Maßnahmen über regionale Netzwerke am Laufen zu halten bzw. geeignete regionale Allianzen für die betriebliche Gesundheitsförderung zu bilden, was z. B. für Handwerksbetriebe in der Region Niedersachsen bereits erfolgreich erprobt und von den Autorinnen beschrieben wurde (Brandt et al. 2014).

Auf die Frage, welche Rahmenbedingungen kleine Betriebe benötigen, um mehr im Feld der Gesundheitsförderung zu tun, nennen diese in erster Linie mehr Informationen zum Thema, mehr finanzielle Unterstützungsangebote, vereinfachte Unterstützungsangebote sowie eine stärkere Beteiligung der Beschäftigten (DIHK 2014). Da in kleinen Betrieben die Unternehmer selbst die wichtigsten Akteure für Arbeitsschutz und Gesundheitsförderung sind, müssen Informations- und Unterstützungsangebote sich direkt an die Unternehmer richten. Darüber hinaus müssen Angebote der Krankenkassen für Kleinbetriebe kostengünstig sein, die Beschäftigten einbeziehen und sich gut ins Tagesgeschäft des Betriebes integrieren lassen (Kunze et al. in Vorbereitung).

Vor dem Hintergrund der latenten Ressourcenknappheit von Kleinbetrieben werden Angebote der Gesundheitsförderung dann attraktiv, wenn es gelingt, verschiedene betrieblich relevante Themen miteinander zu koppeln. Die oben aufgezeigten Schnittstellen zwischen Gesundheitsförderung und Stärkung der Innovationsfähigkeit machen deutlich, dass eine Themenkombination von Gesundheits- und Innovationsförderung sinnvoll und effektiv ist. Den Führungskräften bzw. Unternehmern der Betriebe kommt hier eine besondere Aufgabe zu.

1.3   Innovations- und gesundheitsförderliche Führung

- **Führungsverständnis**

Führung umfasst allgemeine Managementaufgaben wie strategische Entscheidungen, Planung und Organisation sowie Aufgaben der unmittelbaren Mitarbeiterführung. Mitarbeiterführung richtet sich auf die Gestaltung von Beziehungen und Kommunikationsprozessen und die Entwicklung und Unterstützung einzelner Beschäftigter oder Teams (Felfe 2009). Franke und Felfe (2011) unterscheiden direkte und indirekte Wege der Beeinflussung durch Führung. Direkte Einflussnahme erfolgt im Kontakt, z. B. durch wertschätzende Kommunikation mit den Beschäftigten, indirekte Einflussnahme erfolgt durch die Gestaltung der Arbeitsbedingungen. Hierbei wird ausdrücklich betont, dass z. B. die Schaffung von situativen Ressourcen wie die Erweiterung von Handlungs- und Zeitspielräumen sowie die Partizipation und Information der Beschäftigten zentrale Voraussetzungen sind, die Gesundheit der Beschäftigten zu fördern (Franke et al. 2014). Eine Führungskraft, die positive Leistungen von Beschäftigten wertschätzt, wird selbst zur Ressource, da sie durch ihr Verhalten das Wohlbefinden und die Motivation der Beschäftigten unmittelbar beeinflusst.

Der Einfluss der Führung auf Leistung, Motivation und Gesundheit der Beschäftigten, aber auch auf die Innovationsfähigkeit eines Unternehmens, ist in zahlreichen Studien belegt (Hardt et al. 2011; Herrmann et al. 2012). Eine mitarbeiterorientierte Führung geht bei Beschäftigten mit weniger Stress, Depression, psychosomatischen Beschwerden und Burnout einher (z. B. Rowold und Heinitz 2008; Dormann und Zapf 1999; Vincent 2012).

In Hinblick auf Innovationsförderung kommt Führungskräften zum einen die Aufgabe zu, die Innovationskompetenz ihrer Beschäftigten zu entwickeln und für ein positives Innovationsklima zu sorgen (Hardt et al. 2011). Zum anderen ist es erforderlich, dass sie selbst über Innovationskompetenz verfügen und die erfolgskritischen Rahmenbedingungen kennen. Um Beschäftigte in ihrer Innovationsbereitschaft und -fähigkeit zu unterstützen bietet sich vor allem ein transformationaler Führungsstil an (Herrmann et al. 2012).

Die Vermittlung von attraktiven Visionen („inspirational motivation") schafft die motivationale Basis, indem neue Ziele und Ausrichtungen vorgegeben werden. Durch gezielte intellektuelle Anregung („intellectual stimulation") wird Kreativität und Innovation gefördert. Aktive Unterstützung der Beschäftigten („individual consideration") fördert die Bereitschaft, Neues auch unter den Bedingungen von Ungewissheit auszuprobieren, und hohe Glaubwürdigkeit („idealized influence") der Führungskraft motiviert dadurch, dass deutlich wird, dass sie selbst hinter den geforderten Veränderungen steht, selbst neue Verfahrensweisen (z. B. Einführung einer neuen Software, Umstellung eines Prozesses) aktiv unterstützt und dazu beiträgt, Anfangsschwierigkeiten zu überwinden.

Innovationsförderlich führen heißt vor diesem Hintergrund attraktive Visionen und Ziele vermitteln, Zeit und Raum für kreatives Denken schaffen, Handlungs- und Entscheidungsspielräume gewähren, eine positive Feedbackkultur aufbauen und Beschäftigte vom entdeckenden

Neuentwickeln zum operativen Umsetzen durch den gesamten Innovationsprozess begleiten. Studien zeigen positive Effekte eines solchen Führungsstils auf innovatives Arbeitsverhalten, Kreativität und Veränderungsbereitschaft (Rank et al. 2009; Reuvers et al. 2008; Herrmann et al. 2012; Herrmann und Felfe 2013).

Zusammengefasst kann festgehalten werden: Auf der Basis von Konzepten und Studien zu den Einflussmöglichkeiten von Führung zeigt sich, dass auch in Kleinbetrieben ein ressourcenförderndes Führungsverhalten positive Effekte auf die Leistungs- und Innovationsbereitschaft und die psychosoziale Gesundheit der Beschäftigten haben kann. Durch gute Führung kann es gelingen, Beschäftigte im Unternehmen länger gesund zu halten und auch mit älter werdenden Beschäftigten notwendige Innovationen voranzubringen.

▪ Gesundheitsförderung durch „Huckepackstrategien"

Obwohl der Zusammenhang zwischen Konzepten der betrieblichen Gesundheitsförderung und organisationalen Innovationen nicht neu ist, gibt es in KMU bisher kaum Konzepte, Innovationen mittels eines systematisch betriebenen gesundheitsbezogenen Organisationslernens zu fördern (Becke et al. 2010). Sogenannte „Huckepackstrategien" erweisen sich als geeigneter Ansatz, über die „Veralltäglichung" der Instrumente betrieblicher Gesundheitsförderung dauerhaft die Innovationsfähigkeit kleiner Betriebe zu stärken. Für KMU der Wissensökonomie wurde z. B. eine Huckepackstrategie entwickelt, mit der anstelle eigener Strukturen der betrieblichen Gesundheitsförderung (BGF) die BGF direkt in die bereits vorhandene Arbeitsorganisation integriert wird (Becke et al. 2010).

Auch das in diesem Buch vorgestellte ressourcenorientierte InnoGeKo-Verfahren nimmt die betriebliche Gesundheitsförderung „huckepack" und befähigt kleine Betriebe in einem modularen Prozess, dauerhaft gesunde Unternehmensstrukturen zu gewährleisten und so ihre Innovationsfähigkeit zu stärken.

Damit ein solches Verfahren in Kleinbetrieben angenommen wird, sind folgende Bedingungen zu berücksichtigen und Schwerpunktsetzungen vorzunehmen:

In Kleinbetrieben sind Unternehmer selbst und ggf. ihre Ehepartner die Adressaten für Führungskräftequalifizierung. Diese sind aber aufgrund der starken betrieblichen Eingebundenheit schwer zu erreichen. Programme zur Gesundheitsförderung und Qualifizierung müssen – sofern sie die Unternehmer selbst erreichen wollen – möglichst unternehmensnah, kurz und an betrieblichen Alltagsproblemen ausgerichtet werden.

Unternehmer von Kleinbetrieben bevorzugen als Lern- und Entwicklungsprinzip einen überbetrieblichen Erfahrungsaustausch in Netzwerken. Neue Führungstechniken oder Verfahrensweisen werden leichter akzeptiert, wenn sie von anderen Führungskräften empfohlen werden. Hierbei ist ein Branchenbezug günstig.

Unter dem Gesichtspunkt der Ressourcenknappheit werden Unternehmer dann zur Teilnahme an Führungskräftequalifizierungen motiviert, wenn möglichst verschiedene betriebliche Anliegen gleichzeitig behandelt werden können. Programme sollten somit so konzipiert sein, dass sie Techniken und Instrumente vermitteln, die möglichst universell auf unterschiedliche betriebliche Problemlagen anwendbar sind.

Wichtigste Anforderung in Kleinbetrieben ist die Ressourcenorientierung in zweifacher Hinsicht. Die Maßnahme selbst muss ressourceneffizient mit einem möglichst geringen Zeit-, Personal- und Finanzeinsatz gestaltet sein. Dies erfolgt beispielsweise durch die schon oben genannten Themenkoppelungen. Darüber hinaus sollten Unternehmer darin geschult werden, die eigenen betrieblichen Ressourcen zu analysieren, mit den Beschäftigten zu diskutieren und Maßnahmen zu generieren, wie die verfügbaren Ressourcen erhalten und gestärkt werden können.

1.4 Effiziente Formen der Unterstützung kleiner Betriebe

- **Netzwerke**

Insbesondere Netzwerke haben für die Stärkung der betrieblichen Innovationsfähigkeit eine große Bedeutung. Netzwerke als besondere Form der Kooperation sind seit langem anerkannt und verbreitet, und es existieren zahlreiche Theoriebeiträge aus verschiedenen Disziplinen wie der Soziologie, der Psychologie, den Wirtschaftswissenschaften und der Regionalwissenschaft. Der Netzwerkbegriff wird dabei für vielfältige Formen der Zusammenarbeit unterschiedlichster Zielstellung mit und ohne externe Moderation verwendet, und die existierenden Netzwerke unterscheiden sich in ihrer Größe, Mitgliederstruktur, der Art ihrer Austauschbeziehungen und den vorhandenen Kooperationsproblemen. Besteht das Ziel der Vernetzung in der gemeinsamen Entwicklung und Verbreitung von Innovationen durch Informations-, Wissens- und Ressourcenaustausch sowie gegenseitiges Lernen, wird von sogenannten Innovationsnetzwerken gesprochen. Im Unterschied zu Kooperationen, die bilateral angelegt sein können, arbeiten in Innovationsnetzwerken mindesten drei Partner zusammen (Koschatzky 2001).

Mit Blick auf die Stärkung der Innovationsfähigkeit kleiner Betriebe lohnt sich eine Betrachtung der Rolle von Netzwerken aus verschiedenen Richtungen. Hintergrund ist zum einen der sowohl in der Innovationsforschung als auch in der Innovationspolitik zu beobachtende Bedeutungsgewinn der regionalen Betrachtungsebene und die damit im Zusammenhang stehenden Fragen nach der Rolle regionaler Faktoren und Einflussmöglichkeiten auf das betriebliche Innovationsverhalten (Koschatzky 2001). Er findet seinen Ausdruck in der Vernetzung fördernder Akteure auf regionaler Ebene. Diese wird z. B. durch das seit mehr als 25 Jahren existierende Innovationsnetzwerk Niedersachsen verkörpert. Darin arbeiten die verschiedenen in Niedersachsen tätigen Innovationsförderer-, Technologievermittlungs- und -beratungsstellen (insgesamt 275 Einrichtungen) intensiv zusammen und ermöglichen eine Verknüpfung der Informationsquellen und Kommunikationssysteme, um auf diese Weise kleinere Unternehmen bei Innovationen zu unterstützen.

Zum anderen stellt sich die Frage nach den besonderen Beziehungen der beteiligten Akteure und daraus resultierenden Anforderungen an die Gestaltung der Netzwerke, wofür insbesondere organisationspsychologische Kategorien wie z. B. Vertrauen verwendet werden (Scholl und Wurzel 2002) und deren Beachtung eine maßgebliche Voraussetzung für die Ausgestaltung und Zielerreichung von Netzwerken darstellt.

Von der Politik werden Netzwerke als ein tragfähiger Weg gefördert, die vorhandenen Innovationsschwächen und -nachteile kleiner Betriebe zu überwinden, indem sie eine Bündelung der knappen Ressourcen und eine bessere Ausnutzung des Innovationspotenzials ermöglichen und zugleich eine Stärkung regionaler Branchen, eine höhere Wettbewerbsfähigkeit und Wirtschaftswachstum bewirken können (Stoll 2013). Initiativen wie INQA (Initiative neue Qualität der Arbeit) und Anschubfinanzierungen durch verschiedene Institutionen (z. B. Ministerien, BAuA) führten dazu, dass sich in der letzten Dekade verstärkt auch Netzwerke auf Kleinstbetriebe fokussierten wie z. B. das Netzwerk Bildung und Beratung für die Gastronomie in Mittelhessen oder das IHK-Netzwerk EKU für Kleinstunternehmen im Raum Reutlingen. Unter den Innovationsförderprogrammen ist ZIM-NEMO des BMWi, mit dem externe Management- und Organisationsdienstleistungen zur Entwicklung innovativer Netzwerke unterstützt werden, eines der wenigen, die auch sehr kleine Unternehmen erreichen (Möller 2012).

■ **Vielfältige Netzwerklandschaft zum BGM**

Was die betriebliche Gesundheitsförderung in KMU betrifft, hat sich in Deutschland seit Jahren eine vielfältige Netzwerklandschaft entwickelt. Sie reicht von kleinen, lokalen oder regionalen betrieblichen Kooperationen bis hin zu Netzwerken auf Landes- und Bundesebene. Da den kleinen Betrieben in der Regel die personellen und finanziellen Ressourcen für den Aufbau eines eigenen betrieblichen Gesundheitsmanagements fehlen, ist für sie der Erfahrungsschatz anderer Betriebe im Netzwerk von besonderer Bedeutung. In kleinen lokalen Netzwerken finden die Betriebe durch regelmäßige Treffen zum Erfahrungsaustausch gemeinsam Schwachstellen, können so voneinander lernen und Verbesserungen, z. B. in den Arbeitsabläufen, veranlassen (Eberle 2007).

Auf Bundes- und Landesebene kooperieren ressortübergreifend verschiedene für Arbeits- und Gesundheitsschutz verantwortliche Akteure von Bund und Ländern, Sozialversicherungs- träger und Sozialpartner aus Wissenschaft, Stiftungen und Fachverbänden sowie Unternehmen. Ihr Ziel ist es, die Breitenwirksamkeit der betrieblichen Gesundheitsförderung zu verbessern. So setzt sich beispielsweise das Deutsche Netzwerk für Betriebliche Gesundheitsförderung (DNBGF) das Ziel, die Kooperation zwischen allen nationalen Akteuren zu verbessern. Große bundesweite Netzwerke haben darüber hinaus die Möglichkeit, praxisrelevante Forschungspro- jekte zu initiieren oder eigene Arbeitskreise zu bilden, die sich intensiv mit ganz spezifischen Aspekten und Problemen der betrieblichen Gesundheitsförderung befassen (Eberle 2007), wie es z. B. im Forum KMU des DNBGF der Fall ist.

Auf Landesebene engagieren sich beispielsweise im branchenübergreifenden Netzwerk „KMU-Kompetenz – Gesundheit, Arbeitsqualität und Mitarbeiterengagement" neben knapp 90 kleinen und mittelständischen Mitgliedsunternehmen aus zwei Bundesländern auch Kran- kenkassen (AOK (Niedersachsen, AOK Nordost), die Initiative Neue Qualität der Arbeit (INQA), Unternehmerverbände (Niedersachsen, MVP), Gewerkschaften (DGB Niedersach- sen/Bremen/Sachsen-Anhalt, DGB Landesbezirk Nord) und ein Ministerium (MSG MVP). Ziel dieses Netzwerks ist es, dass sich die Betriebe unter professioneller Moderation gegenseitig bei der Etablierung und Umsetzung einer mitarbeiterorientierten Unternehmenskultur durch betriebliches Gesundheitsmanagement unterstützen. Die Betriebe stellen Personalressourcen bereit, um systematisches Gesundheitsmanagement (Planungs-, Analyse-, Umsetzungsphase) zu betreiben und in einer Überprüfungs- und Optimierungsphase die Ergebnisse zu reflektieren und das Projekt in die betrieblichen Strukturen zu überführen. Die Krankenkassen unterstützen die Betriebe dabei durch vielfältige Leistungsangebote wie z. B. ressourcenorientierte Stressma- nagementtrainings für Teams, Führungskräftetrainings, Beratung, Ausbildung von Gesund- heitscoachs und Arbeitsbewältigungscoaching. In Workshops und Arbeitskreisen profitieren die Mitglieder des Netzwerks vom Erfahrungsaustausch und lernen externe Anknüpfungspunkte für eigene betriebliche Umsetzungen kennen (BMG 2015).

■ **Netzwerke – unterschätztes Instrument in Kleinbetrieben**

Von den kleinen Betrieben selbst wird die Rolle von Netzwerken für Innovationen jedoch häufig noch unterschätzt, was mit ihrem geringen Interesse an Kooperationen korrespondiert. Dass z. B. im Handwerk nur ein geringer Teil der Betriebe überhaupt kooperiert, belegen unterschied- liche Studien (Schmücker 2011). Im Handwerk zeigt eine Analyse der Kooperationslandschaft, dass insgesamt informelle Kooperationen dominieren (FHM 2010) Aufgrund der schwachen Nachfrage aufseiten der Handwerksbetriebe nimmt das Thema „Kooperation" deshalb auch keinen besonders hohen Stellenwert im gesamten Leistungsangebot der Handwerkskammern ein. Wie eine Befragung von Experten aus 53 Handwerkskammern ergeben hat, wird der psychologische Aspekt, vor allem Misstrauen und Angst vor Identitäts- und Selbstständigkeitsverlust, als Hauptproblem für das Verhindern erfolgreicher Kooperationen angesehen. Aber auch betriebswirtschaftliche Probleme bezüglich Haftung und Gewährleistung sowie Kostenabgrenzung zwischen den Partnern spielen eine wichtige Rolle (FHM 2010).

Dass hier ein Umdenken erforderlich ist, wird nicht zuletzt vor dem Hintergrund der Potenziale der Seniorenwirtschaft sichtbar. Diese können oftmals nicht ohne eine gewerkeübergreifende Zusammenarbeit erschlossen werden, weil kleine Betriebe dem Wunsch des Kunden, alles aus einer Hand zu bekommen, allein nicht nachkommen können (Schmücker 2011).

- **Vorteile von Akteursallianzen**
Bezogen auf das Thema Gesundheitsförderung in KMU haben unterschiedliche Institutionen gemeinsame Interessen, Aufgaben und Pflichten. So sind sowohl Kammern (HWK, IHK) als auch Krankenkassen daran interessiert, Betriebe so weiterzuentwickeln, dass die Gesundheit der Beschäftigten und damit auch die Innovationsfähigkeit der Unternehmen gestärkt werden (Ducki et al. 2014):

- Im Handwerk gibt es z. B. schon seit mehr als hundert Jahren das Prinzip der gegenseitigen Unterstützung und Beratung, das in Zünften, Innungen und weiterführenden Handwerksorganisationen tief verankert ist. So gehört es gemäß § 91 Abs. 1 Nr. 7 der Handwerksordnung zu den Fortbildungsaufgaben der Kammern, Beschäftigte zur Erhaltung und Steigerung der Leistungsfähigkeit zu qualifizieren.
- Auch in den Krankenkassen ist bei der Umsetzung betrieblicher Gesundheitsförderung das Prinzip der Vor-Ort-Beratung und Unterstützung handlungsleitend, z. B. durch Schulungen von besonderen Zielgruppen (z. B. Meister, Auszubildende, Unternehmerfrauen). Allerdings zeigt sich hier, dass Prävention und Gesundheitsförderung deutlich mit der Betriebsgröße abnehmen (▶ Abschn. 1.2).

Bündeln beide Institutionen ihre Kompetenzen zur Stärkung der betrieblichen Innovationsfähigkeit, so hat das viele Vorteile. Dies konnte mit der Erprobung des im Buch vorgestellten Verfahrens belegt werden, das auf der gegenseitigen Unterstützung und Beratung zweier solcher Institutionen (HWK und AOK) basierte. Durch die Allianz beider Akteure können deren unterschiedliche Zugangswege zu Betrieben genutzt und mögliche Hemmschwellen vermieden werden. Die gemeinsame Schulung und Beratung durch zwei Institutionen schafft bei den teilnehmenden Betrieben Vertrauen in die Umsetzbarkeit der Maßnahme. Die Beraterkompetenz wird durch das spezifische Wissen und die Erfahrungen der jeweils anderen Institutionenvertreter ergänzt, und das Spektrum der Angebote wird erweitert. Zudem wird durch die beiden Partner symbolisiert, wie die Themen Gesundheit und Innovationsfähigkeit in ihrem Zusammenspiel zu Synergieeffekten führen.

Neben den Betrieben profitieren auch die institutionellen Partner selbst, indem sie ihre Angebote bedarfsgerecht weiterentwickeln. Darüber hinaus bringt die Netzwerkarbeit die Region in den Fokus und stärkt den regionalen Zusammenhalt, indem gemeinsam neue Vorgehensweisen erprobt, Erfahrungen ausgetauscht und gemeinsame Ziele entwickelt werden.

1.5 Implikationen für die Verfahrensentwicklung

Betrachtet man die mit den aktuellen Trends verbundenen Herausforderungen für die Innovationstätigkeit kleiner Betriebe (▶ Abschn. 1.1), so werden sowohl Defizite im Umgang mit den veränderten Anforderungen der Märkte als auch im Hinblick auf die innerbetrieblichen Abläufe, Strukturen sowie die notwendigen personellen Kompetenzen (▶ Abschn. 1.3) sichtbar. Für die Entwicklung eines Verfahrens zur Stärkung der Innovationsfähigkeit kleiner Betriebe scheint daher ein Ansatz am erfolgversprechendsten, der sowohl markt- als auch ressourcenorientiert ist.

》 Während der marktorientierte Ansatz die Innovationstätigkeit von Unternehmen aus der kontinuierlichen Anpassung an die Nachfrage- und Marktbedingungen der Umwelt ableitet, misst der ressourcenorientierte Ansatz den unternehmenseigenen Ressourcen und Kompetenzen eine herausragende Bedeutung bei Innovationen bei (Kirner et al. 2006).

Wie in ▶ Abschn. 1.2 dargestellt, bildet das Thema Gesundheit eine wichtige Schnittstelle, um über die Stärkung betrieblicher Ressourcen die Innovationsfähigkeit der Betriebe zu unterstützen. Daher scheint es sinnvoll, über gesundheitsbezogenes Organisationslernen Innovationen im Betrieb zu fördern. Sogenannte Huckepackstrategien erweisen sich als geeigneter Ansatz, über die nachhaltige Etablierung der Instrumente betrieblicher Gesundheitsförderung die Innovationsfähigkeit kleiner Betriebe zu stärken.

Wie die bisherigen Erfahrungen mit verschiedenen Formen der Unterstützung von Innovationsprozessen in Kleinbetrieben zeigen, sind mehrere Ansatzpunkte sinnvoll und wichtig, um die ressourcenbedingten Nachteile kleinbetrieblicher Strukturen auszugleichen (▶ Abschn. 1.4). Sie reichen von der Stärkung personeller Kompetenzen über die Förderung von Kooperationen und Netzwerken bis zum Aufbau von regionalen Akteursallianzen.

Das in diesem Buch vorgestellte InnoGeKo-Verfahren (Innovation – Gesundheit – Kompetenz) nimmt Bezug auf diese dargestellten Implikationen, indem es

- die betriebliche Gesundheitsförderung „huckepack" nimmt und kleine Betriebe in einem modularen Prozess befähigt, dauerhaft gesunde Unternehmensstrukturen zu gewährleisten und so ihre Innovationsfähigkeit zu stärken,
- durch Eigenentwicklung ein praktikables Instrumentarium zur Messung und Bewertung der Innovationskompetenz zum Einsatz bringt, dass markt- und ressourcenorientierte Aspekte zusammenführt und die betriebsindividuelle Situation nicht nur im Hinblick auf die Hervorbringung von Innovationen, sondern auch in Bezug auf den Umgang mit Gesundheit und Gesundheitsförderung abbildet,
- durch Module zur Qualifizierung auf die Kompetenzentwicklung zielt sowie die überbetriebliche Vernetzung anregt und
- durch die Einbindung einer Akteursallianz dazu beiträgt, neben Betrieben auch unterstützende Institutionen und Regionen zu stärken.

Literatur

Antonovsky A (1987) Unrevealing the mystery of health. How people manage stress and stay well. Jossey Bass, San Francisco

Bamberg E, Dettmers J, Marggraf-Micheel C, Stremming S (2009) Innovationen in Organisationen – Der Kunde als König? Huber, Bern

BAuA Bundesanstalt für Arbeitsschutz und Arbeitsmedizin (2011) Sicherheit und Gesundheit bei der Arbeit 2009. BAuA, Dortmund

Bechmann S, Jäckle R, Lück P, Herdegen R (2010) Motive und Hemmnisse für Betriebliches Gesundheitsmanagement (BGM). iga-report 20. http://www.iga-info.de/fileadmin/Veroeffentlichungen/iga-Reporte_Projektberichte/iga_report_20_Umfrage_BGM_KMU_final_2011.pdf. Zugegriffen: 3. Februar 2015

Beck D (2011) Zeitgemäße Gesundheitspolitik in Kleinst- und Kleinbetrieben. Hemmende und fördernde Bedingungen Reihe Forschung aus der Hans-Böckler-Stiftung, Bd. 132. Edition Sigma, Berlin

Becke G (2011) Organisationale Achtsamkeit als Gestaltungskonzept für adaptive Vertrauenskulturen. In: Becke G, Behrens M, Bleses P, Evers J, j H (Hrsg) Organisationale Achtsamkeit in betrieblichen Veränderungsprozessen – Zentrale Voraussetzung für innovationsfähige Vertrauenskulturen. artec-paper, Bd. 175., S 13–117

Becke G, Bleses P, Schmidt S (2010) Organisatorische Innovationen durch betriebliche Gesundheitsförderung im „Huckepack" – Ein Gestaltungsansatz für KMU (nicht nur) in der Wissensökonomie. In: Becke G, Klatt R, Schmidt B, Stieler-Lorenz B, Uske H (Hrsg) Innovation durch Prävention. Gesundheitsförderliche Gestaltung von Wissensarbeit. Wirtschaftsverlag NW, Bremerhaven, S 155–172

Belitz H, Eickelpasch A, Lejpras A unter Mitarbeit vob Barasinska N und Toepe K (2012) Volkswirtschaftliche Bedeutung der Technologie- und Innovationsförderung im Mittelstand. Schlussbericht zum Projekt Nr. 49/10. DIW Berlin

BMG (2015) Themeninformation auf der Website des Bundesministeriums für Gesundheit. http://www.bmg.bund.de/themen/praevention/betriebliche-gesundheitsfoerderung/best-practice-niedersachsen/projekte-gesundheitsmanagement/netzwerk-kmu-kompetenz-aok.html, (Erstellt: 1.12.2011). Zugegriffen: 3. Februar 2015

Brandt M, Kunze D, Petsch T, Warnke I (2014) Zukünftige Allianzen der Betrieblichen Gesundheitsförderung im Handwerk. In: Badura B, Ducki A, Schröder H, Klose J, Meyer M (Hrsg) Fehlzeitenreport 2014. Springer, Berlin, Heidelberg, S 279–287

Buchmann U (1998) Gesundheitssicherung für Dachdecker. In: Bamberg E, Ducki A, Metz AM (Hrsg) Handbuch Betriebliche Gesundheitsförderung. Verlag für Angewandte Psychologie, Göttingen, S 395–405

Buslei H, Schulz E, Steiner V (2007) Auswirkungen des demografischen Wandels auf die private Nachfrage nach Gütern und Dienstleistungen in Deutschland bis 2050 Politikberatung kompakt, Bd. 26. DIW, Berlin

Cernavin O, Mangold K (2013) Innovationsfähigkeit kleiner Unternehmen. In: Jeschke S (Hrsg) Innovationsfähigkeit im demografischen Wandel. Beiträge der Demografietagung des BMBF im Wissenschaftsjahr 2013. Campus Verlag, Frankfurt/New York, S 209–222

Dietz M, Kubis A, Leber U, Müller A, Stegmaier J (2013) Personalsuche in Deutschland: Kleine und mittlere Betriebe im Wettbewerb um Fachkräft IAB-Kurzbericht, Bd. 10/2013. IAB, Nürnberg

DIHK (2014) „An Apple a Day…" – Gesundheitsförderung im Betrieb kommt an. Das DIHK-Unternehmensbarometer zur Gesundheitsvorsorge. http://www.dihk.de/presse/meldungen/2014-01-08-unternehmensbaromter-gesundheitsfoerderung. Zugegriffen: 26. Januar 2015

Dormann C, Zapf D (1999) Social support as a moderator between social stressors and depression: Analysis of a 3-wave longitudinal study with structural equations. Journal of Applied Psychology 84:874–884

Ducki A (2000) Diagnose gesundheitsförderliche Arbeit. Eine Gesamtstrategie zur betrieblichen Gesundheitsanalyse. vdf Hochschulverlag, Zürich

Ducki A, Greiner B (1992) Gesundheit als Entwicklung von Handlungsfähigkeit - Ein arbeitspsychologischer Baustein zu einem allgemeinen Gesundheitsmodell. Zeitschrift für Arbeits- und Organisationspsychologie 36:184–189

Ducki A, Kalytta T (2006) Gibt es einen Ressourcenkern? Überlegungen zur Funktionalität von Ressourcen. Wirtschaftspsychologie 8(2/3):30–39

Ducki A, Fritzsche A, Strehl A (2014) Akteursallianzen: Wie durch neue Kooperation mehr Innovation in der Region entstehen kann. præview – Zeitschrift für innovative Arbeitsgestaltung und Prävention 5(2):24–25

Eberle G (2007) Gemeinschaft macht stark. Gesundheit und Gesellschaft SPEZIAL 10(5):4–7

Europäische Kommission (2010) Leitfaden für die berufliche Bildung in kleinen und mittleren Unternehmen (KMU). Amt für Veröffentlichungen der Europäischen Union, Luxemburg

Felfe J (2009) Mitarbeiterführung. Hogrefe, Göttingen

Felfe J, Ducki A, Franke F (2014) Führungsaufgaben der Zukunft. In: Badura B, Ducki A, Schröder H, Klose J, Meyer M (Hrsg) Fehlzeiten-Report 2014. Erfolgreiche Unternehmen von morgen – gesunde Zukunft heute gestalten. Springer, Berlin, Heidelberg, S 139–148

FHM (2010): Kooperation im Handwerk – Analyse der Stellschrauben und Modellbildung. Abschlussbericht zum Dienstleistungsauftrag Nr. 36/09 im Auftrag des BMWT

Franke F, Felfe J (2011) Diagnose gesundheitsförderlicher Führung – Das Instrument Health-oriented leadership. In: Badura B, Ducki A, Schröder H, Klose J, Meyer M (Hrsg) Fehlzeiten-Report 2011. Führung und Gesundheit. Springer, Berlin, Heidelberg, S 3–13

Franke F, Ducki A, Felfe J (2014) Gesundheitsförderliche Führung. In: Felfe J (Hrsg) Trends der psychologischen Führungsforschung – Neue Konzepte, Methoden und Erkenntnisse. Hogrefe, Göttingen

Freigang-Bauer I, Gusia G (2011) Impulse für gesundheitliche Prävention in Kleinbetrieben. Eine Praxishilfe für Kammern und Verbände. RKW Kompetenzzentrum Eschborn. http://www.gesundheit-unternehmen.de/fileadmin/

media/Projektwebsites/Gesundheit-Unternehmen/Dokumente/service/downloads/2012_LF_Praevention-im-Wandel.pdf. Zugegriffen: 11. Dezember 2014

Frese M (1987) Psychische Folgen von Arbeitslosigkeit in den fünf neuen Bundesländern: Ergebnisse einer Längsschnittstudie. Gewerkschaftliche Monatshefte 11(87):679–691

Goos P, Hagenhoff S (2003) Strategisches Innovationsmanagement: Eine Bestandsaufnahme. Arbeitsbericht Nr. 11, Universität Göttingen

Greifenstein R, Weber H (2008) Arbeitnehmerbeteiligung im Mittelstand zwischen Patriarchat und Mitbestimmung. Wiso direkt (herausgegeben von Abt. Wirtschafts- und Sozialpolitik der Friedrich-Ebert-Stiftung) 8:4

Guldin A (2001) Förderung von Innovationen. In: Schuler H (Hrsg) Lehrbuch der Personalpsychologie. Hogrefe, Göttingen, S 289–317

Gunkel J, Herbig B, Glaser J (2007) Kreativität und Gesundheit im Arbeitsprozess. Wirtschaftspsychologie 9:4–15

Hardt J, Felfe J, Herrmann D (2011) Innovationskompetenz: Entwicklung eines neuen Konstrukts durch eine explorative Studie. Zeitschrift für Arbeitswissenschaft 3:235–243

Haverkamp K (2011) Nachfragepotenziale und Absatzchancen des Handwerks im demografischen Wandel. Göttinger Handwerkswirtschaftliche Arbeitshefte 69:37

Haverkamp K, Sölter A, Kröger J (2009) Humankapitalbildung und Beschäftigungsperspektiven im Handwerk. Volkswirtschaftliches Institut für Mittelstand und Handwerk an der Universität Göttingen, Göttingen

Hauschildt J, Salomo S (2011) Innovationsmanagement. Vahlen, München

Herrmann D, Felfe J (2013) Moderators of the Relationship between Leadership Style and Employee Creativity: The Role of Task Novelty and Personal Initiative. Creativity Research Journal 25:172–181

Herrmann D, Felfe J, Hardt J (2012) Transformationale Führung und Veränderungsbereitschaft: Stressoren und Ressourcen als relevante Kontextbedingungen. Zeitschrift für Arbeits- und Organisationspsychologie 56:70–86

IAI (2010) Innovationen ohne Risiken und Nebenwirkungen? Nachhaltige Präventionsstrategien für Innovationsarbeiter/-innen entwickeln!. http://www.praego.net/files/pdf/PraeGO-Broschuere.pdf. Zugegriffen: 15. April 2015

IfM Institut für Mittelstand Bonn (2012) Mittelstand in Deutschland gemäß der KMU-Definition der EU-Kommission. www.ifm-bonn.org/fileadmin/data/redaktion/statistik/schluesselzahlen/dokumente/SZ-Unt_Ums_Besch_2004-2010_D_KMU_nach_EU-Def.pdf. Zugegriffen: 24. Mai 2013

Kauffeld S, Jonas E, Grote S, Frey D, Frieling E (2004) Innovationsklima – Konstruktion und erste psychometrische Überprüfung eines Messinstrumentes. Diagnostica 50(3):153–164

Kersting J-M (2005) Handeln in organisationalen Veränderungen: Zur Bedeutung selbstregulativer Prozesse für ein ressourcenorientiertes Change-Management. Dissertation, Ruprecht-Karls-Universität Heidelberg

Kirner E, Slama A, Som O, Spitzley A (2009) Überholspur Innovation, Messung, Bewertung, Sicherung der Innovationsfähigkeit durch www.innoscore.de, Fraunhofer Institut für Arbeitswirtschaft und Organisation IAO. http://www.rpd.iao.fhg.de/fhg/Images/InnoKMU_Abschlussbroschuere_tcm264-97212.pdf, (Erstellt: 10.01.2009). Zugegriffen: 5. März 2014

Koschatzky K (2001) Räumliche Aspekte im Innovationsprozess: Ein Beitrag zur neuen Wirtschaftsgeographie aus Sicht der regionalen Innovationsforschung Wirtschaftsgeographie, Bd. 19. LIT Verlag, Münster

Kranzusch P, Suprinovic O, Kay R (2009) Absatz- und Personalpolitik des Handwerks im Zeichen des demografischen Wandels IfM-Materialien, Bd. 188. IfM, Bonn

Kunze D, Ducki A, Brandt M (in Vorbereitung) Ressourcenfördernd führen: Ein Verfahren zur Unterstützung von handwerklichen Kleinbetrieben. In van Dick R und Felfe J (Hrsg) Handbuch der Mitarbeiterführung: Wirtschaftspsychologisches Praxiswissen für Fach- und Führungskräfte. Springer, Berlin, Heidelberg

Küpper H-U, Zoch B (2010) Reaktionsstrategien auf den Demografischen Wandel bei kleinen und mittleren Handwerksbetrieben. In: Meyer J-A (Hrsg) Strategien von kleinen und mittleren Unternehmen. Eul, Lohmar, S 333–356

Lahner J, Müller K (2004) Innovationen im Handwerk Göttinger Handwerkswirtschaftliche Arbeitshefte, Bd. 54. IfM, Göttingen

Lazarus RS, Launier R (1981) Streßbezogene Transaktionen zwischen Personen und Umwelt. In: Nitsch JR (Hrsg) Streß: Theorien, Untersuchungen und Maßnahmen. Huber, Bern, S 213–259

Matthäi I (2009) Ressourcenorientierte Strategien im Kontext von Innovation und lernförderlicher Unternehmenskultur. Saarbrücken. http://www.iso-institut.de/download/Ressourcenorientierte_%20Strategien.pdf. Zugegriffen: 23. Februar 2015

Maaß F, Führmann B (2012) Innovationstätigkeit im Mittelstand. Messung und Bewertung IfM-Materialien, Bd. 212. IfM, Bonn

MDS Medizinischer Dienst des Spitzenverbandes Bund der Krankenkassen e. V. (2014) Präventionsbericht 2014. Leistungen der gesetzlichen Krankenversicherung: Primärprävention und betriebliche Gesundheitsförderung. Berichtsjahr 2013. http://www.mds-ev.de/media/pdf/Praeventionsbericht_2014.pdf. Zugegriffen: 26. Januar 2015

Melzer M, Hubrich A (2014) Einfluss arbeitsbezogener und individueller Ressourcen auf positive Aspekte der mentalen Gesundheit. Bundesanstalt für Arbeitsschutz und Arbeitsmedizin, Dortmund, Berlin, Dresden

Mendius HG (2001) Das Handwerk und seine Beschäftigten – Verlierer des demographischen Umbruchs? In: Bundeszentrale für politische Bildung (Hrsg.). Beilage zur Wochenzeitung "Das Parlament", B 3-4:23–30

Möller W (2012) Wirtschaftliche Wirksamkeit der Förderung von ZIM-NEMO-Netzwerken. Expertise 3/2012 im Auftrag des Bundesministeriums für Wirtschaft und Technologie. http://www.zim-bmwi.de/download/studien-berichte-expertisen/expertise-zim-nemo_runde1.pdf. Zugegriffen: 10. März 2015

Müller-Christ G (2004) Nachhaltigkeit und Salutogenese: Zwei innovative Denkwelten für ein modernes Ressourcenmanagement. Festschrift an der Universität Bremen. http://www.sfb637.uni-bremen.de/pubdb/repository/SFB637-A2-04-001-IIA.pdf. Zugegriffen: 26. Januar 2015

Ohly S, Stelzer F (2007) Über die Motivation zur Teilnahme am Ideenmanagement. Wirtschaftspsychologie 9(2):25–33

Pundt A, Schyns B (2005) Führung im Ideenmanagement – Der Zusammenhang zwischen transformationaler Führung und dem individuellen Engagement im Ideenmanagement. Zeitschrift für Personalpsychologie 4:55–65

Pundt A, Martins E, Vetterlein A, Nerdinger FW (2009) Betriebsräte und Mitarbeiter in betrieblichen Innovationsprozessen. Stand der Forschung und Entwicklung eines psychologischen Forschungsmodells Rostocker Beiträge zur Wirtschafts- und Organisationspsychologie, Bd. 2. Universität Rostock, Rostock

Rank J, Nelson NE, Allen TD et al (2009) Leadership predictors of innovation and task performance: Subordinates' self-esteem and self-presentation as moderators. Journal of Occupational and Organizational Psychology 81:465–489

Reuvers M, Van Engen ML, Vinkenburg CJ et al (2008) Transformational Leadership and Innovative Work Behaviour: Exploring the Relevance of Gender Differences. Creativity and Innovation Management 17(3):227–244

Rigotti T, Mohr G (2011) Gesundheit und Krankheit in der neuen Arbeitswelt. In: Bamberg E, Ducki A, Metz AM (Hrsg) Gesundheitsförderung und Gesundheitsmanagement in der Arbeitswelt. Ein Handbuch. Hogrefe, Göttingen, S 61–82

RKW Kompetenzzentrum (2010) Zielgruppenanalyse der Kundengruppe 50plus im Freiburg im Breisgau – Fokus Handwerk. RKW, Eschborn

Rowold J, Heinitz K (2008) Führung als Stressbarrieren. Zum Zusammenhang zwischen transformationaler, transaktionaler, mitarbeiter- und aufgabenorientierter Führung und Indikatoren von Stress bei Mitarbeitern. Zeitschrift für Personalpsychologie 7:129–140

Schallock B, Graf D (2007) IKOPA – Kulturwandel in klein- und mittelständischen Unternehmen. Futur 2:24–25

Schmücker S (2011) Marktpotenziale aus dem demografischen Wandel. Systematisierung der Aktivitäten der Handwerkskammern sowie Instrumente zur Sensibilisierung und Information der Handwerksbetriebe. Ludwig-Fröhler-Institut. Forschungsinstitut im Deutschen Handwerksinstitut (DHI). http://www.lfi-muenchen.de/lfi/moe_cms/main/ASSETS/bwl_pdfs/LFI_bwl_Demografischer%20Wandel.pdf. Zugegriffen: 11.12.2014

Scholl W, Wurzel UG (2002) Erfolgsbedingungen regionaler Innovationsnetzwerke – Ein organisationstheoretisches Kausalmodell Materialien, Bd. 21. DIW, Berlin

Stoll A (2013) Netzwerke kleiner und mittlere Unternehmen – Potenziale und Widersprüche. Vortrag auf der Konferenz „KMU-Netzwerke – aktuelle Herausforderungen für Management und Politik" am 24.1.2013 in der Hessischen Landesvertretung in Berlin. https://prezi.com/jezf5tymus_t/netzwerke-kleiner-und-mittlerer-unternehmen-potentiale-und-widerspruche/. Zugegriffen: 29. Januar 2015

Udris I, Rimann M (2006) Das Kohärenzgefühl: Gesundheitsressource oder Gesundheit selbst? Strukturelle und funktionale Aspekte von SOC und ein Validierungsversuch. In: Wydler H, Kolip P, Abel T (Hrsg) Salutogenese und Kohärenzgefühl. Grundlagen, Empirie und Praxis eines gesundheitswissenschaftlichen Konzepts. Juventa, Weinheim, S 129–147

Van Dyne L, Jehn KA, Cummings A (2002) Differential effects of strain on two forms of work performance: Individual employee sales and creativity. Journal of Organizational Behaviour 23:57–74

Vincent S (2012) Analyseinstrument für gesundheits- und entwicklungsförderliches Führungsverhalten: eine Validierungsstudie. Zeitschrift für Arbeitswissenschaft 66:38–57

Volkholz V (2007) Capability for Innovation. In: Ludwig J, Moldaschl M, Schmauder M, Schmierl K (Hrsg) Arbeitsforschung und Innovationsfähigkeit in Deutschland. Rainer Hampp Verlag, München und Mering

Warkotsch N (2004) Einflussgrößen und Wirkungen des Innovationsverhaltens von Handwerksunternehmen. Modell und empirische Ergebnisse. Handwerkswirtschaftliche Reihe, Bd. 117. Deutsches Handwerksinstitut, Ludwig-Fröhler-Institut, München

Zapf D, Semmer NK (2004) Stress und Gesundheit in Organisationen. In: Schuler H (Hrsg) Organisationspsychologie – Grundlagen und Personalpsychologie. Enzyklopädie der Psychologie, Bd. D /III (3). Hogrefe, Göttingen, S S1007–S1112

ZDH (2014): Digitalisierung der Geschäftsprozesse im Handwerk. Ergebnisse einer Umfrage unter Handwerksbetrieben im ersten Quartal 2014. Berlin, Juni 2014.

Zoch B (2008) Beschäftigungssituation von älteren Arbeitsnehmern im Handwerk. Eine empirische Untersuchung von Handwerksbetrieben aus dem Bundesgebiet. Deutsches Handwerksinstitut, Ludwig-Fröhler-Institut, München

Zoch B (2011) Wichtige Trends und daraus resultierende Marktpotenziale für das Handwerk. Deutsches Handwerksinstitut, Ludwig-Fröhler-Institut, München

Beschreibung des Gesamtverfahrens „InnoGeKo"

Martina Brandt, Daniela Kunze

A. Ducki, M. Brandt, D. Kunze, M. Drupp (Hrsg.), *Innovationen gesund gestalten*,
DOI 10.1007/978-3-662-48276-6_2, © Springer-Verlag Berlin Heidelberg 2016

2.1   Zielsetzung

Ziel des Verfahrens „InnoGeKo" (Innovation – Gesundheit – Kompetenz) ist es, kleine und mittelständische Betriebe in einem modularen Prozess nachhaltig zu befähigen, geeignete Maßnahmen zur Stärkung ihrer Innovationsfähigkeit zu entwickeln und umzusetzen. Dabei liegt der Fokus vor allem auf jenen Aspekten der Arbeitssituation, die sowohl die Gesundheit und das Gesundheitsverhalten als auch die Innovationsfähigkeit des Betriebes beeinflussen. Zur Stärkung der Eigenaktivität der Betriebe wird das Verfahren partizipativ mit Betriebsinhabern und Beschäftigten realisiert. Im Einzelnen soll in den Betrieben erreicht werden, dass

- Hindernisse für Innovation und Gesundheit abgebaut und Potenziale weiterentwickelt werden,
- der demografische Wandel aktiv durch intergenerativen Wissens- und Ideentransfer gestaltet wird,
- die erlebte Wertschätzung der Beschäftigten gesteigert wird und
- nachhaltige Bedingungen für eine effektive und innovative Aufgabenerledigung im Unternehmen entstehen.

Das Verfahren wird durch geschulte Berater aus verschiedenen Institutionen (z. B. Handwerkskammer und Krankenkassen) realisiert. Dies dient dem Ziel, eine Vernetzung bestehender demografie-, innovations- und gesundheitsorientierter Beratungsangebote zu bewirken und auf diese Weise die Beratungskompetenz für kleine Betriebe auf regionaler Ebene zu optimieren. Durch die Etablierung eines Firmennetzwerks wird der betriebliche Erfahrungsaustausch auf regionaler Ebene nachhaltig gefördert, was ebenfalls zur Stärkung der Innovationsfähigkeit der Betriebe beiträgt.

2.2   Modulares Verfahrensmodell

2.2.1   Charakteristika und Ablauf

Das InnoGeKo-Verfahren ist durch folgende Besonderheiten gekennzeichnet:
- Es ist als interaktives Gruppenverfahren angelegt und wird idealerweise mit 10 bis 12 Betrieben umgesetzt. Die Betriebe profitieren während des Verfahrens vom Erfahrungsaustausch untereinander und führen diesen Austausch anschließend mittels eines Firmennetzwerks fort.
- InnoGeKo ist modular aufgebaut und umfasst Motivationsinterviews und Benchmarks zur Akquise, Informations- und Qualifizierungsmodule sowie Workshops als Gruppenveranstaltungen und Einzelberatungen.
- Die Grundlage für die Entwicklung von Veränderungsideen bilden umfangreiche Betriebsanalysen mithilfe des eigens dafür entwickelten Tools IKoNe (▶ Abschn. 2.3).
- Das Verfahren endet nicht bei der Festlegung von Maßnahmen, sondern schließt eine beratende Begleitung der Umsetzung mit ein.
- Die Qualifizierung richtet sich nicht nur an die Betriebsinhaber als Führungskräfte, sondern auch an ausgewählte Beschäftigte, die überbetrieblich auf ihre Rolle als Experten für die Ermittlung innerbetrieblicher Innovationsvoraussetzungen (Innoscouts) vorbereitet werden.

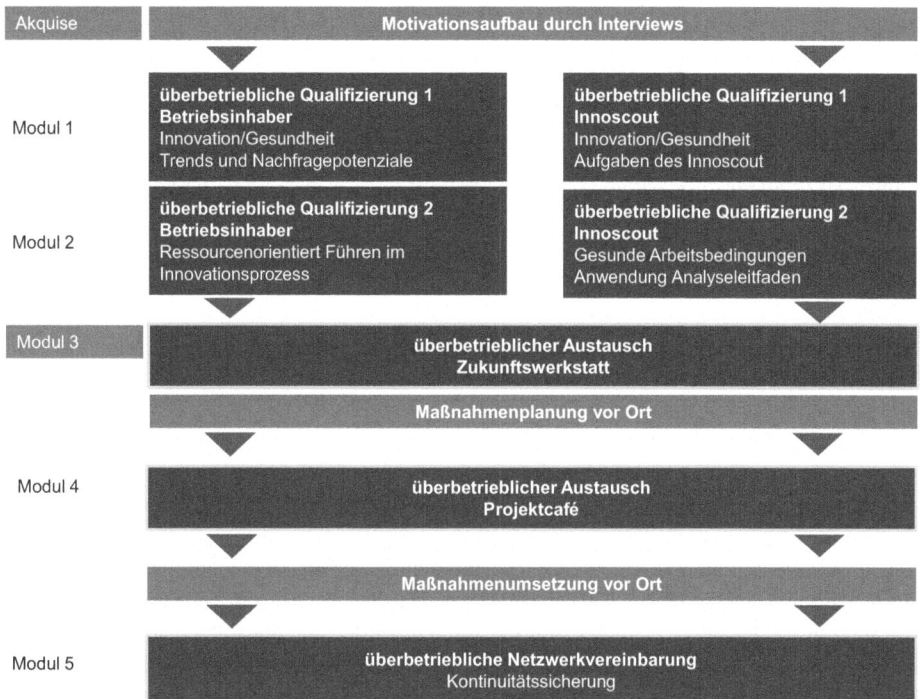

Abb. 2.1 Grafische Darstellung des InnoGeKo-Verfahrens

- Das Verfahren kann nur von erfahrenen Betriebsberatern angewendet werden und erfordert die Teilnahme an einer zertifizierten Qualifizierung.
- Empfohlen wird die Realisierung des Verfahrens im Rahmen einer Akteursallianz verschiedener überbetrieblich agierender Institutionen wie Krankenkassen und Industrie- oder Handwerkskammern (▶ Abschn. 3.1, ▶ Abschn. 6.1).
- Prinzipiell können auch die als Gruppenveranstaltungen konzipierten Module als Einzelberatungen realisiert werden. Im Unterschied zum Gruppenverfahren erweisen sich hier jedoch das Fehlen jeglichen zwischenbetrieblichen Erfahrungsaustauschs und ein höherer Aufwand für den Berater als gravierende Nachteile.

Der Gesamtablauf wird mit ☐ Abb. 2.1 veranschaulicht.

2.2.2 Thematische Sensibilisierung

In einem zweistufigen Vorgehen werden die Betriebe für eine Teilnahme am Verfahren sensibilisiert und motiviert. Die Berater vermitteln in einem ersten Telefonkontakt ihr Interesse an einem Gespräch mit der Geschäftsführung über die aktuelle betriebliche Situation. Mit Blick auf die besonderen Herausforderungen des demografischen Wandels für Kleinbetriebe richten sie den Fokus dabei vor allem auf Themen wie alternde Belegschaften und die Rekrutierung von Fachkräften, veränderte Märkte, neue Leistungsangebote und notwendige innerbetriebliche

Veränderungen sowie gesundheitliche Belastungen am Arbeitsplatz. Sie stellen hierzu gezielte Unterstützung in Aussicht und vereinbaren einen Gesprächstermin mit der Geschäftsführung. Im darauf folgenden persönlichen Vor-Ort-Gespräch mit der Geschäftsführung geht es vertiefend um deren Einschätzungen zum Innovationsverhalten, zu Arbeitsbedingungen und zu bisherigen Maßnahmen der Gesundheitsförderung im Betrieb. Darauf aufbauend stellen die Berater das InnoGeKo-Verfahren vor und werben für seine Anwendung im Betrieb. Die Sensibilisierungsphase wird durch ein den Betrieben in Aussicht gestelltes Benchmark unterstützt, das die Berater auf der Grundlage der in den Vor-Ort-Gesprächen getroffenen Einschätzungen erarbeiten.

2.2.3   Qualifizierung

In den folgenden beiden Schulungsmodulen (ganztägig und zeitversetzt) werden die am Verfahren teilnehmenden Führungskräfte und die von ihnen ernannten Beschäftigten (im Folgenden Innoscouts genannt) in getrennten Veranstaltungen qualifiziert. Neben der Vermittlung von Inhalten ist das gegenseitige Kennenlernen der Akteure, besonders der verschiedenen Teilnehmenden untereinander, ein bedeutender Bestandteil der Präsensveranstaltungen. Das Inno-GeKo-Verfahren setzt nicht nur auf die fachliche Begleitung durch qualifizierte Berater, sondern baut auch auf die kollegiale Unterstützung der Teilnehmenden untereinander. Die Einbeziehung der Meinung und Erfahrung anderer Unternehmer in ähnlichen Situationen erleichtert den Führungskräften, die Anregungen, die durch Analyse, Qualifizierung und Beratung gewonnen werden, in die betriebliche Praxis zu überführen.

Im *Modul 1 für Führungskräfte* werden auf der Grundlage eines betrieblichen Innovationsverständnisses und der Vermittlung handwerksrelevanter Trends und Nachfragpotenziale, Gesundheitsressourcen wie Handlungsspielraum, wertschätzende Führung oder offene Fehlerkultur als Voraussetzungen für innovationsförderliche Betriebsstrukturen thematisiert. Die theoretischen Bausteine werden durch die aufbereiteten Ergebnisse der Interviews unterlegt und somit den Unternehmern die Verbindung zu ihrer Alltagspraxis erleichtert. Die Führungskräfte erarbeiten im interaktiven Dialog bisherige Maßnahmen zur Belastungsreduzierung und diskutieren Umsetzungserfahrungen. Am Ende des Moduls erfolgt die schriftliche Befragung der Geschäftsführung, und es werden die Fragbögen für die Mitarbeiterbefragung ausgehändigt.

Im *Modul 1 für Innoscouts* werden diese auf die Durchführung von Arbeitsplatzanalysen in ihren Betrieben vorbereitet und für die Beschreibung der Arbeitsplätze angeleitet, die dann die Grundlage für das weitere Vorgehen im Modul 2 bilden. Da sie Ansprechpartner für die Beschäftigten in den Unternehmen für alle bei der Verfahrensdurchführung entstehenden Fragen sind, ist es besonders wichtig, die Innoscouts für die weitere Mitarbeit zu begeistern.

Ein besonderes Augenmerk liegt auf dem zweiten Schulungstag. Im *Modul 2 für Führungskräfte* erhalten diese mit theoretischen Impulsen zu Mitarbeitermotivation, wertschätzender und ressourcenfördernder Kommunikation sowie ressourcenorientierter Führung die Grundlage dafür, die individuelle Rückmeldung zu den Ergebnissen der Geschäftsführerbefragung und der Beschäftigtenbefragung zu Fragen der gesundheits- und innovationsförderlichen Führung zu beurteilen. Durch moderierte Gruppengespräche werden die Führungskräfte dabei angeleitet, ihren persönlichen Führungsstil zu reflektieren und vor allem die eigene Einschätzung (Selbstwahrnehmung) mit der Einschätzung durch die Beschäftigten (Fremdwahrnehmung) zu spiegeln. Die ermittelten Verbesserungspotenziale werden besprochen und Handlungsbedarfe sowie erste Lösungsideen entwickelt. Sehr unterstützend wirkt dabei der kollegiale Austausch mit anderen teilnehmenden Unternehmern, die durch praktische Erfahrung den Transfer der zunächst theoretischen Ideen in den Arbeitskontext erleichtern. Diese Arbeit wird vor Ort in den einzelnen Firmen von den Beratern fortgesetzt.

Die Beschäftigten werden im *Modul 2 für Innoscouts* durch theoretische Impulse und umfangreiche praktische Übungssequenzen befähigt, die Arbeitsbedingungen in ihren Betrieben anhand eines strukturierten Leitfadens gemeinsam mit den jeweiligen Arbeitsplatzinhabern zu ermitteln und damit Verbesserungspotenziale aufzudecken. Im Anschluss an die Schulung setzen die Innoscouts ihr erlerntes Wissen in die Praxis um und beurteilen die Arbeitsplätze in ihren Betrieben anhand des vorgestellten Instrumentariums.

2.2.4 Entwicklung von Lösungsideen

Das *Modul 3* basiert auf den Ergebnissen der Unternehmensanalyse. Die aufbereiteten Ergebnisse aus der Geschäftsführerbefragung, der Beschäftigtenbefragung und der Arbeitsplatzanalyse dienen als Grundlage für moderierte Kleingruppengespräche, deren Ziel die Ermittlung von Handlungsfeldern und ersten Lösungsansätzen ist. Erstmals im Verfahren müssen sich die Führungskräfte und ihre jeweiligen Innoscouts dieser Aufgabe gemeinsam stellen. Durch eine entsprechende Anleitung und Moderation der Diskussion wird die Zusammenarbeit und interne Kommunikation in den Firmen positiv beeinflusst und damit auch ressourcenorientierte Führung erlebbar gemacht. Durch den Austausch mit Teilnehmenden aus anderen Betrieben wird die Vielfalt an Ideen, aus der im Laufe des Arbeitsprozesses die Umsetzungsprojekte generiert werden sollen, deutlich erhöht.

2.2.5 Umsetzungsphase

Aus der in der Zukunftswerkstatt generierten Ideenvielfalt treffen die Führungskraft und der Innoscout im Betrieb eine Auswahl und erarbeiten für diese geplanten Veränderungen detaillierte Umsetzungspläne. Die konkrete Planung, Terminierung und Festlegung von Verantwortlichkeiten befördert die Umsetzungswahrscheinlichkeit und erhöht die Transparenz für die Belegschaft. Die Unternehmen werden bei dieser Aufgabe individuell, je nach Bedarf, durch die Berater begleitet und unterstützt.

Die Umsetzungsphase wird ergänzt durch eine weitere gemeinsame Präsenzveranstaltung von Führungskräften und Innoscouts. Im „Projektcafé" (*Modul 4*) werden in lockerer Atmosphäre die geplanten und zum Teil inzwischen bereits in Angriff genommenen Projekte durch die Betriebe vorgestellt und gemeinsam diskutiert. Ziel ist es, von Hinweisen auf Fallstricke und fördernde Faktoren durch andere Teilnehmende zu profitieren. Im Anschluss daran werden die Umsetzungspläne mithilfe der Berater vor Ort – wenn nötig – angepasst und die Projekte den Hinweisen entsprechend umgesetzt.

2.2.6 Konsolidierung in den Betrieben

Trotz innerbetrieblicher Unterstützung durch Innoscout und Berater liegt die Hauptverantwortung für die Umsetzung und das Controlling der einzelnen Maßnahmen bei der Unternehmensleitung. Daher wird im InnoGeKo-Verfahren der Gestaltung und Stärkung der Führungsrolle und Führungsverantwortung der jeweiligen Führungskräfte eine besonders hohe Bedeutung beigemessen. Die passgenaue Qualifizierung der Führungskräfte im Bereich ressourcenfördernder Führung, zum einen in den beiden Präsenzveranstaltungen, zum anderen aber auch individuell im Unternehmen, stärkt die Führungskräfte nachhaltig in der Ausgestaltung ihrer persönlichen Führungsrolle.

Die Vermittlung und praktische Übung der Arbeitsplatzanalyse mithilfe eines Leitfadens befähigt die Innoscouts langfristig, die Arbeitsbedingungen in den Unternehmen nach vorgegebenen Kriterien der Gesundheitsförderlichkeit zu beurteilen. Sie verkörpern ein starkes Bindeglied zwischen Geschäftsführung und Belegschaft, können Schwachstellen im Unternehmen aufzeigen und der Führungskraft mitteilen und wirken zugleich als Sprachrohr für die Anliegen der Beschäftigten. Innoscouts kommt im weiteren Verlauf die Rolle des Kümmerers zu. Sie werden angeregt, den Kontakt zur Führungskraft zu suchen und den Prozess der kontinuierlichen Optimierung der Ressourcen, der durch die Anwendung des InnoGeKo-Verfahrens angestoßen wurde, am Laufen zu halten.

Unterstützung erfahren die Unternehmer auch überbetrieblich. Die kollegiale Beratung, die innerhalb der Präsenzveranstaltungen angelegt wurde, wird in einem Netzwerk (*Modul 5*) fortgeführt. In regelmäßigen Treffen werden neben inhaltlichem Input zu ausgewählten Themen der aktuelle Stand der Projekte besprochen, Fallstricke und Lösungsideen diskutiert sowie Führungsfragestellungen in vertrauter Atmosphäre erörtert.

2.3   Analyse- und Bewertungstool IKoNe

2.3.1   Untersuchungsbereiche und Erhebungsquellen

Das Analysetool IKoNe (Innovationskompetenznetz) ist der methodische Kern des beschriebenen InnoGeKo-Verfahrens und liefert die Grundlagen für die Ableitung von Veränderungsbedarfen in den Betrieben. Es führt ausgewählte innovations- und gesundheitsförderliche Aspekte in sechs Untersuchungsbereichen zusammen: Marktkompetenz, Kommunikation, Führung, Arbeitsbedingungen, Kultur und Mitarbeiterpotenzial.

Die Festlegung der sechs Untersuchungsbereiche erfolgte in Anlehnung an die in verfügbaren Tools zur Messung der Innovationsfähigkeit im Mittelstand verwendeten Handlungsfelder (z. B. Kirner et al. 2009; Bendig et al. 2011; Kespohl und Everett 2008) sowie an Instrumente zur Messung gesundheitsförderlicher Ressourcen und zur Erfassung des Führungsverhaltens (z. B. Ducki 2000; Felfe et al. 2014; Vincent 2012). Sie wurden dahingehend geprüft, ob sie für die Anwendung in kleinen Betrieben geeignet sind und dementsprechend verändert. Ebenso wurden die ausgewählten arbeitspsychologischen Skalen an das Untersuchungsfeld angepasst und zum Teil durch eigene Items ergänzt.

Nachfolgend werden die inhaltlichen Schwerpunkte der sechs Untersuchungsbereiche vorgestellt:
- Der Bereich *Marktkompetenz* (13 Items) setzt sich aus Fragen zum Markt, wie z. B. Kundenbedarfe, Öffnungszeiten, Wettbewerbsfähigkeit und Fragen zu Strategien und Netzwerken, wie z. B. Innovationsstrategien und Kooperationsstrategien, zusammen. Befragt wird hierzu die Führungskraft bzw. der Unternehmer. Optional können durch die Berater Altersstrukturanalysen und Kunden- bzw. Wettbewerbsanalysen angeboten werden.
- *Kommunikation* (13 Items) wird im IKoNe-Tool auf zwei Wegen erfasst. Fragen zur Informationsbereitstellung (Stremming 2009) (frühzeitige Information über Neuigkeiten,

Zugriff auf benötige Informationen) und Rückmeldung (Ducki 2000) (ausreichendes und hilfreiches Feedback zur Arbeit, gemeinsame Auftragsauswertung) werden von den Beschäftigten im Rahmen der schriftlichen Beschäftigtenbefragung beurteilt. Die Führungskraft beantwortet Fragen zur Unternehmenskommunikation (Information über Verbesserungsvorschläge, regelmäßige Besprechungen), dem Vorhandensein von Kommunikationsmitteln (z. B. schwarzes Brett) und dem Kommunikationsklima (gemeinsame Mahlzeiten, Feste) (Stremming 2009).

- Ein besonderer Schwerpunkt bei der Analyse liegt auf dem Bereich der *Führung* (29 Items). Erfasst wird der Bereich durch Skalen der gesundheitsförderlichen Führung (Health orientated Leadership, HoL) nach Franke und Felfe (2011), Skalen der innovationsförderlichen Führung (Vincent-Höper in Vorbereitung) sowie ausgewählte Skalen zur transformationalen Führung (MLQ) nach Felfe (2006). Dabei werden alle Skalen sowohl in der Geschäftsführerbefragung als auch in der Beschäftigtenbefragung eingesetzt und eröffnen damit die Möglichkeit einer Gegenüberstellung von Selbst- und Fremdeinschätzung. Neben dem Vergleich der betrieblichen Mittelwerte mit denen der anderen teilnehmenden Unternehmen profitieren die Führungskräfte vor allem von der Auseinandersetzung mit den Diskrepanzen zwischen der eigenen Einschätzung und der Einschätzung ihrer Beschäftigten.

- Die *Arbeitsbedingungen* (15 Items) werden durch den Innoscout mithilfe eines Leitfadens für jeden Arbeitsplatz im Betrieb eingeschätzt. Der Leitfaden beinhaltet Fragen zum Handlungsspielraum, zur Vielfalt und Vollständigkeit der Tätigkeiten, zur ergonomischen Arbeitsplatzgestaltung, zu Lernerfordernissen und Kooperationserfordernissen sowie zu *Arbeitsprozessen* (Metz et al. 2007).

- Im Bereich *Kultur* (12 Items) werden die Beschäftigten zu ihrer Einschätzung der betrieblichen Situation in den Feldern Fehlerkultur und Vertrauen, Lernkultur, Teamklima sowie soziale Unterstützung (Rücksichtnahme auf persönliche Lebensumstände, gute soziale Leistungen) befragt (Stremming 2009, Ducki 2000).

- Der Bereich *Mitarbeiterpotenzial* (29 Items) ist eine Eigenentwicklung, die sich an Skalen anlehnt wie Umgang mit Veränderungen (Dettmers 2010), Veränderungsbereitschaft (Frese und Plüddemann1993), Zugehörigkeitsgefühl zur Firma (Felfe und Franke 2012), Arbeitsbewältigung (Hasselhorn und Freude 2007). Arbeitsfreude, Erholungsfähigkeit, Arbeitszufriedenheit und Beschwerden (Ducki 2000).

Als Erhebungsquellen dienen die Befragungen der Geschäftsführung und der Belegschaften sowie die Ergebnisse der Arbeitsplatzanalysen durch den Innoscout, die dieser mittels des sogenannten Innoscoutleitfadens generiert. In den Fragebögen wird eine fünfstufige Bewertungsskala verwendet (1 = trifft nicht zu, 2 = trifft wenig zu, 3 = trifft mittelmäßig zu, 4 = trifft überwiegend zu, 5 = trifft voll zu). Einen Gesamtüberblick, aus welchen Datenquellen welche Inhalte zu den sechs Dimensionen erhoben werden, vermittelt ◘ Tab. 2.1.

◘ **Tab. 2.1** Zuordnung der Datenquellen zu den Analysebereichen

Dimension	Erhobene Inhalte	Erhebungsquelle
Marktkompetenz	Markt: Kundenbedarfe, Öffnungszeiten, kundenorientiertes Verhalten, Wettbewerbsfähigkeit, Konkurrenz, Rahmenbedingungen Strategie/Netzwerke: Innovationsstrategie, Trendmonitoring, Mitarbeiterverständnis, Kooperation Wirtschaft und Sonstige, Netzwerkerfahrung	Geschäftsführerbefragung
Kommunikation	Kommunikationsmittel Unternehmenskommunikation Kommunikationsklima	Geschäftsführerbefragung
	Informationsbereitstellung Rückmeldung	Mitarbeiterbefragung
Führung	Führungsstil	Führungsanalyse (Abgleich Fremd- und Selbsteinschätzung)
	Innovationsförderliche Führung	
	Gesundheitsförderliche Mitarbeiterführung Gesundheitsförderliche Selbstführung	Geschäftsführerbefragung Mitarbeiterbefragung
Arbeitsbedingungen	Handlungsspielraum, Vollständigkeit, Vielfalt, Arbeitsplatzgestaltung, Lernerfordernisse, Kooperationserfordernisse	Arbeitsplatzanalyse (mittels Innoscoutleitfaden) Geschäftsführerbefragung
	Prozesse: Mitspracherecht, persönliche Initiative, Zuständigkeiten, Arbeitsabläufe, Planung von Ressourcen, Zeitdruck, Controlling von Ressourcen	
Kultur	Fehlerkultur/Vertrauen, Lernkultur, Teamklima, soziale Unterstützung	Mitarbeiterbefragung
Mitarbeiterpotenzial	Umgang mit Veränderungen, Veränderungsbereitschaft, Zugehörigkeitsgefühl zur Firma, Arbeitsfreude, Arbeitszufriedenheit, Arbeitsbewältigung, somatische Beschwerden, Erholungsfähigkeit	Mitarbeiterbefragung

2.3.2   Visualisierung der Analyseergebnisse

Mittels des Analysetools erfolgt die Aufbereitung der Analyseergebnisse auf drei verschiedenen Aggregationsstufen:

Auf der höchsten Aggregationsstufe wird durch die netzartige Visualisierung der vorhandenen Kompetenzen in allen sechs Untersuchungsbereichen eine schnelle Orientierung in Bezug auf Stärken und Schwächen oder Vergleichswerte anderer Betriebe ermöglicht (◘ Abb. 2.2). Sie bildet darüber hinaus den IKoNe-Gesamtwert ab (in der Grafik als „IKoNe-Gesamtindex" bezeichnet), der als Summenwert aus den sechs Einzelwerten der sechs Untersuchungsbereiche gebildet wird.

Diese Gesamtdarstellung wird ergänzt durch eine einseitige Profildarstellung der Analyseergebnisse, in der die Items zu 46 Themenbereichen zusammengefasst und ebenfalls im Vergleich zu den Mittelwerten anderer am Verfahren teilnehmender Betriebe dargestellt werden (◘ Abb. 2.3).

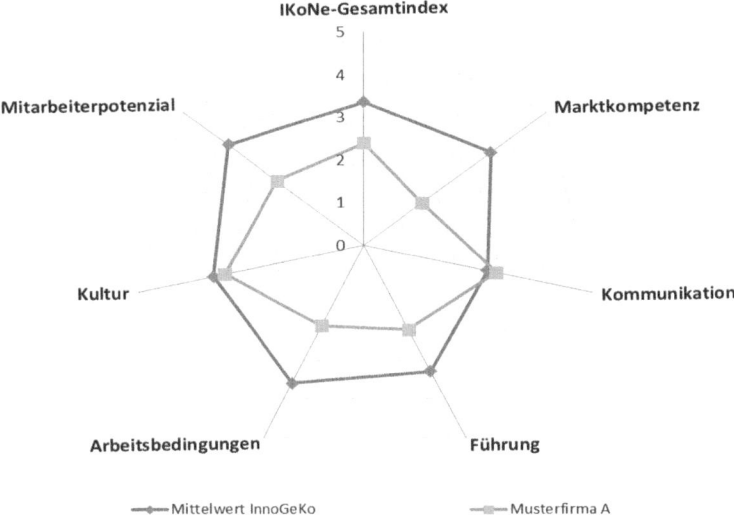

■ **Abb. 2.2** Beispielhafte Darstellung eines Innovationskompetenznetzes

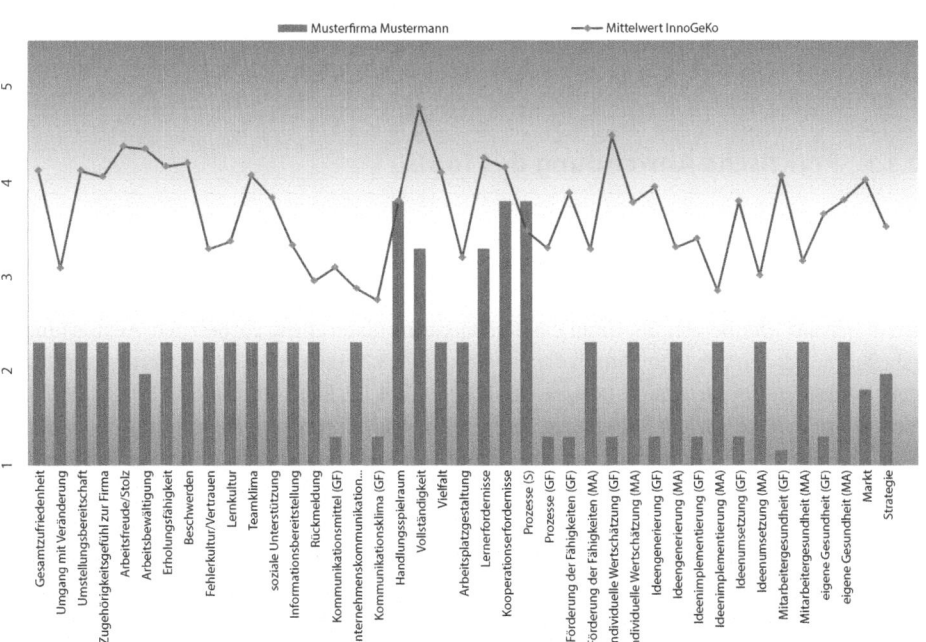

■ **Abb. 2.3** Beispielhafte Darstellung eines Gesamtprofils

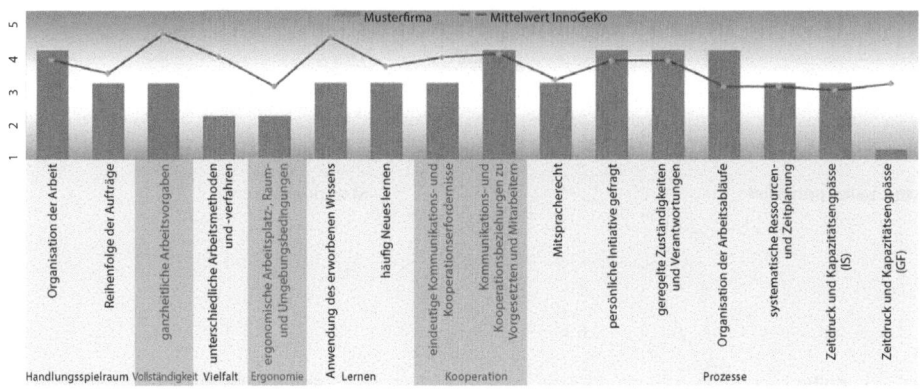

◘ Abb. 2.4 Beispielhafte Profildarstellung für einen Untersuchungsbereich

Auf der mittleren Aggregationsstufe werden die Analyseergebnisse für jeden der sechs Analysebereiche als einseitige Profildarstellungen aufbereitet, wie mit ◘ Abb. 2.4 beispielhaft für den Untersuchungsbereich „Arbeitsbedingungen" veranschaulicht wird.

Die unterste Aggregationsstufe ist durch eine detaillierte Aufbereitung der Analyseergebnisse für einzelne Skalen als Balkengrafik gekennzeichnet – wiederum im Vergleich zu den Ergebnissen anderer teilnehmender Firmen. Dies wird beispielhaft für die Skala zu Rückmeldung und Informationsbereitstellung mit ◘ Abb. 2.5 veranschaulicht.

Insgesamt werden durch das Tool auf diesen Aggregationsstufen 37 grafische Aufbereitungen von Analyseergebnissen bereitgestellt, die die Berater bei der Durchführung der Module zum Einsatz bringen können. Wie dies im Einzelnen geschieht, wird im Manual zur Verfahrensdurchführung (▶ Kap. 4) an den entsprechenden Stellen ausführlich erläutert.

2.3.3   Praktische Anwendung des Tools

Das Analysetool IKoNe wird in zwei Versionen zur Verfügung gestellt:

Bei der *Offlineversion* erhalten alle zu befragenden Personen einen Ausdruck des jeweiligen Fragebogens (Geschäftsführerfragebogen, Mitarbeiterfragebogen, Innoscoutleitfaden) und füllen diesen aus. Der Berater überträgt die Ergebnisse in entsprechend vorbereitete Auswertungstabellen, aus denen sich automatisch die in ▶ Abschn. 2.3.2 beschriebenen Auswertungsgrafiken generieren. Hierfür steht dem Berater das IKoNe-Tool im Excel-Format zur Verfügung. Als Vergleichswerte werden die Mittelwerte über alle bisherigen Erprobungsfirmen zugrunde gelegt. Für die weitere Arbeit mit den Auswertungsgrafiken wird daraus das 38-seitige betriebsindividuelle Dokument „Ergebnisse der InnoGeKo-Unternehmensanalyse" erzeugt, indem der Berater nach dem im Excel-Tool beschriebenen Vorgehen die Grafiken in das vorbereitete Dokument überträgt. Es enthält darüber hinaus die Übersicht zu den Datenquellen (adäquat zu ◘ Tab. 2.1) und ein Arbeitsblatt zur Erfassung von erkanntem Veränderungsbedarf und entwickelten Lösungsideen für die sechs Themenbereiche. Die Zugänge zu den benötigten Dokumenten (Fragebögen, Excel-Tool, Ergebnisdokument) sind in ▶ Abschn. 3.4 erläutert.

Bei der *Onlineversion* verschickt der Berater an alle zu befragenden Personen einen Link zum jeweils für sie relevanten Fragebogen, den diese online ausfüllen. Nach erfolgreichem Rücklauf werden automatisch zwei Arten von Auswertungsdokumenten generiert: Ein Aus-

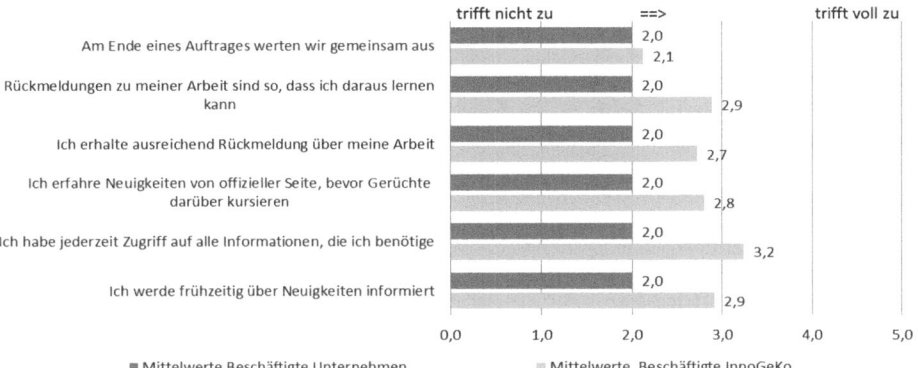

○ **Abb. 2.5** Beispielhafte Ergebnisdarstellung auf Skalenebene, Quelle Stremming (2009), Ducki (2000)

wertungsdokument für jeden (registrierten) Geschäftsführer und ein (etwas umfänglicheres) Auswertungsdokument für den Berater, das mehr Detailinformationen enthält. Das Onlinetool bietet neben der deutlich komfortableren Auswertung für den Berater weitere Vorteile, was den Umgang mit Vergleichsdaten betrifft. So können die betriebsindividuellen Werte nicht nur mit den Mittelwerten aller Firmen, die bisher das Verfahren angewandt haben, verglichen werden, sondern auch mit den Mittelwerten von Firmen gleicher Größe oder gleicher Branche. Der Administratorzugang zum Onlinetool IKoNe liegt bei der Beuth Hochschule für Technik Berlin und die Anwendung der Onlineversion erfordert eine entsprechende Registrierung durch den Berater. Für nähere Auskünfte wenden Sie sich bitte an Frau Prof. Dr. Antje Ducki, Fachbereich I.

Literatur

Bendig A, Cirkel M, Dahlbeck E, Kolzarek B (Hrsg) (2011) Innovationsfähigkeit von kleinen und mittleren Unternehmen in einer alternden Gesellschaft stärken. VVSWF, Vechta

Dettmers J (2010) Rolleninnovation und organisationale Innovation. Entwicklung und Validierung des Fragebogens zur Rolleninnovation im Handwerk (FRI-H). Zeitschrift für Arbeits- und Organisationspsychologie 3:105–116

Ducki A (2000) Diagnose gesundheitsförderliche Arbeit. Eine Gesamtstrategie zur betrieblichen Gesundheitsanalyse. vdf Hochschulverlag, Zürich

Felfe J (2006) Validierung einer deutschen Version des „Multifactor Leadership Questionnaire" (MLQ Form 5x short) von Bass und Avolio (1995). Zeitschrift für Arbeits- und Organisationspsychologie 50:61–78

Felfe J, Franke F (2012) COMMIT. Verfahren zur Erfassung von Commitment gegenüber der Organisation, dem Beruf und der Beschäftigungsform. Verlag Hans Huber, Bern

Felfe J, Ducki A, Franke F (2014) Führungskompetenzen der Zukunft. In: Badura B, Ducki A, Schröder H, Klose J, Meyer M (Hrsg) Fehlzeiten-Report 2014. Erfolgreiche Unternehmen von morgen- gesunde Zukunft heute gestalten. Springer, Berlin, Heidelberg, S 139–148

Franke F, Felfe J (2011) Diagnose gesundheitsförderlicher Führung – Das Instrument Health-oriented leadership. In: Badura B, Ducki A, Schröder H, Klose J, Meyer M (Hrsg) Fehlzeiten-Report 2011. Führung und Gesundheit. Springer, Berlin, Heidelberg, S 3–13

Frese M, Plüddemann K (1993) Umstellungsbereitschaft im Osten und Westen Deutschlands: Inflexibilität als Gefahrenzeichen. Zeitschrift für Sozialpsychologie 24:198–210

Hasselhorn HM, Freude G (2007) Der Work Ability Index – ein Leitfaden Schriftenreihe der Bundesanstalt für Arbeitsschutz und Arbeitsmedizin., S 87 (Sonderschrift)

Kespohl HD, Erett A, UNITY AG (2008) Bewertung und Steigerung der Innovationsfähigkeit von Unternehmen. http://www.competence-site.de/strategie/Bewertung-und-Steigerung-der-Innovationsfaehigkeit-von-Unternehmen. Zugegriffen: 28. Februar 2014

Kirner E, Slama A, Som O, Spitzley A (2009) Überholspur Innovation, Messung, Bewertung, Sicherung der Innovationsfähigkeit durch www.innoscore.de, Fraunhofer Institut für Arbeitswirtschaft und Organisation IAO. http://www.rpd.iao.fhg.de/fhg/Images/InnoKMU_Abschlussbroschuere_tcm264-97212.pdf,. Zugegriffen: 28. Februar 2014

Marggraf-Micheel C, Bamberg E, Dettmers J, Stremming S, Vahle-Hinz T (2010) Innovative Praxis. Kundenorientiertes Innovationsmanagement in Klein- und Mittelbetrieben. Evaluation einer Intervention für das Handwerk. Zeitschrift für Arbeits- und Organisationspsychologie 54(3):131–141

Metz A-M, Rothe H-J, Panek F (2007) Screening psychischer Arbeitsbelastungen (SPA) – Verfahrensentwicklung und Anwendungserfahrungen. In: Bärenz P, Metz A-M, Rothe H-J (Hrsg) Psychologie der Arbeitssicherheit und Gesundheit 14. Workshop, Kröning, Asanger, 2007., S 237–240

Metz A-M, Rothe H-J (2016) Screening psychischer Arbeitsbelastungen. Springer, Wiesbaden

Stremming S (2009) Innovationsförderliche Unternehmenskultur in KMU – Der Ausschnitt der Informationskultur am Beispiel des Handwerks. Dissertationsschrift. Universität Hamburg

Vincent S (2012) Analyseinstrument für gesundheits- und entwicklungsförderliches Führungsverhalten: Eine Validierungsstudie. Zeitschrift für Arbeitswissenschaft 66:38–57

Vincent-Höper S, Malan J H (in Vorbereitung). Innovation-oriented leadership behavior: Development and validation of a new measure.

Vorbereitung der Verfahrensdurchführung

Ilka Holtermann

A. Ducki, M. Brandt, D. Kunze, M. Drupp (Hrsg.), *Innovationen gesund gestalten*,
DOI 10.1007/978-3-662-48276-6_3, © Springer-Verlag Berlin Heidelberg 2016

3.1   Organisatorische Rahmenbedingungen

Aufgabe der Berater ist es, den gesamten Ablauf des Verfahrens *frühzeitig* zu planen und die Termine den Teilnehmenden rechtzeitig mitzuteilen. Dies erleichtert nicht nur die Arbeit der Berater, sondern schafft in den Betrieben die nötige Transparenz, um von Beginn an Sicherheit für das Verfahren zu vermitteln.

Aufgrund der Komplexität des Verfahrens mit Gruppenschulungen, verschiedenen Formen des betrieblichen Erfahrungsaustauschs und betriebsspezifischen Umsetzungsberatungen vor Ort und angesichts der Länge des Verfahrenszeitraums sowie seiner Realisierung durch Berater aus verschiedenen Einrichtungen sind im Vorfeld wichtige organisatorische Rahmenbedingungen zu beachten, auf die nachfolgend eingegangen werden soll.

- **Arbeitsteilung in der Akteursallianz**

Da empfohlen wird, das Verfahren in einer Akteursallianz durchzuführen, also durch (insgesamt mindesten zwei) Berater aus zwei verschiedenen Einrichtungen, ist frühzeitig, also zu Beginn der Planungsphase zu klären, ob die entsprechenden Kompetenzen und Qualifikationen bei den vorgesehenen Beratern aus den beiden Institutionen für die Durchführung der geplanten Schulungsmodule vorhanden sind. In der Regel wird dies der Fall sein, da das Verfahren an erfahrene Betriebsberater adressiert und die Teilnahme an einer entsprechenden Schulung vorgesehen ist. Sollten dennoch bestimmte Inhalte oder Themen nicht adäquat durch Beteiligte abgedeckt werden können, ist es ratsam, externe Referenten hinzuzuziehen. Diese Referenten sollten frühzeitig benannt und ihr Einsatz terminlich abgestimmt werden. Dies gilt auch für die Ansprache externer Referenten für die Netzwerkveranstaltungen.

- **Zeitrahmen und Modultermine**

In der Erprobungsphase des Verfahrens erwies sich für eine Gruppenstärke von 10 bis 12 Betrieben eine Verfahrensdauer von ca. 12 Monaten (von der Akquise bis zur Netzwerkinitiierung) als sinnvoll. Dabei sind notwendige „Pausen" zwischen den Modulen mit berücksichtigt. Diese Größenordnungen bilden die Grundlage für die nachfolgend dargestellten exemplarischen Abläufe.

Für die grobe Festlegung des Zeitrahmens ist daher zunächst zu prüfen, welche Gruppenstärke tatsächlich erwartet und von welchem Umfang an individueller Beratung ausgegangen werden kann. In Abhängigkeit davon können sich Abweichungen zur vorgeschlagenen Zeitschiene (► Abschn. 3.2) ergeben.

Bei der Festlegung konkreter Modultermine sollten unbedingt bestehende Arbeitsspitzen in der jeweiligen Branche, die mit dem Verfahren angesprochen werden sollen, berücksichtigt werden (z. B. Auftragsboom bei Dachdeckern und Baufirmen im Frühjahr). Diese Zeiten sollten bei der Planung für Gruppenveranstaltungen möglichst ausgespart werden. Ähnliches gilt bei der Terminierung für Ferienzeiten. Erfahrungsgemäß können zwar Einzeltermine in den Betrieben in der Ferienzeit getroffen werden, nicht jedoch Termine für Module, an denen alle Betriebe teilnehmen sollen. Unter Beachtung dieser Hemmnisse sollten alle Modulveranstaltungen rechtzeitig im Vorfeld terminiert und die Betriebe frühzeitig darüber informiert werden.

- **Auswahl geeigneter Räumlichkeiten**

Die Räume für alle überbetrieblichen Modulschulungen sollten rechtzeitig, also vor Beginn des Verfahrens, gebucht werden. Bei der Auswahl des richtigen Veranstaltungsortes ist folgendes zu beachten:

- *Gute Erreichbarkeit:* Manchmal ist eine längere Anfahrt eher geeignet, als eine schlechte Anbindung an die Infrastruktur.
- *Angemessene Größe:* Ein Aula-ähnlicher Raum wird bei einer Gruppengröße von weniger als 10 Personen kein behagliches Gefühl vermitteln.
- *Angemessene Ausstattung an Mobiliar:* Da die meisten Module als Ganztagsveranstaltungen konzipiert sind, sollten bequeme Stühle zur Verfügung stehen. Zusätzlich werden für alle Teilnehmende Tische benötigt, um die ausgeteilten Unterlagen ausbreiten zu können. Ein reiner Stuhlkreis ist für die Veranstaltungen eher hinderlich.
- *Zusätzliche Räume für Kleingruppenarbeit:* Idealerweise wird die Kleingruppenarbeit in zusätzlichen Räumen zum Plenarraum realisiert. Wenn nur die Möglichkeit besteht, einen einzigen großen Raum zu reservieren, können die Teilnehmenden auch hier in Gruppen aufgeteilt und z. B. durch Metaplanwände optisch getrennt werden. Allerdings besteht die Gefahr, dass die Akustik bei sehr angeregten Diskussionen leidet und der Tag sich für alle Beteiligten anstrengend gestaltet.
- *Ungestörte Arbeitsbedingungen:* Auch für die Plenarteile der Module ist eine gute Akustik wichtig. Krach durch Baustellen oder parallele Veranstaltungen sollte möglichst ausgeschlossen werden.
- *Angemessene Ausstattung an Technik:* Abhängig vom Bedarf empfiehlt sich die Mitbuchung der technischen Raumausstattung, die den geplanten Wechsel zwischen den verschiedenen Medien (Powerpoint-Präsentation, Arbeit an Flipchart oder Metaplanwänden) ermöglicht.
- *Ansprechende Verpflegung:* Bei den überbetrieblichen Modulveranstaltungen sollte für eine ausreichende Verpflegung der Teilnehmenden mit Getränken und Essen gesorgt und genügend Pausen eingeplant werden.

3.2 Exemplarischer zeitlicher Ablauf

Einen exemplarischen Gesamtüberblick über den zeitlichen Verlauf des Verfahrens vermittelt ◘ Tab. 3.1.

Dabei ist eine Reihe von Besonderheiten zu beachten, auf die nachfolgend näher eingegangen wird:

- Die Zeitspanne vom Akquisegespräch bis zum Start der Module sollte möglichst nicht länger als 2 Monate dauern. So wird verhindert, dass die akquirierten Betriebe durch das Alltagsgeschäft nicht schon im Vorfeld das Interesse an der Verfahrensteilnahme verlieren.
- Um zu vermeiden, dass Unternehmer und Scout gleichzeitig im betrieblichen Ablauf fehlen, sollten ihre Schulungen an verschiedenen Tagen geplant werden. Dies ist vor allem deshalb wichtig, weil die zum Scout ernannte Person oftmals eine wichtige Schlüsselrolle im Betrieb innehat und nicht gleichzeitig mit dem Unternehmer im betrieblichen Ablauf fehlen sollte.
- Zwischen den Modulen 1 und 2 für Unternehmer werden die Beschäftigtenbefragungen durchgeführt. Dies kann sehr viel Aufwand für den Berater bedeuten. Häufig wird er gebeten, die Befragung selbst der Belegschaft vorzustellen. Dies hat erfahrungsgemäß den Vorteil, dass die Maßnahme besser akzeptiert und eine höhere Rücklaufquote begünstigt wird. Zudem kann es sinnvoll sein, die Bögen auch persönlich wieder abzuholen, um bei den Beschäftigten das Gefühl der Anonymitätssicherung zu unterstreichen. Der Abstand zwischen den beiden Modulen sollte dennoch maximal 6 Wochen betragen, um besonders die fragile Motivation der Betriebe zu Beginn nicht zu gefährden.

◘ **Tab. 3.1** Exemplarischer zeitlicher Verfahrensverlauf

Nr.	Bezeichnung	Monate											
		1	2	3	4	5	6	7	8	9	10	11	12
1	Akquise	▨											
2	M 1 Unternehmer			▨									
3	M 1 Scout				▨								
4	M 2 Unternehmen					▨							
5	M 2 Scout						▨						
6	M 3.1 Zukunftswerkstatt								▨				
7	M 3.2 Vor-Ort-Beratung							▨	▨	▨			
8	M 4 Projektcafé											▨	
9	M 5 Netzwerk												▨

— Im Gegensatz zum zeitlich kleineren Fenster zwischen den Modulen 2 und 3 (ca. 6. Wochen) sollte ein größerer zeitlicher Abstand zum Modul 4 gewählt werden (ca. 8–10 Wochen), um den Betrieben die Möglichkeit zu geben, mit Unterstützung des Beraters erste Maßnahmen zu entwickeln, die sie dann in überbetrieblicher Runde in Modul 4 präsentieren können. Die vor allem in den Zeiträumen zwischen den Modulen gefragte Individualberatung vor Ort in den Betrieben ist hier am stärksten gefragt, weshalb ein entsprechend größeres Zeitfenster dafür erforderlich ist.

— Die erste Netzwerkveranstaltung sollte zeitlich so geplant werden, dass ein ausreichender Zeitraum für die weitere Umsetzung der Projektideen seit ihrer Vorstellung im Projektcafé gewährleistet ist. Andernfalls ist in den Betrieben ggf. noch kein neuer Bedarf nach überbetrieblichem Austausch entstanden. Nach dieser ersten Auftaktveranstaltung wird die Fortsetzung der Netzwerktreffen in einem Rhythmus von 3 bis 4 Monaten empfohlen, zu der jeweils wieder sowohl Unternehmer als auch Innoscouts eingeladen werden. Neben aktuellen Themen aus den Gebieten Innovation und Gesundheit sollte immer auch Zeit für den persönlichen Austausch gewährt werden. Auf diese Weise können die Teilnehmenden regelmäßig in der Gruppe über ihre Fortschritte bei der Umsetzung ihrer Veränderungsideen im Gespräch bleiben und ggf. neue Anregungen erhalten.

Im Ergebnis dieser Überlegungen wird ein Terminplan erstellt, der auch allen teilnehmenden Betrieben zur Verfügung gestellt wird (◘ Tab. 3.2).

◘ Tab. 3.2 Übersicht Terminplanung für die Organisation der Module

	Datum	Uhrzeit	Ort/Raum
M 1 Unternehmer			
M 1 Scout			
M 2 Unternehmer			
M 2 Scout			
M 3 Zukunftswerkstatt			
M 4 Projektcafé			
M 5 Netzwerk			

3.3   Exemplarischer organisatorischer Ablauf

In Vorbereitung der einzelnen Verfahrensmodule sind verschiedene Aktivitäten erforderlich. Der tabellarisch dargestellte organisatorische Ablaufplan fasst diese Aktivitäten zusammen und bringt sie in die erforderliche zeitliche Reihenfolge (◘ Tab. 3.3).

Im Abschnitt „Akquise" wird nur auf das Motivationsinterview nach vorherigem telefonischem Erstkontakt eingegangen, da dies die empfohlene Akquisemethode ist. Dieses Vorgehen kann selbstverständlich durch Informationsveranstaltungen, Pressemitteilungen u. ä. ergänzt werden.

Sollten Betriebe bereits von sich aus Teilnahmeinteresse bekundet haben (z. B. aufgrund von Mundpropaganda durch Betriebe aus der Verfahrenserprobung), wird trotzdem ein persönliches Erstgespräch empfohlen, in dem die Erwartungshaltung geklärt und der weitere Verlauf besprochen wird.

◘ Tab. 3.3 Detaillierter Ablaufplan

Zeitpunkt	To-do
	Vorbereitungsphase
Zu Beginn	Alle Verfahrensunterlagen durcharbeiten
	Arbeitsteilung der Akteursallianz besprechen Planung und Durchführung der Module Ausgestaltung der Individualberatung (Möglichkeiten und Grenzen des Beratungsansatzes definieren)
	Gemeinsame Akquisestrategie definieren: Zielgröße zu akquirierender Betriebe vereinbaren Festlegung Branche, Region/Entfernung, Firmengröße Liste mit potenziellen Betrieben erstellen (Adressen, Telefonnummern, Ansprechpartner) Telefonkontakte inhaltlich vorbereiten (Einstieg, Hinweis auf Nutzen des InnoGeKo-Verfahrens, Vereinbarung Gesprächstermin und -teilnahme)

◨ **Tab. 3.3** *(Fortsetzung)*

Zeitpunkt	To-do
	Termin- und Raumplanung Modultermine festlegen Räume buchen (bei M 1 Scout, M 2 Scout, M 2 Unternehmer und M 3 an Räume für Gruppenarbeit denken)
	Akquisephase
Frühestmöglich nach Beginn	Telefonkontakte realisieren
Zeitnah nach dem Telefon- gespräch	Motivationsinterview vorbereiten: Gesprächsleitfaden für Motivationsinterview ausdrucken Unternehmensstammdaten soweit vorhanden ausfüllen Möglichst umfassend Informationen über das Unternehmen einholen (firmeneigene Homepage etc.)
Einen Tag vor dem Termin im Betrieb	Anruf in der Firma zur Terminerinnerung, dabei nach aktuellen Geschehnissen erkundigen, die im Gespräch für den Berater wichtig sein könnten
Zum Termin	Durchführen des Motivationsinterviews nach dem Leitfaden Möglichkeit für Fragen zulassen Teilnahmeinteresse klären Auswahl einer geeigneten Person als Scout besprechen Benchmark in Aussicht stellen, für dessen Rückmeldung einen Termin vor Modul 1 vereinbaren, falls Interesse an Verfahrensteilnahme besteht, sonst postalische Rückmeldung ankündigen
Am Termin des Rückmelde- gesprächs	Rückmeldung des Benchmarks Abklärung, ob das Verfahren in der Firma online (Internetzugang erforderlich) oder offline (Papierversion) durchgeführt werden soll Kurze Erläuterung der jeweiligen Vorgehensweise Abschließen einer schriftlichen Vereinbarung über die gemeinsame Zusammenarbeit Ggf. Anlegen des Onlineprofils der Firma und Versenden der Teilnahme- links
	Durchführung der Module (allgemein)
Ca. 4–6 Wochen vor dem Termin	Einladung mit Ablaufplan und Antwortfax für die Teilnahmebestätigung verschicken (Termin für die Rückantwort auf ca. 3 Wochen vorher festle- gen) Teilnehmerliste anlegen, ggf. Warteliste Catering bestellen
Ca. 2 Wochen vor dem Termin	Erinnerungsmail an alle Betriebe schicken
1–3 Tage vor dem Termin	Modulunterlagen noch einmal lesen Arbeitsblätter für das Modul vervielfältigen Schreibmaterial (Stifte, Papier) für Teilnehmende bereitlegen Namensschilder anfertigen Material für Veranstaltung erstellen (Flipchart, Folien etc.)
Am Termin	Durchführung des Moduls gemäß Manual

◪ Tab. 3.3 *(Fortsetzung)*

Zeitpunkt	To-do
Nach dem Termin	Feedbackbögen auswerten und ggf. Hinweise für die weitere Verfahrensdurchführung berücksichtigen
Zusätzlich für Modul 1 Unternehmer	
Vor dem Modul	Fragebogen für die Geschäftsführerbefragung (GFB) ausdrucken und in benötigter Stückzahl kopieren (entfällt, wenn alle Firmen die Onlineversion wählen)
	Ordner zum Abheften der Unterlagen für die Teilnehmenden bereitstellen
	Fragebogen für die Mitarbeiterbefragung (MAB) mit dem jeweiligen Firmennamen versehen, ausdrucken, in benötigter Stückzahl kopieren (entfällt, wenn alle Firmen die Onlineversion wählen)
	Terminplan mit Zeitressourcen bereithalten für zwei Termine im Betrieb vor „Modul 2 Unternehmer" (Vorstellung Verfahren und MAB vor der gesamten Belegschaft im Betrieb, ggf. Abholen der Bögen durch Berater)
Während des Moduls	Abgabetermin für die ausgefüllten Bögen der MAB mitteilen (ca. 2 Wochen vor „Modul 2 Unternehmer")
	Zeitpuffer einplanen, da erfahrungsgemäß nicht alle Betriebe fristgerecht abgeben werden
	Ggf. anbieten, die Fragebögen persönlich abzuholen
Zusätzlich für Modul 1 Scout	
Vor dem Modul	Ordner zum Abheften der Unterlagen für die Teilnehmenden bereitstellen
Zusätzlich für Modul 2 Unternehmer	
Vor dem Modul	Auswertung der Befragungen (MAB, GFB) zum Themenbereich „Führung"
	Leitfragen für die Moderation der Kleingruppen zur Identifikation erster Handlungsfelder notieren
	„Laufzettel" für Firmen mit Handlungsfeldern und Lösungsideen vervielfältigen (Ersatzexemplare erstellen, falls eins pro Person nicht ausreicht)
Während des Moduls	Ausgefüllten Laufzettel der Firmen im Anschluss an die Kleingruppenarbeit kopieren oder während der Arbeit in der Kleingruppe mitschreiben (dient der besseren Vorbereitung auf den nächsten Firmentermin zu den spezifischen Themen
Zusätzlich für Modul 2 Scout	
Während des Moduls	Visitenkarten/ Kontaktdaten der Berater für jeden Teilnehmenden zur Verfügung stellen
	Ggf. Termin vereinbaren für die Unterstützung des Scouts vor Ort bei der Beurteilung der Arbeitsplätze
	Abgabetermin für die Arbeitsplatzbeurteilungen mitteilen (ca. 2 Wochen nach dem Modul)
Ca. 2 Wochen nach dem Modul	Kontrolle des Rücklaufs und ggf. Erinnerung an die Rückgabe der Arbeitsplatzbeurteilungen
Zusätzlich für Modul 3 Zukunftswerkstatt	

◼ Tab. 3.3 *(Fortsetzung)*

Zeitpunkt	To-do
Vor dem Modul	nach Erhalt aller Fragebögen (MAB, Arbeitsplatzanalysen) Auswertung und Ausdrucken aller Analyseergebnisse mittels des Tools IKoNe Analyseergebnisse im Unternehmen mit Unternehmer und Scout gemeinsam besprechen (Führungsergebnisse ggf. vorab alleine mit Unternehmer) Handlungsfelder benennen und als Erinnerungshilfe auf Laufzettel notieren lassen In der Einladung bzw. der Erinnerungsmail für das Modul auf die Mitnahme des Laufzettels verweisen Leitfragen für die Moderation der Kleingruppen notieren (Austausch über Handlungsfelder und erste Lösungsideen) Plakat für die betriebsindividuelle Präsentation in Modul 4 erstellen und vervielfältigen (ca. 3 pro Betrieb) Mustervorlage für Umsetzungsplan vervielfältigen
Während des Moduls	Erste Themen für spätere Netzwerkveranstaltungen durch die Teilnehmenden benennen lassen
Im Anschluss an das Modul	Plakat für die betriebsindividuellen Präsentation in Modul 4 verteilen Mustervorlage für Umsetzungsplan verteilen
	Zusätzlich für Modul 4 Projektcafé
Vor dem Modul	Durchführung von Vor-Ort-Beratungen mit Führungskraft und Scout für die Erarbeitung von Lösungsideen und deren konkrete Umsetzung (Anzahl Beratungen je nach Bedarf und vorhandenem Zeitfenster) Ausfüllen der Umsetzungspläne
Ca. 2 Wochen vor dem Termin	Betriebe in der Erinnerungsmail ausdrücklich auf die Mitnahme des Plakats hinweisen Telefonisch erfragen, welche Umsetzungsideen von den Betrieben in Modul 4 präsentiert werden sollen incl. Umsetzungsstand Umsetzungen nach Themengruppen bündeln und Unternehmen entsprechend zuordnen
1–3 Tage vor dem Termin	Ablaufplan finalisieren, vervielfältigen und den Betrieben mitteilen (Wer präsentiert wann?) Leitfragen für die Moderation notieren (siehe Manual)
	Zusätzlich für Modul 5 Netzwerk
Ca. 2–3 Monate vor dem Termin	Themenschwerpunkt festlegen Geeigneten Referenten ansprechen Termin vereinbaren (Achtung: volle Terminkalender begehrter Referenten beachten!)
	Abschließendes Beratungsgespräch
Vor dem Termin	Ausdrucken des Fragebogens zur Erfolgskontrolle Ggf. 2. Analyserunde vorbereiten und mittels IKoNe-Tool Vorher-Nachher-Ergebnisvergleich ausdrucken

3.4 Hinweise zum Manual und seinen Anlagen

Das nach den einzelnen Modulen gegliederte Manual (▶ Kap. 4) beinhaltet die komplette Handlungsanweisung für die Verfahrensdurchführung. Es folgt einer einheitlichen Struktur:

- Ziele,
- Ablauf,
- praktische Durchführung.

Für jeden Baustein des Ablaufplans werden im Abschnitt „Praktische Durchführung" die Zielsetzung und die konkrete Umsetzung detailliert beschrieben. Praktische Tipps und wichtige Hinweise zur Umsetzung runden die Darstellung ab.

Alle erforderlichen Unterlagen für die Durchführung der einzelnen Module wie z. B. Präsentationen, Handouts, Informationsblätter, Leitfäden oder Feedbackbögen sind dem Anhang (▶ Kap. 7) zu entnehmen, der ebenfalls nach den einzelnen Modulen gegliedert ist. Der Verweis auf diese Dokumente ist jeweils im Abschnitt „Ablauf des Moduls" in Form einer Checkliste enthalten. Um die Organisation der einzelnen Module zu erleichtern, wird der Einsatz einer Checkliste empfohlen (◼ Tab. 3.4).

Alle Dokumente, die für die Anwendung des Analysetools IKoNe benötigt werden (Geschäftsführerfragebogen, Mitarbeiterfragebogen, Innoscoutleitfaden, Ergebnisdokument) befinden sich ebenfalls im Anhang und werden in ▶ Abschn. 7.1 zusammengefasst. Das Excel-Tool selbst ist nicht Bestandteil des Anhangs, steht aber im Downloadbereich auf der Produktseite zum Buch auf ▶ www.springer.com zur Verfügung. Hier können Sie auch weitere Dokumente aus dem Anhang zum Manual downloaden. Es wird empfohlen, die jeweils benötigten Unterlagen aus dem Anhang/Download vor Beginn der Arbeit mit dem Manual bereitzulegen.

◼ **Tab. 3.4** Checkliste für die Modulvorbereitung

Organisatorische Vorbereitung
Termin festgelegt
Räumlichkeiten, Ausstattung vorhanden, ggf. auch für Kleingruppenarbeit
Ablaufplan festgelegt
Ggf. notwendige externe Referenten organisiert
Einladungen an Teilnehmende verschickt
Rücklauf der Zu- oder Absagen organisiert/Teilnehmerliste
Bewirtung (Getränke, Verpflegung) geklärt
Kontaktperson festgelegt, die letzte Absagen entgegennimmt und vor Ort informiert
Erinnerungsmail an Teilnehmende verschickt (mit Kontaktperson und Telefonnummer für eine kurzfristige Absage)
Flipcharts, Metaplanwände und/oder Präsentationsfolien vorbereitet
Arbeitsblätter, Teilnehmerunterlagen vervielfältigt
Namensschilder für Berater und Teilnehmende (mit Firmennamen)
Schreibunterlagen (Stifte, Blätter, Ordner) besorgt

◼ **Tab. 3.4** *(Fortsetzung)*

Inhaltliche Vorbereitung

Modulunterlagen vollständig durchgearbeitet

Betriebsdaten abschließend durchgegangen (Analysen, Laufzettel, Umsetzungen etc.)

Mögliche Leitfragen für die Moderation gelesen

Manual zur Verfahrensdurchführung

Martina Brandt, Daniela Kunze, Ilka Holtermann

A. Ducki, M. Brandt, D. Kunze, M. Drupp (Hrsg.), *Innovationen gesund gestalten*,
DOI 10.1007/978-3-662-48276-6_4, © Springer-Verlag Berlin Heidelberg 2016

unter Mitarbeit von Andrea Fritzsche und Alexander Strehl

4.1 Motivationsinterviews

4.1.1 Ziele

Mit den Motivationsinterviews in den Betrieben werden mehrere Ziele verfolgt. Zunächst sollen die Führungskräfte für die Anwendung des InnoGeKo-Verfahrens interessiert werden. Mit dem einführenden Fachgespräch zu den Herausforderungen des demografischen Wandels für kleine Betriebe legen die Berater den Grundstein für das Vertrauen und die Motivation der Führungskräfte, das gesamte Verfahren zur durchlaufen und die benötigten Ressourcen bereitzustellen. Die Führungskräfte lernen das Verfahren und seine Ziele kennen, Betriebsabläufe gesundheitsförderlich zu gestalten und die Innovationsfähigkeit des Betriebes zu stärken.

Darüber hinaus erhalten die Berater die erforderlichen Informationen, um die Qualifizierung passgenau auf die konkreten Handlungsbedarfe der an einer Anwendung des Verfahrens interessierten Betriebe abstimmen zu können.

Zudem werden die Beschäftigten bereits in dieser frühen Phase durch Information zum bevorstehenden Projekt einbezogen. Häufig benennt der Unternehmer bereits in dieser Phase eine Person, die im weiteren Prozess die Funktion eines „Innoscouts" übernehmen wird.

4.1.2 Ablauf

Die Motivationsinterviews führt jeder Berater mit den betrieblichen Führungskräften nach vorausgehender telefonischer Terminvereinbarung durch. Als Zeitaufwand für die Gespräche sollten ca. 1,5 Stunden eingeplant werden.

Es kann vorkommen, dass der vereinbarte Termin für das Gespräch im Alltagsgeschehen der Kleinbetriebe untergegangen ist und der Berater unverrichteter Dinge einen neuen Termin ausmachen muss. Das hat in der Regel nichts mit geringer Wertschätzung gegenüber den Beratern zu tun, sondern begründet sich eher in einer unerwarteten Entwicklung des Auftragsgeschehens.

> **Praxistipp**
>
> Um unvermittelte Absagen zu vermeiden, ist eine schriftliche Bestätigung des Termins per E-Mail nach erster Vereinbarung am Telefon sinnvoll. Zusätzlich sollten Sie sich den Termin einen Tag vorher noch einmal telefonisch bestätigen lassen.

Das Motivationsgespräch ist dreigeteilt: Nach der Erläuterung des Gesprächshintergrunds leitet der Berater zu den Interviewfragen über, die sich auf die Themenbereiche Innovation und Gesundheit beziehen. Abschließend stellt er das InnoGeKo-Verfahren vor, geht auf Fragen dazu ein und wirbt um eine Teilnahme am Verfahren. Für die Durchführung der Gespräche steht ein Leitfaden zur Verfügung, der Hinweise zu allen drei Gesprächsteilen enthält. Wichtige Themen sind z. B. fördernde und hemmende Bedingungen für die Innovationen der letzten Jahre, bisherige Erfahrungen mit der Gestaltung gesunder Arbeitsplätze im Betrieb und die Veränderungsbereitschaft der Belegschaft.

■ **Tab. 4.1** Materialien für Motivationsinterviews

Gesprächsleitfaden für Motivationsinterviews	■ Abb. 7.6
Abbildung des Verfahrensablaufs	■ Abb. 2.1
Musterbenchmark	■ Abb. 7.7
Beispielliste für Veränderungsideen, die in der Erprobungsphase des Verfahrens entwickelt und umgesetzt wurden	■ Abb. 7.8

❱ Das Interview sollte in jedem Fall mit dem Entscheider im Unternehmen vereinbart werden. Das kann der Seniorchef sein, aber auch die Unternehmerfrau oder der neu eingesetzte Juniorchef. Nur so kann im Gespräch verbindlich geklärt werden, ob vonseiten des Unternehmens Interesse an der Teilnahme am Verfahren besteht. Zudem wird durch die Fragen Interesse für die Modulschulungen geweckt, und häufig gelingt es bereits, erste Überlegungen für Veränderungsbedarfe zu initiieren.

Im Anschluss an die Gespräche erarbeitet der Berater für alle Betriebe, die ein Gespräch ermöglicht haben, eine Benchmark. Hierzu steht eine Musterdatei (Word-Datei mit Abbildungen) zur Verfügung, die als Vergleichsdaten die Einschätzungen der 70 Betriebe aus der Erprobungsphase des InnoGeKo-Verfahrens enthält. Der Berater kann hier zum Vergleich die Antworten der befragten Führungskraft eintragen. Die fertige Benchmark wird allen Betrieben, die sich zum Gespräch bereit erklärt haben, zur Verfügung gestellt. Bei den Betrieben, die sich am Ende des Gesprächs zu einer Teilnahme am Verfahren entschließen, vereinbart der Berater für diese Rückmeldung einen neuen Gesprächstermin, allen übrigen Betrieben wird die Benchmark zugeschickt.

Für die Durchführung und Auswertung der Motivationsinterviews stehen dem Berater die in ■ Tab. 4.1 aufgelisteten Dokumente zur Verfügung. Sie befinden sich im Anhang (▶ Abschn. 7.2).

Die bereits in ▶ Kap. 2 enthaltene ■ Abb. 2.1 (Abbildung des Verfahrensablaufs) steht auch noch im Download-Bereich zur Verfügung. Hinweise dazu befinden sich in ▶ Abschn. 3.4.

4.1.3 Praktische Durchführung

❱ Das Motivationsinterview ist für den Berater der eigentliche Türöffner in die Betriebe. Bei der telefonischen Terminvereinbarung reicht die vom Anrufer gewährte Zeit erfahrungsgemäß nicht aus, ihn für eine Teilnahme am Verfahren zu überzeugen. Als Berater sollten Sie sich darum im ersten Telefonkontakt vor allem darauf fokussieren, Gesprächsbereitschaft für einen Vor-Ort-Termin zu erzeugen, die Sie dann durch ein kompetentes Auftreten im eigentlichen Interview in Teilnahmeinteresse transformieren können.

■ **Erster Telefonkontakt**

Das angestrebte *Ziel*, Bereitschaft für ein Vor-Ort-Gespräch zu erzeugen, kann praktisch *erstens* über den Einstieg auf die aktuellen Herausforderungen für kleine Betriebe, möglichst mit Bezug auf die konkrete Branche des kontaktierten Unternehmens, erzielt werden. Dies können Themen wie die Gewinnung und Bindung von Fachkräften vor dem Hintergrund alternder Belegschaften, die Steigerung der Attraktivität des eigenen Unternehmens, der Umgang mit veränderten Kundenanforderungen, die Erhaltung der Gesundheit der Beschäftigten, die Aktivierung der Veränderungsbereitschaft von Beschäftigten oder allgemein die Steigerung der betrieblichen Wettbewerbsfähigkeit sein. Sobald sich ein Betrieb mit diesen Herausforderungen identifizieren kann, ist es leichter, ihn für ein Verfahren zu interessieren, mit dem Veränderungsbedarfe im Unternehmen aufgespürt und Ideen zur Verbesserung entwickelt und umgesetzt werden können. Um genauer zu besprechen, wie das Unternehmen konkret von einer Teilnahme am Verfahren profitieren könnte, wird das persönliche Vor-Ort-Gespräch vereinbart.

Darüber hinaus bietet *zweitens* die den Betrieben in Aussicht gestellte kostenlose Benchmark ein wichtiges Motivationsinstrument, ein Informationsgespräch mit dem Berater zu vereinbaren. Es ermöglicht den Betrieben eine Einordnung der eigenen Situation und bestärkt sie häufig im Handeln, wenn sie erkennen, dass andere Betriebe vor ähnlichen Herausforderungen stehen.

> ❯ Bereiten Sie den ersten Telefonkontakt gründlich vor. Vermitteln Sie Ihrem Gesprächspartner, dass Sie mit den Herausforderungen des demografischen Wandels für kleine Betriebe vertraut sind und in einem Gespräch gern die betriebliche Situation im Hinblick auf Innovationen und Gesundheitsförderung Ihres Gesprächspartners kennenlernen würden. Verweisen Sie auf die Vorteile eines solchen Gesprächs für den Betrieb, in dem sie eine kostenlose Benchmark in Aussicht stellen, und kündigen Sie zum Schluss an, ein geeignetes Verfahren zur Verbesserung der besprochenen betrieblichen Situation vorzustellen. Machen Sie den benötigten Zeitaufwand deutlich, damit sich Ihr Gesprächspartner diese Zeit freihalten kann.

▪ **Einführung in das Motivationsgespräch**

Ziel der kurzen Einführung ist es, eine vertrauensvolle Gesprächsatmosphäre zu schaffen und dem Unternehmer Klarheit über den Ablauf des Gesprächs zu vermitteln.

Praktisch wird dies umgesetzt, indem sich der Berater nach einer kurzen Vorstellung seiner Person auf das Telefongespräch und die darin angerissene Problemsituation bezieht und dann den weiteren Ablauf des Gesprächs mit Interviewfragen und Erläuterung des InnoGeKo-Verfahrens vorstellt. Außerdem erfasst er die im Leitfaden aufgeführten Stammdaten des Betriebes wie z. B. die Adresse, die Branchenzugehörigkeit, die Unternehmensgröße, das Leistungsangebot und die Alters- und Geschlechtsstruktur der Belegschaft.

Auch wenn der Gesprächstermin nur mit dem Inhaber/Geschäftsführer vereinbart wurde, kann es insbesondere in Kleinstbetrieben passieren, dass weitere mitarbeitende Familienangehörige (Ehepartner, Kinder) am Gespräch teilnehmen, um sich gemeinsam den Fragen zu stellen. Als Berater sollte man in solchen Fällen mehr Zeit einplanen. Ein Gespräch unter vier Augen zu verlangen, ist in den meisten Fällen aufgrund der besonderen familiären Struktur nicht sinnvoll.

Praxistipp

Bereiten Sie sich auf zahlreiche Störungen im Verlauf des Gesprächs vor. Bleiben Sie gelassen, wenn während des Gesprächs das Telefon klingelt, Beschäftigte Fragen an die Führungskraft stellen oder eintreffende Kunden spontan vom Gesprächspartner eingeladen werden, mitzudiskutieren. Zeigen Sie vielmehr Flexibilität, indem Sie solche Situationen in ihre Argumentation für eine Teilnahme am Verfahren einbauen.

- **Interviewteil des Motivationsgesprächs**

Ziel des Interviewteils zu den Themen Innovation und Gesundheit ist es, sowohl die Erfahrungen kennenzulernen, die Betriebsinhaber mit Innovationsprozessen haben, als auch deren Einschätzungen bezüglich der Gesundheit ihrer Beschäftigten sowie bezüglich fördernden und hemmenden Einflussfaktoren auf die Gesundheit.

Praktisch wird dies vor allem dadurch erreicht, dass eingangs ein gemeinsames Verständnis zum Innovationsbegriff geschaffen wird. Dieser ist für kleine Betriebe meist schwer greifbar. Oft fällt es den interviewten Personen schwer, die Frage nach umgesetzten Innovationen im Betrieb zu beantworten, weil sie ihre betrieblichen Veränderungen nicht mit diesem Begriff assoziieren. Daher sollte der Berater zu Beginn erläutern, dass es im Gespräch um ein breites Innovationsverständnis geht, nach dem neben marktorientierten neuen Produkten oder Dienstleistungen auch innerbetriebliche Veränderungen als Innovationen aufgefasst werden.

> **Praxistipp**
>
> Erläutern Sie mit praktischen Beispielen aus der kleinbetrieblichen Praxis die verschiedenen Arten von Innovationen und motivieren Sie Ihre Gesprächspartner vor diesem Hintergrund, alle betrieblichen Veränderungen zu rekapitulieren, die in den letzten fünf Jahren umgesetzt wurden. Durch das Besprechen der jeweils vorhandenen Hemmnisse und Treiber gewinnen Sie schon einen ersten Einblick in die betrieblichen Abläufe und Strukturen.

- **Vorstellung des InnoGeKo-Verfahrens**

Ziel der Vorstellung des InnoGeKo-Verfahrens am Ende des Motivationsinterviews ist es, dem Unternehmer eine konkrete Vorstellung hinsichtlich Aufwand und Nutzen im Falle einer Beteiligung am Verfahren zu vermitteln, um ihm die Teilnahmeentscheidung zu erleichtern. Besonders Inhabern von Kleinbetrieben ist es wichtig, von Beginn an zu wissen, wann wie viel Zeit konkret einzuplanen ist und welche Ressourcen im Unternehmen gebunden werden.

Praktisch kann dies am besten anhand einer grafischen Darstellung des Verfahrensablaufs und überzeugenden Beispielen umgesetzter Veränderungsideen aus der Erprobungsphase des Verfahrens gewährleistet werden.

> **Praxistipp**
>
> Erklären Sie den Verfahrensablauf Schritt für Schritt anhand der grafischen Darstellung und vermitteln Sie ein realistisches Bild des zeitlichen Minimalaufwands. Machen Sie zugleich anhand von Beispielen erfolgreicher Umsetzungen aus der Erprobungsphase deutlich, dass sich dieser Einsatz für den Betrieb lohnt. Wählen Sie dabei am besten Beispiele aus vergleichbaren Betrieben hinsichtlich der Branchenzuordnung und Unternehmensgröße aus.

Besteht vonseiten des Betriebes Interesse an einer Teilnahme am Verfahren, sollte auf die Notwendigkeit verwiesen werden, einen geeigneten Innoscout zu bestimmen. Diese Aufgabe lösen die Führungskräfte erfahrungsgemäß sehr schnell: Einmal handelt es sich um den Beschäftigten, der am häufigsten Kritik äußert, einmal um denjenigen, der zukünftig mehr Verantwortung übernehmen soll oder um jemanden, der dafür am meisten Zeit hat. Nicht selten kommt es vor, dass die Person ohne eigene Zustimmung benannt wird. Hier sollte der Berater unbedingt darauf hinweisen, dass die Rolle des Scouts gefunden und nicht nur benannt, also freiwillig übernommen werden muss. Auch ist dringend davon abzuraten, die Rolle des Scouts in Personalunion vom Unternehmer selbst ausführen zu lassen, wie es als Idee gelegentlich besonders in kleinen Betrieben geäußert wird. Dies läuft der Verfahrensintention vom Scout als Sprachrohr der Belegschaft zuwider und erschwert die Umsetzung und Verstetigung von Veränderungsideen.

Mit der Terminvereinbarung zur Ergebnisrückmeldung des Benchmarks bzw. dem Hinweis, bis wann die Benchmark zugesendet wird, endet das Motivationsinterview.

4.2 Modul 1 für Führungskräfte: der gesunde Weg zu Innovationen im Betrieb

Bisher erreichter Verfahrensstand:
- *Der Berater hat in einem Erstgespräch mit der Führungskraft im Betrieb die Erwartungshaltung an eine Teilnahme am Verfahren besprochen und ein realistisches Bild über erzielbare Ergebnisse vermittelt.*
- *Die Führungskraft ist aufgefordert, einen geeigneten Scout zu benennen, alle dazu ggf. im Betrieb entstandenen Fragen wurden vom Berater beantwortet.*

4.2.1 Ziele des Moduls

Im Einführungsmodul machen sich die Führungskräfte miteinander bekannt, werden über den Verfahrensablauf und das eingesetzte Analyseinstrument informiert und erhalten eine zielgerichtete Qualifizierung zum Thema Gesundheit und Innovation. Ziel dieser Qualifizierung ist es,
- ein gemeinsames Grundverständnis für diese Themen zu entwickeln,
- Erkenntnisse über Innovationen in verschiedenen Gewerken des Handwerks sowie über Trends und Herausforderungen des demografischen Wandels für künftige Innovationen zu vermitteln,
- für die betriebliche Gesundheitsförderung zu sensibilisieren und ein breites Verständnis für gesunde Arbeitsbedingungen und deren Gestaltungsmöglichkeiten zu entwickeln sowie
- Klarheit über den Zusammenhang von Gesundheit und Innovation zu schaffen.

Die Informationsvermittlung und Diskussion im Plenum stehen in diesem Modul im Vordergrund. Gleichzeitig soll ein erstes positives Gruppenerlebnis zur Anregung des zukünftigen überbetrieblichen Austauschs und Netzwerks erzeugt werden. Hierfür ist die Gestaltung einer Kennlernphase für die Teilnehmenden entscheidend.

4.2.2   Ablauf des Moduls

Das Modul 1 ist als Ganztagsveranstaltung (z. B. von 10.00 bis 17.00 Uhr) konzipiert und sieht 335 Minuten reine Arbeitszeit vor. Die Pausenzeit von insgesamt 60 Minuten kann variabel gehandhabt werden. Einen Gesamtüberblick bietet ◘ Tab. 4.2.

Für die Durchführung des Führungskräftemoduls 1 benötigen die Berater verschiedene Dokumente. Eine Checkliste erleichtert die Vorbereitung (◘ Tab. 4.3). Dabei ist zu beachten, dass die Handouts, Informationsblätter, Fragebögen und der Feedbackbögen in ausreichender Stückzahl kopiert werden müssen. Die Materialien befinden sich im Anhang des Buches (► Abschn. 7.3).

◘ **Tab. 4.2** Ablaufplan für Modul 1 (Führungskräfte)

Nr.	Inhalt	Dauer (min)	Methode	Material
1	Warm up	15	Plenum	Flipchart
	Vorstellung der Firmen	30	Plenum	Platzschilder Namensschilder
	Vorstellen des Verfahrens und des Analyseinstruments	45	Plenum	Präsentation Leitfaden Flipchart
2	Wissensvermittlung I (Gestaltung von Innovationsprozessen)	60	Plenum	Präsentation
3	Wissensvermittlung II (Arbeitsbedingungen und Gesundheit)	130	Plenum	Präsentation
	Praktische Übung I (Belastungen der Beschäftigten)	*30*	*Dialog*	*Flipchart*
	Praktische Übung II (gesunde Arbeitsbedingungen, Ressourcen)	*30*	*Dialog*	*Flipchart Innoscout-Leitfaden*
	Praktische Übung III (Maßnahmen zur Reduzierung von Belastungen, interaktiver Erfahrungsaustausch zu Maßnahmen in der Firma)	*30*	*Dialog*	*Flipchart*
4	Fazit und Ausblick auf Modul 2	30	Plenum	Flipchart
	Ausfüllen des Fragebogens durch die Unternehmer (bei der Offlineversion des Verfahrens)	20		
	Ausfüllen des Feedbackbogens	5		
	Austeilen des Fragebogens für die Mitarbeiterbefragung (bei der Offlineversion des Verfahrens)			
	Variable Pausen	60		

◻ Tab. 4.3 Materialien für Modul 1 (Führungskräfte)

Präsentationen	Einführung: der gesunde Weg zu Innovationen im Betrieb	◻ Abb. 7.9
	Wissensvermittlung I: Innovationen und die Gestaltung von Innovationsprozessen	◻ Abb. 7.10
	Wissensvermittlung II: Arbeitsbedingungen und deren Auswirkung auf die Gesundheit	◻ Abb. 7.11
Handouts	Innovationen und die Gestaltung von Innovationsprozessen im Handwerk	◻ Abb. 7.12
	Arbeitsbedingungen und die Auswirkungen auf die Gesundheit	◻ Abb. 7.13
Informations-blatt	Planung und Durchführung einer Kundenanalyse	◻ Abb. 7.14
Fragebögen	Befragung der Geschäftsführung	◻ Abb. 7.1
	Beschäftigtenbefragung	◻ Abb. 7.2
	Innoscoutleitfaden – Teil 1	◻ Abb. 7.3
	Innoscoutleitfaden – Teil 2	◻ Abb. 7.4
Feedbackbogen		◻ Abb. 7.15

Praxistipp

Bereiten Sie für jeden Teilnehmenden einen Ordner vor, der zu jedem Modul mitgebracht wird und systematisch mit allen relevanten Unterlagen gefüllt wird. Optimal ist die Gestaltung eines Logos und einer speziellen Farbgebung mit Wiedererkennungswert. Stellen Sie die Ordner am Anfang des Moduls bereit, verteilen Sie die (bereits gelochten) Unterlagen aber erst im Laufe des Tages.

4.2.3 Praktische Durchführung

▶ Angesichts der im ersten Modul darzustellenden Komplexität des Verfahrens und seiner Analysemethodik ist es wichtig, so häufig wie möglich den Bezug zu den Ergebnissen der Firmengespräche im Rahmen der Akquise herzustellen. Dies erleichtert nicht nur das Verständnis, sondern trägt entscheidend zur Erhaltung bzw. zur Steigerung der Teilnahmemotivation bei.

▪ **Warm-up**

Zielsetzung des „Warm-up" ist es zunächst, die Führungskräfte in ihrer Rolle als Teilnehmende am Qualifizierungsmodul „ankommen" zu lassen und eine angenehme Arbeitsatmosphäre für das anspruchsvolle Tagespensum anzulegen. Die Teilnehmenden lernen den Ablauf des Tages kennen und erhalten klare Vorstellungen, welche Vorteile ihnen die Anwendung des InnoGeKo-Verfahrens verschaffen kann, mit welchen Schritten es umgesetzt wird und welche Aufgaben für die Geschäftsführung, den Innoscout und die Beschäftigten damit verbunden sind. Außerdem wird das Interesse am Erfahrungsaustausch mit den anderen Teilnehmenden geweckt.

Praktisch wird die Erreichung dieser Ziele mit folgenden Mitteln erreicht:

- Mit einer grafischen Darstellung der inhaltlichen Schwerpunkte auf einem Flipchart (einschließlich Pausenzeiten; verbunden durch einen „roten Faden"), die den ganzen Tag im Sichtbereich der Teilnehmenden bleibt, wird das Verständnis für den Ablauf des Tages erleichtert.
- In der Vorstellungsrunde werden die Führungskräfte aufgefordert, nicht nur ihre Person und ihr Unternehmen kurz vorzustellen, sondern auch ihre Beweggründe und Erwartungen an die Teilnahme am InnoGeKo-Verfahren, was von den Beratern auf einem Flipchart festgehalten wird. Dies hat sowohl Vorteile für die Teilnehmenden als auch für den Beratungsprozess. Das Erkennen ähnlicher Problemlagen fördert die Motivation der Führungskräfte, gemeinsam mit anderen Betrieben das Verfahren anzuwenden. Die Berater können die formulierten Erwartungen am Ende des Verfahrens für eine abschließende Auswertung verwenden. Bei unrealistischen Erwartungen können sie frühzeitig gegensteuern.

> **Praxistipp**
>
> Machen Sie für die Vorstellungsrunde klare Vorgaben hinsichtlich Zeit und Inhalt für jeden Betrieb, vermerken Sie diese auf einem Flipchart und überwachen Sie stringent deren Einhaltung. So können Sie das Risiko der ausgedehnten Selbstdarstellung oder erster Diskussionen minimieren, was erfahrungsgemäß von einigen Teilnehmenden als „Zeitverschwendung" erlebt würde und zu Lasten eines guten Einstiegs in die Gruppenbildung ginge.

- Für die Inhaltsvermittlung (Einführung, Vorstellung des Verfahrens und des Analyseinstruments) wird die PowerPoint-Präsentation „Einführung: der gesunde Weg zu Innovationen im Betrieb" genutzt. Sie vermittelt alle wichtigen Kernbotschaften wie den praktischen Nutzen für die Betriebe, den Ablauf des Verfahrens, die Ansatzpunkte für Analysen, die zu erfüllenden Aufgaben für die Führungskräfte und die Innoscouts sowie die geplante Terminschiene. Der Bezug zu den Problemlagen, die in den Akquisegesprächen thematisiert wurden, wird hier konkret bei der Darstellung des praktischen Nutzens für die Betriebe hergestellt. Die Teilnehmenden finden auf einem Chart genau jene Fragen zusammenfasst, auf die sie mit der Teilnahme am InnoGeKo-Verfahren eine Antwort finden können, die sie selbst in den Akquisegesprächen thematisiert haben (z. B. Wie kann ich Fachkräfte bis zur Rente gesund erhalten, wie kann ich Wissen und Erfahrung im Betrieb halten?).
- Die Erläuterung des Ablaufs des Verfahrens erfolgt modulweise anhand der grafischen Abbildung (◙ Abb. 2.1). Hier schaffen die Berater größtmögliche Transparenz, indem sie nicht nur auf die Inhalte der Qualifizierungsbausteine für die Führungskräfte eingehen, sondern auch auf die der Innoscouts, und den Teilnehmenden genaue Vorstellungen vermitteln, was sie im Projektcafé und in der Zukunftswerkstatt erwartet. Die Berater verweisen in diesem Zusammenhang erneut auf die Wichtigkeit, sofern noch nicht realisiert, einen geeigneten Innoscout zu benennen und für seine freiwillige Übernahme der Funktion zu werben.
- Die Analysemethodik wird anhand der grafischen Darstellung des Innovationskompetenznetzes erklärt ◙ Abb. 2.2. Der Berater erläutert hier die Auswahl und Notwendigkeit der sechs Analysebereiche als Mix aus Markt- und Ressourcenorientierung und erklärt, wie aus den Analysewerten für die einzelnen Bereiche betriebsindividuelle Kompetenz-

netze generiert und visualisiert werden. Um bei den Teilnehmenden Verständnis für die Komplexität des Instruments zu erzeugen, wird ihnen vermittelt, dass es eigens für das InnoGeKo-Verfahren entwickelt wurde, auf den aktuellen Wissensstand zu Erfolgsfaktoren der Innovationstätigkeit im Mittelstand aufbaut und eine sehr hohe Aussagekraft hat. Dabei kommen die drei Erhebungsinstrumente „Fragebogen der Geschäftsführung", „Mitarbeiterbefragung" und „Arbeitsplatzanalysen" zur Sprache, und es gibt einen ersten Hinweis darauf, dass die Teilnehmenden, die sich für eine Offlineversion des Verfahrens entschieden haben, am Ende des Tages bereits den „Fragebogen der Geschäftsführung" ausfüllen und die Fragebögen für ihre Belegschaft mitnehmen werden und dass bei Wahl des Onlineverfahrens die entsprechenden Teilnahmelinks versendet werden. Den Teilnehmenden wird erklärt, welche Daten aus den drei Quellen jeweils für die sechs Untersuchungsbereiche herangezogen werden. Es kann passieren, dass einige Unternehmen gegenüber der Mitarbeiterbefragung zunächst in Abwehrhaltung gehen mit dem Argument, dass ein solches Instrument überflüssig sei, weil man ja seine Belegschaft täglich sähe und mit ihnen spräche. Hier ist es wichtig, diese Argumente zu entkräften und deutlich zu machen, dass die Befragung auch Ergebnisse zu Unternehmensbereichen liefert, die nicht Gegenstand der täglichen Kommunikation im Betrieb sind (z. B. Bereitschaft zu Veränderungen, Einschätzung des Führungsstils). Der Berater kann hier auch auf die vielen positiven Erfahrungen verweisen, die andere Teilnehmende am Verfahren bisher mit der Mitarbeiterbefragung gemacht haben. Ebenso wichtig ist ein offensiver Umgang mit Fragen des Datenschutzes.

> **Praxistipp**
>
> Stellen Sie in Aussicht, für jeden Betrieb einen auf seine konkreten Bedingungen angepassten Vorschlag zu unterbreiten, wie die gewünschte Anonymität der Daten am besten gewährleistet werden kann (z. B. verklebte Umschläge, versiegelte Rückgabebox, Abholung der ausgefüllten Bögen durch den Berater, Information an die Belegschaft durch den Berater oder besondere Gewährleistung der Anonymität durch die Onlineversion).

- **Wissensvermittlung I**

Zielsetzung des ersten Wissensbausteins ist es, den Führungskräften zu veranschaulichen, auf welche externen Veränderungen sie künftig mit Innovationen reagieren müssen, wenn sie wettbewerbsfähig bleiben wollen. Sie sollen die Potenziale kennenlernen, die für ihr unternehmerisches Handeln damit verbunden sind und vom Wissen über Entwicklungen in ihren eigenen oder diese tangierenden Branchen oder Gewerken profitieren. Basierend auf einem gemeinsamen Innovationsverständnis sollen die Führungskräfte genaue Vorstellungen bekommen, welche Arten von Innovationen mit dem InnoGeKo-Verfahren entwickelt werden können und welche zusätzlichen Analysen dafür nützlich sind.

Praktisch werden für die Erreichung dieser Ziele die PowerPoint-Präsentation „Wissensvermittlung I: Innovationen und die Gestaltung von Innovationsprozessen", ein Handout gleichen Titels und ein Informationsblatt zur Planung und Durchführung einer Kundenanalyse eingesetzt:

- Die PowerPoint-Präsentation nutzt für die Vermittlung eines gemeinsamen Innovationsverständnisses die Ergebnisse der Firmeninterviews und nimmt so den eigenen Erfahrungshintergrund der Führungskräfte als Ausgangspunkt der Wissensvermittlung. Am Beispiel der von den Geschäftsführern aufgezählten Innovationen der letzten Jahre wird erläutert, welche Arten von Innovationen es gibt und woher die Anstöße für Innovationen kommen können. Dadurch wird ein hoher Praxisbezug gewährleistet. Den Führungskräften werden aktuelle Erkenntnisse zu wichtigen Trends und der Entwicklung von Nachfragepotenzialen vermittelt. Diese sind genau auf jene Branchen oder Gewerke zugeschnitten, die für die Teilnehmenden relevant sind. Sie beziehen auch konkrete Maßnahmen mit ein und sind daher in hohem Maße handlungsorientiert. Um die Führungskräfte auf das breite Spektrum möglicher Innovationen mit dem InnoGeKo-Verfahren vorzubereiten, werden sie mit gezielten Fragen angeregt, über ihre Kundenorientierung, ihre Wettbewerbssituation und das Kompetenzprofil ihrer Belegschaft nachzudenken. An konkreten Beispielen wird ihnen deutlich gemacht, dass sie sowohl kundenorientierte Produkt- oder Dienstleistungsinnovationen als auch innerbetriebliche Prozess- oder Sozialinnovationen realisieren können, und welche Kriterien für eine begleitete Umsetzung gegeben sein müssen. Ebenfalls mit praktischen Beispielen werden die Vorteile von Kunden- und Altersstrukturanalysen veranschaulicht.

━ Das den Führungskräften zur Verfügung gestellte Informationsblatt zur Kundenanalyse soll die Nutzungsentscheidung für diese Zusatzanalyse erleichtern. Das am Ende der Präsentation ausgereichte Handout fasst die wichtigsten Aussagen zum Nachlesen zusammen und enthält für Interessierte weiterführende Hinweise, wie z. B. Links zu interessanten Studien.

■ **Wissensvermittlung II**

Zielsetzung des zweiten Wissensvermittlungsbausteins ist es, den Führungskräften einen kurzen Überblick über den Einfluss und die Notwendigkeit von Gesundheitsförderung zu geben und die bisherige Definition des Gesundheitsbegriffes mit dem umfassenden Verständnis entsprechend (▶ Abschn. 1.2) abzugleichen. Dabei wird besonderes Augenmerk auf ein gemeinsames Verständnis von arbeitsbedingten Belastungen und Ressourcen sowie die aus deren Missverhältnis resultierenden Erkrankungen gelegt. Die Führungskräfte sollen einen Einblick und ein Gefühl für Gestaltungsbedarfe und -möglichkeiten besonders in kleinen und mittleren Unternehmen erhalten und erste Ideen für die Übertragung auf ihren betrieblichen Alltag entwickeln.

Praktisch wird dies wie folgt erreicht:

━ Mithilfe der PowerPoint-Präsentation „Arbeitsbedingungen und deren Auswirkung auf die Gesundheit" wird den Führungskräften eingangs die aktuelle Problem- bzw. Bedarfslage zum demografischen Wandel und dem daraus resultierenden Fachkräftemangel grafisch aufbereitet. Die Auswahl der Problemlage richtet sich nach den im Motivationsinterview berichteten Bedarfen. Die aufbereiteten Ergebnisse der Interviews erleichtern den Führungskräften den thematischen Einstieg und stellen einen hohen Praxisbezug her. Daran anschließend wird im Gespräch mit den Führungskräften ein gemeinsamer Wissenstand zu den theoretischen Konstrukten Belastung, Beanspruchung, Ressourcen und Beanspruchungsfolgen sowie deren Zusammenhängen erarbeitet. Der Praxisbezug wird durch Darstellung der branchenspezifischen Gründe für Fehlzeiten sowie die im Motivationsinterview berichteten Risiken für einen vorzeitigen Berufsausstieg und die exemplarisch aufgelisteten Belastungen in den einzelnen Gewerken hergestellt. Die berichteten Belastungen sind der Übergang zur ersten praktischen Übung, die die Präsentation unterbricht.

━ Praktische Übung I: Belastungen der Beschäftigten: Im Dialog mit den Führungskräften werden die Angaben zu Belastungen der Beschäftigten gesammelt und auf einem

Flipchart notiert. Diese Übung dient dem Abgleich zwischen den zuvor theoretisch dargestellten möglichen Belastungen in den einzelnen Gewerken und den zusammengefassten Selbstberichten aus den Motivationsinterviews zu den reellen Belastungen in den einzelnen Betrieben. Hierbei werden interaktiv die im Motivationsinterview angegebenen Belastungen erläutert, ergänzt und spezifiziert.

- Praktische Übung II: Gesunde Arbeitsbedingungen, Ressourcen: Im Anschluss an die Interaktion zum Thema arbeitsbedingte Belastungen werden anhand des Innoscoutleitfadens die Grundlagen gesunder Arbeitsbedingungen vorgestellt. Dabei liegt der Schwerpunkt vor allem im Bereich der arbeitsbedingten Ressourcen. Es werden die Kategorien Arbeitsaufgabe (Handlungsspielraum, Autonomie, Vollständigkeit, Vielfalt, Lernerfordernisse), Arbeitsplatzgestaltung (Ergonomie, Umweltbedingungen), interne Prozesse (Kooperationserfordernisse, Zuständigkeiten, Partizipation, Ressourcenbereitstellung) im Dialog mit den Führungskräften erarbeitet und ein gemeinsames Verständnis der Begrifflichkeiten und der Bedeutung für die Gesundheit der Beschäftigten hergestellt. Adäquat zur praktischen Übung I werden die im Motivationsinterview ermittelten Ressourcen (Chart 11) sowie die förderlichen und hinderlichen Faktoren zur Umsetzung einer gesunden Arbeit (Chart 12) mittels PowerPoint vorgestellt und der betriebliche Abgleich durch eine Flipchartabfrage sichergestellt.

- Praktische Übung III: Was kann der Arbeitgeber tun, um Belastungen zu reduzieren? Ausgehend von der PowerPoint Übersicht (Chart 13) zu Maßnahmen zur Minderung von Stress werden die Führungskräfte von den gegebenen Belastungen und Ressourcen zu handlungsorientierten Maßnahmen geleitet. Dabei wird der Unterschied von verhaltens- und verhältnisbezogener Intervention erläutert und die Notwendigkeit beider Richtungen verdeutlicht. Der Praxisbezug wird erneut durch die Ergebnisse aus den Motivationsinterviews zu bisherigen Gegenmaßnahmen (Chart 14) hergestellt. Diese Auflistung wird analog zu den vorangegangenen Übungen durch die Führungskräfte ergänzt. Zusätzlich werden bei der Beschreibung der einzelnen Maßnahmen vertiefende Informationen durch den Berater erfragt und visualisiert:
  - *Was lief gut?*
  - *Was hat es gebracht?*
  - *Was ist bei der Umsetzung zu beachten?*
  Die in diesem Modul entstandenen Visualisierungen werden auch in den folgenden Veranstaltungen wieder ausgehängt, um den handlungsorientierten Arbeitscharakter der Module auch optisch deutlich zu machen.

- Um die im Wissensmodul II behandelten Themen nachzulesen oder vertiefen zu können, wird zum Abschluss ein Handout mit Zusammenfassungen und weiterführenden Informationen verteilt.

Praxistipp

Sollte die interaktive Arbeit mit den Führungskräften schwer anlaufen oder ins Stocken geraten, kann es hilfreich sein, anstelle der Belastungen und Ressourcen der Beschäftigten die persönlichen Belastungen und Ressourcen berichten zu lassen und damit weiterzuarbeiten.

■ **Fazit und Ausblick auf Modul II**

Zielsetzung des letzten Modulteils ist es, den Blick der Teilnehmenden nach der aufgenommenen Informationsvielfalt wieder auf die wichtigsten Erkenntnisse des Tages zu fokussieren und ein sicheres Gefühl für die bevorstehenden Aufgaben zu vermitteln. Die Führungskräfte sollen Klarheit über den auszufüllenden Geschäftsführerfragebogen bekommen und die Inhalte der Mitarbeiterbefragung kennenlernen.

Praktisch wird dies wie folgt erreicht:

━ Die Berater fassen die wichtigsten Ergebnisse des Tages zusammen. Dafür nutzen sie ein vorbereitetes Flipchart. Als wichtigste Botschaft der Wissensvermittlungsteile I und II heben sie hervor, dass gesundheitsförderliche Bedingungen Voraussetzung für Innovationen sind und schlagen damit die Brücke zu den bevorstehenden Analysen und den zu entwickelnden Handlungsansätzen.

━ Sie machen erneut die besondere Rolle der Führungskräfte für die Gestaltung gesundheitsförderlicher Arbeitsbedingungen deutlich, um die es im Modul 2 gehen wird, und erklären, dass in diesem Modul mit den Auswertungen der Geschäftsführer- und Mitarbeiterbefragung gearbeitet wird. Anhand der nun ausgeteilten Bögen werden die wichtigsten Inhalte der Fragebögen erklärt und ggf. Fragen der Teilnehmenden beantwortet.

━ Als „Hausaufgabe" nehmen die Führungskräfte die Aufforderung mit, ihre Belegschaft – soweit noch nicht geschehen – über die Teilnahme des Betriebes am InnoGeKo-Verfahren sowie den benannten Innoscout über seine Rolle im Projekt zu informieren.

━ In einer kurzen Feedbackrunde reflektieren die Teilnehmenden den Tagesverlauf und können ggf. noch bestehende Unklarheiten zur Sprache bringen, auf die die Berater unmittelbar eingehen.

━ Bevor die Führungskräfte aufgefordert werden, die Geschäftsführerfragebögen auszufüllen (Offlineversion), werden die nächsten Termine (Modul 2 für Führungskräfte und Innoscouts, Abgabe der ausgefüllten Mitarbeiterfragebögen) auf einem vorbereiteten Flipchart ausgewiesen.

Am Ende des Moduls füllen die Führungskräfte den Geschäftsführerfragebogen (Offlineversion) und einen anonymen Feedbackbogen zu Modul 1 aus. Letzterer dient ausschließlich den Beratern zur Qualitätssicherung. Jeder Teilnehmende verlässt den Veranstaltungsort mit einer ausreichenden Anzahl von Mitarbeiterfragebögen (Offlineversion).

Praxistipp

Da der Zeitaufwand für das Ausfüllen des Geschäftsführerfragebogens erfahrungsgemäß erheblich differiert, sollten Sie hierfür ein klares Zeitfenster von maximal 25 Minuten vorgeben. Die Fragebögen sollten personalisiert sein. So fällt die Zuordnung bei der Auswertung leichter. Teilnehmende überhören die Anweisung, ihren Namen einzutragen schnell oder behandeln die Unterlagen gleich als ihre Unterlagen und setzen Kürzel ein, die eine Zuordnung erschweren.

◻ **Tab. 4.4** Ablaufplan für Modul 1 (Innoscout)

Nr.	Inhalt	Dauer (min)	Methode	Material
1	Warm-up	15	Plenum	Flipchart
	Vorstellung der Firmen	30	Plenum	Präsentation Flipchart
	Vorstellen des Verfahrens und des Analyse-instruments	30	Plenum	Platzschilder Namensschilder
2	Motivation der Scouts	60	Plenum Kleingruppen	Arbeitsblatt „Aufgaben des Innoscouts"
3	Wissensvermittlung zu Innovationsprozessen	30	Plenum	Präsentation
4	Einführung zur Arbeitsplatzanalyse	90	Kleingruppen	Innoscoutleitfaden
5	Fazit und Ausblick auf Modul 2	30	Plenum	Flipchart
	Variable Pausen	75		

4.3 Modul 1 für Innoscouts: Innovationen im Betrieb

Bisher erreichter Verfahrensstand:
- *Der Berater als Ansprechpartner für das Verfahren wurde der Belegschaft im Betrieb persönlich vorgestellt.*
- *Alle Beschäftigten sind durch den Berater oder die Führungskraft über die Teilnahme des Betriebes am Verfahren und die Durchführung einer Mitarbeiterbefragung informiert.*

4.3.1 Ziele des Moduls

Ziel des ersten Moduls für die Innoscouts ist es, sie intensiv auf ihre Aufgaben im Verfahren und ihre Rolle im Betrieb als Ansprechpartner und Kümmerer für Veränderungsprozesse vorzubereiten. Sie sollen ein grundlegendes Verständnis für die Gestaltung von Innovationsprozessen in Unternehmen gewinnen und befähigt werden, in Vorbereitung auf das nächste Modul eine Beschreibung der Arbeitsplätze in ihrem Betrieb vorzunehmen.

Gleichzeitig soll ein erstes positives Gruppenerlebnis zur Anregung des zukünftigen überbetrieblichen Austauschs und Netzwerks erzeugt werden. Hierfür ist die Gestaltung einer Kennlernphase für die Teilnehmenden entscheidend.

4.3.2 Ablauf des Moduls

Das Modul 1 ist als Ganztagsveranstaltung (z. B. von 10.00 bis 16.00 Uhr) konzipiert und sieht 285 Minuten reine Arbeitszeit vor. Die Pausenzeit von insgesamt 75 Minuten kann variabel gehandhabt werden. Einen Gesamtüberblick bietet ◻ Tab. 4.4.

◻ Tab. 4.5 Materialien für Modul 1 (Innoscouts)

Präsentationen	Einführung für Innoscouts	◻ Abb. 7.16
	Innovationsverständnis	◻ Abb. 7.17
Arbeitsblätter	Aufgaben des Innoscouts	◻ Abb. 7.18
Leitfäden	Innoscoutleitfaden – Teil 1	◻ Abb. 7.3
Feedbackbogen		◻ Abb. 7.19

Für die Durchführung des Moduls benötigen die Berater diverse Arbeitsmaterialien, die sie jeweils in ausreichender Stückzahl kopiert an die Teilnehmenden ausreichen (◻ Tab. 4.5). Diese Dokumente befinden sich im Anhang (▶ Abschn. 7.4).

4.3.3 Praktische Durchführung

❯ Nehmen Sie sich ausreichend Zeit, um auf die Erwartungen und Befürchtungen aller Teilnehmenden einzugehen. Nur so schaffen Sie die notwendige vertrauensvolle Basis für die weitere Zusammenarbeit und stärken den Innoscout, seine Rolle im Betrieb umsetzen zu können.

■ **Warm-up**

*Hauptziel d*es „Warm-up" ist es, eine Atmosphäre herzustellen, die bei den Teilnehmenden zum Abbau der vorhandenen Anspannung führt, die erfahrungsgemäß gegeben ist, weil sie unsicher in Bezug auf ihre Rolle im Verfahren und die auf sie zukommenden Aufgaben sind. Schon in dieser Phase sollte es gelingen, bei den Teilnehmenden Neugier und Offenheit für die kommenden Aufgaben zu erzeugen. Die Teilnehmenden lernen nicht nur die Innoscouts aus den anderen Betrieben, sondern auch das Verfahren und das angewandte Analyseinstrument kennen und werden mit dem Ablauf des Tages vertraut gemacht.

Praktisch wird dies mit folgenden Mitteln erreicht:

━ Nach einer freundlichen Begrüßung und Vorstellung der Berater bitten diese die Teilnehmenden, sich und ihren Betrieb kurz vorzustellen und zu schildern, wie ihre Auswahl als Innoscout im Betrieb zustande kam und welche Erwartungen oder auch Befürchtungen sie damit verbinden. Dabei zeigt sich, dass die Teilnehmenden oftmals auf Anweisung ihrer Führungskraft und ohne klare Vorstellung über ihre Rolle als Innoscout in die Veranstaltung gekommen sind. Allein die gemeinsame Erfahrung dieser Situation trägt bereits zur Entspannung bei und schafft eine erste Verbundenheit zwischen den Teilnehmenden. Die genannten Erwartungen und Befürchtungen erfassen die Berater auf einem Flipchart. Sie sichern eine gründliche Einarbeitung sowie breite Information und verweisen darauf, die Erreichung dieses Ziels gemeinsam mit den Teilnehmenden am Ende der Veranstaltung mit Blick auf dieses Flipchart zu überprüfen. Des Weiteren ermuntern sie die Teilnehmenden, jederzeit Fragen zu stellen.

━ Für die anschließende Vorstellung des Verfahrens nutzen die Berater die anschauliche Powerpoint-Präsentation „Einführung für Innoscouts". Mit ihr werden die künftigen Innoscouts über den praktischen Nutzen für die Betriebe, den Ablauf des Verfahrens und die geplante Zeitschiene informiert. Die Berater nehmen dabei Bezug auf die typischen aktuellen Problemlagen kleiner Betriebe wie Fachkräftemangel, ungleichmäßige Auslastung, Stress und Hektik in Stoßzeiten oder Kommunikationsdefizite und schaffen so den Bezug zur täglichen Erlebniswelt der Teilnehmenden.

— Bei der Erläuterung des Verfahrensablaufs gehen die Berater bei jedem Modul besonders auf die relevanten Inhalte für die Innoscouts ein. Sie benennen die an die Scouts vermittelten Wissensbaustein und zeigen auf, welche Aufgaben sich nach den Modulen ggf. für den Scout ergeben. Zur Unterstützung geben sie das Arbeitsblatt „Aufgaben des Scouts" in Form einer Checkliste aus, auf dem alle Aufgaben erläutert und nach Erledigung abgehakt werden können. Dies ist das erste Dokument für den Projektordner, der bereits für alle Teilnehmenden an ihren Plätzen bereitliegt.

— Da sich die Aufgaben des Scouts vor allem auf den Analysebereich „Arbeitsbedingungen" konzentrieren, liegt der Fokus bei der Vorstellung des Analyseinstruments IKoNe auf diesem Bereich. Illustriert mit der bildlichen Darstellung des Anfangs- und Endwertes für das Kompetenznetz eines Beispielbetriebes wird den Innoscouts erläutert, wie die Bewertungen für die Untersuchungsbereiche zustande kommen und dass ihre Hauptverantwortung in der Bewertung der Arbeitsplätze liegen wird. Die Berater verweisen darauf, dass die Teilnehmenden dazu im Tagesverlauf weitere Informationen bekommen werden.

— Bei der abschließenden Vorstellung des Tagesablaufs anhand eines vorbereiteten Flipcharts machen die Berater deutlich, dass der geplante Mix aus Wissensvermittlung im Plenum und Gruppenarbeit viel Raum für eine gemeinsame Verständigung und die Beantwortung auftretender Fragen lässt.

Praxistipp

— Gehen Sie davon aus, dass die Innscouts in der Regel auf Anweisung ihrer Führungskraft und mit wenig Klarheit über ihre Rolle im Verfahren in die Veranstaltung kommen. Die deshalb am Anfang vorherrschende Skepsis können Sie in eine hohe Teilnahmemotivation transferieren, wenn Sie nicht nur die Aufgaben des Scouts erläutern, sondern auch die hohen persönlichen Voraussetzungen dafür beschreiben. Damit verdeutlichen Sie, dass die Ernennung zum Innoscout ein hohes Maß an Vertrauen und Wertschätzung durch die Führungskraft beinhaltet.

- **Motivation der Scouts**

Zielsetzung dieses Modulteils ist es, den Blick der Teilnehmenden für Belastungen und Ressourcen im Arbeitsalltag zu schärfen und ihnen die Bedeutung der Innoscoutanalyse plastisch vor Augen zu führen. Die Teilnehmenden sollen Klarheit bekommen, was sie als Innoscout im Betrieb erreichen können.

Praktisch wird dies erreicht, indem die Berater im Plenum oder in der Kleingruppenarbeit folgende Fragen in den Mittelpunkt der Diskussion stellen:

— *Woraus ziehen Sie persönlich und die anderen Beschäftigten ihre Kraft? Welche Schwachstellen sehen Sie in Ihrem Unternehmen?*

   Im Dialog mit den Innoscouts werden anhand der konkret benannten Beispiele aus den Firmen Belastungen und Ressourcen definiert und erläutert. Besonderer Schwerpunkt liegt dabei auf den Belastungen und Ressourcen, die im Innoscoutleitfaden abgefragt sind. Die genannten Beispiele werden vom Berater visualisiert.

— *Welche Sorgen haben Sie in Ihrem Unternehmen?*

Die Atmosphäre in der Kleingruppe sollte so gestaltet sein, dass sie allen Innoscouts ermöglicht, offen zu sprechen und gemeinsam mit dem Berater ein Vertrauensverhältnis aufzubauen. Dabei können auch schon zu Beginn der Arbeit schwierige Firmensituationen besprochen werden.

Der Berater erläutert anhand des Arbeitsblattes „Aufgaben des Innoscouts" ausführlich die Aufgaben, die der Innoscout im Verlaufe des Projektes bearbeiten soll, sowie die dafür vorgesehene Zeitschiene. Gemeinsam besprechen die Innoscouts und der Berater, wie sie die Aufgaben in ihren Alltag integrieren können, welche Schwierigkeiten sie in ihren Unternehmen sehen und entwickeln gemeinsam Möglichkeiten des Herangehens.

> **Praxistipp**
>
> Die Entscheidung, ob die Bausteine „Motivation der Innoscouts" und „Einführung zur Arbeitsplatzanalyse" im Plenum oder in der Kleingruppe durchgeführt werden, sollte von der Offenheit der Innoscouts, der Gruppengröße und der Zusammensetzung der Gruppe abhängig gemacht werden.

- **Wissensvermittlung zu Innovationsprozessen**

Zielsetzung dieses Modulteils ist es, bei den Teilnehmenden Klarheit über das Innovationsverständnis im Projekt zu schaffen und ihnen eine Vorstellung zu vermitteln, auf welche Weise im Projekt innovative Ideen entwickelt und umgesetzt werden können.

Praktisch wird hierfür die PowerPoint-Präsentation „Innovationsverständnis" eingesetzt. Um eine hohe Praxisnähe zu gewährleisten, wird den Teilnehmenden der Innovationsbegriff am Beispiel der Ergebnisse einer Firmenbefragung bei 70 kleinen Handwerksbetrieben der Region Osnabrück-Emsland erläutert. Befragt nach ihren Innovationen der letzten fünf Jahre, hatten diese ein breites Spektrum an Maßnahmen genannt. Auf diese Weise lernen die Teilnehmenden die Unterschiede zwischen Produkt-/Dienstleistungs- sowie Prozess- und Sozialinnovationen an für sie nachvollziehbaren Beispielen kennen.

Ebenfalls an konkreten Beispielen für Innovationen in unterschiedlichen Gewerken (Chart 5 der Präsentation) wird veranschaulicht, welche Innovationen durch die Anwendung des InnoGeKo-Verfahrens in den Betrieben der Teilnehmenden möglich wären und welche Umsetzbarkeitskriterien erfüllt sein müssen. Dies kann durch eine beispielhafte Übersicht zu realisierten Innovationen aus der Erprobungsphase der Verfahrens ergänzt werden (◘ Abb. 7.8 in ▶ Kap. 7.2). Um den Teilnehmenden ein vollständiges Bild über die möglichen Innovationsquellen zu vermitteln, werden sie abschließend über den Nutzen einer Kunden-, Wettbewerbs- und Altersstrukturanalyse informiert, wobei die Entscheidung über deren Durchführung den Führungskräften obliegt.

- **Einführung zur Arbeitsplatzanalyse**

Zielsetzung dieses Modulteils ist die Vertiefung des Vertrauensverhältnisses zum jeweiligen Berater sowie das Kennenlernen der Scouts anderer Unternehmen, um eine gemeinsame Vertrauens- und Arbeitsbasis herzustellen. Darüber hinaus werden die Zeit- und Arbeitspläne mit den Innoscouts besprochen und die Realisierung individuell abgestimmt. Schwerpunktmäßig wird das Ziel verfolgt, die im nachfolgenden Modul 2 für Innoscouts vermittelten Arbeitsplatzanalysen vorzubereiten. Den Teilnehmenden wird ein klares Bild über die Definition und Beschreibung von Arbeitsplätzen vermittelt, es wird anhand des eigenen Arbeitsplatzes praktisch geübt und damit die Grundlage für die weitere Arbeit im Unternehmen gelegt.

Praktisch werden dabei etwa die ersten 15 Minuten interaktiv zwischen Teilnehmenden und Beratern für das gegenseitige Kennenlernen genutzt. Der interaktive Gruppenprozess setzt ein hohes Maß an inhaltlicher Flexibilität voraus. Kernthemen für das Gespräch resultieren aus den individuellen Fragestellungen der Teilnehmenden. Das Spektrum reicht von Ängsten und Sorgen der Innoscouts über erste Problemaufrisse in den jeweiligen Unternehmen bis hin zu Erfahrungsberichten mit ähnlichen Unterfangen.

Im nächsten Schritt erläutert der Berater detailliert den weiteren Verlauf des Projektes, besonders im Hinblick auf die von den Innoscouts zu bewältigenden Termine und Aufgaben. Er wiederholt und vertieft damit die vorangegangenen Ausführungen aus dem Motivationsbaustein. Auch hierfür sind etwa 15 Minuten vorzusehen.

In den verbleibenden 60 Minuten wird ebenfalls interaktiv eine gemeinsame Definition eines Arbeitsplatzes bzw. einer Arbeitsplatzbeschreibung erarbeitet und in den jeweiligen betrieblichen Kontext übersetzt. Ausgangsbasis der Erarbeitung könnte die Definition sinngemäß nach Schwarz (1995) sein, die eine Arbeitsplatzbeschreibung als eine personen- sowie ortsneutrale schriftliche Beschreibung einer Arbeitsstelle hinsichtlich ihrer Arbeitsziele, Aufgaben, Kompetenzen und Beziehungen zu anderen Arbeitsplätzen beschreibt. Dieser Baustein wird mit der gemeinsamen Erarbeitung einer Arbeitsplatzbeschreibung des jeweiligen Arbeitsplatzes der teilnehmenden Innoscouts abgeschlossen. Die weiterführende Aufgabe bis zum nächsten Präsenztermin der Scouts ist es, anhand dieser Vorlage alle in ihrem Unternehmen vorhandenen Arbeitsplätze aufzulisten und zu beschreiben. Bei größeren Unternehmen können auch sogenannte prototypische Arbeitsplätze ausgewählt und beschrieben werden.

Praxistipp

Bei dem Baustein „Einführung zur Arbeitsplatzanalyse" ist besonders die interaktive Erarbeitung der Inhalte und Aufgaben wichtig, um jedem einzelnen Teilnehmenden die Möglichkeit zu geben, die an ihn gestellten Anforderungen auf der Basis des eigenen betrieblichen Hintergrundes zu betrachten und anzunehmen. Es können sonst Unsicherheiten auftreten, die schnell zu einem Gefühl der Überforderung führen.

> Die Innoscouts sind in den meisten Fällen unerfahren und unsicher im Feld der Arbeitsplatzanalysen. Daher ist es von Anfang an wichtig, Unterstützungs- und Beratungsangebote deutlich zu formulieren und gegebenenfalls wiederholt anzubieten.

▪ Fazit und Ausblick auf Modul 2

Zielsetzung des letzten Modulteils ist es, nach der vorangegangenen Gruppenarbeit die Teilnehmenden wieder auf einen einheitlichen Wissenstand zu bringen, den „roten Faden" ins Bewusstsein zu holen und Handlungssicherheit für das weitere Vorgehen zu schaffen.

Praktisch wird dies erreicht, indem die Berater zunächst die Gruppenarbeit auswerten, die Antworten auf die wichtigsten aufgetretenen Fragen zusammenfassen und die gestellte Hausaufgabe wiederholen, alle Arbeitsplätze im Betrieb zu definieren. Erfahrungsgemäß sind an dieser Stelle noch kleinere Unklarheiten vorhanden, weshalb die Berater auch hier noch Fragen zulassen. Dann informieren die Berater über den Inhalt des nächsten Moduls. Mit Blick auf das eingangs erstellte Flipchart wird besprochen, ob den zu Veranstaltungsbeginn geäußerten Erwartungen entsprochen und etwaigen Befürchtungen entgegengewirkt werden konnte.

Bevor die Veranstaltung mit dem Hinweis auf die folgenden Termine und Veranstaltungsorte beendet wird, bitten die Berater um das Ausfüllen des Feedbackbogens für die Qualitätskontrolle. Die folgenden Termine werden auf einem Flipchart visualisiert.

4.4   Modul 2 für Führungskräfte: Stärkung eines innovations- und gesundheitsförderlichen Klimas durch gute Führung

Bisher erreichter Verfahrensstand:
- *Die Führungskräfte und Innoscouts sind mit dem Verlauf des gesamten Verfahrens vertraut.*
- *Alle Führungskräfte haben den Geschäftsführerfragebogen ausgefüllt.*
- *Die Beschäftigten in den Betrieben wurden über das Projekt informiert, für die Teilnahme an der Mitarbeiterbefragung motiviert und haben diese inzwischen abgeschlossen.*
- *Die Auswertung beider Befragungen liegt den Beratern vor.*

4.4.1   Ziele des Moduls

Das zweite Modul für Führungskräfte verfolgt das Ziel, den Teilnehmenden einen Eindruck
zu vermitteln, wie durch geeignete Führungsarbeit ein gesundheitsförderliches und innovati-
onsförderliches Unternehmensklima entsteht. Im Zentrum dieses Moduls stehen die Fragen:
Wie kann ich als Unternehmer mein Mitarbeiterpotenzial erhalten und weiterentwickeln und
wie kann ich die Innovationskraft meines Unternehmens durch gute Mitarbeiterführung
stärken? Welchen Einfluss kann Führung auf die Motivation und Gesundheit der Beschäftigten haben?

Neben der praxisnahen Informationsvermittlung werden in angeleiteten Übungssequenzen
die ersten betriebsindividuellen Ergebnisse der InnoGeKo-Analyse betrachtet und interpretiert
und erste Verbesserungsideen für motivations- und gesundheitsförderliche Führung im eigenen
Unternehmen entwickelt.

4.4.2   Ablauf des Moduls

Das Modul 2 für Führungskräfte ist als Ganztagsveranstaltung (z.B. von 9.00 bis 16.15 Uhr)
konzipiert und sieht 435 Minuten reine Arbeitszeit vor. Darin sind 75 Minuten Pausenzeit
enthalten. Eine Gesamtübersicht bietet ◘ Tab. 4.6.

Für die Durchführung des Moduls benötigen die Berater zwei Präsentationen, die betriebsindividuelle Auswertung der InnoGeKo-Analyse (IKoNe) (Dokument ◘ Abb. 7.5 aus
► Kap. 7.1)sowie zwei Arbeitsblätter und den Feedbackbogen, die sie jeweils in ausreichender
Stückzahl kopiert an die Teilnehmenden ausreichen (◘ Tab. 4.7). Die aufgelisteten Dokumente
befinden sich im Anhang (► Kap. 7).

■ **Tab. 4.6** Ablaufplan für Modul 2 (Führungskräfte)

Nr.	Inhalt	Dauer (min)	Methode	Material
1	Begrüßung und Einstieg	20	Plenum	Flipchart
2	Ziele von M2	10	Plenum	
3	Wissensvermittlung I: Motivation	30	Plenum interaktiv	Präsentation „Motivation" Flipchart
4	Übung I: Bewusstheit über eigene motivationale Basis und positive arbeitsbezogene Gefühle	30	Einzelarbeit im Plenum Diskussion	Präsentation „Gesamtergebnisse" betriebsindividuelle Auswertung zu Arbeitsfreude, Führungsstil
5	Kaffeepause: Raum für erste Gespräche	30		
6	Wissensvermittlung II: wertschätzende Kommunikation	30	Plenum interaktiv	Präsentation Arbeitsblatt „Mitarbeitergespräch"
7	Übung II: Reflexion eigener Wertschätzungsformen	45	Zwei Kleingruppen mit Trainer	Betriebsindividuelle Auswertung zu Führungsstil, Rückmeldung, Informationsbereitstellung Arbeitsblatt „Formen der Wertschätzung"
8	Mittagspause	45		
9	Wissensvermittlung III: Gesundheit und Führung	30		Flipchart Präsentation „Motivation"
10	Übung III: Identifikation eigener Verbesserungsschwerpunkte	60	Zwei Kleingruppen mit Trainer	Betriebsindividuelle Auswertung gespiegelter Selbst- und Fremdeinschätzungen zu Führung
11	Fazit und Ausblick	30	Plenum	Flipchart

■ **Tab. 4.7** Materialien für Modul 2 (Führungskräfte)

Präsentationen	Innovations- und gesundheitsförderliche Führung	■ Abb. 7.20
	Gesamtergebnisse	■ Abb. 7.21
Arbeitsblätter	Formen der Wertschätzung	■ Abb. 7.22
	Mitarbeitergespräch	■ Abb. 7.23
Auswertungsdokument	Ergebnisse der InnoGeKo Unternehmensanalyse	■ Abb. 7.5
Feedbackbogen		■ Abb. 7.24

4.4.3   Praktische Durchführung

- **Begrüßung und Einstieg**

Zielsetzung des ersten Modulteils ist es, einen guten Start in den Tag zu gewährleisten. Alle Teilnehmenden werden in ihren alltäglichen Gedanken abgeholt und auf die Qualifizierungsaktivitäten vorbereitet. Sie lernen den Ablauf des Tages kennen und erhalten einen retrospektiven Blick auf die bereits absolvierten Module.

Praktisch erfolgt nach einer kurzen Begrüßung der Teilnehmenden im Plenum ein Rückblick auf den bisherigen Projektverlauf. In groben Zügen wird noch einmal zusammenfassend ein Projektüberblick gegeben, Informationen zu Innovationen und Innovationspotenzialen in den Gewerken sowie Fragen zur Gesundheit und Gesundheitsförderung werden angerissen. Die Unternehmer werden über die Inhalte und den Verlauf der bisherigen Module für die Innoscouts informiert und erste Reaktionen der Innoscouts und der Belegschaft abgefragt sowie aktuelle Fragen geklärt.

Im Anschluss daran wird ein Überblick über die heute zu erwartenden Ergebnisse der Befragungen (Führung, Kommunikation und Arbeitsfreude) und der Ausblick auf die weiteren Rückmeldemodalitäten gegeben.

- **Ziele dieses Modules**

Zielsetzung ist es, die Ziele des Tages kennenzulernen und eine präzise Vorstellung über die Themen des Schulungstages zu bekommen.

Praktisch wird im Plenum der „rote Faden" anhand eines Flipcharts erläutert und für alle sichtbar dauerhaft platziert. Die Ziele des Tages werden anhand der zentralen Fragen, die an diesem Tag beantwortet werden, vorgestellt (◘ Abb. 7.20, Chart 2). Die Teilnehmenden werden am Ende dieses Modules wissen, welchen Einfluss Führung auf Motivation, die Gesundheit und Innovationsfähigkeit der Belegschaft nehmen kann und Verbesserungsideen für motivations- und gesundheitsförderliche Führung im eigenen Unternehmen entwickeln.

- **Wissensvermittlung I: Motivation**

Zielsetzung ist es, einen thematischen Zugang zu den Grundlagen der betrieblichen Motivation zu finden. Die Bedeutung von Mitarbeitermotivation für Innovation und den Geschäftserfolg sowie erste „Stellschrauben" sind benannt. Die Teilnehmenden haben begonnen, sich über ihre betrieblichen Motivationsstrategien auszutauschen.

Praktisch wird für die Inhaltsvermittlung die Präsentation „Innovations- und gesundheitsförderliche Führung" verwendet. Sie vermittelt die grundlegenden Kenntnisse zur Motivation von Beschäftigten in Betrieben.

- Der Einstieg in das Thema wird über die Bedeutung der Mitarbeitermotivation für den Unternehmenserfolg und die Innovationsfähigkeit gewährleistet (◘ Abb. 7.20, Charts 3 bis 6).
- Um sich der Frage zu nähern, wie die Motivation bei den Beschäftigten gesteigert werden kann, werden zunächst die Basisbedürfnisse (◘ Abb. 7.20, Chart 7) vereinfacht erläutern.
- Die interaktive Erarbeitung der Frage *„Was motiviert Ihre Mitarbeiter(innen)?"* mit den Teilnehmenden und die Übersicht über die Antworten der 70 Unternehmen, die am Motivationsinterview teilgenommen haben (◘ Abb. 7.20, Chart 8), schafft eine gute Grundlage für das Verständnis der nachfolgenden theoretischen Erläuterungen zu den Hygienefaktoren und Motivatoren nach Herzberg (◘ Abb. 7.20, Chart 9).
- Die Bedeutung von positiven Erlebnissen auf die Motivation wird anhand von ◘ Abb. 7.20, Chart 10 erläutert.

▬ Den Abschluss dieses Bausteines bildet die interaktive Arbeit mit den Teilnehmenden am Flipchart zum Thema „Persönliche Haltung zur Arbeit":
  ▬ *Was begeistert Sie in Ihrer Arbeit?*
  ▬ *Wie entstehen bei Ihnen positive Gefühle wie Begeisterung, Stolz etc. im Arbeitskontext?*
  ▬ *Was sind Ihre wichtigsten Motivationsinstrumente?*

▪ **Übung I: Bewusstheit über eigene motivationale Basis**
Zielsetzung ist es, das Lesen und Interpretieren der im Rahmen von InnoGeKo ermittelten Firmenergebnisse am Beispiel der Arbeitsfreude und des Führungsstils kennen zu lernen und erste Ideen zu entwickeln, wodurch in den Unternehmen mehr Begeisterung geweckt werden kann.

❯ **Nicht alle Teilnehmenden sind gleichermaßen geübt im Lesen und Interpretieren von Auswertungsgrafiken. Gerade zu Beginn der Arbeit mit den Ergebnissen sollte der Aufbau und die Lesart der Darstellung erläutert werden. Wichtig ist auch, zu Beginn über die Einordnung kritischer Beurteilungen zu sprechen und eventuelle „Verzerrungseffekte" und „Beurteilungsfehler" zu thematisieren.**

Nachdem die Ergebnisse den Teilnehmenden ausgehändigt wurden, wird dies *praktisch* durch folgendes Vorgehen umgesetzt:

Alle Teilnehmenden betrachten ihre betriebsindividuellen Grafiken „Führungsstil" und „Führungsstil und Arbeitsfreude" (◘ Abb. 7.5, S. 15) und interpretieren sie, wobei der Berater zu jedem Teilnehmenden geht und seine Unterstützung anbietet.

Anschließend werden im Plenum die nachfolgenden Fragen diskutiert und gemeinsam erste Ideen entwickelt, wodurch in den Unternehmen mehr Begeisterung geweckt werden könnte:
▬ *Ist das in etwa das, was Sie erwartet haben?*
▬ *Welche Abweichungen erstaunen Sie?*
▬ *Was können Ursachen für die Abweichungen sein?*
▬ *Was können Sie positiv beeinflussen?*

Aufgedeckte Verbesserungsbedarfe und erste Ideen und Anregungen werden von den Teilnehmenden fortlaufend in die Tabelle „Übersicht über die Handlungsbedarfe und Lösungsmöglichkeiten" auf der letzten Seite des Dokuments „Ergebnisse der InnoGeKo-Unternehmensanalyse" (◘ Abb. 7.5) eingefügt.

| Praxistipp |

Nach Übung I bietet sich eine längere Pause an, um für die Teilnehmenden einen Raum für erste firmenübergreifende Gespräche zu schaffen und die Möglichkeit zu bieten, bei auffälligen Werten oder individuellen Unsicherheiten ein kurzes Gespräch mit dem Berater zu führen und weitere Unterstützungsmöglichkeiten zu besprechen.

▪ **Wissensvermittlung II: Wertschätzende Kommunikation**
Zielsetzung ist es, den Teilnehmenden einen Überblick über die vielfältigen Arten und Ausdrucksformen von Wertschätzung zu vermitteln und einen Bezug zu den eigenen eingesetzten Strategien zu gewinnen. Besonderer Schwerpunkt liegt dabei auf den Formen der wertschätzenden Kommunikation, insbesondere dem Mitarbeiterjahresgespräch.

Praktisch werden dazu die Inhalte der Charts 11 bis 18 der Präsentation „Innovations- und gesundheitsförderliche Führung" (◘ Abb. 7.20) im Plenum dialogisch mit den Teilnehmenden erarbeitet:

— Zunächst werden die Teilnehmenden angehalten, Formen der Wertschätzung zu benennen. Diese können auf einem Flipchart visualisiert werden. Ergänzend dazu wird Chart 11 eingeblendet und die erarbeitete Liste verbal vervollständigt. Im Gespräch wird die bedeutsame Rolle der wertschätzenden Kommunikation auf das Engagement/ die Motivation der Belegschaft und das Betriebsklima deutlich gemacht. Es werden direkte und indirekte Formen der Anerkennung wie die Weitergabe von Informationen, die Beteiligung von Mitarbeitern bei Entscheidungen und die Delegation von Aufgaben (Verantwortung) sowie finanzielle Formen der Anerkennung (z. B. Prämien) gemeinsam mit den Teilnehmenden erarbeitet und diskutiert. Besonders wichtig ist dabei die Frage: „Welche weiteren Anreize können die Betriebe schaffen, damit Beschäftigte eher bereit sind, sich Gedanken dazu zu machen, wie Prozesse verbessert werden können oder wie neue Produkte oder Dienstleistungen entstehen können (z. B. Belobigungen am Ende des Jahres, Incentives wie Wellness Wochenende mit Partner, kleine Aufmerksamkeiten, extra Freizeit, Prämien)? Dieses Thema wird mit einer kurzen Diskussion im Plenum beendet.

— Der zweite Teil dieses Bausteines behandelt die Ausdrucksmöglichkeiten von Wertschätzung (Chart 12). Zur Verdeutlichung wird anhand von Chart 13 demonstriert, wie sich zunächst wertschätzende Äußerungen ins Gegenteil verkehren können. Chart 14 fasst die Ausdrucksmöglichkeiten von Wertschätzung schematisch zusammen. Damit Wertschätzung ernst genommen wird, muss sie mit Kritik bzw. ehrlicher Konfrontation als einem positiven Gegenwert in Balance stehen. Anhand der schematischen Darstellung auf Chart 15 wird die Wertschätzung in Beziehung zu den natürlichen Gegenspielern gesetzt.

— Abschließend wird als eine Form der wertschätzenden Kommunikation das Mitarbeiterjahresgespräch gesondert vorgestellt. Dazu wird zunächst mit den Teilnehmenden anhand der Fragen auf Chart 16 über bereits vorhandene Erfahrungen gesprochen. Der Nutzen für die Beschäftigten und die Firmenleitung wird mit Hilfe von Chart 17 verdeutlicht. Der gesamte Baustein der Wertschätzung wird mit Chart 18 „Einige goldene Regeln fürs Scheitern von Mitarbeitergesprächen" scherzhaft abgeschlossen. Als Vorlage und zur Weiterarbeit wird den Teilnehmenden das Arbeitsblatt mit einer Fragensammlung für Mitarbeiterjahresgespräche ausgehändigt.

Praxistipp

Nicht alle Beschäftigten wollen bei jeder Entscheidung beteiligt werden. Besonders wichtig ist aber, dass sie bei Entscheidungen beteiligt sind, die sie selbst und ihren Arbeitsplatz bzw. ihre eigene Tätigkeit betreffen.

▪ Übung II: Reflexion eigener Wertschätzungsformen

Zielsetzung dieses Übungsteils ist die Interpretation der betriebsindividuellen Firmenanalysen durch die Teilnehmenden in den Bereichen Arbeitsfreude, Führungsstil, Rückmeldung und Informationsbereitstellung sowie die Ableitung der sichtbar gewordenen Verbesserungsbedarfe und die Entwicklung erster Veränderungsideen. Die Teilnehmenden erkennen ihre individuelle Art, Wertschätzung zu vermitteln, und ihre individuellen Stärken und Schwächen. Sie überprüfen den Bedarf und die Möglichkeit in ihrem Unternehmen, Mitarbeiterjahresgespräche zu führen.

> ❯ Falls die Firmen weniger als 10 Beschäftigte haben bzw. zu wenig Beschäftigte an der Be
> fragung teilgenommen haben, um repräsentative Ergebnisse zu erhalten (weniger als 50 %
> der Belegschaft) oder in der Firma keine Beschäftigtenbefragung umgesetzt wurde, dann
> arbeiten die Teilnehmenden adäquat mit den Mittelwerten von allen teilnehmenden Firmen.

Praktisch wird dieser Baustein idealerweise in Kleingruppenarbeit umgesetzt, damit eine betriebsspezifische Betreuung sichergestellt werden kann.

— Zunächst wird in Einzelarbeit die betriebsindividuelle Detailauswertung (❏ Abb. 7.5 in
  ▶ Kap. 7.1) zu Arbeitsfreude, Führungsstil, Rückmeldung und Informationsbereitstellung
  und die Dimensionsübersicht Kommunikation (S. 8) betrachtet. Der Berater geht unterstützend zu den Teilnehmenden und erläutert gegebenenfalls die Lesart und unterstützt
  beim Interpretieren.

— Im Anschluss wird die Diskussion mit nachfolgenden Fragen eingeleitet:
  — Ist das in etwa das, was Sie erwartet haben?
  — Was überrascht Sie „positiv" und was „negativ"?
  — Was können Sie tun, um die Beurteilung zu verändern?

— Ergeben sich an dieser Stelle bereits deutliche Verbesserungsbedarfe und erste Ideen,
  können diese bereits in die Tabelle eingetragen werden.

— Im nächsten Schritt werden von den Teilnehmenden die individuellen Formen der
  vermittelten Wertschätzung beurteilt. Dazu erhalten sie das Arbeitsblatt „Formen der
  Wertschätzung", schätzen ihre Stärken und Schwächen anhand dieser Vorlage ein und
  diskutieren sie in der Gruppe:
  — *Wie und bei welchen Gelegenheiten vermitteln Sie bislang Wertschätzung?*
  — *Was sind manchmal Hinderungsgründe? (z. B. eigene Begeisterung trifft auf Desinteresse
    bei Beschäftigten, keine Zeit etc.).*
  — *Welche Ausdrucksformen von Wertschätzung, die Sie bislang selten angewendet haben,
    können Sie zu welcher Gelegenheit mal anwenden?*

— Auch hier können aufgezeigte Verbesserungsbedarfe und Lösungsansätze direkt in die
  Tabelle übertragen werden.

— Als eine Möglichkeit, Wertschätzung zu vermitteln, wird das Mitarbeiterjahresgespräch in
  der kleinen Gruppe erneut angesprochen. Anhand des zuvor ausgereichten Arbeitsblattes
  werden die Teilnehmenden gebeten, die aufgeführten Fragen auf Anwendbarkeit in ihrem
  Unternehmen zu überprüfen und bei Interesse das weitere Vorgehen oder entsprechenden Unterstützungsbedarf mit dem Berater direkt abzustimmen.

— Abschließend werden die betrachteten Ergebnisse und die Diskussionsthemen vom Berater zusammengefasst und bei Bedarf und Zeit hinsichtlich möglicher weiterer Veränderungsideen diskutiert.

Praxistipp

Besonders bei redefreudigen Gruppen erleichtert das stichpunktartige Visualisieren der Diskussion die Strukturierung der Gruppe und die Zusammenfassung der Diskussionsergebnisse.

- **Wissensvermittlung III: Gesundheit und Führung**

Zielsetzung ist es, den Teilnehmenden den Zusammenhang von innovationsförderlicher und gesundheitsförderlicher Führung sowie den Einfluss von Führung auf die Gesundheit der Beschäftigten deutlich zu machen.

Praktisch werden diese Zusammenhänge anhand der Charts 19 und 20 der Präsentation „Innovations- und gesundheitsförderliche Führung" (◘ Abb. 7.20) im Plenum dialogisch mit den Teilnehmenden erarbeitet:

- Bei der Erarbeitung der wichtigsten Ansatzpunkte, um die Arbeitsbedingungen positiv zu beeinflussen (Chart 19), liegt der Schwerpunkt auf der Darstellung sowohl gesundheitsförderlicher als auch innovationsförderlicher Ansätze.
- In Anschluss daran wird mit den Führungskräften die zentrale Aufgabe der Innoscouts besprochen, die Arbeitsbedingungen in den Unternehmen genauer daraufhin zu durchleuchten, wie gesundheitsförderlich sie sind. Falls in M 1 noch nicht auf den Innoscoutleitfaden eingegangen wurde, kann dieses Plenum zur Vorstellung genutzt werden.
- Abschließend werden die Möglichkeiten, gesundheits- und innovationsförderlich zu führen, zusammengefasst (Chart 20) und gegebenenfalls weitere Punkte auf einem Flipchart festgehalten und im Sichtbereich der Teilnehmenden platziert.

- **Übung III: Identifikation eigener Verbesserungsschwerpunkte**

Zielsetzung ist es, gemeinsam mit den Teilnehmenden den im vorangegangenen Baustein erarbeiteten Zusammenhang von innovations- und gesundheitsförderlicher Führung und den Einfluss von Führung auf die Gesundheit der Beschäftigten auf den konkreten betrieblichen Alltag zu übertragen. Die Teilnehmenden erkennen ihren individuellen Führungsstil sowie ihre gesundheitsförderliche und innovationsförderliche Führungskompetenz, vergleichen die Selbsteinschätzung mit der Einschätzung der Beschäftigten und leiten Verbesserungsbedarfe und erste Lösungsansätze ab.

Praktisch wird dies erreicht, indem die betriebsindividuellen Auswertungen der gespiegelten Selbst- und Fremdeinschätzungen zu den erhobenen Führungsfragen (◘ Abb. 7.5, S.10) nach dem Selbststudium in zwei Gruppen besprochen werden. Folgende Leitfragen sollten dabei diskutiert und gegebenenfalls am Flipchart visualisiert werden:

- *Ist das in etwa das, was Sie erwartet haben?*
- *Welche Abweichungen erstaunen Sie?*
- *Was können Ursachen für die Abweichungen sein?*
- *Was können Sie positiv beeinflussen?*
- *Was sind Ihre Ansatzpunkte, die Sie verändern möchten?*

> ❯ **Die Ergebnisse können die Teilnehmenden in Aufregung versetzen, da die Mitarbeiterperspektive in der Regel von der Perspektive der Führungskräfte abweicht. Hier sollten Sie beruhigend auf die Teilnehmenden einwirken, indem sie deutlich machen, dass solche Abweichungen normal sind.**

Die Verbesserungsbedarfe und entwickelten Lösungsideen werden wie gehabt in die Tabelle auf der letzten Seite der Ergebnisrückmeldung eingetragen.

- **Fazit und Ausblick**

Zielsetzung des letzten Modulteils ist es, die Informationen des Tages zusammenzufassen und zu strukturieren. Die Teilnehmenden sollen Klarheit über die weiteren anstehenden Schritte in ihrem Unternehmen haben.

Praktisch wird dies wie folgt erreicht:

▬ Die wichtigsten Informationen des Tages werden anhand des Flipcharts „Der rote Faden" vom Beginn der Veranstaltung zusammengefasst.

▬ Kernbotschaft der ersten Wissensvermittlung „Motivation" war die große Bedeutung der Mitarbeitermotivation für den Geschäftserfolg und die bedeutsamen Einflussmöglichkeiten der Geschäftsführung auf die Mitarbeitermotivation. In der anschließenden Übung wurden die theoretischen Erkenntnisse mit den betriebsindividuellen Ergebnissen der Unternehmensanalyse abgeglichen.

▬ Der zweite Wissensvermittlungsbaustein und die anschließende Übung hatten das Hauptziel, die Formen und Ausdrucksmöglichkeiten der Wertschätzung theoretisch und betriebsindividuell zu erfahren.

▬ Kern des dritten Bausteins war der Einfluss der Führung auf die Gesundheit und Innovationsfähigkeit der Beschäftigten. Eine zentrale Erkenntnis dazu: Die Innovationsfähigkeit eines Unternehmens zu stärken, heißt Arbeitsbedingungen so zu gestalten, dass die Beschäftigten die Chance haben, ihre Stärken weiter zu entwickeln und sich im Job zu verwirklichen.

▬ Im Anschluss werden die nächsten anstehenden Termine und Schritte dargestellt. Es werden Unterstützungsmöglichkeiten und -angebote durch den Berater besprochen und die Rückmeldung der Analyseergebnisse für die Belegschaft thematisiert.

Praxistipp

Die Rückmeldung der Analyseergebnisse an die Belegschaft ist gerade im Hinblick auf die Verbesserung der Unternehmenskommunikation mit besonderer Sorgfalt durchzuführen. In vielen Fällen hat sich die Rückmeldung der Ergebnisse durch einen Berater in Form von Rückmeldeworkshops bewährt.

▬ In einer kurzen Feedbackrunde reflektieren die Teilnehmenden den Tagesverlauf und können ggf. noch bestehende Unklarheiten zur Sprache bringen, auf die die Berater unmittelbar eingehen.

Am Ende des Moduls füllen die Führungskräfte zur Qualitätssicherung den anonymen Feedbackbogen für Modul 2 aus.

4.5 Modul 2 für Innoscouts: Arbeitsbedingungen im Betrieb analysieren

Bisher erreichter Verfahrensstand:

▬ *Die Führungskräfte und Innoscouts sind mit dem Verlauf des gesamten Verfahrens vertraut.*

▬ *Die Innoscouts haben anhand ihres eignen Arbeitsplatzes gelernt, einen Arbeitsplatz zu definieren und zu beschreiben und haben dies auf alle in ihrem Unternehmen vorhandenen Arbeitsplätze angewandt.*

Nr.	Inhalt	Dauer (min)	Methode	Material
1	Begrüßung und Einstieg	15	Plenum	Flipchart
	Stand in den Firmen	30	Dialog	
2	Thematischer Einstieg „Arbeitsbe-lastungen und Ressourcen"	30	Dialog	Flipchart
3	Praktische Übung: Leitfadenge-stützte Analyse der Arbeitsbedin-gungen am Beispiel des eigenen Arbeitsplatzes	180	Klein-gruppe/ Plenum	Innoscoutleitfaden (AB: Analyse der Arbeits-bedingungen) AB: Beurteilungs-kriterien
4	Thematischer Abschluss „Arbeitsbe-lastungen und Ressourcen II"	30	Plenum	Flipchart
5	Fazit und Ausblick auf Modul 3	30	Plenum	Flipchart

◘ Tab. 4.8 Ablaufplan für Modul 2 (Innoscouts)

4.5.1   Ziele des Moduls

Ziel der folgenden Präsenzveranstaltung ist es, das begriffliche Verständnis von physischen und psychischen Belastungen und Ressourcen im Arbeitskontext zu erweitern.[1] Die Teilnehmen-den werden befähigt, einzelne Arbeitsplätze im Unternehmen anhand des Innoscoutleitfadens entsprechend zu beurteilen und die Beurteilung zu begründen.

4.5.2   Ablauf des Moduls

Das Modul 2 ist mit 7 Stunden Gesamtdauer als Ganztagesveranstaltung (z. B. von 10–17 Uhr) konzipiert. Es sind 315 Minuten Arbeitszeit und 60 Minuten variabel einzusetzende Pausen geplant. Einen Gesamtüberblick bietet ◘ Tab. 4.8.

Für die Durchführung des Moduls benötigen die Berater den Innoscoutleitfaden, drei Ar-beitsblätter (davon ist das Arbeitsblatt Analyse der Arbeitsbedingungen Teil 2 des Innoscout-leitfadens) und den Feedbackbogen, um sie jeweils in ausreichender Stückzahl kopiert an die Teilnehmenden auszugeben (◘ Tab. 4.9).

4.5.3   Praktische Durchführung

■ **Begrüßung und Einstieg**
Zielsetzung des ersten Modulteils ist es, den Teilnehmenden das „Ankommen" zu erleichtern und eine angenehme Arbeitsatmosphäre für den Tag herzustellen. Die Innoscouts erhalten eine gute Übersicht über den gesamten Schulungstag. Sorgen und Unsicherheiten, die durch die Arbeit in den Unternehmen entstanden sind, werden zu Beginn des Tages thematisiert und bearbeitet.

---

1   Im Rahmen des Verfahrens „InnoGeKo" werden vorrangig die Ressourcen der Arbeit thematisiert, allerdings lassen sich die Ressourcen nicht losgelöst von den Belastungen der Arbeit betrachten, so dass an passender Stelle auch die entsprechenden Arbeitsbelastungen besprochen werden.

◘ **Tab. 4.9** Materialien für Modul 2 für Innoscouts		
Fragebögen	Innoscoutleitfaden – Teil 1 (Gesamtübersicht)	◘ Abb. 7.3
	Innoscoutleitfaden – Teil 2 (AB Analyse der Arbeitsbedingungen)	◘ Abb. 7.4
Arbeitsblätter	AB: Beurteilungskriterien	◘ Abb. 7.25
	AB: Aufgaben des Innoscouts	◘ Abb. 7.18
Feedbackbogen		◘ Abb. 7.26

Praktisch wird dies im ersten Schritt durch eine grafische Darstellung der inhaltlichen Schwerpunkte auf einem Flipchart (einschließlich der geplanten Pausenzeiten, verbunden durch den sogenannten „roten Faden") unterstützt, die der Berater erläutert.

Anschließend werden der aktuelle Stand, die momentane Stimmung sowie bisherige Reaktionen der Belegschaft in den Betrieben angesprochen und in der Gruppe diskutiert.

> **Praxistipp**
>
> Die von den Innoscouts ggf. berichteten Unsicherheiten und Schwierigkeiten hinsichtlich der Projektbearbeitung in den Unternehmen sollten unbedingt ernst genommen und vorrangig behandelt werden. Besonders zu Beginn können Veränderungsprojekte auf große Widerstände in den Unternehmen stoßen und ohne entsprechenden Rückhalt scheitern.

■ **Thematischer Einstieg „Belastungen und Ressourcen"**

Ziel dieses Bausteins ist es, den Blick der Teilnehmenden für arbeitsbedingte Belastungen und Ressourcen zu schärfen und das Begriffsverständnis von physischen und psychischen Belastungen und Ressourcen im Arbeitskontext zu erweitern.

Praktisch wird dies wie folgt erreicht:

— Zunächst stellt der Berater folgende Fragen in den Mittelpunkt des Dialogs:
  — *„Was belastet/stresst Sie persönlich und die anderen Beschäftigten Ihrer Firma?"*
  — *„Woraus ziehen Sie persönlich und die anderen Beschäftigten in Ihrer Firma Ihre Kraft?"*
— Parallel zur Diskussion werden die Aussagen der Teilnehmenden visualisiert und ggf. zur besseren Übersicht thematischen Oberbegriffen zugeordnet.
— Das entstandene Arbeitsergebnis wird zur späteren Weiterarbeit sichtbar für die Teilnehmenden platziert und kann fortlaufend ergänzt werden.

> **Praxistipp**
>
> Es hat sich bewährt, theoretische Schulungsinhalte so praxisnah wie möglich zu gestalten. Die Rückmeldungen der bisherigen Teilnehmenden zeigten, dass nur kurze und direkt auf den Arbeitskontext übertragene Inhalte als bereichernd erlebt werden.

Praktische Übung: Leitfadengestützte Analyse der Arbeitsbedingungen am Beispiel des eigenen Arbeitsplatzes

> **Praxistipp**
>
> Die Entscheidung, ob die Arbeit mit dem Leitfaden im Plenum oder in der Kleingruppe durchgeführt wird, sollte abhängig gemacht werden von der Offenheit der Innoscouts, der Gruppengröße und der Zusammensetzung der Gruppe.

Ziel dieses Bausteines ist es, die Teilnehmenden darin zu befähigen, eigenständig anhand des Innoscoutleitfadens die Arbeitsplätze im Unternehmen zu beschreiben und in den Dimensionen Handlungsspielraum, Vollständigkeit, Vielfalt, ergonomische Arbeitsplatzgestaltung, Lernerfordernisse, Kooperationserfordernisse und Prozesse zu beurteilen.

Praktisch werden diese Ziele wie folgt erreicht:

- Zunächst werden gemeinsam mit dem Berater die Arbeitsplätze des Unternehmens definiert und beschrieben. Dazu greifen die Teilnehmenden und Berater auf die Vorarbeit aus Modul 1 und der Arbeit im Unternehmen zurück und tragen die Bezeichnungen und – soweit bereits möglich – die Beschreibungen in den Innoscoutleitfaden (◗ Abb. 7.3) ein.

◗ Die Arbeitsplatzanalysen stellen die Grundlage für den Dialog zwischen Geschäftsführung und Innoscout im Modul 3 dar. Um zielgerichtete Verbesserungen zu entwickeln, ist es notwendig, dass die einzelnen Fragen nicht nur beurteilt, sondern alle Urteile ausreichend und nachvollziehbar begründet werden.

- Nachfolgend werden dimensionsweise die einzelnen Fragen gemeinsam besprochen. Der Berater führt die Fragen mit einer kurzen praxisnahen Erläuterung ein. Jede Frage wird in den verschiedenen Ausprägungsgraden von „trifft nicht zu", „trifft wenig zu", „teils/teils", „trifft häufig zu" bis hin zu „trifft völlig zu" beschrieben. Dazu gibt der Berater viele branchenspezifische Beispiele für die Ausprägungsgrade. Die Unterschiede in den Ausprägungen werden auf dem Arbeitsblatt „Beurteilungskriterien" (◗ Abb. 7.25) zur späteren Verwendung im Unternehmen durch die Teilnehmenden vermerkt.
- Anschließend beurteilen die Teilnehmenden die Frage für ihren eigenen Arbeitsplatz und begründen diese Entscheidung. Dazu verwenden sie den entsprechenden Teil des Innoscoutleitfadens (◗ Abb. 7.4).
- Die getroffene Entscheidung und die entsprechende Begründung werden anschließend im Plenum besprochen und gegebenenfalls korrigiert.
- In kleinen Gruppen oder bei großer Unsicherheit können auf die gleiche Weise weitere Arbeitsplätze der Unternehmen gemeinsam beurteilt werden. Die korrigierten Werte werden abschließend exemplarisch in den Innoscoutleitfaden (◗ Abb. 7.3) übertragen.

◗ Die ersten Beurteilungen durch die Teilnehmenden sind in vielen Fällen mit großen Unsicherheiten verbunden. Hier ist großes Einfühlungsvermögen erforderlich. Es ist sehr hilfreich, von Beginn an die positiven Effekte der gemeinsamen Korrekturen in den Vordergrund zu stellen und weitergehende Unterstützung anzubieten.

- **Thematischer Abschluss „Belastungen und Ressourcen II"**

Ziel dieses Bausteines ist es, das erweiterte begriffliche Verständnis von Arbeitsbelastungen und Ressourcen zusammenzufassen, zu festigen und ggf. noch bestehende Unklarheiten aufzudecken und zu beseitigen. Die Bedeutung der Arbeitsplatzanalyse durch einen Beschäftigten im Unternehmen soll den Teilnehmenden verdeutlicht werden.

Praktisch wird dabei so vorgegangen, dass zunächst das visualisierte Arbeitsergebnis des thematischen Einstiegs erneut betrachtet wird. Gemeinsam mit den Teilnehmenden werden folgende Fragen besprochen:

- Wie sehen die Belastungen von heute Morgen im Vergleich zu den ermittelten Schwachstellen des eigenen Arbeitsplatzes aufgrund der Analyse aus?
- Kommen neue/weitere Themen hinzu?
- Fallen einige Themen weg?

Die Diskussion erfolgt dabei vor allem im Hinblick auf die besprochenen Dimensionen Handlungsspielraum, Vollständigkeit, Vielfalt, ergonomische Arbeitsplatzgestaltung, Lernerfordernisse, Kooperationserfordernisse und Prozesse.

Abschließend wird mit den Teilnehmenden erörtert, welche Hindernisse sie bei der geplanten Analyse in ihren Unternehmen sehen. Gemeinsam werden Handlungsmöglichkeiten erarbeitet, um diesen Hindernissen zu begegnen.

- **Fazit und Ausblick auf Modul 3**

Ziel des letzten Modulteils ist die Vermittlung eines sicheren und zuversichtlichen Gefühls, die bevorstehenden Aufgaben angemessen bewältigen zu können. Die Innoscouts sind auf ihre Aufgaben ausreichend vorbereitet und kennen die Unterstützungsmöglichkeiten des Beraters.

Praktisch wird dies erreicht, indem der Berater die Aufgaben der Innoscouts anhand des ausgehändigten Arbeitsblattes „Aufgaben des Innoscouts" (☐ Abb. 7.18) zusammenfasst und damit sicherstellt, dass keine Information verloren gegangen ist und die Aufgaben für jeden Teilnehmenden verständlich und umsetzbar sind. Mithilfe des zu Beginn vorgestellten „roten Fadens" lässt der Berater zusammenfassend den Tag Revue passieren gelassen und betont die wichtigsten Erkenntnisse. Abschließend werden die Zeitschiene und die nächsten Termine wiederholt und es wird ein kurzer Ausblick auf das Modul 3 gegeben.

Am Ende des Tages füllen die Innoscouts einen anonymen Feedbackbogen zu Modul 2 aus, der den Beratern Aufschluss über die Qualität und Zufriedenheit mit dem absolvierten Modul gibt.

4.6 Modul 3.1: Zukunftswerkstatt

Bisher erreichter Verfahrensstand:
- *Die Innoscouts haben alle Arbeitsplatzanalysen durchgeführt.*
- *Dem Berater liegen die Ergebnisse der ausgewerteten Arbeitsplatzanalysen vor.*
- *Die Ergebnisse der Beschäftigtenbefragung wurden an die Belegschaft in den Betrieben rückgemeldet. Anschließend wurden die Ergebnisse diskutiert und entsprechende Hinweise für Veränderungsideen erfasst.*
- *Führungskräfte und Innoscouts haben die Befragungsergebnisse mit dem Berater besprochen und ebenfalls erste Vorstellungen über Veränderungsmaßnahmen entwickelt.*
- *Erste Umsetzungsberatungen haben stattgefunden.*

4.6.1 Ziele des Moduls

In der Zukunftswerkstatt bewerten die Unternehmer und Innoscouts gemeinsam nach Anleitung die Ergebnisse der in ihrem Betrieb durchgeführten Analysen in der Gesamtschau,
identifizieren weitere Veränderungsbedarfe und erarbeiten einen Pool von Verbesserungsideen.
Durch den Austausch mit anderen Firmen erhalten sie zusätzliche Anregungen und profitieren
ggf. von deren Erfahrungen hinsichtlich der Abwägung von Realisierungschancen.

> ❯ **Die Zukunftswerkstatt sollte nur dann als Gruppenveranstaltung durchgeführt wer-
> den, wenn die Zusammensetzung der Gruppe neuen Input für die bereits entwickelten
> Veränderungsideen erwarten lässt. Dies ist erfahrungsgemäß nur gegeben, wenn
> mehrere Betriebe vergleichbarer Größe in den Austausch treten können und jeweils
> mehrere Betriebe Veränderungsideen für die einzelnen, mit IKoNe analysierten Dimen-
> sionen entwickelt haben oder entwickeln wollen. Andernfalls bleibt die Entwicklung
> der in Angriff zu nehmenden Veränderungsideen auf das Vor-Ort-Gespräch mit dem
> Berater beschränkt.**

4.6.2 Ablauf des Moduls

Die Zukunftswerkstatt ist als Ganztagsveranstaltung konzipiert (z. B. von 10.00 bis 17.00 Uhr)
und sieht 400 Minuten Arbeitszeit vor. Es wird eine Pausenzeit von insgesamt 75 Minuten
empfohlen, die vom Moderator teilweise zur Aufbereitung von Gruppenergebnissen genutzt
wird. Eine Gesamtübersicht bietet ◨ Tab. 4.10.
   Die Bearbeitung der sechs Dimensionen des Innovationskompetenznetzes IKONE, zu
denen die Befragungsergebnisse durch das Analysetool zusammengestellt werden, erfolgt in
zwei thematischen Runden, jeweils moderiert durch einen Berater. Während in Runde 1 die
Ergebnisse zu den Dimensionen Arbeitsbedingungen, Kommunikation und Mitarbeiterpotenzial bearbeitet werden, konzentriert sich die Arbeit in Runde 2 auf die Bereiche Führung,
Marktkompetenz und Kultur.

Praxistipp

Die Arbeit mit der Vielzahl bereitgestellter Analyseergebnisse stellt sowohl hohe Anforderungen an die Konzentrationsfähigkeit der Teilnehmenden als auch an die Moderation der
Veranstaltung. Daher sollten Sie großen Wert auf eine störungsfreie Arbeitsatmosphäre
legen und die Veranstaltung gemeinsam mit einem zweiten Berater vorbereiten und
durchführen.

Für die Durchführung des Moduls benötigen die Berater für die Teilnehmenden jeweils Teile
des betriebsspezifischen Auswertungsdokuments „Ergebnisse der InnoGeKo-Unternehmensanalyse" und den Feedbackbogen (in ausreichender Stückzahl kopiert) sowie für ihre eigenen
Unterlagen die Protokollvorlage „Lösungsideen" (◨ Tab. 4.11). Die Dokumente befinden sich
im Anhang.

◘ **Tab. 4.10** Ablaufplan für Modul 3

Nr.	Inhalt	Dauer (min)	Methode	Material
1	Begrüßung und Einstieg	35	Plenum	Metaplanwand und Flipchart
2	Ziele des Moduls	10	Plenum	Flipchart
3	Runde 1: Entwickeln von Lösungsvorschlägen für drei Bereiche	90 (3 × 30)	Moderierte parallele Gruppenarbeit	*Für die Teilnehmenden:* Ergebnisübersicht zu jedem Bereich Übersicht Datenquellen Übersichtstabelle für Lösungsvorschläge *Für die Berater:* Protokollvorlage „Lösungsideen" Moderationskarten
	Gruppe 1 bearbeitet die Bereiche Arbeitsbedingungen, Kommunikation und Mitarbeiterpotenzial			
	Gruppe 2 bearbeitet die Bereiche Führung, Marktkompetenz und Kultur			
4	Mittagspause	45	Aufbereitung der Ergebnisse Runde 1	
5	Runde 2: Entwickeln von Lösungsvorschlägen für drei Bereiche + Gesamtschau der Ergebnisse	110 (3 × 30 + 20)	Moderierte parallele Gruppenarbeit	Zusätzlich zu Runde 1 für die Teilnehmenden: Gesamtergebnisübersicht
	Gruppe 1 bearbeitet die Bereiche Führung, Marktkompetenz und Kultur			
	Gruppe 2 bearbeitet die Bereiche Arbeitsbedingungen, Kommunikation und Mitarbeiterpotenzial			
6	Kaffeepause	30	Aufbereitung der Ergebnisse Runde 2 Abfotografieren aller DIN-A3-Bögen	
7	Auswertung der Gruppenarbeit	60	Plenum	Flipchart mit Kärtchen oder Beamer
8	Zusammenfassung/Ausblick	20	Flipchart	Feedbackbogen

◘ **Tab. 4.11** Materialien für Modul 3

Auswertungsmaterial	Ergebnisse der InnoGeKo-Unternehmensanalyse	◘ Abb. 7.5[1] Ergebnisübersicht zu jeder Dimension (◘ Abb. 3 bis 9) Gesamtergebnisübersicht (◘ Abb. 2) Gesamtübersicht zu Datenquellen (S. 33)
		Protokollvorlage „Lösungsideen" (S. 34)
Feedbackbogen		◘ Abb. 7.27

[1] Bitte beachten Sie, dass es sich bei Abb. 7.5 um ein umfängliches Dokument mit 34 Seiten handelt, das selbst 38 Abbildungen umfasst.

4.6.3 Praktische Durchführung

- **Begrüßung und Einstieg**

Zielsetzung der Einstiegsphase ist es, die Teilnehmenden auf die bevorstehende Arbeitsetappe einzustimmen, sie mit dem Ablauf der Veranstaltung vertraut zu machen und Klarheit über die genutzten Analyseergebnisse zu schaffen.

Praktisch wird dies wie folgt erreicht:

- Der Berater reflektiert nach der Begrüßung der Teilnehmenden zunächst kurz die Ziele der bisherigen Verfahrensmodule und der durchgeführten Betriebsanalysen und bittet die Teilnehmenden um eine kurze Äußerung zu ihrer Zufriedenheit mit dem bisherigen Verlauf. Dies lockert die Arbeitsatmosphäre und schafft eine gute Überleitung zum Inhalt des Moduls, in dem die Teilnehmenden angeleitet werden, aus der Gesamtschau aller nunmehr vorliegenden Analyseergebnisse weitere Veränderungsbedarfe zu erkennen und Lösungsideen zu entwickeln. Für Klarheit, aus welchen Analysequellen sich die Ergebnisübersichten zu den sechs Untersuchungsbereichen (Dimensionen) des Innovationskompetenznetzes speisen, sorgt ein weiteres vorbereitetes Flipchart, auf dem diese Zuordnung grafisch dargestellt ist und das vom Berater erläutert wird. Für die Vorbereitung des Flipcharts kann der Berater auf die Übersicht zu den Datenquellen (◘ Abb. 7.5, S. 33) zurückgreifen, die sich am Ende des mit dem Auswertungstool erstellten Ergebnisdokuments befindet.
- Den konkreten Verlauf des Tages erläutert der Berater an einem vorbereiteten Flipchart mit genauen Zeitangaben, der zur weiteren Orientierung der Teilnehmenden in ihrem Sichtbereich stehen bleibt.

- **Ziele des Moduls**

Zielsetzung dieses Veranstaltungsteils ist es, das zweigeteilte Veranstaltungsformat (aktuelle Gruppenveranstaltung und Vor-Ort-Umsetzungsberatung) zu erläutern.

Dieses Ziel wird *praktisch* wie folgt erreicht:

- Der Berater erläutert zunächst den erwarteten Mehrwert aus der parallelen Gruppenarbeit, gemeinsam möglichst viele weitere konkrete Veränderungsideen zu entwickeln und dabei in den Austausch mit den anderen Betrieben zu kommen. Er erklärt, auf welcher Grundlage er die Gruppenbildung vorgenommen hat (z. B. gleiche Gewerke, ähnliche Betriebsgröße) und verweist auf ein vorbereitetes Chart, dem die Betriebe entnehmen können, welcher der beiden Gruppen sie zugeordnet wurden.
- Die Entscheidung zu konkreten Maßnahmen erfolgt dann im zweiten Modulteil mit Unterstützung des Beraters vor Ort im Betrieb. Hier kann in Ruhe abgewogen werden, welche Aktivitäten tatsächlich in Angriff genommen werden sollen. Für diese werden dann konkrete Umsetzungspläne mit Verantwortlichkeiten ausgearbeitet.

- **Parallele Gruppenarbeit**

Ziel der Gruppenarbeit in zwei Runden ist es, dass sich die Teilnehmenden systematisch mit den umfangreichen Ergebnissen der Betriebsanalysen zu insgesamt sechs Untersuchungsbereichen (Marktkompetenz, Kommunikation, Führung, Arbeitsbedingungen, Kultur, Mitarbeiterpotenzial) auseinandersetzen, gezielt Ansatzpunkte für Veränderungen identifizieren und im Gruppenprozess möglichst viele Lösungsideen dazu generieren.

> ⊗ Achten Sie in der Moderation darauf, dass zu jedem Veränderungsbedarf stets mehrere möglichst konkrete Lösungen besprochen werden und Sie die Ideen vollständig in der bereitgestellten Protokollvorlage erfassen.

Praktisch wird das Ziel der Gruppenarbeit wie folgt erreicht:

- Die Teilnehmenden arbeiten in zwei parallelen moderierten Gruppen und in zwei aufeinander folgenden Runden. Zu Reduzierung der Komplexität werden in jeder Runde die Ergebnisse von drei Untersuchungsbereichen nacheinander ausgewertet. Pro Untersuchungsbereich steht eine halbe Stunde Zeit zur Verfügung.

- Der Berater gibt zur Einstimmung auf den jeweiligen Untersuchungsbereich einen kurzen Überblick, welche Inhalte hierzu erhoben wurden, welche Ergebnisse insgesamt ermittelt wurden und nennt einige Beispiele für mögliche Schwachpunkte und geeignete Lösungsideen zur Verbesserung.

- Bevor er an alle Teilnehmenden die Ergebnisübersicht für ihren Betrieb zum jeweiligen Untersuchungsbereich ausgibt (eine Seite), verweist er auf die im Anschluss gemeinsam zu bearbeitenden Leitfragen, die er auf einem Chart vorbereitet hat:
  - *Wo sehen Sie mit Blick auf Ihre Ergebnisse den größten Handlungsbedarf?*
  - *Was wäre in Bezug auf dieses Thema ein erstrebenswerter Zustand?*
  - *Was können Sie tun, um zu diesem Wunschzustand zu kommen? Was könnte ein erster Schritt sein?*

- In der Moderation werden alle Betriebe nacheinander dazu aufgefordert, zu diesen Fragen Stellung zu nehmen. Dabei kommt es darauf an, möglichst konkrete Lösungsvorschläge zu entwickeln, weshalb der Moderator ggf. nachhaken muss und andere Betriebe nach ihren Erfahrungen hierbei fragen sollte.

- Aufgabe des Scouts ist es, alle besprochenen Handlungsbedarfe und erarbeiteten Lösungsideen auf Moderationskarten festzuhalten (Vorderseite Handlungsbedarf, Rückseite Lösungsidee). Die Inhalte werden am Ende vom Unternehmer oder vom Scout auf das vorbereitete DIN-A3-Formular übertragen. Sie bilden die Grundlage für die im zweiten Modulteil vor Ort im Betrieb vorgenommene Priorisierung von Lösungsideen.

- Damit der Moderator befähigt ist, im Anschluss an die Gruppenrunden im Plenum einen Gesamtüberblick über alle Ergebnisse zu liefern, protokolliert er in jeder Runde die genannten Handlungsfelder und Lösungsideen. Hierfür steht die Protokollvorlage „Lösungsideen" (⊡ Abb. 7.5, S. 34) zur Verfügung.

- Nachdem in der zweiten Gruppenrunde die letzten drei Untersuchungsbereiche behandelt wurden, stellt der Moderator abschließend jeder Firma eine Gesamtübersicht über alle Untersuchungsbereiche (eine Seite) zur Verfügung, um mögliche Querverbindungen zwischen den erkannten Handlungsbedarfen zu erkennen und adäquate Handlungsstrategien zu diskutieren.

Praxistipp

Es empfiehlt sich, eine Liste mit möglichen Lösungsvorschlägen für jeden Themenbereich vorzubereiten, auf die in der Moderation ggf. zurückgegriffen werden kann, wenn die Diskussion ins Stocken gerät. Dies gilt auch für Beispiele möglicher Verknüpfungen zwischen den Untersuchungsbereichen.

- **Auswertung im Plenum**

Ziel der Auswertung im Plenum ist es, über die Arbeit in den parallelen Gruppen zu informieren, den weiteren Erfahrungsaustausch anzuregen und einen Gesamtüberblick über die besprochenen Themen zu vermitteln.

Praktisch wird diese Zielerreichung durch die Ideenprotokolle und die Ideenwand mit den Moderationskärtchen unterstützt. Dank der in jeder Themenrunde erstellten Protokolle können beide Berater die wichtigsten Ergebnisse ihrer moderierten Runden zusammenfassen. Das dabei geweckte Interesse für Lösungsideen aus einer anderen Gruppenrunde können die Teilnehmenden an der Ideenwand mit sämtlichen ausgefüllten Moderationskärtchen vertiefen.

> **Praxistipp**
>
> Es empfiehlt sich, diesen Modulteil zu realisieren, indem sich die Teilnehmenden im Halbkreis vor der Ideenwand aufstellen. Dies erleichtert die Lesbarkeit, schafft eine lockere Atmosphäre und erleichtert das ggf. erforderliche Beantworten von Rückfragen durch die Betriebe und die Diskussion insgesamt.

- **Zusammenfassung/Ausblick**

Ziel dieses letzten Modulteils ist es, das Stimmungsbild der Teilnehmenden aufzunehmen und zu reflektieren und ihnen Sicherheit hinsichtlich des weiteren Vorgehens zu vermitteln.

Dies wird *praktisch* unterstützt durch Moderationsfragen wie z. B.:

- *Wie war der Tag für Sie?*
- *Konnten Sie Anregungen und Ideen sammeln?*
- *Bestehen noch Fragen?*
- *Haben Sie konkrete Anregungen für das weitere Vorgehen?*

Die Berater können mit Blick auf den zweiten Modulteil, die Priorisierung von Ideen und Erarbeitung von Umsetzungsplänen, bereits die Vereinbarung von konkreten Terminen im Anschluss an die Veranstaltung anbieten. Sie erklären kurz das Anliegen des nächsten Moduls „Projektcafé", in dem die Betriebe ihre Umsetzungsideen anhand vorbereiteter Plakate vorstellen werden, stellen hierfür ihre Unterstützung in Aussicht und treffen ggf. eine Terminabsprache, sofern der Termin nicht bereits zu Verfahrensbeginn fixiert wurde.

Das Modul endet mit dem Ausfüllen des anonymen Feedbackbogens durch die Teilnehmenden, den sie am Ausgang ablegen können.

4.7   Modul 3.2: Umsetzungsberatung

- **Neue Impulse durch lösungsorientierte Beratung bzw. Best-Practice-Beispiele**

Viele Umsetzungen, die im Laufe der Verfahrenserprobung von den Betrieben in Angriff genommen wurden, standen schon länger unbearbeitet auf ihrer Agenda. Jedoch wurden darüber hinaus auch viele Bedarfe aufgedeckt, die für Unternehmer und Scout bisher nicht bekannt waren. Hierfür erwiesen sich die durchgeführten Betriebsanalysen, der überbetriebliche Austausch und die vielen Hinweise aus der eigenen Belegschaft als sehr gewinnbringend.

Im Gespräch des Beraters mit dem Unternehmer oder der Belegschaft zu möglichen Veränderungsbedarfen kann es hilfreich sein, Praxisbeispiele aus anderen Betrieben als Anregung einzubringen. Allerdings kann dies dazu führen, dass die Gesprächspartner ihre eigene Kreativität nicht ausschöpfen. Als bessere Methode erwies sich in der Verfahrenserprobung die Ermittlung von Veränderungsideen durch lösungsorientierte Fragetechniken. Das dadurch realisierte „Umkreisen des Problems" kann dazu führen, nicht nur Probleme an sich aufzudecken, sondern auch Hintergründe des Problems und tatsächliche Adressaten zu identifizieren. Kann man als Berater der Aussage eines Unternehmers, alle Auszubildenden seien selbst für die einfachsten Aufgaben ungeeignet, nur schwer adäquat entgegnen, so lassen sich mit lösungsorientierten Fragetechniken unter Umständen Defizite in der Ausbildungsqualität oder der Art der Mitarbeiterführung identifizieren, mit denen im Zuge des Verfahrens weitaus besser weitergearbeitet werden kann als mit derartigen Pauschalverurteilungen.

Praxistipp

Wenn den Unternehmen die Form der lösungsorientierten Beratung beschwerlich erscheint, verweisen Sie als Berater auf den Vorteil, gezielt spezifische Veränderungsbedarfe der Betriebe identifizieren und passende Lösungsideen ermitteln zu können. Trotzdem ist es ratsam, im Vorfeld Strategien anderer Betriebe ähnlicher Größe und Branche zu recherchieren oder aus eigener Beratungserfahrung ins Gedächtnis zu rufen. Mangelt es im Beratungsgespräch bei Unternehmer und Scout an Ideen, kann das Nennen von Best-Practice-Beispielen ein hilfreicher Anstoß zur Entwicklung eigener Ideen sein.

▪ **Konsequente Umsetzung**

Umsetzungen, die nicht direkt mit dem Alltagsgeschäft zu tun haben, scheitern in kleinen Unternehmen oftmals an der fehlenden zeitlichen Kapazität, an der geringeren Priorität im Arbeitsalltag oder schlichtweg an der fehlenden Partizipation der Belegschaft. Um sicherzustellen, dass Umsetzungen tatsächlich vorangetrieben werden, wurde in der Erprobungsphase des Verfahrens die Erarbeitung und Anwendung von *Umsetzungsplänen* erprobt und als hilfreich empfunden. Mit ihrer Hilfe werden klare Zeitziele festgelegt und Verantwortlichkeiten für alle Zwischenschritte definiert. Für viele Unternehmer war es zunächst befremdlich, in solch kleinen Schritten zu denken und strukturiert dafür Verantwortliche zu benennen. Diese Einschätzung wurde später stets revidiert, weil sich die Sinnhaftigkeit im betrieblichen Alltag gezeigt hatte.

Aber auch Umsetzungspläne sind kein Garant für die zügige Umsetzung der Veränderungsideen. Hier ist der Berater gefragt, regelmäßig nachzuhaken und für nächste Schritte zu motivieren, damit die Betriebe besonders am Anfang am Ball bleiben, bis sich die konsequente Arbeit mit dem Umsetzungsplan dauerhaft verankert hat. Der Berater fungiert dabei als Motivator, der den aktuellen Stand von Umsetzungen mit den Beteiligten durchspricht und die Betriebe dazu animiert, Zeitfenster für die Arbeit mit diesen Themen einzurichten.

Ziel ist letztendlich, dieses Vorgehen so im Betrieb zu etablieren, dass es auch nach der Teilnahme am InnoGeKo-Verfahren als selbstverständliche Methode zur Anwendung kommt.

> **Praxistipp**
>
> Auch abgeschlossene kleinere Schritte sollten bei der Beratung lobende Erwähnung finden, um die Beteiligten zu motivieren, weiter am Ball zu bleiben. In größeren Betrieben mit mehreren Hierarchieebenen ist oftmals schon für die Umsetzung kleiner Veränderungen ein großer Aufwand erforderlich, wohingegen in Kleinbetrieben aufgrund der flachen Hierarchien und kurzen Informationswege Maßnahmen häufig schnell und unkompliziert umgesetzt werden können. Die Beteiligten neigen dann manchmal wegen des nur geringen Aufwands dazu, die bisher erreichten Ziele weniger wertzuschätzen. Hier ist es Aufgabe des Beraters, gegenzusteuern und das bisher Erreichte im Betrieb stets angemessen zu würdigen.

- **Unternehmer als Treiber und Partizipation der Belegschaft**

Bei den an der Verfahrenserprobung beteiligten Betrieben zeigte sich, dass bislang Veränderungen im betrieblichen Kontext meist in der kompletten Verantwortung des Unternehmers lagen und von der Belegschaft oftmals eher schleppend angenommen wurden. Sofern Ideen von Mitarbeitenden geäußert und umgesetzt wurden, war dies ein eher sporadischer und unstrukturiert verlaufender Prozess. Bei der Erprobung des InnoGeKo-Verfahrens wurde deutlich, dass in Betrieben mit einer strukturierten Einbindung der Belegschaft nicht nur mehr Veränderungen angestoßen werden, sondern nach Ende der Beratungsphase eigenständig durch den Betrieb weiter an den Themen gearbeitet wird (vgl. hierzu auch die Ergebnisse der wissenschaftlichen Evaluation (▶ Kap. 5).

Um die Last von Beginn an auf mehrere Personen zu verteilen und diese sinnvoll in Veränderungsprozesse einzubinden, wurden in den Betrieben die Innoscouts ausgewählt und entsprechend qualifiziert. Dieses Modell wurde in den Betrieben gut angenommen und von den Unternehmern als sinnstiftend und entlastend bewertet. Genauso wichtig ist aber auch die Weiterentwicklung der allgemeinen Mitarbeiterpartizipation. In der Verfahrenserprobung fanden sich nach der anfänglichen Skepsis der Belegschaft über die Aufgaben des Scouts zunehmend weitere Personen, die Einfluss auf die Entwicklungen im Unternehmen haben wollten. So bildeten sich vielfach Kompetenzteams, die nachhaltig an Umsetzungen weiterarbeiten wollen.

Für die Umsetzungsberatung resultiert daraus die Aufgabe, stetig darauf hinzuweisen, über den Scout hinaus weitere Beschäftigte bei Umsetzungen einzubinden. Gerade die Partizipation der Belegschaft während des Prozesses wirkte sich auf die Qualität der Ergebnisse aus. Da die anzugehenden Veränderungen immer auch die Tätigkeiten der Belegschaft betrafen, konnten Maßnahmen, die von ihr selbst vorgeschlagen oder in Zwischenschritten mit bearbeitet wurden, in der Regel einfacher und konsequenter umgesetzt werden.

> **Praxistipp**
>
> Sollte Ihnen von Seiten des Unternehmers zu Beginn des Verfahrens Skepsis über die Partizipation von Mitarbeitern an Veränderungsprozessen im Unternehmen begegnen, überzeugen Sie ihn vom Nutzen der Einbindung der Belegschaft mit dem Argument, dass Maßnahmen, die von der Belegschaft selbst vorgeschlagen wurden, später im Unternehmen deutlich leichter umzusetzen und langfristig integrierbar sind.

▪ **Mitarbeiterworkshops**

Eine weitere erprobte Möglichkeit, Mitarbeitende in Veränderungsprozesse einzubinden, war die Rückmeldung der Ergebnisse der Mitarbeiterbefragung im Betrieb. Je nach Betriebsgröße erwiesen sich unterschiedliche Wege als empfehlenswert:

Bei kleineren Belegschaften bewährte sich das Workshopformat. Sein Vorteil bestand darin, dass nicht nur die Ergebnisse der Befragung zurückgemeldet, sondern auch direkt mit der Belegschaft über Handlungsfelder diskutiert werden konnte, die sie aus der Ergebnisdarstellung identifizierten. Die Sicht der Beschäftigten, welche Handlungsfelder als vordergründig einzustufen seien, war durchaus nicht immer identisch mit der des Unternehmers. Darüber hinaus kamen in den Workshops häufig weitere Themen zur Sprache, die nicht ursächlich im Zusammenhang mit den Befragungsergebnissen standen, aber aus Sicht der Beschäftigten einer Lösung bedurften.

In den Diskussionen wurden auch bereits erste Lösungsideen erarbeitet. Interessant war dabei, dass gerade von Auszubildenden sehr spannende Ideen beigesteuert wurden. Es empfiehlt sich also durchaus, diese von Anfang an in Veränderungsprozesse im Betrieb einzubinden.

Wenn möglich, sollte in den Workshops auch die Chance genutzt werden, über die Ressourcen des Unternehmens für seine Belegschaft zu sprechen. Im Zuge des demografischen Wandels und des damit einhergehenden Fachkräftemangels erweisen sich solche Diskussionen für die Stärkung der internen Arbeitgebermarke als sehr hilfreich.

An Belegschaften mit mehr als 20 Beschäftigten wurden die Ergebnisse rein informativ zurückgemeldet, d. h. ohne Diskussionsmöglichkeit. Grund dafür ist die Tatsache, dass ab dieser Teilnehmendenzahl eine solche Rückmeldung in Diskussionen ausarten kann, die sich kaum wieder besänftigen lassen. Selbst wenn die Ergebnisse augenscheinlich nicht kritisch sind, können schwierige Themen angesprochen werden, die durch die Befragung lediglich tangiert wurden und in dieser großen Runde nicht weiter bearbeitet werden können. Daher empfiehlt sich hier die Ergebnispräsentation als reine Informationsveranstaltung.

Praxistipp

Das Workshopformat mit Diskussionsmöglichkeit durch die Belegschaft sollte die bevorzugte Form der Ergebnisrückmeldung sein. Bei Betrieben mit größeren Belegschaften sollten Sie dafür mehrere Rückmelderunden für kleinere Belegschaftsgruppen anstreben. Kommt nur eine Rückmeldung vor großer Belegschaftsrunde zustande, planen Sie diese als reine Informationsveranstaltung, auf die Sie ggf. kritische Fragen oder Anregungen von Einzelnen auf Karten notieren lassen, die Sie in Absprache mit dem Unternehmer später in kleinerer Runde besprechen können.

▪ **Große und kleine Umsetzungsprojekte**

Bei den Umsetzungen muss es sich nicht ausschließlich um große Projekte handeln. Auch kleinere Maßnahmen, wie z. B. das sichtbare Aushängen eines Plans mit langfristigen Terminen am schwarzen Brett für alle Mitarbeiter, können sich auf die Belegschaft positiv auswirken und weitere Effekte auslösen. Ein an der Erprobung teilnehmender Betrieb kündigte z. B. im Zuge von Neuerungen die langfristigen Kundentermine vorweg in einer gemeinsamen Besprechungsrunde zu Beginn der Arbeitswoche mithilfe eines Plans als visuelles Hilfsmittel an und wertete diese Maßnahme nach Ablauf des Projekts gemeinsam mit der Belegschaft aus. Diese erhielt so vorab eine Information über geplante größerer Projekte und nach der Durchführung ein Feedback über ihre Arbeit. Neben der Informationstransparenz bezüglich planbarer Kundenaufträge wurde so eine kontinuierliche

Feedbackkultur mit regelmäßigen Besprechungsrunden installiert, in denen weitere betriebsspezifische Themen Platz finden konnten. Durch eine scheinbar kleine Umsetzung wurde so an vielen Punkten eine nachhaltige Verbesserung der Unternehmenskommunikation erreicht.

> **Praxistipp**
>
> Versäumen Sie es als Berater nicht, die Betriebe auch zu kleineren Veränderungsprojekten zu ermutigen und würdigen Sie diese entsprechend.

▪ Themenvielfalt in der Beratung

Kleinbetriebe und Handwerksbetriebe im Besonderen sind in ihrem Arbeitsalltag meist gewöhnt, für den Kunden Leistungen aus einer Hand anzubieten. Ein ähnlicher Anspruch vonseiten der Betriebe besteht auch an die Art und Weise der Vor-Ort-Beratung im Inno-GeKo-Verfahren. Die für die Beratung vorgesehene Akteursallianz von Krankenkasse und Handwerkskammer hat sich hierfür explizit bewährt. Die Betriebe konnten dadurch hinsichtlich einer größeren Themenvielfalt beraten werden. Beispielhaft seien neben der Beratung zur Gesundheitsförderung Themen genannt wie das Einrichten eines Steuerkreises, das Anwenden von Analyseverfahren zu Belastungsschwerpunkten im Unternehmen, die Schulung von Führungskräften zu Mitarbeitergesprächen, die praktische Umsetzung von Kundenbefragungen, die Organisation des Wissenstransfers in der Unternehmensnachfolge oder die Verbesserung der Ausbildung durch Rotation der Lehrlinge zwischen mehreren Betrieben.

> **Praxistipp**
>
> Nicht alle nachgefragten Themen können durch Ihre beratende Unterstützung umgesetzt werden. Ihre Hilfe ist hauptsächlich in der Umsetzungsberatung gefragt. Bei Themen, die Sie mit Ihrem Portfolio nicht abdecken können, sollten Sie die Betriebe motivieren, sich Hilfe von anderer Seite zu organisieren. Für kleine Betriebe ist das bislang kein selbstverständliches Vorgehen. Hier können Sie dazu beitragen, eine nachhaltige Selbsthilfe der Betriebe sicherzustellen, wenn Sie als Berater das Unternehmen nach Abschluss des InnoGeKo-Verfahrens verlassen.

▪ Schnell „Nägel mit Köpfen machen"

Wenn sich Kleinbetriebe neben ihrem anstrengenden Alltagsgeschäft die Zeit für Themen wie Gesundheit und Innovation nehmen, wollen sie schnell Erfolge sehen. Für den Beratungsalltag bedeutet dies, sich auf eine zügige Durchführung des zu begleitenden Umsetzungsprozesses einzustellen.

Sobald ein Handlungsbedarf identifiziert war, wollten die das Verfahren erprobenden Betriebe sofort beginnen, ihre Veränderungsideen umzusetzen. Im Anschluss an die Modulschulungen, in denen die Unternehmer neuen Input erhielten, war der Wunsch nach einer Terminvereinbarung mit den zuständigen Beratern deshalb stets sehr groß, und es wurden gleich vor Ort Beratungstermine vereinbart.

Auch im Umsetzungsprozess reagierten die Betriebe schnell, wenn der Prozess ins Stocken geriet. Wenn es bei der Umsetzung von Lösungen nötig war, wurden sogleich andere Personen im Unternehmen hinzugezogen, um deren Expertise einzuholen. War eine Anschaffung erforderlich (z. B. eine Stecktafel für die Strukturierung von Arbeitsaufträgen), wurde noch im Beratungsgespräch ein Katalog gesichtet, um diese sofort bestellen zu können.

> **Praxistipp**
>
> Stellen Sie sich als Berater darauf ein, dass es im Laufe des Verfahrens Beratungsspitzen geben wird und koordinieren Sie diese Zeiten rechtzeitig, wenn Sie mehrere Betriebe gleichzeitig im Verfahren betreuen.

- **Betriebsspezifische Begleitung**
Da in jedem Betrieb individuell verschiedene, speziell auf diesen Betrieb zugeschnittene Lösungen erarbeitet werden, ist die Expertise der Berater in besonderem Maße gefragt. Es geht im Beratungsprozess nicht darum, den Betrieben fertige Handlungsvorschläge zu unterbreiten, sondern Hilfe zur Selbsthilfe mit Bezug auf die betriebsspezifischen Bedingungen zu gewähren.

> **Praxistipp**
>
> Unterschätzen Sie nicht die erforderliche Zeit, jeden Betrieb individuell zu beraten und betriebsspezifische Maßnahmen zu vereinbaren. Unternehmer können zu Beginn frustriert darauf reagieren, dass sie selbst Lösungen finden müssen, und Ihre Zeit als Berater durch Vor-Ort-Gespräche im Betrieb sehr in Anspruch nehmen. Dazu gibt es jedoch keine Alternative, wenn der Selbsthilfeaspekt im Interesse der Nachhaltigkeit nicht außen vor bleiben soll.

Zur Erleichterung der Dokumentation der Beratungstätigkeit können Sie auf die Protokollvorlage für Beratungsgespräche im Anhang zurückgreifen (❏ Abb. 7.28).

4.8 Modul 4: Projektcafé

Bisher erreichter Verfahrensstand:
- *Alle Betriebe haben auf der Grundlage der zusammengeführten Analyseergebnisse, des zwischenbetrieblichen Erfahrungsaustauschs und der betriebsindividuellen Beratung weitere Veränderungsmaßnahmen definiert, die Reihenfolge ihrer Inangriffnahme festgelegt und Termine und Verantwortlichkeiten geklärt (Umsetzungspläne).*
- *Erste Veränderungsideen sind in der Regel bereits umgesetzt.*
- *Weitere Umsetzungsberatungen haben stattgefunden.*
- *Die Betriebe wurden zur Vorstellung ihrer Veränderungsideen im Projektcafé beraten.*

4.8.1 Ziele des Moduls

Im Projektcafé sollen die Betriebe die Veränderungsideen und Umsetzungspläne der anderen Teilnehmenden kennenlernen und in ihren eigenen Vorhaben von deren Anregungen und praktischen Durchführungshinweisen profitieren. Durch das gemeinsame Erfahren häufig identischer Umsetzungshürden soll die Handlungsmotivation gestärkt und zugleich das Vertrauensverhältnis der Betriebe untereinander sowie das Interesse an künftiger Vernetzung weiter gefördert werden. Das Modul richtet sich gleichermaßen an Führungskräfte und Innoscouts.

◘ **Tab. 4.12** Ablaufplan für Modul 4 (Pojektcafé)

Nr.	Inhalt	Dauer (min)	Methode	Material
1	Begrüßung und Einstieg	15	Plenum	Flipchart
2	Resümee zum Ideenfindungsprozess	20	Plenum	Präsentation
3	Erste Runde Posterpräsentationen und moderierte Diskussion	40	Plenum Dialog	Poster für jeden Betrieb an Stellwänden
4	Kaffeepause und Zeit für ersten Posterrundgang	30	Kleingruppen	
5	Zweite Runde Posterpräsentationen und moderierte Diskussion	40	Plenum Dialog	Poster für jeden Betrieb an Stellwänden
6	Pause	10		
7	Dritte Runde Posterpräsentationen und moderierte Diskussion	40	Plenum Dialog	Poster für jeden Betrieb an Stellwänden
8	Zusammenfassung und Ausblick	15	Plenum	Flipchart

◘ **Tab. 4.13** Materialien für Modul 4 (Projektcafé)

Präsentation	„Ideenpool"	◘ Abb. 7.29
Postervorlage		◘ Abb. 7.30
Feedbackbogen		◘ Abb. 7.31

4.8.2 Ablauf des Moduls

Das Projektcafé ist als Nachmittags-/Abendveranstaltung konzipiert (z. B. von 15.00 Uhr bis 18.30). Die Dauer wird wesentlich von der Präsentationszeit der Betriebe bestimmt und hängt somit von der Anzahl der teilnehmenden Betriebe ab. In der Erprobungsphase erwiesen sich bei 12 teilnehmenden Betrieben drei Präsentationsrunden als praktikabel. Der Ablaufplan (◘ Tab. 4.12) ist beispielhaft für 12 teilnehmende Betriebe konzipiert. Die von den Betrieben erstellten Poster werden vor Beginn der Veranstaltung an dafür vorbereiteten Stellwänden befestigt.

Zur Vorbereitung des Moduls werden die Präsentation „Ideenpool" sowie in ausreichender Stückzahl kopierte Postervorlagen und Feedbackbögen benötigt. Aus ◘ Tab. 4.13 wird ersichtlich, wo diese Materialien im Anhang zu finden sind.

Praxistipp

Da mit der Vorstellung der Umsetzungspläne durch die Betriebe eine wesentliche Arbeitsetappe geschafft ist, empfiehlt es sich, die Veranstaltung mit einem lockeren Beisammensein, ggf. mit einem gemeinsamen Abendessen, ausklingen zu lassen. Dies unterstützt wesentlich die Zielerreichung des Moduls. Ein Veranstaltungsort mit Buffet und zwanglosen Sitzmöglichkeiten oder Stehtischen bietet hierfür den geeigneten Rahmen.

4.8.3 Praktische Durchführung

> ◆ Stellen Sie den Betrieben mindestens vier Wochen vor dem Veranstaltungstermin die Plakatvorlagen für ihre Präsentationen im Projektcafé zur Verfügung und erklären Sie beispielhaft, was in die entsprechenden Felder eingetragen werden könnte.

▪ **Begrüßung und Einstieg**

Zielsetzung des ersten Modulteils ist es, die Teilnehmenden mit dem Ablauf der Veranstaltung vertraut zu machen und eine gespannte Erwartungshaltung in Bezug auf die Präsentationen der bisher in Angriff genommenen und zum Teil schon umgesetzten Veränderungsideen aller teilnehmenden Betriebe zu erzeugen.

Praktisch wird dies umgesetzt, indem die Berater nach der Begrüßung kurz auf ihre eigenen Empfindungen angesichts der Gesamtschau auf die in Angriff genommene Vielzahl an Veränderungsideen eingehen. Spannung auf die Präsentationen kann auch erzeugt werden, wenn an Beispielen aus der Beraterpraxis in den Betrieben einige Hürden bei der Erarbeitung der Umsetzungspläne veranschaulicht werden. Dabei ist es dem Gespür der Berater überlassen, ob die Beispiele anonym vorgestellt werden.

Mit Verweis auf den an einem Flipchart vorbereiteten Tagesverlauf werden anschließend die angestrebten Veranstaltungsziele erläutert. Die im Vorfeld getroffene thematische Bündelung der Präsentationen wird erklärt und damit zugleich darüber informiert, wann die Präsentationen der Betriebe in den Veranstaltungsverlauf eingebettet sind. Bündelungsthemen in der Erprobungsphase waren z. B. „Unternehmenskommunikation verbessern", „Wissenstransfer organisieren" oder „Bei Kunden und Mitarbeitern neue Wege beschreiten". Der Flipchart bleibt bis zum Veranstaltungsende im Sichtbereich der Teilnehmenden.

Die Berater fordern die Teilnehmenden auf, die Pausen auch für einen Rundgang an den Posterstellwänden zu nutzen.

▪ **Resümee zum Ideenfindungsprozess**

Zielsetzung dieses den Präsentationen unmittelbar vorgeschalteten Veranstaltungsteils ist es, den Teilnehmenden eine Gesamtschau auf die Vielfalt der im arbeitsintensiven Modul 3 von ihnen in Gruppenarbeit generierten Umsetzungsideen zu ermöglichen. Damit soll Stolz auf das Geleistete erzeugt und die Überzeugung gefestigt werden, dass das breite Ideenspektrum für Veränderungen und die oftmals unerwarteten Analyseergebnisse den hohen Einsatz rechtfertigen. Zugleich soll deutlich werden, dass dieser Ideenpool ein großes Potenzial für künftige Maßnahmen bietet und mit den im Projektcafé vorgestellten Umsetzungsplänen bei Weitem noch nicht ausgeschöpft ist.

Praktisch wird dies mit der Präsentation „Ideenpool" erreicht. Der Trainer erinnert zunächst an einem Chart, auf dem das Innovationskompetenznetz dargestellt ist, welche Analyseinhalte im Fokus der sechs Untersuchungsbereiche standen. Anschließend stellt er für jeden der drei Thementische aus der Zukunftswerkstatt die dort identifizierten Veränderungsbedarfe in Listenform vor. Dies betrifft die Bereiche „Führung/Markt/Netzwerke", „Arbeitsbedingungen/Prozesse" und „Kommunikation/Kultur/Mitarbeiterpotenzial". Eine abschließende Aufzählung aller Ideen auf einem Chart (in den beiden Erprobungsphasen waren dies bei 12 Unternehmen jeweils mindestens 40 Ideen) veranschaulicht den Umfang des Ideenpools. Die Präsentation schließt mit einer Übersicht der umgesetzten Ideen ab, die in den nachfolgenden Präsentationen vorgestellt werden.

■ **Posterpräsentationen und moderierte Diskussion**

In Vorbereitung der Veranstaltung werden den Betrieben rechtzeitig (empfohlen werden mindestens vier Wochen vor dem Veranstaltungstermin) Postervorlagen zur Verfügung gestellt (◘ Abb. 7.30). Diese sehen sechs Felder für Eintragungen vor: Handlungsfeld, Ziel, Zeitrahmen, Lösungsweg, Ergebnis und Diskussion. Die Führungskräfte vermerken hier in Stichpunkten die wichtigsten Aussagen für ihre Präsentation im Projektcafé und bringen das Poster bzw. im Falle mehrerer Umsetzungspläne alle Poster zur Veranstaltung mit (pro Veränderungsidee wird ein Poster gestaltet). Das Feld „Diskussion" kann entweder bereits Stichpunkte enthalten, die sich auf Überlegungen beziehen, die im Betrieb bei der Ausarbeitung der Umsetzungspläne entstanden sind, oder es wird im Laufe der moderierten Diskussion mit den hier erhaltenen Anregungen gefüllt.

Für die Präsentation sollte den Betrieben pro Poster ca. 5 bis 7 Minuten Zeit zur Verfügung gestellt werden.

> **Praxistipp**
>
> Erfahrungsgemäß haben einige Unternehmer anfänglich Bedenken, ihre Umsetzungen im Projektcafé vorzustellen. Als Berater können Sie in diesem Fall z. B. anregen, dass diese Aufgabe vom Innoscout übernommen werden könnte. Manchmal wächst die Präsentationsbereitschaft des Unternehmers, wenn Sie Ihre Hilfe bei der Vorbereitung anbieten, z. B. indem sie gemeinsam Stichpunkte für das Plakat zusammentragen. Machen Sie in jedem Falle deutlich, dass alle Beteiligten am meisten von der Veranstaltung profitieren, wenn die Unternehmer selbst präsentieren. Bevor Betriebe den Termin komplett absagen, sollten Sie anbieten, selbst die Präsentation vorstellen. Dies sollte aber in einer Präsentationsrunde die Ausnahme sein.

An jede betriebliche Präsentation schließt sich eine moderierte Diskussion an, in der der Moderator zunächst Verständnisfragen zum Vortrag zulässt. Folgende Moderationsfragen sind geeignet, den Erfahrungsaustausch in Gang zu bringen:

- *Wer hat bereits Erfahrungen mit dieser Veränderungsidee?*
- *Wer kann Hinweise zur Umsetzung geben?*
- *Wie wird sichergestellt, dass die angebahnten Veränderungen konsequent zu Ende gebracht werden, wer übernimmt die Rolle des „Kümmerers"?*

Die Qualität der Moderation ist ein wichtiger Erfolgsfaktor für das Projektcafé. Die Betriebe durch die Veranstaltung zu leiten, den Präsentierenden weiterführende Informationen zu entlocken und parallel für eine entspannte Atmosphäre zu sorgen, um die teilweise bestehende Scheu vor der neuen Situation zu überwinden, anderen etwas präsentieren zu müssen, stellt eine anspruchsvolle Aufgabe dar.

> **Praxistipp**
>
> Um die Diskussion in Gang zu bringen, sollten Sie sich in Vorbereitung der Veranstaltung noch einmal alle Handlungsfelder, Ideen und Umsetzungen sowie die Beweggründe der einzelnen Betriebe anzuschauen, um ggf. gezielt bestimmte Teilnehmende in die Diskussion einbinden zu können.

Bei mehreren Präsentationsrunden sind entsprechend des vorgestellten Ablaufplans Pausen vorzusehen.

> **Praxistipp**
>
> Kalkulieren Sie die Pausen zwischen den Präsentationsblöcken nicht zu knapp. Erfahrungs-
> gemäß wird hier die Möglichkeit zum bilateralen Austausch intensiv genutzt und bringt
> weitere Synergieeffekte, die allein durch die moderierte Diskussion so nicht erzeugt werden
> können.

Nicht alle in Angriff genommenen Veränderungsprozesse sind zum Zeitpunkt des Projektcafés bereits abgeschlossen. Manche Umsetzungen bedürfen unter Umständen längerer Zeiträume, andere müssen vielleicht kontinuierlich weiterlaufen, um sinnstiftend zu sein (z. B. Gesundheits-zirkel). Dennoch ist es sinnvoll, auch diese oder ggf. noch geplante weitere Umsetzungsprozesse mit aufzulisten.

Bei der Verfahrenserprobung zeigte sich, dass die Betriebe am meisten von den Präsentati-onen profitierten, wenn auch Beweggründe, eingebundene Personen und daraus resultierende Veränderungen im Arbeitsalltag aus Praxissicht dargestellt wurden. Vielen Unternehmern ge-lang es, mit Zusatzinformationen zum Plakat ihre Darstellungen mit Leben zu erfüllen und sie interessant für die anderen Teilnehmenden zu gestalten. Die Qualität der Präsentation bzw. das Interesse der Teilnehmenden erhöhte sich zudem, wenn die Betriebe ihre Präsentation mit Anschauungsmaterial anreicherten, z. B. mit Fotos vom neu gestalteten Sozialraum im Betrieb oder indem sie Exemplare ihrer neu entwickelten Auftragszettel auslegten.

> **Praxistipp**
>
> Ermuntern Sie die Betriebe, alle Veränderungsprozesse unabhängig vom Realisierungsstand
> zu benennen und dann eine Auswahl für die ausführlichere Präsentation zu treffen. Ver-
> gewissern Sie sich vor der Veranstaltung, welche Themen letztendlich in der Präsentation
> näher vorgestellt werden, um die Diskussion gezielt vorbereiten zu können. Bitten Sie die
> Betriebe, sofern möglich neben dem Poster weiteres Anschauungsmaterial mitzubringen.

- **Zusammenfassung und Ausblick**

Zielsetzung des letzten Modulteils ist es, Wertschätzung für die bisherige Arbeit zu transportie-ren und die Teilnehmenden über das weitere Vorgehen zu informieren.

Praktisch wird dies erreicht, indem die Berater zunächst die Vielfalt der vorgestellten Ver-änderungsideen würdigen, explizit wertschätzen, was in der Umsetzung bislang erreicht wurde und den Betrieben viel Erfolg für die weitere Umsetzung wünschen. Sie versichern den Betrie-ben ihre Bereitschaft, den Umsetzungsprozess nach Bedarf weiter zu begleiten, und informieren ggf. bereits über bevorstehende Beratungstermine.

Sofern schon ein Netzwerktreffen konzipiert ist, finden die Teilnehmenden auf einem be-reitstehenden Flipchart Informationen zu Termin, Ort und Thema, auf die die Berater kurz eingehen und den Teilnehmenden die Themenauswahl begründen. Die Berater teilen den der Qualitätssicherung dienenden anonymen Feedbackbogen aus und bitten die Teilnehmenden, den ausgefüllten Bogen vor Verlassen der Veranstaltung abzugeben. Der offizielle Teil der Veranstaltung wird ggf. mit einem Hinweis auf ein anschließendes gemütliches Beisammensein beendet. In der Erprobungsphase des Verfahrens wurden in diesem Rahmen wichtige Kontakte für die weitere Zusammenarbeit bis hin zur gegenseitigen Auftragserteilung angebahnt. Dies zeigt, dass die Veranstaltungsform geeignet ist, weit mehr als den reinen Erfahrungsaustausch zwischen kleinen Betrieben zu fördern.

4.9   Netzwerktreffen

Bisher erreichter Verfahrensstand:
- *Die Umsetzungsprozesse sind in allen Betrieben in vollem Gange.*
- *Laufend werden weitere Umsetzungsberatungen realisiert.*
- *Erste Erfolge der eingeleiteten Veränderungsmaßnahmen haben sich eingestellt.*
- *Erste Betriebe haben ggf. ihre Umsetzungen vollständig abgeschlossen.*
- *Die Betriebe haben den im Verfahrensverlauf realisierten zwischenbetrieblichen Erfahrungsaustausch zu schätzen gelernt und sind interessiert, ihn in erweitertem Kreis auch künftig fortzusetzen.*

4.9.1   Ziele des Moduls

Mit der Organisation von Netzwerktreffen soll für alle Betriebe, die das InnoGeKo-Verfahren bereits angewendet haben oder aktuell anwenden, die Möglichkeit geschaffen werden, sich über ihre Umsetzungserfahrungen auszutauschen, neue Anregungen zu erhalten und die in den vorangegangenen Modulen aufgebauten Kontakte zu vertiefen bzw. neue zu knüpfen. Durch das Schaffen einer vertrauensvollen Atmosphäre erhalten die Betriebe die Möglichkeit, auch sensible Themen zu besprechen. Diese Stärkung des betrieblichen Erfahrungsaustauschs auf regionaler Ebene zielt auf weitere Synergieeffekte für die angestrebte Erhöhung der Innovationsfähigkeit der Betriebe.

4.9.2   Ablauf des Moduls

Um die Teilnahmemotivation zu stärken, wird die inhaltliche und organisatorische Ausgestaltung der Netzwerktreffen in hohem Maße auf die Wünsche und Vorstellungen der Teilnehmenden zugeschnitten. Die konkreten organisatorischen Rahmendaten für die Netzwerktreffen (Wochentag, Uhrzeit, Dauer, Häufigkeit, Veranstaltungsort) sowie die inhaltlichen Themen werden folglich mit den Teilnehmenden abgestimmt. Da die Berater die diesbezüglichen Interessen der Teilnehmenden in Modul 3 erfragt haben, können sie diese nun bei der Organisation entsprechend berücksichtigen.

In den Erprobungsphasen des InnoGeKo-Verfahrens wurden zweistündige Nachmittagsveranstaltungen (von 15.00 Uhr bis 17.00 Uhr) an wechselnden Veranstaltungsorten, verschiedenen Wochentagen (Mittwoch, Freitag) und im Abstand von vier Monaten konzipiert – als eine Mischung aus Wissensvermittlung durch kompetente Referenten und Raum für Diskussionen und Gespräche. Ein exemplarischer Ablaufplan ist ◘ Tab. 4.14 zu entnehmen.

Außer des Feedbackbogens (◘ Abb. 7.32) zur Sicherung der Qualitätskontrolle werden für die Durchführung dieses Moduls keine weiteren Dokumente benötigt.

◼ Tab. 4.14 Ablaufplan für Modul 5

Nr.	Inhalt	Dauer (min)	Methode	Material
1	Warm-up	15	Plenum	Flipchart
	Begrüßung			
	Ggf. Vorstellung neu hinzugekommener Teilnehmender			Namensschilder
	Informationen zum Ablauf des Treffens			
2	Wissensvermittlung zu vorher mit den Teilnehmenden abgestimmten Themen, z. B. „Arbeitgebermarke Familienbetrieb"	35	Plenum	Präsentation (je nach Referent)
3	Moderierte Diskussion	20	Plenum	
4	Freie Diskussion inklusive Kaffeepause	30	Dialog	
	Alternativ: moderierte Gruppengespräche			
5	Abstimmung zum nächsten Netzwerktreffenfeedback	20	Plenum	Metaplanwand oder Flipchart Moderationskarten Klebepunkte

---

Praxistipp

Kündigen Sie die Termine für die Netzwerktreffen mindestens vier Wochen vorher an und wählen Sie für die Teilnehmenden gut erreichbare Veranstaltungsorte aus. Machen Sie die von Ihnen ausgewählten Referenten im Vorfeld mit den Erwartungen der Netzwerkteilnehmenden vertraut.

4.9.3 Praktische Durchführung

⊙ Gestalten Sie die für das Netzwerktreffen genutzte Räumlichkeit so, dass alle Teilnehmenden für den im Plenum geplanten Teil an einem großen Tisch Platz finden, darüber hinaus aber weitere Sitzgelegenheiten und/oder Stehtische für zwanglose Gespräche genutzt werden können.

■ **Warm-up**

Zielsetzung des „Warm-up" ist es, die Teilnehmenden durch eine angenehme Atmosphäre positiv auf die Veranstaltung einzustimmen und alle erforderlichen Informationen für den weiteren Verlauf der Veranstaltung zu vermitteln.

Praktisch wird dies erreicht, indem die Berater alle Teilnehmenden beim Eintreffen persönlich begrüßen und das Netzwerktreffen damit beginnen, dass alle ggf. erstmals teilnehmenden Personen die Gelegenheit erhalten, sich und ihren Betrieb kurz vorzustellen. Dies schafft Klarheit über die Zusammensetzung der Runde und erleichtert das spätere „Aufeinanderzugehen". Die Berater verweisen auf den exklusiven Charakter des Treffens und vereinbaren ggf. mit den Teilnehmenden, die erhaltenen Informationen vertraulich zu behandeln.

Danach machen die Berater die Teilnehmenden mit dem geladenen Referenten sowie dem Ablauf der Veranstaltung bekannt. Der Ablaufplan ist auf einem Flipchart vermerkt und enthält auch die geplanten Zeiten, was insbesondere in der vorgesehenen freien Diskussionszeit die Orientierung erleichtert. Mit dem Hinweis auf das vielfach geäußerte Interesse am gewählten Thema leiten die Berater zum Vortrag des Referenten über und bitten diesen, zu Beginn einige Ausführungen zu seiner Person zu machen.

- **Wissensvermittlung**

Die Ausgestaltung dieses Modulteils obliegt dem externen Referenten. Aufgabe der Berater ist es aber, diesem vorab die Interessenlagen der Betriebe zu vermitteln, um auf diese Weise dazu beizutragen, dass die Ausführungen möglichst passgenau auf den Teilnehmendenkreis zugeschnitten werden können.

- **Diskussion**

Ziel der anschließenden Diskussionsrunde ist es, ggf. entstandene Fragen zu klären. Die Berater unterstützen dies in ihrer Funktion als Moderatoren, indem sie die Teilnehmenden ausdrücklich um Meinungsäußerung zum Vortrag bitten und die Fragen/Hinweise ggf. thematisch bündeln. Sie können den weiteren Umgang mit den Ergebnissen der Diskussion auch unterstützen, indem sie die in der Diskussion geäußerten Ideen auf einem Flipchart festhalten und das abfotografierte Ergebnis den Teilnehmenden nach der Veranstaltung zur Verfügung stellen. In der Erprobungsphase kam beispielsweise beim Netzwerktreffen zum Thema „Familienbetrieb als Marke" auf diese Weise ein interessanter und vielfältiger Ideenpool zustande, der konkrete Maßnahmen zur Verbesserung der Internetpräsenz, der Kundenorientierung oder des Corporate Designs umfasste.

- **Abstimmung zum nächsten Netzwerktreffen**

Ziel des letzten Veranstaltungsteils ist es, die Teilnehmenden für die weitere Netzwerkarbeit zu motivieren und in geeigneter Weise in die weitere Themenauswahl einzubeziehen.

Praktisch hat sich ein Punktbewertungssystem bewährt, um mit der Auswahl des nächsten Themas den Interessen der Betriebe möglichst nahe zu kommen. Die Berater schreiben mehrere mögliche Themen auf eine Metaplanwand und vergeben eine gleiche Anzahl an Klebepunkten an jeden Teilnehmenden (z. B. 4 Punkte bei 4 Themen). Die Teilnehmenden werden nacheinander aufgefordert, ihre Punkte je nach Präferenz zum Thema neben die Themen zu kleben (bei Präferenz eines einzigen Themas werden z. B. alle 4 Punkte neben dieses eine Thema geklebt, bei gleicher Präferenz aller Themen wird je ein Punkt neben jedes Thema geklebt).

Das Thema mit der höchsten Präferenz, also den meisten Klebepunkten, wird Gegenstand des nächsten Netzwerktreffens. Mit der Vereinbarung eines geeigneten Termins und Veranstaltungsorts endet die Veranstaltung, nachdem alle Teilnehmenden zuvor um das Ausfüllen des Feedbackbogens gebeten wurden.

Wissenschaftliche Ergebnisse der Verfahrenserprobung

Daniela Kunze, Martina Brandt

A. Ducki, M. Brandt, D. Kunze, M. Drupp (Hrsg.), *Innovationen gesund gestalten*,
DOI 10.1007/978-3-662-48276-6_5, © Springer-Verlag Berlin Heidelberg 2016

5.1   Gesundheitsförderung und Innovation im Handwerk – Ergebnisse einer qualitativen Befragung

Das nachfolgende Kapitel beschreibt die wichtigsten Ergebnisse der zu Beginn der Verfahrenserprobung durchgeführten Motivationsinterviews in Handwerksbetrieben zum aktuellen Stand der Gesundheitsförderung und zu den in den letzten Jahren realisierten Innovationen. Mit der Einbindung der erzielten Ergebnisse in die Qualifizierungsmodule gewährleisten die Berater den praktischen Bezug zu den tatsächlichen Problemlagen der am Verfahren beteiligten Betriebe.

5.1.1   Welche Firmen haben an den Interviews teilgenommen?

Um die betrieblichen Handlungsbedarfe der Handwerksbetriebe in den Regionen Osnabrück, dem Emsland sowie der Grafschaft Bad Bentheim zu erfassen und einen motivationsaufbauenden Kontakt zu potenziell teilnehmenden Betrieben herzustellen, wurden im Zeitraum von Oktober 2012 bis März 2013 insgesamt 70 Betriebe zu den Themen Innovation und Gesundheit befragt. In die Befragung waren Betriebe unterschiedlicher Gewerke (Tischlerei, Bäckerei, Elektrohandwerk, Metallhandwerk, KFZ-Handwerk) einbezogen. Die Mehrheit der befragten Unternehmen (87 %) hat weniger als 50 Beschäftigte. Als methodischer Ansatz wurden leitfadengestützte Interviews gewählt (vgl. auch den gekürzten Leitfaden für Motivationsinterviews ◘ Abb. 7.6, ▶ Abschn. 7). Der Interviewpartner sollte durch die offene Fragestellung dazu angeleitet werden, die eigene betriebliche Situation zu reflektieren und mögliche Handlungsfelder zu identifizieren. In der Regel handelte es sich dabei um den Inhaber bzw. die Geschäftsführung. In einigen Fällen wurden auch Personalverantwortliche oder die Werkstattleitung interviewt. Hierbei sollten insbesondere die Einstellung und die bisherigen Aktivitäten der Befragten zu den Themenfeldern Innovation und Gesundheit betrachtet werden.

5.1.2   Befragungsergebnisse von Geschäftsführern zu Innovationsaktivitäten und Gesundheitsförderung

- **Innovationsaktivitäten und -erfahrungen**

Die Relevanz des Themas Innovation war in den interviewten Betrieben höher als erwartet. So hatte sich der größte Teil der befragten Betriebe (93 %) bereits mit dem Thema Innovation auseinandergesetzt. Insgesamt führten die befragten Betriebe in den letzten fünf Jahren 232 Innovationen durch. Lediglich ein Betrieb hatte in diesem Zeitraum keine Innovation durchgeführt. Durchschnittlich sind daher 3,4 Innovationen pro Unternehmen realisiert worden. Dies waren vor allem Produkt- und Dienstleistungsinnovationen (43 %) sowie Prozessinnovationen (41 %). Bei den Produkt- bzw. Dienstleistungsinnovationen zeigte sich eine große Bandbreite, die neben neuen oder verbesserten Leistungsangeboten – je nach Gewerk – vielfältige Maßnahmen zur Verbesserung des Kundenservice umfasste. Beispielhaft sei die Einführung veränderter Präsenzzeiten im Büro genannt, um die Erreichbarkeit für die Kunden zu verbessern. Die meisten der 96 Prozessinnovationen bezogen sich auf die Änderung von Abläufen/Verfahren (51 %), gefolgt vom Einsatz neuer Maschinen/Geräte/Software (38 %) und Betriebserweiterungen/-verlagerungen (12 %). Dazu gehören beispielsweise die Einführung einer Onlinemaschinensteuerung oder eines Warenwirtschaftssystems zur Effizienzsteigerung der Produktion. Unter den 36 Sozialinnovationen wurden spezielle Schulungen (39 %), veränderte Arbeitszeitregelungen (22 %), gesundheitsförderliche Maßnahmen, wie z. B. die Einführung einer Betriebssportgruppe (19 %) und Teambildungsaktivitäten, wie z. B. die Einführung des gemeinsamen Frühstücks (19 %), zusammengefasst. Auffällig war innerhalb der Interviewsituation, dass sich das Innovationsverständnis der meisten Betriebe in der Regel ausschließlich auf Produkt- oder Dienstleistungsinnovationen bezog. Erst bei gezieltem Nachfragen durch den Interviewer identifizierten die Befragten auch innerbetriebliche Veränderungen, die sie zumeist als selbstverständliche Maßnahmen im Arbeitsalltag ansahen. Als wichtigste förderliche Bedingung für den Innovationserfolg benannten die Unternehmen die Motivation ihrer Belegschaft (31 %). Am hinderlichsten für den Innovationserfolg wurden hingegen fehlende Finanzen angesehen (54 %).

■ **Gesundheitsrisiken und gesundheitsförderliche Aktivitäten**
Das Themenfeld Gesundheit hatte, laut den Ergebnissen der Befragung, eine hohe Relevanz für die Betriebe. Der größte Teil der Unternehmen (80 %) äußerte eine positive Einstellung zur Gesundheitsförderung im Betrieb. Auf die Frage nach den größten gesundheitlichen Risiken für einen vorzeitigen Berufsausstieg nannten 69 Betriebe insgesamt 350 Risiken, die insgesamt 7 Hauptgruppen zugeordnet werden konnten. Bei der Betrachtung der Daten wurde deutlich, dass Erkrankungen des Muskel-Skelett-Systems in allen Gewerken an vorderster Stelle liegen. Die drei wichtigsten Gegenmaßnahmen, um einen frühzeitigen Berufsausstieg zu verhindern, waren aus Sicht der Befragten der Einsatz von Hilfsmitteln (37 %), eine persönliche Schutzausrüstung (25 %) sowie Schulungen (21 %). Bei der Frage „Was macht Ihrer Belegschaft Spaß am Job?" standen Arbeitsinhalt (51 %) und Arbeitsklima (43 %) an der Spitze der häufigsten Antworten der Befragten. Als förderlich für die Umsetzung einer gesunden Arbeit im Betrieb wurden vor allem ein positives Betriebsklima (43 %), gesunde Arbeitsbedingungen (19 %) und eine gute Arbeitsorganisation (13 %) empfunden. Als hemmend für die Umsetzung einer gesunden Arbeit werden hauptsächlich körperliche und klimatische Bedingungen (27 %), Stress und Zeitdruck (24 %) sowie finanzielle Gründe (20 %) gesehen. Auch die Relevanz der Fachkräfteproblematik wurde aus den Motivationsinterviews deutlich. So gaben 40 % der befragten Unternehmer an, dass in nächster Zeit viele Beschäftigte aus dem Unternehmen ausscheiden werden. Darüber hinaus sah ein großer Teil der Firmen (63 %) Schwierigkeiten bei der Nachbesetzung von Positionen ausscheidender Mitarbeiter.

5.2 Auswertung der Unternehmensanalysen im Rahmen der Verfahrenserprobung

Im Folgenden werden die Ergebnisse des im Rahmen der Verfahrenserprobung bei den teilnehmenden Betrieben eingesetzten Analyseverfahrens IKoNe vorgestellt. Sie werden ergänzt durch darauf aufbauend ermittelte Forschungsergebnisse zur ressourcenförderlichen Führung.

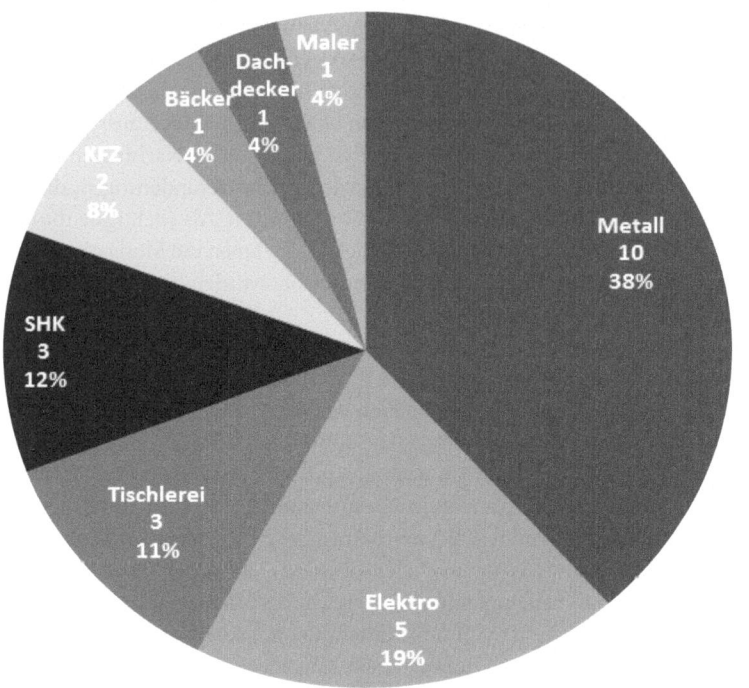

■ **Abb. 5.1** Anzahl der Erprobungsbetriebe nach Gewerken

5.2.1   Wer hat an der Erprobung teilgenommen?

Das InnoGeKo-Verfahren wurde im Zeitraum von März 2013 bis März 2015 in 26 niedersächsischen Handwerksbetrieben aus 8 Gewerken in zwei Durchgängen erprobt. Wie aus ■ Abb. 5.1 ersichtlich wird, gehören die meisten Betriebe (10) zum Metallhandwerk, gefolgt vom Elektrohandwerk, Tischlereien, Sanitär-Heizung-Klimafirmen, KFZ-Betrieben, Dachdeckerhandwerk, Bäckerei und Malerhandwerk. Darunter waren 9 Kleinstbetriebe bis 10 Mitarbeiter.

In die Analyse gingen standardisierte Fragebögen von 26 Geschäftsführern oder vom Geschäftsführer bestimmten Angestellten von insgesamt 23 Firmen ein (Die Differenz erklärt sich daraus, dass in drei Betrieben jeweils zwei Personen aus der Geschäftsführung an der Befragung teilnahmen.). Sie schätzten die Marktkompetenz ihrer Firmen sowie ihren individuellen Führungsstil ein. Parallel dazu wurden die Beschäftigten (N = 398) der entsprechenden Firmen zu ihrer Beurteilung der Führungskräfte sowie zu ausgewählten arbeitsbedingten Belastungen und Beanspruchungen, vor allem aber zu ihren arbeitsbedingten Ressourcen befragt. Insgesamt beschrieben und beurteilten die 23 Innoscouts (von den Geschäftsführungen benannte Personen zur Realisierung der Arbeitsplatzanalysen) 191 Arbeitsplätze. Die Arbeitsplatzanalysen wurden der Beschäftigtenbefragung zugeordnet, in weniger als 15 % der Fälle war eine direkte Zuordnung der Arbeitsplätze nicht möglich und musste durch den Firmenmittelwert ersetzt werden. In der erhobenen Stichprobe finden sich 68,8 % Männer, das Durchschnittsalter liegt bei 36,8 Jahren (SD = 12,9).

☑ Abb. 5.2 IKo-Ne-Gesamtmittelwerte über beide Erprobungsrunden

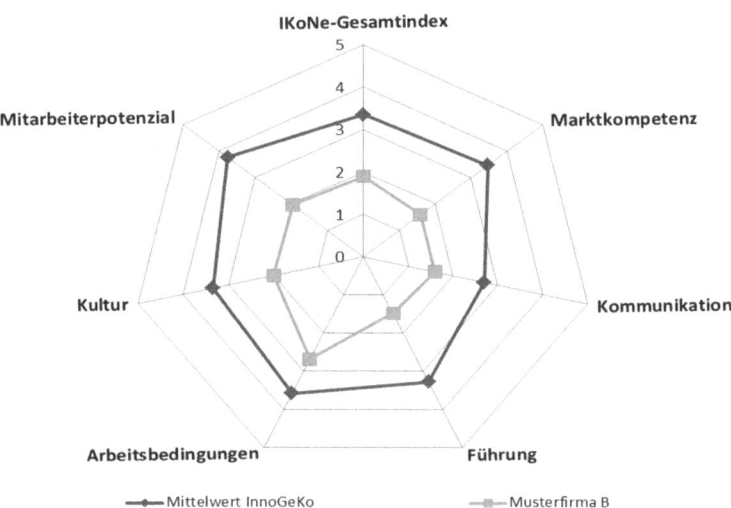

Innovationskompetenznetz

IKoNe-Gesamtindex

Mitarbeiterpotenzial — Marktkompetenz

Kultur — Kommunikation

Arbeitsbedingungen — Führung

◆ Mittelwert InnoGeKo   ▪ Musterfirma B

5.2.2 Wie gesund und innovationsfähig sind die Unternehmen?

Das im Rahmen des Modellprojektes entwickelte Analyseinstrument Innovationskompetenznetz (IKoNe) setzt sich aus den Bereichen Marktkompetenz, Kommunikation, Führung, Arbeitsbedingungen, Kultur und Mitarbeiterpotenzial zusammen, welche aus verschiedenen Datenquellen gewonnen wurden (▶ Abschn. 2.3.1). Aus allen Dimensionen wird der Gesamtindex IKoNe gebildet.

Betrachtet man über alle 26 teilnehmenden Firmen diese 6 Dimensionen, so wird mit Abstand das stärkste Verbesserungspotenzial im Bereich Kommunikation deutlich. Die Bereiche Marktkompetenz und Arbeitsbedingungen werden dagegen insgesamt eher positiv bewertet (☑ Abb. 5.2). Dabei gilt, je kleiner der Mittelwert (MW) ist, desto kritischer und verbesserungsbedürftiger ist die Dimension zu bewerten.

In der Dimension *Marktkompetenz* zeigte sich insgesamt ein im Vergleich zu den anderen Dimensionen geringes Veränderungspotenzial (MW = 3,47). Die Dimension besteht aus den Bereichen *Markt* und *Strategie*. Beide Bereiche werden vom Geschäftsführer eingeschätzt. Dabei beurteilten die Geschäftsführer den Bereich Markt mit einem Mittelwert von 3,3 kritischer. Das größte Verbesserungspotenzial wurde in der regelmäßigen Auswertung der Anregungen und Bedarfe von Kunden (MW = 3,19) gesehen (Detailergebnisse der einzelnen Skalen finden sich im Auswertungsdokument zum Excel-Tool ☑ Abb. 7.5, ▶ Abschn. 7.1). Der Bereich Strategie fällt mit einem Mittelwert von 3,7 etwas positiver aus. Dennoch wurde deutlich, dass die Betriebe bislang nur wenig vom Erfahrungsaustausch und der Beteiligung an Netzwerken (MW = 2,31) profitieren, wenn es um die Entwicklung und Umsetzung neuer Ideen geht und sie nur selten mit Institutionen außerhalb der Wirtschaft (MW = 2,85) kooperieren.

Die Dimension *Kommunikation* (MW = 2,7) wurde von den Unternehmen am kritischsten bewertet. Sie besteht aus den Skalen *Informationsbereitstellung, Rückmeldung, Kommunikationsmittel, Unternehmenskommunikation* und *Kommunikationsklima*. Die Skalen Informationsbereitstellung und Rückmeldung werden von den Beschäftigten eingeschätzt, alle anderen Skalen werden vom Geschäftsführer beurteilt. Im Bereich Kommunikationsklima zeigte sich besonderer Verbesserungsbedarf bei gemeinsamen Mahlzeiten (MW = 1,9). Der kritischste Wert zeigte sich im Bereich Rückmeldung, die Beschäftigten sahen die gemeinsame Auswertung nach einem Projektabschluss (MW = 2,2) am kritischsten. Die besten Werte werden von den Beschäftigten im Bereich Informationsbereitstellung bei dem Zugriff auf Informationen gesehen, jedoch liegt der Mittelwert von 3,2 noch unter dem Skalenmittel und weist auf ein deutliches Verbesserungspotenzial.

Die Dimension *Führung* setzt sich zusammen aus einem wertschätzenden Führungsstil (*Förderung der Fähigkeiten, individuelle Wertschätzung*), der innovationsförderlichen Führung (*Ideengenerierung, Ideenumsetzung, Ideenimplementierung*) und der gesundheitsförderlichen Führung (*gesundheitsförderliche Führung, gesundheitsförderliche Selbstführung*). Alle Skalen schätzten die Beschäftigten und Führungskräfte parallel ein, somit konnten die Werte gegenübergestellt und verglichen werden. Ihr Führungsverhalten bewerteten die Geschäftsführer insgesamt recht positiv (MW zwischen 3,11 und 4,19), allerdings bewerteten die Beschäftigten verschiedene Merkmale durchschnittlich niedriger als die Führungskräfte. Die größte Diskrepanz zwischen den Einschätzungen der Beschäftigten und den Geschäftsführern findet sich in der Skala gesundheitsförderliche Mitarbeiterführung (MW_{MA} = 2,86, MW_{GF} = 3,76). Doch auch bei der Unterstützung der Umsetzung neuer Ideen (MW_{MA} = 2,71, MW_{GF} = 3,5) und der individuellen Wertschätzung (MW_{MA} = 3,48, MW_{GF} = 4,19) werden große Differenzen in den Beurteilungen sichtbar. Auffällig bei der individuellen Wertschätzung sind trotz der hohen Differenz die positiven Werte beider Gruppen. Anders verhält es sich beim Umgang mit der eigenen Gesundheit. Die Beschäftigten schätzten ihren Umgang mit der eigenen Gesundheit positiver ein als die Geschäftsführer (MW_{MA} = 3,51, MW_{GF} = 3,36). Besonders kritisch sahen sich die Geschäftsführer bei den Items „In meiner Freizeit tue ich viel für meine Gesundheit" (MW = 2,88) und dem „ausgewogenen Verhältnis zwischen Arbeit und Privatleben" (MW = 2,88), wohingegen die Beschäftigten besonders kritisch ihr Pausenverhalten (MW = 3,07) einschätzten.

Die *Arbeitsbedingungen* bewerteten die Innoscouts in Zusammenarbeit mit den Beschäftigten, dazu gehören die Skalen *Handlungsspielraum, Vielfalt, Vollständigkeit, Ergonomie, Lernerfordernisse* und *Kooperationserfordernisse*. Am kritischsten schätzten sie die ergonomische Gestaltung der Arbeitsplätze (MW = 2,9) ein. Das geringste Verbesserungspotenzial sahen die Innoscouts im Bereich Vollständigkeit der Arbeitstätigkeiten (MW = 4,5). Im Rahmen der Innoscoutanalyse wurden auch die Prozesse im Unternehmen eingeschätzt. Besonders kritisch sahen sie dabei die Organisation der Arbeitsabläufe (MW = 2,9) sowie die systematische Ressourcen- und Zeitplanung (MW = 2,9). Das Item „Zeitdruck und Kapazitätsengpässe sind Ausnahmen im Tagesgeschäft" schätzten die Innoscouts und Geschäftsführer parallel ein. Mit einem Mittelwert von 2,8 und 3,0 liegen die Werte dicht beieinander und weisen auf eine gemeinsame Sichtweise auf das Thema, die insgesamt geringen Werte zeigten aber auch ein deutliches Verbesserungspotenzial in diesem Feld.

Die Dimension *Kultur* beurteilten die Beschäftigten. Sie setzt sich aus den Bereichen *Fehlerkultur, Lernkultur, Teamklima* und *soziale Unterstützung* zusammen. Die Beschäftigten sahen insgesamt das größte Verbesserungspotenzial im Bereich Fehlerkultur, besonders das Diskutieren über neue Ideen (MW = 2,8) und die Schuldzuweisungen für Fehler (MW = 2,8) wurden kritisch gesehen. Die kritischste Einzeleinschätzung fällt jedoch in den Bereich Lernkultur. Die Beschäftigten gaben hier an, dass in ihrem Betrieb keine regelmäßigen Qualifizierungen stattfinden (MW = 2,1). Interessanterweise fiel auch die positivste Einschätzung in diesen Bereich, hierbei geht es darum, dass in den Unternehmen jederzeit Fragen gestellt werden können, wenn

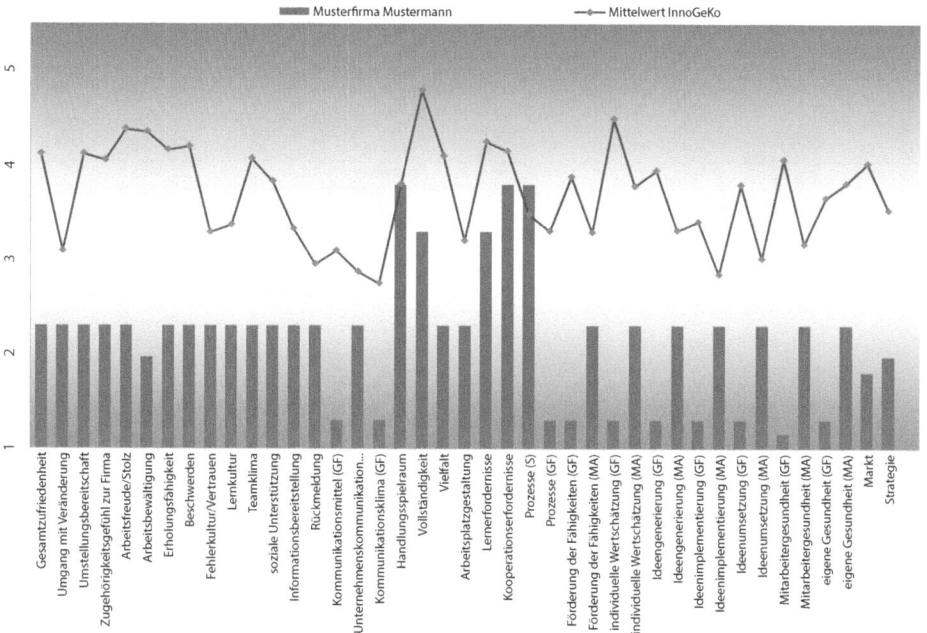

■ Abb. 5.3 IKoNe-Skalenmittelwerte über beide Erprobungsrunden

jemand etwas nicht weiß (MW = 4,2). Insgesamt wurde der Bereich Teamklima (MW = 3,77) am besten bewertet, doch auch der Bereich soziale Unterstützung schneidet mit einem Mittelwert von 3,53 gut ab.

Die letzte Dimension, das *Mitarbeiterpotenzial,* wurde von den Beschäftigten eingeschätzt. Sie setzt sich aus 8 verschiedenen Skalen zusammen: den Angaben zur betrieblichen Situation (*Umgang mit Veränderungen, Veränderungsbereitschaft*), der Beziehung zur Arbeit (*Zugehörigkeit zur Firma, Arbeitsfreude*), den Beurteilungen der gesundheitlichen Situation (*Erholungsfähigkeit, Beschwerden, Arbeitsbewältigung*) sowie die Einschätzung der Beschäftigten zur betrieblichen *Gesamtzufriedenheit.* Die kritischsten Wertungen wurden von den Beschäftigten im Bereich Umgang mit Veränderung (MW = 2,79) getroffen, dabei gaben sie an, kaum neue Werkzeuge zu benutzen, neue Aufgaben zu erledigen oder Veränderungen hinsichtlich der Reihenfolge oder Art und Weise, wie bestimmte Aufgaben erledigt werden, vorzunehmen. Weitere kritische Einschätzungen betrafen die Einzelitems. Im Bereich Erholungsfähigkeit wurde kritisch bemerkt, dass die Beschäftigten auch an den Wochenenden an berufliche Probleme denken (MW = 3,5). Im Bereich Beschwerden fallen Verspannungen oder Rückenschmerzen (MW = 3,45) und Müdigkeit oder Zerschlagenheit (MW = 3,52) ins Auge. Die besten Bewertungen erhielten die Skalen Arbeitsfreude (MW = 4,09) und Arbeitsbewältigung (MW = 4,05). Erfreulicherweise wurden insgesamt nur wenige Beschwerden von den Beschäftigten angegeben. Im Bereich Erholungsfähigkeit schnitten die Fragen nach der „Überforderung", einem „Gefühl der Leere" und der „Energielosigkeit bereits am Morgen" positiv ab.

Die Grafik (■ Abb. 5.3) zeigt alle erhobenen Skalen im Überblick. Dabei werden zur Veranschaulichung vergleichend die Werte eines Beispielunternehmens abgebildet. Die verschiedenen Datenquellen sind jeweils in Klammern hinter den Skalenbezeichnungen benannt (GF = Geschäftsführer, S = Innoscout, MA = Mitarbeiter).

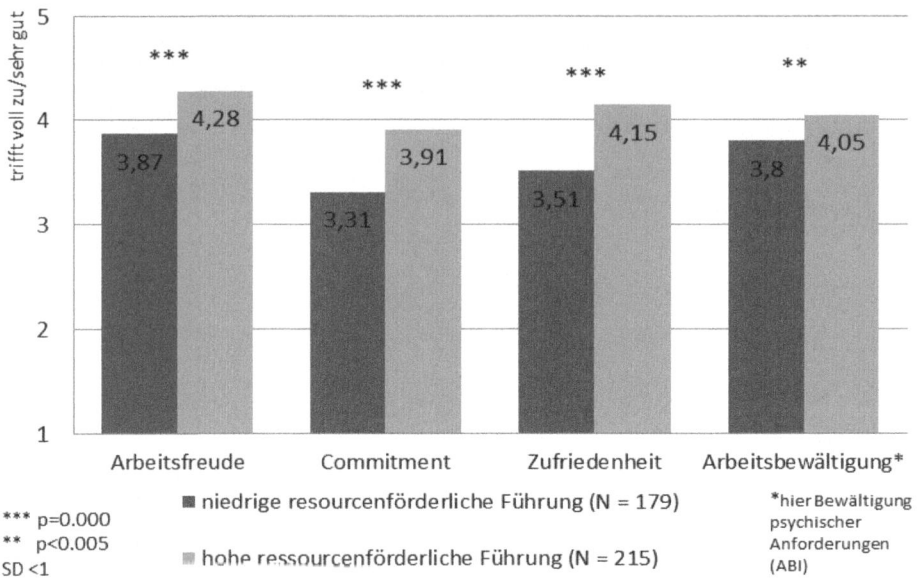

Abb. 5.4 Effekte ressourcenförderlicher Führung

5.2.3 Schnittstelle von Innovation und Gesundheit – ressourcenförderliche Führung

Zur Überprüfung der Effekte von Führung auf das Wohlbefinden der Beschäftigten wurde theoriegeleitet (vgl. ► Abschn. 1.3) aus den erhobenen Items zur „innovationsförderlichen Führung", der „gesundheitsförderlichen Führung" und der Skala „Individuelle Wertschätzung" ein Index mit insgesamt 9 Items gebildet und durch eine Hauptkomponentenanalyse überprüft und bestätigt. Die entstandene Skala „ressourcenförderliche Führung" verfügt über eine exzellente Reliabilität mit Cronbachs $\alpha_{RessFü} = 0{,}93$.

Es zeigt sich in der differenziellen Datenauswertung mittels multivariater Varianzanalyse, dass die Beschäftigten mit hohen Angaben bei der Einschätzung von ressourcenförderlicher Führung sich signifikant von der Vergleichsgruppe mit niedrigen Einschätzungen der ressourcenförderlichen Führung bezüglich der erhobenen Effektvariablen unterscheiden (**Abb. 5.4**). Es lässt sich festhalten, dass die Beschäftigten, die eine geringe ressourcenförderliche Führung durch ihre Vorgesetzten wahrnehmen, auch niedrige Werte im Bereich Arbeitsfreude, Commitment, und Arbeitszufriedenheit sowie bei der Arbeitsfähigkeit (hier Bewältigung psychischer Anforderungen) erleben.

Hohe korrelative Zusammenhänge zwischen der ressourcenförderlichen Führung und den erhobenen Effektvariablen – Arbeitsfreude ($r = 0{,}41^{***}$), Commitment ($r = 0{,}47^{***}$), Arbeitszufriedenheit ($r = 0{,}48^{***}$) und Bewältigung psychischer Anforderungen ($r = 0{,}22^{***}$) – untermauern die theoretische Annahme, dass die ressourcenförderliche Führung einen großen Einfluss auf das Arbeitswohlbefinden hat. Zur weiteren Überprüfung der Annahme wurden lineare Regressionen gerechnet. Als unabhängige Variablen wurden in den jeweiligen Modellen die erhobenen Arbeitsbedingungen (ergonomische Gestaltung des Arbeitsplatzes, Ganzheitlichkeit der Tätigkeit, Handlungsspielraum, Vielfalt, Lernerfordernisse, Kooperationserfordernisse), die Informationsbereitstellung, die ressourcenförderliche Führung und auf individueller Seite die Veränderungsbereitschaft einbezogen.

■ **Tab. 5.1** Schrittweise Regression mit der abhängigen Variablen Commitment

Modell	Variable	β	R	R^2	ΔR^2
1	Ressourcenförderliche Führung	0,526***	0,470	0,221	0,219
2	Ergonomische Gestaltung des Arbeitsplatzes	0,144***	0,488	0,238	0,234
3	Rückmeldung	0,156**	0,500	0,250	0,245
4	Lernerfordernisse des Arbeitsplatzes	0,113**	0,513	0,263	0,255

■ **Tab. 5.2** Schrittweise Regression mit der abhängigen Variablen Arbeitsfreude

Modell	Variable	β	R	R^2	ΔR^2
1	Ressourcenförderliche Führung	0,301***	0,404	0,163	0,161
2	Ergonomische Gestaltung des Arbeitsplatzes	0,166***	0,442	0,195	0,191
3	Informationsbereitstellung	0,131**	0,455	0,207	0,200

■ **Tab. 5.3** Schrittweise Regression mit der abhängigen Variablen Arbeitszufriedenheit

Modell	Variable	β	R	R^2	ΔR^2
1	Informationsbereitstellung	0,302***	0,471	0,222	0,219
2	Ressourcenförderliche Führung	0,286***	0,532	0,283	0,278
3	Ergonomische Gestaltung des Arbeitsplatzes	0,158**	0,554	0,306	0,299
4	Veränderungsbereitschaft	0,146**	0,572	0,327	0,317

Bei der näheren Betrachtung der Effektvariable *Commitment* lässt sich mithilfe einer schrittweisen Regression zeigen, dass theoriekonform die ressourcenförderliche Führung den größten Varianzanteil und damit den höchsten Aufklärungswert besitzt. Als weitere Stellschrauben zeigten sich die ergonomische Gestaltung des Arbeitsplatzes, die Rückmeldung und die Lernerfordernisse (■ Tab. 5.1).

Auch bei der Betrachtung der Effektvariable *Arbeitsfreude* wird die stärkste Vorhersage von der ressourcenförderlichen Führung getroffen, gefolgt von der der ergonomischen Gestaltung des Arbeitsplatzes. Im Unterschied zum Einfluss auf das Commitment zeigt sich bei der Arbeitsfreude nicht die Rückmeldung, sondern die Informationsbereitstellung als dritter bedeutsamer Faktor (■ Tab. 5.2).

Bei der Betrachtung der Effektvariable *Arbeitszufriedenheit* wird ersichtlich, dass der stärkste Prädiktor die Variable Informationsbereitstellung ist, direkt gefolgt von ressourcenförderlicher Führung, ergonomischer Gestaltung des Arbeitsplatzes und Veränderungsbereitschaft (■ Tab. 5.3).

Zusammenfassend lässt sich konstatieren, dass bei den 26 teilnehmenden Firmen das stärkste Verbesserungspotenzial im Bereich Kommunikation lag. Doch auch die Subdimensionen „ergonomische Arbeitsplatzgestaltung" und „innovationsförderliche Führung" zeigen deutlichen Handlungsbedarf. Weiterführende Regressionsanalysen konnten den positiven Effekt ressourcenförderlicher Führung auf die Arbeitsfreude, die Arbeitszufriedenheit und das Commitment der Beschäftigten nachweisen. Dabei wurde auch der hohe Stellenwert der Informationsbereitstellung für die Arbeitszufriedenheit deutlich.

5.3   Evaluation der Verfahrenserprobung

Das in den 26 Betrieben erprobte InnoGeKo-Verfahren wurde qualitativ und quantitativ evaluiert. Nachfolgend werden die Evaluationsstichprobe, die Evaluation der Präsenzveranstaltungen, die Beurteilung des Beratungsprozesses sowie die Einschätzungen des Gesamtverfahrens durch die teilnehmenden Betriebe vorgestellt. Abschließend werden die ersten Ergebnisse der angelaufenen Ergebnisevaluationen in drei Betrieben vorgestellt.

5.3.1   Wer hat die Ergebnisse der Erprobung beurteilt?

In beiden Erprobungsrunden des Verfahrens bewerteten die 26 an der Erprobung beteiligten Betriebe (Geschäftsführer, Innoscouts) am Ende jedes Moduls ihre Zufriedenheit mit dessen inhaltlicher und organisatorischer Ausgestaltung (Prozessevaluation) (▶ Abschn. 5.3.2). Diese Erhebungen erfolgten mittels anonymisierter Feedbackbögen ◘ Abb. 7.15, ◘ Abb. 7.19, ◘ Abb. 7.24, ◘ Abb. 7.26, ◘ Abb. 7.27, ◘ Abb. 7.31, ◘ Abb. 7.32), auf denen Einschätzungen auf einer dreistufigen Skala (stimme voll zu, stimme teilweise zu, stimme nicht zu) vorzunehmen waren.

An der abschließenden Ergebnisevaluation (▶ Abschn. 5.3.3) haben 22 Betriebe aus 8 verschiedenen Gewerken teilgenommen. Damit haben 85 % der Handwerksbetriebe das komplette InnoGeKo-Verfahren durchlaufen. Die Gründe für den vorzeitigen Ausstieg der 4 Firmen lagen vorrangig betriebsintern (z. B. Ausfall von Personal, hohe Auftragslage).

In bisher drei Betrieben konnte am Ende der Verfahrenserprobung die gesamte Unternehmensanalyse mittels der Onlineversion des InnoGeKo-Verfahrens (▶ Abschn. 2.3.3) erneut durchgeführt werden. In den drei Firmen beteiligten sich insgesamt 87 Beschäftigte ($t_1 = 44$, $t_2 = 43$) an der Befragung. Es nahmen pro Messzeitpunkt jeweils 4 Führungskräfte an der Geschäftsführerbefragung teil, und es konnten 13 Arbeitsplatzanalysen ($t_1 = 9$, $t_2 = 4$) dokumentiert werden. Entsprechend der geringen Stichprobengröße sind diese am Ende des Abschnitts (▶ Abschn. 5.3.3) dargestellten Ergebnisse nur zurückhaltend zu interpretieren, sie dienen vor allem als Hinweise und Vorlagen für weitere Evaluationen und Forschungsfragen. Im besonderen Maße gilt das für die Ergebnisse der Arbeitsplatzanalysen, da hier unterschiedliche Stichprobengrößen in die Evaluation eingeflossen sind.

5.3.2   Bewertung der Moduldurchführung und der Beratung (Prozessevaluation)

Die Einschätzungen zur Modulorganisation betrafen z. B. die Angemessenheit von Veranstaltungsdauer und eingesetzten methodischen Hilfsmitteln sowie die Pausengestaltung. Die inhaltliche Bewertung erfolgte für die Wissensvermittlungsmodule 1 und 2 im Hinblick auf Relevanz für den Betrieb, Interessantheit der Darstellung und Angemessenheit des Umfangs differenziert nach einzelnen Wissensbausteinen. Dagegen schätzten die Teilnehmenden für die Module 3 bis 5 vor allem die Zielerreichung der verschiedenen Formen des überbetrieblichen Austauschs wie moderierte Thementische, Plenum und Posterpräsentationen für die Entwicklung und Gestaltung ihrer Veränderungsideen ein.

Insgesamt zeichnen die Ergebnisse der Feedbackbögen über alle Module ein sehr erfreuliches Bild. So gehören 83 % aller getroffenen Bewertungen zur Kategorie „stimme voll zu". Die Einschätzung „stimme nicht zu" wurde dagegen insgesamt nur 15-mal getroffen, das

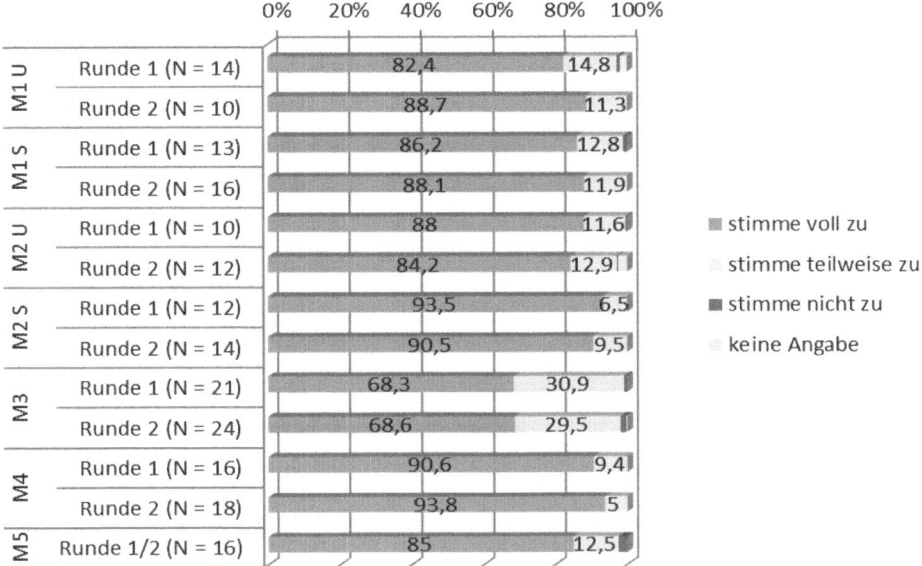

☑ Abb. 5.5 Ergebnisse der Modulevaluation

entspricht 0,6 % aller abgegebenen Bewertungen (15,6 % „stimme teilweise zu", 0,5 % keine Angabe).

Nachfolgend wurde für jedes Modul ein Gesamtindex über alle getroffenen Einschätzungen gebildet, und es wurden die prozentualen Anteile der verschiedenen Bewertungen „stimme voll zu", „stimme teilweise zu" und „stimme nicht zu" zwischen den Modulen und Erprobungsrunden verglichen (☑ Abb. 5.5).

Dabei lassen sich folgende Aussagen treffen:

Alle Module trafen bereits in der ersten Erprobungsrunde bei der Mehrheit der Befragten auf volle Zustimmung, und häufig gelang es sogar, deren Anteil in der zweiten Erprobungsrunde noch zu steigern.

Am besten im Modulvergleich schnitt das Modul 4 (Projektcafé) ab, das zu großen Teilen die beteiligten Firmen mittels Posterpräsentationen selbst gestalteten. Es wurde in der zweiten Erprobungsrunde unverändert realisiert.

Die Module 1 und 2 wurden nach der ersten Erprobungsrunde gemäß den Hinweisen der Teilnehmenden in relativ geringem Umfang modifiziert (z. B. Straffung einzelner Wissensbausteine, mehr Schulungsaufwand zur Durchführung der Arbeitsplatzanalysen).

Bei Modul 3 (Zukunftswerkstatt) zeigte sich insofern ein abweichendes Bewertungsmuster, als hier der Anteil völliger Zustimmung deutlich geringer als bei den anderen Modulen war und knapp ein Drittel der Bewertungen in die Kategorie „stimme teilweise zu" fiel. Dieser Unterschied erklärt sich sowohl aus Bewertungen in Bezug auf die Organisation (Räumlichkeiten, Akustik, Zeitplan) als auch im Hinblick auf die damit im Zusammenhang stehende Nutzenbewertung des Erfahrungsaustauschs für die Entwicklung eigener Veränderungsideen (Umfang der Gruppenarbeit, Methodenvielfalt). Offensichtlich ist es sehr anspruchsvoll, die hohen methodischen Anforderungen, die aus der erstmaligen Zusammenführung aller betrieblichen Analyseergebnisse für die Ausgestaltung dieses Moduls bestehen, angemessen zu erfüllen. Alle entsprechenden Hinweise wurden deshalb nach der ersten Erprobungsrunde sorgfältig ausgewertet und das Konzept für Modul 3 für die zweite Erprobungsrunde überar-

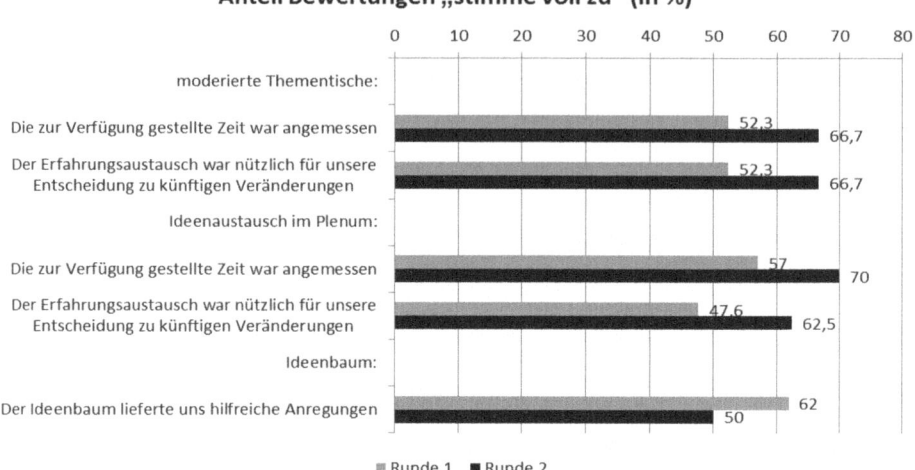

Anteil Bewertungen „stimme voll zu" (in %)

□ **Abb. 5.6** Vergleich der Evaluation von Modul 3 über beide Erprobungsrunden

beitet (z. B. getrennte Räume für die Gruppenarbeit, Reduzierung der Thementische, teilweise Ergebnisvermittlung vorab im Betrieb). Dadurch konnten in der zweiten Erprobungsrunde bereits deutliche Verbesserungen erreicht werden, wie aus □ Abb. 5.6 deutlich wird. Sie zeigt für jene Items, die in Runde 1 die geringsten Anteile an völliger Zustimmung erreichten, eine deutliche Verbesserung mit Ausnahme der Methode „Ideenbaum". Daraufhin wurde das Modul nach der zweiten Erprobung nochmals überarbeitet (z. B. Reduktion auf zwei Runden paralleler Gruppenarbeit, Verzicht auf den Ideenbaum). Die besonderen Herausforderungen für die Ausgestaltung von Modul 3 werden auch im Manual thematisiert und entsprechende Umsetzungshinweise vermittelt (▶ Abschn. 4.6).

Im Rahmen der Verfahrenserprobung führten die Berater der AOK Niedersachsen und der HWK Osnabrück – Emsland – Grafschaft Bentheim durchschnittlich 5,4 Beratungen in den Unternehmen durch. Dabei wurde jeder Betrieb durchschnittlich insgesamt 15 Stunden beraten. Den Umfang der Betreuung durch Berater beurteilten über 80 % der befragten Betriebe als angemessen und hilfreich. Das zeigte auch die Einschätzung der Unternehmer, die sich nach dem Ende der Verfahrenserprobung durchschnittlich eine höhere Anzahl an Beratungsterminen (6,3) wünschten.

5.3.3 Bewertung der Nutzen- und Kostenaspekte für Klein- und Kleinstbetriebe (Ergebnisevaluation)

Von den befragten Geschäftsführern gaben 70 % an, dass die betrieblichen Anliegen, die sie zu einer Teilnahme an der Verfahrenserprobung bewogen haben, vollständig bearbeitet wurden. Die restlichen 30 % konnten dies zumindest teilweise tun und arbeiten künftig weiter daran. Nach dem Nutzen ihrer Teilnahme an der Verfahrenserprobung befragt, benannten die Geschäftsführer in persönlichen Gesprächen u. a. folgende für sie wichtige Aspekte:

- Herausarbeitung zentraler gesundheitlicher und betrieblicher Fragestellungen
- Konzentration auf die wesentlichen Themen durch die externe Begleitung
- Verbesserung von Kommunikation und betrieblicher Gesprächskultur

Dimension	Innovationsprojekte
Marktkompetenz	Kundenbefragung neue Produkte und Dienstleistungen Verbesserung der Internetpräsenz (z. B. Einbindung des Kundenfeedbacks)
Kommunikation	Einführung von Mitarbeitergesprächen Einführung regelmäßiger Besprechungstermine
Führung	Führungskräfteschulungen zu verschiedene Themen (u. a. Rückkehrgespräche, Mitarbeitergespräche, soziale Kompetenz) Maßnahmen zum Wissenstransfer zur reibungslosen Unternehmensnachfolge
Arbeitsbedingungen	Veränderung des Arbeitszeitmodells Einrichtung eines stillen Raumes Beteiligung der Beschäftigten an der Um-/Neugestaltung des Arbeitsbereiches
Kultur	Verbesserung des Corporate Identity (z. B. Firmenlogo, Kleidung) Arbeitstandems junge und erfahrene Beschäftigte Betriebsfeiern
Mitarbeiterpotenzial	Mitarbeiterschulungen Qualitätszirkel Azubirotation zwischen verschiedenen Betrieben

◘ Tab. 5.4 Beispiele für umgesetzte Innovationsprojekte

- Verbesserung der Krankenstandsituation im Projektverlauf
- innovative Impulse zur Verbesserung der Wettbewerbssituation
- unentgeltliche Unterstützung und Beratung durch die begleitenden Institutionen Handwerkskammern und Krankenkassen.

Insgesamt konnten im Zuge der Verfahrenserprobung 101 Innovationsprojekte von den 22 befragten Firmen umgesetzt werden – im Durchschnitt 5 Innovationsprojekte pro Firma (◘ Tab. 5.4). Den Selbstberichten der Geschäftsführer nach wurden 42 Projekte als sehr innovativ und 26 als innovativ beschrieben.

Besonders viele Projekte setzten die Betriebe im Bereich Kommunikation (22 Innovationsprojekte) und Arbeitsbedingungen (25) um, gefolgt von Führung (16) und Kultur (14). Immerhin noch 11 Innovationsprojekte sind im Bereich Mitarbeiterpotenzial angesiedelt. Deutlich geringer fällt die Zahl in der Dimension Marktkompetenz (6) aus, hier sah die überwiegende Mehrzahl der Geschäftsleitungen keinen Bedarf oder momentan keine Möglichkeit, Innovationsprojekte voranzutreiben.

Den genannten Nutzenaspekten sind die Kosten für die innerbetrieblichen Sitzungen, die Planung und Umsetzung von Maßnahmen sowie der Zeit- und Fahrtaufwand für Projektsitzungen außerhalb des Betriebes gegenüberzustellen. Die Mehrzahl der befragten Geschäftsführer hatte für die Verfahrenserprobung eine ausgewogene Balance zwischen Kosten und Nutzen konstatiert.

Mehr als drei Viertel der Unternehmer (77 %) würden anderen Betrieben eine Projektteilnehme empfehlen. Befragt nach den Gründen für eine Weiterempfehlung des gewählten Beratungsansatzes nannten die Führungskräfte in persönlichen Gesprächen u. a. folgende Punkte:
- der branchenübergreifende Erfahrungsaustausch,
- die Bearbeitung der individuellen Problemsituation des Betriebes („kein Standardangebot"),

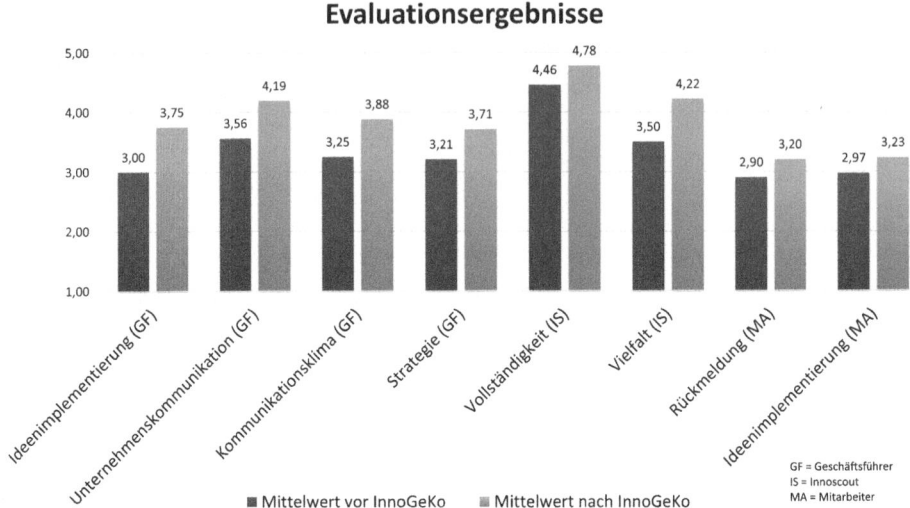

Abb. 5.7 Vorher-nachher-Vergleich einzelner Subdimensionen für drei Betriebe

═ die nachhaltige, lösungsorientierte Bearbeitung durch das systematische Vorgehen der externen Begleitung,

═ die „Beratung zum Nulltarif" durch die überbetrieblichen Institutionen,

═ die schnellere Umsetzung im Vergleich zu privaten Beratungsgesellschaften.

Bei den drei Betrieben, die am Ende der Verfahrenserprobung die gesamte Unternehmensanalyse erneut durchführten, zeigten sich die nachfolgend dargestellten und – wie in ▶ Abschn. 5.3.1 bereits erläutert – vorsichtig zu interpretierenden Ergebnisse:

═ Im Vergleich der Gesamtmittelwerte wiesen von den insgesamt 41 analysierten Subdimensionen 8 deutlich verbesserte Mittelwerte auf (Differenz größer als 0,25). Dagegen blieben 21 Subdimensionen nahezu unverändert und 4 wiesen geringere Mittelwerte auf; 8 Subdimensionen wurden aufgrund geänderter Erhebungsmodalitäten aus dem Vergleich ausgeschlossen.

═ Die Geschäftsführer schätzten die Unternehmenskommunikation und das Kommunikationsklima nach Abschluss des Verfahrens deutlich positiver ein (☐ Abb. 5.7). Entwicklungen zeigten sich auch bei der Einschätzung der Unternehmensstrategie durch die Geschäftsführung. Ihre innovationsförderliche Führungsarbeit, besonders im Bereich Ideenimplementierung, haben die Führungskräfte aus ihrer Sicht weiterentwickelt. Tatsächlich sehen auch die Beschäftigten eine Verbesserung in diesem Bereich der Führung.

═ Eine Steigerung im Bereich der Kommunikation wird auch bei der Betrachtung der Mittelwerte der Beschäftigtenbefragung sichtbar, besonders bei der Subdimension Rückmeldung sind deutliche Verbesserungen zu erkennen. Die Arbeitsplatzanalysen ergeben eine deutliche Verbesserung bezüglich Vielfalt und Vollständigkeit.

═ Die Dimensionen Kooperationserfordernisse, Prozesse und ergonomische Arbeitsplatzgestaltung haben die Innoscouts dagegen kritischer beurteilt. Die Geschäftsführungen gaben lediglich Verschlechterungen im Hinblick auf den Umgang mit der eigenen Gesundheit an.

Zusammenfassend betrachtet ist das entwickelte InnoGeKo-Verfahren gut geeignet, vor allem kleine und Kleinstunternehmen auf ihrem Weg zu gesunden und innovationsfähigen Unternehmensstrukturen zu begleiten und zu unterstützen. Als besonders förderliche Faktoren erwiesen sich bei der Erprobung die Rolle der Innovationsscouts, die enge firmenindividuelle Begleitung durch geschulte Berater sowie die Anregung durch den Erfahrungsaustausch mit anderen Firmen im Rahmen der Präsenzveranstaltungen.

Erfolgsfaktoren der Verfahrensdurchführung

Martina Brandt, Ilka Holtermann, Michael Drupp,
Sven Ruschhaupt

A. Ducki, M. Brandt, D. Kunze, M. Drupp (Hrsg.), *Innovationen gesund gestalten*,
DOI 10.1007/978-3-662-48276-6_6, © Springer-Verlag Berlin Heidelberg 2016

6.1   Ausgestaltung einer regionalen Akteursallianz

Für die Realisierung eines Projekts an der Schnittstelle von Innovations- und Gesundheits-förderung sind vielfältige Beratungskompetenzen aus verschiedenen Disziplinen erforderlich (Betriebs- und Arbeitswissenschaft, Gesundheitsförderung und -management). Daher hat sich die Durchführung des Verfahrens in einer regionalen Akteursallianz bewährt, die gemeinsam diese verschiedenen Kompetenzfelder abdeckt.

Bereits in der Akquisephase ist es hilfreich, wenn die Berater von betrieblichen Kontakten aus zwei Institutionen und einem Vertrauensvorschuss als „bekannte" Institutionen profitieren.

Während die Krankenkassen nach § 20 a, Abs. 1 des Sozialgesetzbuches V (SGB V) Leis-tungen zur Gesundheitsförderung in Betrieben erbringen, nehmen die Handwerkskammern nicht nur Aufgaben im Rahmen der Qualifizierung und Weiterbildung der Beschäftigten und Führungskräfte ihrer Mitgliedsbetriebe wahr, sondern führen auch auf Betriebswirtschaft und Betriebsorganisation ausgerichtete Betriebsberatungen durch. Diese komplementären Kompe-tenzen bilden eine gute Voraussetzung für die gemeinsame Anwendung des Verfahrens. Dies schließt jedoch nicht aus, dass das InnoGeKo-Verfahren auch in einer anderen Akteurskons-tellation, z. B. durch eine andere Krankenkasse und eine Industrie- und Handelskammer, er-folgreich durchgeführt werden kann.

Auch im gesamten weiteren Verfahrensverlauf (Ausgestaltung der Schulungsmodule, Durchführung der Betriebsberatungen und Gestaltung der Netzwerkarbeit) erwies sich ein arbeitsteiliges, ergänzendes Zusammenspiel dieser beiden Institutionen als vorteilhaft.

Dabei sollten die Akteure darauf achten, alle sechs Themenbereiche im Blick zu behalten, die im Rahmen der Analyse mittels des Analyse- und Bewertungstools untersucht werden, be-ginnend bei der Ausgestaltung der Schulungsmodule über die Beratungsphase vor Ort bis zur Netzwerkarbeit. Nur so können die Vorzüge des InnoGeKo-Verfahrens in seiner Kombination von ressourcen- und marktorientiertem Vorgehen zur Geltung gebracht werden. Andernfalls besteht die Gefahr von zu viel Präsenz eines (Lieblings-)Themas, das dann auch den Beratungs-prozess dominiert. Bei der Verfahrenserprobung wurde z. B. deutlich, dass das alle berührende Thema Gesundheit am häufigsten für Veränderungsprozesse aufgegriffen wurde, die Behand-lung anderer Themen wie z. B. die Marktorientierung, sich aber durchaus auch lohnte.

Bei der Umsetzungsberatung profitieren die Betriebe am meisten, wenn beide Instituti-onen direkt ihre verschiedenen Kompetenzen und langjährigen Erfahrungen einsetzen. Bei der Erprobung des Verfahrens haben sich die unterschiedlichen Kompetenzen offensichtlich so gut wechselseitig ergänzt, dass mehrere im Dezember 2014 befragte Geschäftsführer von Erprobungsbetrieben übereinstimmend berichteten, man habe in der Zusammenarbeit „gar nicht bemerkt, dass es sich um unterschiedliche Institutionen handelt". Dieser positive Effekt wurde auch durch regelmäßige Reflexionstermine der Berater im Verfahrensverlauf gefördert, an denen sie gemeinsam die weitere Verfahrensweise besprachen oder Veranstaltungen bzw. Betriebstermine vorbereiteten und abstimmten.

Um möglichst vielen Betriebe und ihren Beschäftigten einen Know-how-Transfer zu den Er-kenntnissen und Erfahrungen aus der Anwendung des InnoGeKo-Verfahrens zu ermöglichen, sind Netzwerkveranstaltungen ein wichtiger Teil der Verfahrensanwendung (▶ Abschn. 4.9). Die Rolle des Aufbaus und der Pflege solcher Netzwerke kann sowohl von den Sozialversicherungs-trägern als auch den Handwerkskammern übernommen werden. Für die Krankenkassen sehen der GKV-Leitfaden Prävention (GKV 2014, S. 91) sowie das zum 01.01.2016 vollständig in Kraft getretene Präventionsgesetz (Deutscher Bundestag 2016) ausdrücklich derartige Aktivitäten vor.

In der Verfahrenserprobung lag die Verantwortung für die Organisation der Netzwerktreffen allein bei der Handwerkskammer, für deren Fortführung wollen künftig beide Institutionen gemeinsam Verantwortung tragen.

> **Was ist bei Ausgestaltung einer regionalen Akteursallianz zu beachten?**
> — **Bündeln komplementärer Kompetenzen**
> — **Arbeitsteiliger Zugang über den Betriebsinhaber nach Kenntnis der betrieblichen Interessenlage**
> — **Thematische Abstimmung der Beratungsallianz**
> — **Regelmäßige Reflexionstermine**
> — **Gemeinsame Verantwortung für Netzwerktreffen**

6.2   Branchenangepasste Instrumente und Methoden

Für die Ansprache kleiner Betriebe sind branchenangepasste Instrumente und Methoden besonders wichtig. Viele kleine Handwerksunternehmen haben z. B. immer noch keinen eigenen Internetauftritt und sprechen ihre Kunden auch nicht auf diesem Wege an. Deshalb ist es eher unwahrscheinlich, dass E-Mails mit Gesprächsanfragen ihre Adressaten erreichen (Abendroth et al. 2007). Um hier Zugang zu finden, müssen die Instrumente an das Unternehmen angepasst werden. So wurde der Erstkontakt zu den Betrieben telefonisch hergestellt und die Betreuung im Projekt durch persönliche Gespräche und individuelle Beratung vor Ort sichergestellt. Zudem war eine vorbereitete PowerPoint-Präsentation sowohl in den Erstgesprächen als auch in den Vor-Ort-Beratungsterminen bei kleinen Handwerksbetrieben oft zu wenig auf die eigene Tätigkeit der Inhaber oder Belegschaft zugeschnitten, um Akzeptanz zu gewinnen. Vielmehr war es hilfreich, vorbereitete Papiere mit speziellem Betriebsbezug in die Gespräche einzubringen, z. B. Auswertungsblätter der Analysen oder Flipcharts aus den Qualifizierungsmodulen und Diskussionsrunden, anhand derer gemeinsam Ziele und Vorgehen weiter bearbeitet werden konnten.

Eine große Bedeutung für die Stärkung der Motivation haben Umsetzungsbeispiele anderer Betriebe ähnlicher Gewerke und Größe. Diese können hilfreich sein, um Ideenanstöße für eigene Veränderungen zu entwickeln, zudem können konkrete Erfahrungsbeispiele anderer die Unternehmer vom Nutzen betrieblicher Gesundheitsförderung an sich überzeugen (Meyer 2008).

Um Handwerksbetriebe zu motivieren, in die Gesunderhaltung ihrer Belegschaft zu investieren, müssen die Maßnahmen spezifisch auf die Bedürfnisse des Unternehmens zugeschnitten sein. So individuell, wie sich das einzelne Unternehmen darstellt – z. B. bezogen auf den Kundenkontakt, die Art der Arbeitsplätze (Baustellen, Montagearbeit etc.) und die Mitarbeiterstruktur –, müssen auch die Prozesse und die Umsetzung gestaltet werden (Meyer 2008). Dies wurde im Projekt durch die betriebsindividuelle Vor-Ort-Beratung gewährleistet. Gemeinsam wurden Maßnahmen und Prozesse so entwickelt, dass die besonderen Bedürfnisse des Betriebes und sein meist sprunghafter Arbeitsalltag berücksichtigt werden.

Weil Veränderungsprozesse in der Regel leichter akzeptiert und in den Alltag übernommen werden, wenn sie von der Belegschaft selbst vorgeschlagen wurden, sieht das InnoGeKo-Verfahren die kontinuierliche Mitarbeiterpartizipation im gesamten Prozess vor, indem ein Beschäftigter zum Innovationsscout qualifiziert wird. Zudem werden aufgaben- und situationsbezogen weitere Beschäftigte in die Planung und Umsetzung von Veränderungsprozessen eingebunden. Als Experten für ihren eigenen Arbeitsplatz wissen sie am besten, wo ihre individuellen Belastungsschwerpunkte liegen und wie diese abgebaut werden können. Weitere Beispiele für die Partizipation der Belegschaft waren u. a. Mitarbeiterbefragungen, Mitarbeiterworkshops zur Identifizierung eigener Handlungsfelder sowie Qualitätszirkel.

Durch die Berücksichtigung der beschriebenen Aspekte konnte etwa ein Drittel der durch persönliche Vor-Ort-Interviews sensibilisierten Betriebe zu einer Teilnahme an der Verfahrenserprobung motiviert werden und damit dazu, vielfältige Veränderungsprozesse im Betrieb in Angriff zu nehmen.

> ❯ **Wie können Kleinbetriebe für Veränderungsprozesse sensibilisiert und motiviert werden?**
> ▬ **Best Practice anderer Betriebe nutzen**
> ▬ **Betriebsindividuelle Lösungen generieren**
> ▬ **Vielfältige Partizipation der Beschäftigten ermöglichen**

6.3   Zielführender Einsatz betrieblicher Analysen

Veränderungsprozesse anzustoßen fällt umso leichter, je genauer und detaillierter die vorhandenen betrieblichen Stärken und Schwächen bekannt sind. Fundierte Betriebsanalysen sind jedoch zeitaufwendig und stoßen aus Angst vor einer Störung des normalen Betriebsablaufs in kleinen Betrieben meist auf wenig Akzeptanz. Trotz dieser Erfahrung konnte im Rahmen des InnoGeKo-Verfahrens das relativ aufwendige Analysetool IKoNe (Innovationskompetenznetz) (▶ Abschn. 2.3) entwickelt und erfolgreich angewendet werden, mit dem die Ergebnisse einer Mitarbeiterbefragung, einer Befragung der Geschäftsführung und der Analyse sämtlicher Arbeitsplätze für insgesamt sechs Analysebereiche zusammengeführt werden.

Die Erprobungserfahrung hat gezeigt, dass viele Bedingungen erfüllt sein müssen, damit ein derart komplexes Analyseinstrument im Betrieb akzeptiert wird, realistische Ergebnisse erzielt und eine konfliktfreie und gezielte Auseinandersetzung mit den Ressourcen im Betrieb ermöglicht. So legten die Betriebsberater von Anfang an offen, dass die Kombination der drei verschiedenen Analysen (Geschäftsführung, Beschäftigte, Arbeitsplatzanalysen) einen hohen Aufwand erfordert, machten den Geschäftsführungen aber zugleich deutlich, dass die zu erwartenden Ergebnisse ein umfassendes Bild der betrieblichen Situation ermöglichen, weil alle relevanten Betriebsbereiche von der Marktsituation über die Kommunikationskultur bis zu den konkreten Arbeitsbedingungen und gesundheitlichen Belastungen und Ressourcen aller Beschäftigten in den Analysefokus genommen werden. Bei einigen Geschäftsführern erwies sich der angekündigte Vergleich ihrer eigenen Einschätzungen mit denen ihrer Beschäftigten als relevantes Entscheidungskriterium für die Durchführung der Analysen. Auch konnte mit dem angekündigten Vergleich der Einschätzungen im eigenen Unternehmen mit denen der anderen am Verfahren beteiligten Betriebe (Benchmark) über Mittelwerte der getroffenen Einschätzungen Interesse für die Betriebsanalysen geweckt werden. Dies traf auch auf die in Aussicht gestellte Chance zu, die Beschäftigten durch ihre Einbindung in die Analysetätigkeit dafür motivieren zu können, die erhofften Veränderungsprozesse gemeinsam in Angriff zu nehmen.

Als wichtig erwies sich für die kleinen Firmen ein von Anfang an offensiver Umgang mit Fragen zum Datenschutz. Wird keine vollständige Anonymität gewährleistet, kann in vielen Betrieben keine hohe Rücklaufquote bei der Beschäftigtenbefragung erreicht werden. Bei der Erprobung des Verfahrens wurde deshalb den Betrieben ein jeweils auf ihre konkreten Bedingungen angepasster Vorschlag unterbreitet, wie die gewünschte Anonymität am besten sichergestellt werden kann (beispielsweise verklebte Umschläge, versiegelte Rückgabebox, Abholung durch den Berater). In einigen Fällen hat der Berater auf Bitte der Geschäftsführung die Belegschaft über das Befragungsprozedere informiert und stand für Rückfragen zur Verfügung. Insbesondere erwies es sich als wichtig, auf die Form der Datenauswertung und Ergebnisdarstellung einzugehen. Durch die enge Zusammenarbeit mit dem Innoscout, der darüber hinaus ebenfalls für Fragen zur Verfügung stand, nahm so in allen Betrieben die Befragung der Beschäftigten maximal drei Wochen in Anspruch. Die Betriebsinhaber wurden von Anfang an für die Vorteile sensibilisiert, die eine Offenlegung der Ergebnisse vor der Belegschaft für die bevorstehenden Veränderungsprozesse bietet. Fast alle Betriebe informierten daher ihre Belegschaften über die Ergebnisse, nicht selten jedoch baten sie die Betriebsberater, diese Aufgabe zu übernehmen. Häufig schlossen sich an diese Informationsveranstaltungen lebhafte Diskussionen an, in deren Verlauf bereits viele Veränderungsideen geboren wurden, die der Berater sorgfältig dokumentierte und in den weiteren Verfahrensverlauf einbezog.

Um zusätzlichen Aufwand für den Geschäftsführer zu vermeiden, wurde seine Befragung mit dem ersten Schulungsmodul gekoppelt, wo am Ende ca. 20 Minuten für das Ausfüllen des Fragebogens eingeplant waren. Der Erfolg der durch die Innoscouts durchzuführenden Arbeitsplatzanalysen wurde gewährleistet, indem diese ausführlich und beispielreich in einem Schulungsmodul auf ihre Aufgabe vorbereitet wurden. Der hierfür geplante Zeitaufwand wurde nach den Erfahrungen der ersten Erprobungsrunde sogar noch erhöht, weil sich gezeigt hat, dass angesichts der Vielfalt zu bewertender Arbeitsplätze in den Betrieben unterschiedlicher Gewerke ein hoher Erklärungsaufwand nötig ist, um den Innoscouts die nötige Sicherheit für ihre Aufgaben zu vermitteln.

In der ersten Erprobungsrunde wurden die einzelnen Verfahrensmodule mit Rücksicht auf die knappen Zeitressourcen der am Verfahren teilnehmenden Betriebe zeitlich auf mehrere Monate gestreckt, was zur Folge hatte, dass einige Befragungsergebnisse relativ spät zurückgemeldet wurden. Dieses Prozedere wurde in der zweiten Erprobungsrunde geändert, da sich eine zeitnahe Rückmeldung als effizienter und motivierender erwiesen hat.

Bei umfänglichen Erhebungen werden auch umfängliche Ergebnisse generiert, für die es ein geeignetes Maß an Differenziertheit in der Darstellung zu finden gilt. In der Verfahrenserprobung wurden unterschiedlich ausführliche Darstellungsformen erprobt. Letztendlich erwiesen sich vergleichende Profildarstellungen, die für verschiedene Bereiche die betrieblichen Einschätzungen im Vergleich zu den Mittelwerten über alle Teilnehmenden veranschaulichten, als am besten geeignet, um Ansatzpunkte für Veränderungsideen abzuleiten. Es zeigte sich jedoch, dass die Auswertung der Ergebnisse in einem moderierten Prozess erfolgen muss, weil die Betriebe nicht nur angesichts der Ergebnisfülle überfordert sind, sondern häufig auch Kontextwissen notwendig ist, um die Ergebnisse richtig interpretieren zu können.

Werden all diese Aspekte berücksichtigt, können auch komplexe Analysen in Kleinbetrieben realisiert und für Veränderungsprozesse genutzt werden.

> **Was macht komplexe Betriebsanalysen in Kleinbetrieben erfolgreich?**
> ▬ **Anschaulicher Ausblick auf mögliche Ergebnisvielfalt**
> ▬ **Gesicherte Anonymität**
> ▬ **Gut vorbereiteter und organisierter Erhebungsprozess**
> ▬ **Gründliche Einweisung in die verwendeten Instrumente**
> ▬ **Gezielte Arbeit mit Benchmarks**
> ▬ **Spiegelung von Selbst- und Fremdeinschätzungen**
> ▬ **Transparenz, wo möglich – Datenschutz, wo nötig**

— **Zeitnahe, ansprechend und verständlich aufbereitete Ergebnisse**
— **Angeleitete/moderierte Interpretation der Ergebnisse**
— **Einbezug der Beschäftigten in die Rückmeldung (z. B. in speziellen Workshops)**

6.4   Ressourceneffiziente Qualifizierungsmaßnahmen

Aufgrund der begrenzten Ressourcen kleiner Betriebe müssen die Qualifizierungsmaßnahmen nicht nur die Betriebe befähigen, ihre verfügbaren Ressourcen zu erhalten und zu stärken, sondern sie sollten selbst ressourceneffizient mit einem möglichst geringen Zeit-, Personal- und Finanzeinsatz gestaltet sein.

Unternehmer werden insbesondere dann zur Teilnahme motiviert, wenn möglichst verschiedene betriebliche Anliegen gleichzeitig behandelt werden. Für das komplexe InnoGeKo-Verfahren wurden die Themen Gesundheit und Innovation gekoppelt und zwei ganztägige Schulungen für Führungskräfte und Innoscouts mit kompakter Wissensvermittlung konzipiert (▶ Kap. 2). Trotz hoher Arbeitsbelastungen gewährleisteten nahezu alle Betriebe die komplette Teilnahme ihrer Führungskräfte und Innoscouts an den beiden Qualifizierungsmodulen, was für ein hohes Interesse der Teilnehmenden spricht und sich auch in einem entsprechend positiven Feedback zu den Veranstaltungen widerspiegelt. Dieser Erfolg ist an eine Reihe von Faktoren gekoppelt, die nachfolgend dargestellt werden.

Geschäftsführer bzw. Inhaber kleiner Betriebe wägen vor dem Hintergrund der Belastungen des Alltagsgeschäfts sehr genau ab, wofür sie selbst zusätzliche Zeit investieren bzw. Beschäftigte von ihren Aufgaben freistellen. Durch das Benchmark im Nachgang zu den Motivationsinterviews (▶ Abschn. 4.1) hatten sie bereits das sehr praxisorientierte Vorgehen des Projektteams erlebt und erste Informationen zum eigenen Innovationsverhalten und dem anderer Handwerksbetriebe aus ihrer Region erhalten. Vor diesem Hintergrund traf die Ankündigung, dass sie mit Bezug auf diese Ergebnisse und die für sie relevanten konkreten Branchen aktuelles Wissen zu Trends und Nachfragepotenzialen vermittelt bekommen, bereits auf Interesse. Durch zahlreiche Beispiele aus dem Handwerk gelang es, konkrete Vorstellungen über die zu entwickelnden Veränderungsprojekte zu erzeugen und das Interesse hierfür wach zu halten. Rückfragen zum Thema und das Einbringen eigener Erfahrungen waren ausdrücklich erwünscht. Der rege Austausch der Teilnehmenden untereinander auch in den Pausen der beiden Qualifizierungsmodule war beredter Ausdruck des vorhandenen Interesses am Thema.

Diese Kopplung der Wissensvermittlung an die eigenen betrieblichen Erfahrungen bewährte sich auch bei der Wissensvermittlung zum Thema Gesundheit. Mit Bezug auf die selbst in den Interviews genannten Risiken für einen vorzeitigen Berufsausstieg und die Belastungen in den eigenen Gewerken konnte der hohe Stellenwert der vorhandenen Ressourcen überzeugend vermittelt und die Brücke zu Maßnahmen, durch die gesunde Arbeitsbedingungen gestärkt werden können, geschlagen werden. Im Vordergrund stand dabei stets die Anleitung zu eigenem Handeln. Hierfür wurden zahlreiche Instrumente (Leitfäden, Checklisten etc.) vorgestellt, die auch nach der Teilnahme am Verfahren einfach und universell für verschiedene betriebliche Probleme eingesetzt werden können und eine Verstetigung des Erlernten im betrieblichen Alltag fördern. Bei der Vermittlung von Wissen zur ressourcenorientierten Mitarbeiterführung wurde eine hohe Praxisrelevanz gewährleistet, indem die Teilnehmenden angeleitet wurden, ihren persönlichen Führungsstil zu reflektieren und vor allem die eigene Einschätzung (Selbstwahrnehmung) mit der Einschätzung der Beschäftigten (Fremdwahrnehmung) abzugleichen. Unterstützend wirkten dabei der kollegiale Austausch mit den anderen

Teilnehmenden und die vermittelten Techniken und Instrumente (z. B. Selbstcheck Wertschätzung, Checkliste Innovationskompetenz).

Die Organisation der Weiterbildungsmodule war nicht nur in zeitlicher Hinsicht (ganztägige Kompaktveranstaltungen, zeitliche Abfolge nach den Wünschen der Teilnehmenden), sondern auch hinsichtlich der methodischen Umsetzung weitgehend an den betrieblichen Interessen orientiert. Zur Auflockerung wurden vielfältige methodische Hilfsmittel eingesetzt (z. B. wechselnde Kleingruppen), wobei die Teilnehmenden das konkrete Vorgehen jeweils mitbestimmen konnten.

In kleinen Betrieben spielen die Kosten von Qualifizierungsmaßnahmen eine entscheidende Rolle für die Akzeptanz. Aufgrund der Förderung durch das Bundesforschungsministerium und den Europäischen Sozialfonds konnte die Qualifizierung im Rahmen der Verfahrenserprobung kostenfrei angeboten werden. Im Rahmen der Evaluation wurden die teilnehmenden Betriebe gefragt, bis zu welchem Betrag sie ein vergleichbares kostenpflichtiges Angebot annehmen würden. Dabei zeigte sich, dass trotz großer Zufriedenheit mit der Durchführung und den Ergebnissen des Pilotprojektes die überwiegend kleinen Handwerksbetriebe nur geringe finanzielle Spielräume sehen (▶ Abschn. 5.3.3).

In der Summe bewirkt die Berücksichtigung der genannten Faktoren, dass Qualifizierungsangebote in kleinen Betrieben viel Akzeptanz und Interesse finden.

> **Was macht Qualifizierung für Kleinbetriebe attraktiv?**
> - Themenkopplung
> - Ressourcenorientierung
> - Hohe Praxisrelevanz durch eine Vielzahl passender betrieblicher Beispiele
> - Erfahrungsaustausch in der eigenen Zielgruppe
> - Hohe Handlungsrelevanz durch Bezug auf konkrete Analyseergebnisse
> - Vermittlung universell anwendbarer Techniken und Instrumente
> - Rücksichtnahme auf betriebliche Bedingungen bei der Organisation
> - Kostenfreiheit/geringer finanzieller Aufwand

6.5 Kommunikationsprozesse fördern

Kommunikationsprozesse – sowohl unternehmensintern als auch in Bezug auf externe Partner – haben für das Gelingen von Veränderungsprozessen einen hohen Stellenwert. Kleinbetriebe verdanken ihre hohe Flexibilität und Anpassungsfähigkeit ihren kurzen und direkten Kommunikationswegen sowie ihrer flachen Hierarchiestruktur. Institutionalisierte Maßnahmen wie z. B. regelmäßige Besprechungen werden aber aufgrund der Konzentration des Großteils der Aufgaben und der Entscheidungsbefugnis auf den Inhaber und die Überschaubarkeit der Betriebe oft als nicht notwendig angesehen. Nahezu alle an der Erprobung des Verfahrens beteiligten Betriebe berichteten jedoch, dass durch die Hektik des Alltagsgeschäfts die über die normale Auftragserledigung hinausgehende Kommunikation und der Austausch neuer Ideen häufig zu kurz kommen. Sie profitierten deshalb erheblich von den verschiedenen Formen des inner- und zwischenbetrieblichen Erfahrungsaustauschs, die mit dem InnoGeKo-Gruppenverfahren initiiert wurden.

Im InnoGeKo-Verfahren wird die intensivste Form des *innerbetrieblichen Erfahrungsaustauschs* durch die kontinuierliche Zusammenarbeit zwischen Unternehmer und Innoscout verkörpert, wobei der Innoscout als Sprachrohr der Belegschaft agiert und im permanenten Austausch mit ihr steht. Im Rahmen der Arbeitsanalysen führt er Gespräche mit den Arbeitsplatzinhabern. Gemeinsam mit dem Geschäftsführer wertet er die Ergebnisse der Arbeitsplatz-analysen aus. Darüber hinaus wird durch die Rückmeldung der Analyseergebnisse vor den Belegschaften der direkte Ideenaustausch mit allen Beschäftigten angeregt.

Die Führungskräfte werden im Zuge der Auswertung der mit der Analysemethodik IKoNe erhobenen Einschätzungen zum Untersuchungsbereich Kommunikation für das Thema Kommunikation im Betrieb sensibilisiert und bei der Durchführung zielführender Mitarbeiterge-spräche unterstützt, indem ihnen Leitfäden zur Verfügung gestellt werden. Im Qualifizierungs-modul zum Thema Führung wird darüber hinaus großer Wert darauf gelegt, dass ihnen die Bedeutung von wertschätzender Kommunikation vermittelt wird.

> **Wie hält man die innerbetriebliche Kommunikation am Laufen?**
> — **Transparenz von Analyseergebnissen zur betrieblichen Situation**
> — **Regelmäßige Gespräche der Geschäftsführung mit jedem Beschäftigten**
> — **Innoscout als Sprachrohr der Belegschaft**
> — **Interesse für Anregungen und Veränderungsvorschläge aus der Belegschaft**
> — **Wertschätzender Führungsstil**
> — **Offenes Unternehmensklima**

Neben Raum für ausführliche Vorstellungsrunden, persönliche Gespräche und kollegialen Aus-tausch innerhalb und am Rande der Qualifizierungsmodule umfasst das InnoGeKo-Verfahren drei eigene Module zur Förderung des *zwischenbetrieblichen Erfahrungsaustauschs*. So betrach-ten und beurteilen die teilnehmenden Betriebe in der „Zukunftswerkstatt", einer moderierten Ergebnisdiskussion, ihre Unternehmensprofile. Dort werden unterschiedliche Ursachenzu-schreibungen für einzelne Ergebnisse lösungsorientiert besprochen sowie erste Umsetzungs-ideen gemeinsam generiert. Im „Projektcafé" stellen die Betriebe in lockerer Atmosphäre die ge-planten und auch die bereits umgesetzten Projekte vor, die dann gemeinsam diskutiert werden. Dabei tauschen die Teilnehmenden aus den Firmen ihre Erfahrungen aus und geben Hinweise zu Fallstricken und fördernden Faktoren mit Bezug auf die konkreten Projekte. Die so angelegte kollegiale Beratung wird in regelmäßigen „Netzwerktreffen" fortgeführt, wo neben inhaltlichem Input zu ausgewählten Themen der aktuelle Stand der Projekte sowie Fallstricke und Lösungs-ideen diskutiert und Führungsfragestellungen in vertrauter Atmosphäre besprochen werden.

Damit derart unterstützende Maßnahmen zum Erfahrungsaustausch in Gruppenverfahren gelingen, erwiesen sich folgende Maßnahmen als erfolgreich: Bereits beim ersten Aufeinander-treffen wurden die Teilnehmenden aufgefordert, nicht nur ihre Person und ihr Unternehmen kurz vorzustellen, sondern auch ihre Beweggründe und Erwartungen zu schildern. Dies ermög-lichte ihnen, ähnliche Problemlagen zu erkennen, und förderte von Anfang an die gegenseitige Kommunikation. Die Berater hatten zudem frühzeitig die Chance, bei unrealistischen Erwar-tungen gegenzusteuern. Gemäß dem Wunsch der Teilnehmenden wurde absolute Vertraulich-keit über alle behandelten Themen und ausgetauschten Informationen verabredet. Wo immer es sinnvoll erschien, z. B. wenn komplexe Ergebnisse der Betriebsanalysen diskutiert wurden, schafften die Berater Raum für Diskussionen in Kleingruppen, deren Zusammensetzung gezielt gesteuert wurde. Nicht für alle Themen erwies sich eine homogene Gruppe (z. B. Betriebe aus dem gleichen Gewerk) als die beste Lösung. Für die Ideengenerierung arbeiteten durchaus auch gemischte Teams erfolgreich zusammen. Hier ist Fingerspitzengefühl des Beraters gefragt. Der enge Bezug zu den konkreten Praxisbelangen der Betriebe ist – wie bereits in den vorausgehen-den Kapiteln beschrieben – auch in den Netzwerkveranstaltungen von hoher Bedeutung. Die praktikable Aufbereitung der Untersuchungsergebnisse (▶ Abschn. 2.3.2) und die Abstimmung über zu behandelnde Themen in den Netzwerktreffen (▶ Abschn. 4.9) sind nur zwei Beispiele, wie dies umgesetzt wurde.

> **Wie gelingen institutionalisierte Maßnahmen zum zwischenbetrieblichen Erfahrungs-austausch für Kleinbetriebe?**
> - Realistische Erwartungshaltung schaffen
> - Vertraulichkeit gewährleisten
> - Komplexe Themen gezielt in Kleingruppen bearbeiten
> - Betriebliche Ergebnispräsentationen durch praktikable Vorlagen unterstützen
> - Hohe inhaltliche und organisatorische Passfähigkeit zu den Betriebsinteressen ge-währleisten

6.6   Resümee

Aus den beschriebenen Erfahrungen mit der Erprobung des InnoGeKo-Verfahrens lassen sich folgende Empfehlungen zusammenfassen:

- Kleine Betriebe können Betriebsberater am besten über persönliche Gespräche mit den Inhabern mit Bezug auf die konkreten betrieblichen Bedingungen sensibilisieren. Dabei ist es wichtig, die mittel- und langfristigen Auswirkungen gesundheitsförderlicher Maß-nahmen auf die Produktivität und Innovationsfähigkeit des Betriebes sichtbar zu machen.
- Die vielfältigen Herausforderungen der Verfahrensdurchführung lassen sich am besten in einer regionalen Akteursallianz aus betriebsorientierten Institutionen mit unterschiedli-chen fachlichen Kompetenzen bewältigen, wobei verschiedene Konstellationen denkbar sind (KK und HWK oder KK und IHK).
- Ausgangspunkt für die Planung von Maßnahmen sollte eine strukturierte Bestandsauf-nahme im Unternehmen sein (besonders im Hinblick auf Belastungsschwerpunkte), die mittels Befragungen, Analysen oder persönlicher Gespräche realisiert werden kann.
- Qualifizierungsmaßnahmen müssen in doppelter Hinsicht ressourceneffizient sein: Mit einem möglichst geringen Zeit-, Personal- und Finanzeinsatz befähigen sie Unternehmer zum ressourceneffizienten Umgang mit gesundheitlichen Ressourcen ihrer Beschäftigen sowie mit ihrer eigenen Person.
- Eine wichtige Voraussetzung für die Motivation zur Teilnahme und die Qualität der Ergebnisse ist die Partizipation der Beschäftigten an allen Veränderungsprozessen (von ihnen selbst vorgeschlagene Maßnahmen sind in der Regel leichter umsetzbar). Diese kann durch unterschiedliche Formen gewährleistet werden (u.a. Vor-Ort-Beratung, Ein-bindung eines Innoscouts, moderierte Diskussionsrunden).
- Die erarbeiteten Maßnahmen sollten so im Betrieb verankert werden, dass sie einen kon-tinuierlichen Umgang mit Veränderungsprozessen ermöglichen. Dies gelingt am besten über zusätzliche Strukturen zur Förderung des inner- und zwischenbetrieblichen Erfah-rungsaustauschs wie z.B. kontinuierliche Mitarbeitergespräche, regelmäßige Arbeitsplatz-analysen und gezielt unterstützte Netzwerktreffen.

Literatur

Abendroth RR, Bärenz P, Boeckenbrink V, Cryns M, Kraemer R, Pelster K, Panter W, Rätzer-Frey A, Sochert R (2007) Relevante Faktoren der Gesundheitsförderung in Kleinbetrieben. Vorläufiges Positionspapier vorgelegt im Forum KMU des Deutschen Netzwerkes Gesundheitsförderung anlässlich der A&A 2003. http://www.dnbgf.de/fileadmin/texte/Downloads/uploads/Dokumente/2007/KMU.pdf. Zugegriffen: 17. Dezember 2014

Deutscher Bundestag (2015) Entwurf eines Gesetzes zur Stärkung der Gesundheitsförderung und Prävention (Präventionsgesetz – PrävG). Drucksache 18/4282 vom 11.03.2015. http://dip21.bundestag.de/dip21/btd/18/042/1804282.pdf. Zugegriffen: 1. April 2015

GKV-Spitzenverband (Hrsg) (2014) Leitfaden Prävention. Handlungsfelder und Kriterien des GKV-Spitzenverbandes zur Umsetzung der §§ 20 und 20a SGB V vom 21. Juni 2000 in der Fassung vom 10. Dezember 2014

Meyer JA (2008) Gesundheit in KMU: Widerstände gegen Betriebliches Gesundheitsmanagement in kleinen und mittleren Unternehmen – Gründe, Bedingungen und Wege zur Überwindung Veröffentlichungen zum betrieblichen Gesundheitsmanagement der TK, Bd. 17. (ISSN 1610-8450)

Anlagen zum Manual

A. Ducki, M. Brandt, D. Kunze, M. Drupp (Hrsg.), *Innovationen gesund gestalten*,
DOI 10.1007/978-3-662-48276-6_7, © Springer-Verlag Berlin Heidelberg 2016

7.1 Materialien für das Analysetool

◨ Abb. 7.1, ◨ Abb. 7.2, ◨ Abb. 7.3, ◨ Abb. 7.4, ◨ Abb. 7.5

Arbeitsmaterialien für das Analysetool IKoNe	
Befragung der Geschäftsführung	Seite 1

InnoGeKo

Innovation ◆ Gesundheit ◆ Kompetenz
Innovationen durch gesunde Unternehmensstrukturen

Befragung der Geschäftsführung

Firma:_____

Unternehmer:_____

© Springer-Verlag Berlin Heidelberg 2016. Aus: A. Ducki et al.: Innovationen gesund gestalten

◨ **Abb. 7.1** Fragebogen „Befragung der Geschäftsführung" (Foto © Karin & Uwe Annas – Fotolia.com)

Befragung der Geschäftsführung | **Seite 2**

Gesamtübersicht Innovationskompetenznetz

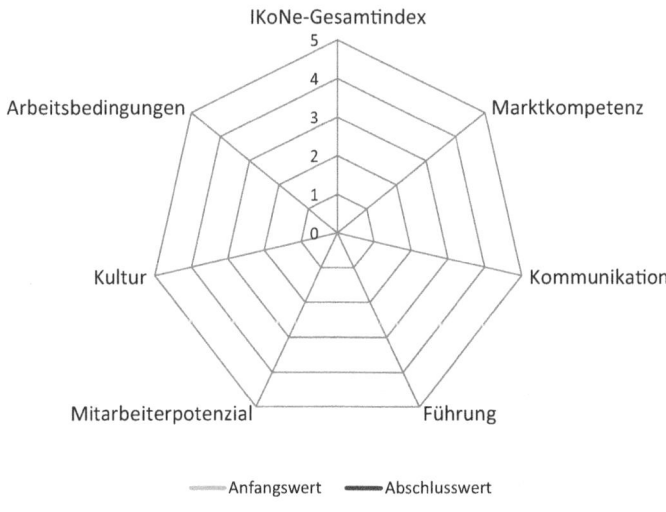

◻ **Abb. 7.1** (*Fortsetzung*)

Arbeitsmaterialien für das Analysetool IKoNe

Befragung der Geschäftsführung	Seite 3

Datenquellen und daraus ableitbare Veränderungsbedarfe

Dimensionen	Was genau?	Quelle
Marktkompetenz	Markt (Kundenbedarfe, Öffnungszeiten, kundenorientiertes Verhalten, Wettbewerbsfähigkeit, Konkurrenz, Rahmenbedingungen) Strategie/Netzwerke (Innovationsstrategie, Trendmonitoring, Mitarbeiterverständnis, Kooperation Wirtschaft und sonstige, Netzwerkerfahrung)	Geschäftsführerbefragung
Kommunikation	Kommunikationsmittel Unternehmenskommunikation Kommunikationsklima	Geschäftsführerbefragung
	Informationsbereitstellung Rückmeldung	Mitarbeiterbefragung
Führung	Führungsstil	Führungsanalyse (Abgleich Fremd- und Selbsteinschätzung) Geschäftsführerbefragung Mitarbeiterbefragung
	Innovationsförderliche Führung	
	Gesundheitsförderliche Mitarbeiterführung	
	Gesundheitsförderliche Selbstführung	
Arbeitsbedingungen	Handlungsspielraum, Vollständigkeit, Vielfalt, Arbeitsplatzgestaltung, Qualifikationserfordernisse, Kooperationserfordernisse	Arbeitsplatzanalyse
	Mitspracherecht, Persönliche Initiative, Zuständigkeiten, Arbeitsabläufe, Planung von Ressourcen, Controlling von Ressourcen, Zeitdruck*	*Geschäftsführerbefragung
Kultur	Fehlerkultur/Vertrauen, Lernkultur, Teamklima, soziale Unterstützung	Mitarbeiterbefragung
Mitarbeiterpotenzial	Umgang mit Veränderungen, Veränderungsbereitschaft, Zugehörigkeitsgefühl zur Firma, Arbeitsfreude, Arbeitsbewältigung, somatische Beschwerden, Erholungsfähigkeit	Mitarbeiterbefragung

© Springer-Verlag Berlin Heidelberg 2016. Aus: A. Ducki et al.: Innovationen gesund gestalten

◘ **Abb. 7.1** (*Fortsetzung*)

Arbeitsmaterialien für das Analysetool IKoNe

Befragung der Geschäftsführung	Seite 4

1. Marktkompetenz

1.1. Markt

Bitte schätzen Sie ein, in welchem Maße die nachfolgend aufgeführten Aussagen auf Ihr Unternehmen zutreffen.	Trifft nicht zu	Trifft wenig zu	Trifft mittel- mäßig zu	Trifft häufig zu	Trifft voll zu
M1	Die Anregungen und Bedarfe von Kunden werden im Unternehmen regelmäßig ausgewertet.	$\square_1$	$\square_2$	$\square_3$	$\square_4$	$\square_5$
M2	Es gibt kundenfreundliche Betriebs- und Öffnungszeiten.	$\square_1$	$\square_2$	$\square_3$	$\square_4$	$\square_5$
M3	Das Thema kundenorientiertes Verhalten der Mitarbeiter hat einen hohen Stellenwert im Unternehmen.	$\square_1$	$\square_2$	$\square_3$	$\square_4$	$\square_5$
M4	Was unsere kundenorientierten Innovationen der letzten Jahre betrifft, können wir mit der Konkurrenz mithalten.	$\square_1$	$\square_2$	$\square_3$	$\square_4$	$\square_5$
M5	Wir sind mit der Wettbewerbssituation unserer Konkurrenten vertraut.	$\square_1$	$\square_2$	$\square_3$	$\square_4$	$\square_5$
M6	Wir verfolgen systematisch wettbewerbsrelevante Veränderungen in den Rahmenbedingungen (Gesetzgebungsverfahren, Zuständigkeitsverlagerungen, …).	$\square_1$	$\square_2$	$\square_3$	$\square_4$	$\square_5$

Summe _____   Mittelwert (Summe /6)____

Wie schätzen Sie die Neuheit dieser Innovationen ein?

Welche Innovationen oder Innovationsversuche haben Sie in den letzten 5 Jahren durchgeführt?	Sehr hoch	Hoch	Mittel	Niedrig	Sehr niedrig
1...	$\square_1$	$\square_2$	$\square_3$	$\square_4$	$\square_5$
2...	$\square_1$	$\square_2$	$\square_3$	$\square_4$	$\square_5$
3...	$\square_1$	$\square_2$	$\square_3$	$\square_4$	$\square_5$
4...	$\square_1$	$\square_2$	$\square_3$	$\square_4$	$\square_5$
5...	$\square_1$	$\square_2$	$\square_3$	$\square_4$	$\square_5$
6...	$\square_1$	$\square_2$	$\square_3$	$\square_4$	$\square_5$
7...	$\square_1$	$\square_2$	$\square_3$	$\square_4$	$\square_5$
8...	$\square_1$	$\square_2$	$\square_3$	$\square_4$	$\square_5$
9...	$\square_1$	$\square_2$	$\square_3$	$\square_4$	$\square_5$

◪ **Abb. 7.1** *(Fortsetzung)*

Arbeitsmaterialien für das Analysetool IKoNe

Befragung der Geschäftsführung	Seite 5

1.2. Strategie/Netzwerk

Bitte schätzen Sie ein, in welchem Maße die nachfolgend aufgeführten Aussagen auf Ihr Unternehmen zutreffen.	Trifft nicht zu	Trifft wenig zu	Trifft mittel- mäßig zu	Trifft häufig zu	Trifft voll zu
Str1 Die in den letzten Jahren realisierten Innovationen waren das Ergebnis expliziter unternehmensstrategischer Überlegungen.	$\square_1$	$\square_2$	$\square_3$	$\square_4$	$\square_5$
Str2 Unternehmensrelevante Veränderungen (z. B. technische Trends) werden systematisch beobachtet (z. B. durch regelmäßigen Besuch von Fachmessen, Mitarbeit in Arbeitskreisen).	$\square_1$	$\square_2$	$\square_3$	$\square_4$	$\square_5$
Str3 Die Wichtigkeit von Innovationen, also die Generierung neuer Produkte, Dienstleistungen und Prozesse, wird von allen Mitarbeitern verstanden.	$\square_1$	$\square_2$	$\square_3$	$\square_4$	$\square_5$
Str4 Bei der Entwicklung und Umsetzung neuer Ideen hat das Unternehmen Kooperationserfahrungen mit anderen Betrieben.	$\square_1$	$\square_2$	$\square_3$	$\square_4$	$\square_5$
Str5 Bei der Entwicklung und Umsetzung neuer Ideen hat das Unternehmen Erfahrungen aus der Zusammenarbeit mit anderen Institutionen (Verbände, Kammern, Wirtschaftsförderung, …).	$\square_1$	$\square_2$	$\square_3$	$\square_4$	$\square_5$
Str6 Bei der Entwicklung und Umsetzung neuer Ideen profitiert das Unternehmen vom Erfahrungsaustausch und Informationsgewinn durch die Beteiligung an Netzwerken.	$\square_1$	$\square_2$	$\square_3$	$\square_4$	$\square_5$
Pr6 Das Controlling von Ressourcen und Zeit erfolgt systematisch.	$\square_1$	$\square_2$	$\square_3$	$\square_4$	$\square_5$

Summe ____   Mittelwert (Summe /7)____

◻ Abb. 7.1 (Fortsetzung)

Arbeitsmaterialien für das Analysetool IKoNe	
Befragung der Geschäftsführung	**Seite 6**

2. Kommunikation

		Trifft nicht zu	Trifft wenig zu	Trifft mittel- mäßig zu	Trifft häufig zu	Trifft voll zu
	In unserem Betrieb gibt es verschiedene Informations- und Kommunikationsmöglichkeiten für die Beschäftigten					
Kom1	(z. B. schwarzes Brett für Aushänge, Gemeinschafts-/Aufenthaltsraum, eigene Fächer, in denen Informationen für die Beschäftigten des Betriebes hinterlegt werden können, etc.).	$\square_1$	$\square_2$	$\square_3$	$\square_4$	$\square_5$
Kom10	Alle Beschäftigten werden über umgesetzte Verbesserungsvorschläge (z. B. Optimierung der Arbeitsabläufe, Erweiterung des Kundenservices) informiert.	$\square_1$	$\square_2$	$\square_3$	$\square_4$	$\square_5$
Kom6	Es finden Besprechungen auf der Chef- bzw. Leitungsebene statt (Inhaber, Meister, Vorarbeiter).	$\square_1$	$\square_2$	$\square_3$	$\square_4$	$\square_5$
Kom8	Es finden Besprechungen mit der ganzen Belegschaft statt.	$\square_1$	$\square_2$	$\square_3$	$\square_4$	$\square_5$
Kom9	Es werden individuelle Mitarbeitergespräche zu Leistung und Verhalten der Beschäftigten geführt.	$\square_1$	$\square_2$	$\square_3$	$\square_4$	$\square_5$
Kom11	Zu bestimmten Anlässen werden Feste oder Feiern organisiert (z. B. Weihnachten, Geburtstag, Verabschiedung).	$\square_1$	$\square_2$	$\square_3$	$\square_4$	$\square_5$
Kom16	Mahlzeiten (Frühstück, Mittagessen, Abendessen) werden gemeinsam eingenommen.	$\square_1$	$\square_2$	$\square_3$	$\square_4$	$\square_5$
	Summe ____		Mittelwert (Summe / 7)____			

◘ **Abb. 7.1** *(Fortsetzung)*

3. Führungsstil

	Führungsstil	Trifft nicht zu	Trifft wenig zu	Trifft mittel-mäßig zu	Trifft häufig zu	Trifft voll zu
IS	Ich bringe meine Mitarbeiter dazu, Probleme aus verschiedenen Blickwinkeln zu betrachten.	$\square_1$	$\square_2$	$\square_3$	$\square_4$	$\square_5$
IS	Ich mache Vorschläge, wie Aufgaben besser bearbeitet werden können.	$\square_1$	$\square_2$	$\square_3$	$\square_4$	$\square_5$
IC	Ich schätze jeden Mitarbeiter als Person.	$\square_1$	$\square_2$	$\square_3$	$\square_4$	$\square_5$
IC	Ich erkenne die Fähigkeiten meiner Mitarbeiter.	$\square_1$	$\square_2$	$\square_3$	$\square_4$	$\square_5$
IC	Ich fördere die persönlichen Stärken meiner Mitarbeiter.	$\square_1$	$\square_2$	$\square_3$	$\square_4$	$\square_5$
IF1_1	Ich ermutige meine Mitarbeiter, neue Ideen einzubringen.	$\square_1$	$\square_2$	$\square_3$	$\square_4$	$\square_5$
IF1_2	Ich zeige Anerkennung für die neuen Ideen meiner Mitarbeiter.	$\square_1$	$\square_2$	$\square_3$	$\square_4$	$\square_5$
IF1_3	Ich gebe meinen Mitarbeitern den nötigen Freiraum neue Ideen zu entwickeln.	$\square_1$	$\square_2$	$\square_3$	$\square_4$	$\square_5$
IF2_5	Ich unterstütze meine Mitarbeiter dabei, andere für ihre neuen Ideen zu gewinnen.	$\square_1$	$\square_2$	$\square_3$	$\square_4$	$\square_5$
IF2_7	Ich berate meine Mitarbeiter, wie sie eine neue Idee in der Firma durchsetzen können.	$\square_1$	$\square_2$	$\square_3$	$\square_4$	$\square_5$
IF2_8	Ich gebe meinen Mitarbeitern hilfreiche Rückmeldung zu ihren neuen Ideen.	$\square_1$	$\square_2$	$\square_3$	$\square_4$	$\square_5$
IF3_9	Ich unterstütze meine Mitarbeiter bei der Umsetzung einer neuen Idee.	$\square_1$	$\square_2$	$\square_3$	$\square_4$	$\square_5$
IF3_10	Ich ermutige meine Mitarbeiter, ihre Ideen weiter zu verfolgen und umzusetzen.	$\square_1$	$\square_2$	$\square_3$	$\square_4$	$\square_5$
IF3_11	Ich versuche gute Bedingungen für die Umsetzung von neuen Ideen zu schaffen, wie Zeitspielräume, finanzielle Ressourcen.	$\square_1$	$\square_2$	$\square_3$	$\square_4$	$\square_5$

◻ **Abb. 7.1** (*Fortsetzung*)

Befragung der Geschäftsführung	Seite 8

4. Gesundheitsförderliche Mitarbeiterführung

Im Folgenden geht es um **Ihren Führungsstil**. Bitte kreuzen Sie an, in welchem Maße diese Aussagen auf Sie zutreffen.

	Gesundheitsförderliche Mitarbeiterführung	Trifft nicht zu	Trifft wenig zu	Trifft mittel-mäßig zu	Trifft häufig zu	Trifft voll zu
Hol_ob6	Wenn meine Mitarbeiter längere Zeit Stress hatten, sorge ich dafür, dass es im Team auch mal wieder ruhiger zugeht.	$\square_1$	$\square_2$	$\square_3$	$\square_4$	$\square_5$
Hol_ob10	Auch unter hohem Zeitdruck halte ich meine Mitarbeiter dazu an, die Sicherheitsvorschriften konsequent einzuhalten.	$\square_1$	$\square_2$	$\square_3$	$\square_4$	$\square_5$
Hol_ob11	Wenn meine Mitarbeiter gestresst wirken, spreche ich sie darauf an und versuche, Lösungen aufzuzeigen.	$\square_1$	$\square_2$	$\square_3$	$\square_4$	$\square_5$
Hol_ob16	Ich sorge durch Verbesserungen im Bereich **Arbeitsorganisation** dafür, dass die Belastungen meiner Mitarbeiter reduziert werden (z. B. Prioritäten setzen, für ungestörtes Arbeiten sorgen, Tagesplanung).	$\square_1$	$\square_2$	$\square_3$	$\square_4$	$\square_5$
Hol_ob17	Ich sorge durch Verbesserungen im Bereich **Arbeitsbedingungen** dafür, dass die Belastungen meiner Mitarbeiter reduziert werden (z. B. einseitige Körperhaltungen vermeiden, für genügend Platz sorgen, Zugluft meiden)	$\square_1$	$\square_2$	$\square_3$	$\square_4$	$\square_5$
Hol_ob18	Ich sorge durch Verbesserungen im Bereich **Arbeitszeit** dafür, dass die Belastungen meiner Mitarbeiter reduziert werden (z. B. Pausen einhalten, Überstunden vermeiden, Urlaub nicht verfallen lassen).	$\square_1$	$\square_2$	$\square_3$	$\square_4$	$\square_5$
Hol_ob19	Ich sorge durch die Förderung eines positiven Umgangs untereinander dafür, dass die Belastungen meiner Mitarbeiter reduziert werden.	$\square_1$	$\square_2$	$\square_3$	$\square_4$	$\square_5$

◘ **Abb. 7.1** *(Fortsetzung)*

Arbeitsmaterialien für das Analysetool IKoNe	
Befragung der Geschäftsführung	**Seite 9**

5. Gesundheitsförderliche Selbstführung

Gesundheitsförderliche Selbstführung	Trifft nicht zu	Trifft wenig zu	Trifft mittel-mäßig zu	Trifft über-wie-gend zu	Trifft voll zu
Hol_sb 8 — Auch unter hohem Zeitdruck halte ich die Sicherheitsvorschriften konsequent ein.	☐₁	☐₂	☐₃	☐₄	☐₅
Hol_sb 11 — Ich versuche, meine Belastungen zu reduzieren, indem ich die eigene **Arbeitsweise** optimiere (z. B. Prioritäten setzen, für ungestörtes Arbeiten sorgen, Tagesplanung).	☐₁	☐₂	☐₃	☐₄	☐₅
Hol_sb 12 — Ich versuche, meine Belastungen zu reduzieren, indem ich meine **Arbeitsbedingungen** optimiere (z. B. einseitige Körperhaltungen vermeiden, für genügend Platz sorgen, Zugluft meiden).	☐₁	☐₂	☐₃	☐₄	☐₅
Hol_sb 13 — Ich versuche, meine Belastungen zu reduzieren, indem ich für ein ausgewogenes **Verhältnis zwischen Arbeit und Privatleben** sorge (z. B. Pausen einhalten, Überstunden vermeiden, nicht am Wochenende arbeiten, Urlaub nicht verfallen lassen).	☐₁	☐₂	☐₃	☐₄	☐₅
Hol_sb 9 — Auch wenn es sehr viel zu tun gibt, mache ich ausreichend Pause.	☐₁	☐₂	☐₃	☐₄	☐₅
Hol_sb 1 — Ich achte auf eine gesunde Lebensweise (z. B. gesunde Ernährung, nicht rauchen, Sport).	☐₁	☐₂	☐₃	☐₄	☐₅
Hol_sb 2 — In meiner Freizeit tue ich viel für meine Gesundheit.	☐₁	☐₂	☐₃	☐₄	☐₅

Im vorliegenden Fragebogen wurden nachfolgend aufgeführte Quellen verwendet:
[1] Bendig A, Cirkel M, Dahlbeck E, Kolzarek B (Hrsg) (2011) Innovationsfähigkeit von kleinen und mittleren Unternehmen in einer alternden Gesellschaft stärken. VVSWF, Vechta
[2] Kespohl HD, Erett A, UNITY AG (2008) Bewertung und Steigerung der Innovationsfähigkeit von Unternehmen. http:// www.competence-site.de/strategie/Bewertung-und-Steigerung-der-Innovationsfaehigkeit-von-Unternehmen. Zugegriffen: 28. Februar 2014
[3] Kirner E, Slama A, Som O, Spitzley A (2009) Überholspur Innovation, Messung, Bewertung, Sicherung der Innovationsfähigkeit durch www.innoscore.de, Fraunhofer Institut für Arbeitswirtschaft und Organisation IAO. http://www. rpd.iao. fhg.de/fhg/Images/InnoKMU_Abschlussbroschuere_tcm264-97212.pdf,. Zugegriffen: 28. Februar 2014
[4] Ducki A (2000) Diagnose gesundheitsförderliche Arbeit. Eine Gesamtstrategie zur betrieblichen Gesundheitsanalyse. vdf Hochschulverlag, Zürich
[5] Franke F, Felfe J (2011) Diagnose gesundheitsförderlicher Führung – Das Instrument Health-oriented leadership. In: Badura B, Ducki A, Schröder H, Klose J, Meyer M (Hrsg) Fehlzeiten-Report 2011. Führung und Gesundheit. Springer, Berlin Heidelberg New York, S 3–13
[6] Felfe J. (2006) Validierung einer deutschen Version des „Multifactor Leadership Questionnaire" (MLQ Form 5x short) von Bass und Avolio (1995). Zeitschrift für Arbeits- und Organisationspsychologie, 50, 61-78.
[7] Stremming S. (2009) Innovationsförderliche Unternehmenskultur in KMU – Der Ausschnitt der Informationskultur am Beispiel des Handwerks. Dissertationsschrift. Universität Hamburg
[8] Vincent-Höper S, Malan J H (in prep.). Innovation-oriented leadership behavior: Development and validation of a new measure.

■ Abb. 7.1 (*Fortsetzung*)

Arbeitsmaterialien für das Analysetool IKoNe

Befragung der Geschäftsführung	Seite 10

Übersicht über erste Handlungsbedarfe und Lösungsmöglichkeiten

Damit im Laufe der Arbeit im Rahmen dieses Projektes und auch darüber hinaus keine gute Idee verloren geht, haben Sie nachfolgend die Möglichkeit, erste Verbesserungsbedarfe und eventuelle Lösungsvorschläge zu notieren.

Themenbereich	Verbesserungsbedarf	Lösungsideen
Markt/Strategie/ Netzwerke		
Kommunikation		
Führung		
Weiteres:		

Wir bedanken uns für Ihre Mitarbeit!

◻ **Abb. 7.1** (*Fortsetzung*)

◨ **Abb. 7.2** Fragebogen „Beschäftigtenbefragung" (Foto © Karin & Uwe Annas – Fotolia.com)

Arbeitsmaterialien für das Analysetool IKoNe

Beschäftigtenbefragung	Seite 2

Sehr geehrte Mitarbeiterinnen und Mitarbeiter,

wir freuen uns, dass sich Ihr Betrieb für eine Teilnahme am InnoGeKo Verfahren entschieden hat. InnoGeKo steht für Innovation – Gesundheit – Kompetenz in kleinen und mittleren Betrieben.

Ziel von InnoGeKo ist es, Betriebsabläufe gesundheitsförderlich zu gestalten und die Innovationsfähigkeit zu stärken, um z. B. besser mit den Auswirkungen des demografischen Wandels umgehen zu können (z. B. alternde Belegschaften, veränderte Kundenansprüche, Fachkräftemangel).

Mit dieser Befragung möchten wir Ihre Sicht auf die Arbeitsbedingungen und die Gesundheit kennenlernen, um diese bei der betriebsspezifischen Ausgestaltung des Leistungsangebots berücksichtigen zu können.

Die Beantwortung des Fragebogens wird ca. 30 Minuten in Anspruch nehmen.

Wir sichern Ihnen völlige Anonymität zu!

Ein Rückschluss von den erhobenen Daten auf Ihre Person ist nicht möglich. Die ausgefüllten Fragebögen werden nicht an die Geschäftsführung oder andere Personen in Ihrem Unternehmen weitergeleitet. Um Veränderungen zu erfassen, befragen wie Sie einmal zu Beginn des Projekts und einmal am Ende des Projekts. Damit Ihr Name nirgends erscheint, brauchen wir von Ihnen einen persönlichen Code!

So wird er erstellt:

a) **Wie viele Geschwister haben Sie?**
   Wenn Sie keine Geschwister haben, tragen Sie in das Kästchen <u>a</u> eine „**0**" ein. Halbgeschwister sind auch Geschwister.

b) **Wie lautet der erste Buchstabe des Vornamens Ihrer Mutter?**
   Wenn z. B. der Vorname Ihrer Mutter Ute ist, tragen Sie in das Kästchen <u>b</u> ein „**U**" ein.

c) **Wie lautet der zweite Buchstabe des Vornamens Ihrer Mutter?**
   Wenn z. B. der Vorname Ihrer Mutter Ute ist, tragen Sie in das Kästchen <u>c</u> ein „**T**" ein.

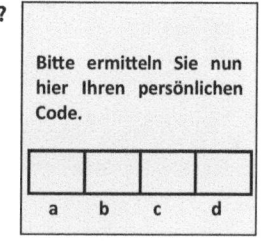

Bitte ermitteln Sie nun hier Ihren persönlichen Code.

a	b	c	d

d) **Welches ist die letzte Ziffer Ihres Geburtsjahres?**
   Wenn z. B. Sie 1977 geboren sind, tragen Sie in das Kästchen <u>d</u> eine „**7**" ein.

Nach unserem Beispiel lautet der Code:

0	U	T	7

☐ **Abb. 7.2** *(Fortsetzung)*

Arbeitsmaterialien für das Analysetool IKoNe	
Beschäftigtenbefragung	**Seite 3**

Hinweise zum Ausfüllen des Fragebogens

Beim Ausfüllen dieses Fragebogens beachten Sie bitte die folgenden Punkte:

1. Es gibt keine richtigen oder falschen Angaben. Kreuzen Sie bitte die Antwortvorgaben an, die am ehesten Ihrer Situation/Meinung etc. entsprechen.
2. Bitte beantworten Sie die Fragen zügig. Gehen Sie dabei der Reihe nach vor, versuchen Sie aber möglichst, keine Fragen auszulassen.
3. Wenn es mehrere Antwortmöglichkeiten gibt, kreuzen Sie bitte im Kästchen diejenige Antwort an, die Ihnen am ehesten entspricht.

Beispiel:

Lfd. Nr.		Trifft nicht zu	Trifft wenig zu	Trifft mittel- mäßig zu	Trifft häufig zu	Trifft voll zu
1	Es gibt Tage, da bin ich stolz über das, was ich bei der Arbeit geschafft habe.	☐₁	☐₂	☐₃	X₄	☐₅

Wir danken Ihnen für Ihre Bereitschaft, den Fragebogen auszufüllen.

◼ **Abb. 7.2** (*Fortsetzung*)

Arbeitsmaterialien für das Analysetool IKoNe

Beschäftigtenbefragung	Seite 4

1. Angaben zu Ihrer Person

Dem1   In welchem Unternehmen sind Sie tätig?

....

Dem2   Welche Tätigkeit üben Sie im Unternehmen aus?

....

Dem3   Wie alt sind Sie?

....

Dem4   Sie sind: weiblich   ☐₁
                          männlich   ☐₂

2. Angaben zur betrieblichen Situation

2.1. Umgang mit Informationen im Betrieb

Mit den folgenden Fragen werden Sie gebeten, den **Umgang mit Informationen und Neuigkeiten** in Ihrem Betrieb einzuschätzen. Bitte kreuzen Sie an, in welchem Maße die aufgelisteten Aussagen auf Sie zutreffen.

	Informationsbereitstellung	Trifft nicht zu	Trifft wenig zu	Trifft mittelmäßig zu	Trifft häufig zu	Trifft voll zu
Inf1	Ich werde frühzeitig über Neuigkeiten informiert.	☐₁	☐₂	☐₃	☐₄	☐₅
Inf5	Ich habe jederzeit Zugriff auf alle Informationen, die ich benötige.	☐₁	☐₂	☐₃	☐₄	☐₅
Inf4	Ich erfahre Neuigkeiten von offizieller Seite, bevor Gerüchte darüber kursieren.	☐₁	☐₂	☐₃	☐₄	☐₅

	Rückmeldung	Trifft nicht zu	Trifft wenig zu	Trifft mittelmäßig zu	Trifft häufig zu	Trifft voll zu
Rm1	Ich erhalte ausreichend Rückmeldung/Feedback über meine Arbeit.	☐₁	☐₂	☐₃	☐₄	☐₅
Rm2	Rückmeldungen zu meiner Arbeit sind so, dass ich daraus lernen kann.	☐₁	☐₂	☐₃	☐₄	☐₅
Rm3	Am Ende eines Auftrags werten wir gemeinsam aus, was gut gelaufen ist und was man zukünftig besser machen kann.	☐₁	☐₂	☐₃	☐₄	☐₅

Abb. 7.2 *(Fortsetzung)*

2.2. Einschätzung Ihres Chefs

Im Folgenden geht es um den **Führungsstil Ihrer Chefs bzw. ihrer Chefin**. Bitte kreuzen Sie an, in welchem Maße diese Aussagen auf ihn oder sie zutreffen.

	Mein direkter **Chef oder meine Chefin**.........................	Trifft nicht zu	Trifft wenig zu	Trifft mittel- mäßig zu	Trifft häufig zu	Trifft voll zu
IS	... bringt uns dazu, Probleme aus verschiedenen Blickwinkeln zu betrachten.	$\Box_1$	$\Box_2$	$\Box_3$	$\Box_4$	$\Box_5$
IS	... macht Vorschläge, wie Aufgaben besser bearbeitet werden können.	$\Box_1$	$\Box_2$	$\Box_3$	$\Box_4$	$\Box_5$
IC	... schätzt mich als Person.	$\Box_1$	$\Box_2$	$\Box_3$	$\Box_4$	$\Box_5$
IC	... erkennt meine Fähigkeiten.	$\Box_1$	$\Box_2$	$\Box_3$	$\Box_4$	$\Box_5$
IC	... fördert meine persönlichen Stärken.	$\Box_1$	$\Box_2$	$\Box_3$	$\Box_4$	$\Box_5$
IF1_1	... ermutigt mich, neue Ideen einzubringen.	$\Box_1$	$\Box_2$	$\Box_3$	$\Box_4$	$\Box_5$
IF1_2	... zeigt Anerkennung für meine neuen Ideen.	$\Box_1$	$\Box_2$	$\Box_3$	$\Box_4$	$\Box_5$
IF1_3	... gibt mir den nötigen Freiraum, neue Ideen zu ent- wickeln.	$\Box_1$	$\Box_2$	$\Box_3$	$\Box_4$	$\Box_5$
IF2_5	... unterstützt mich dabei, andere für meine neuen Ideen zu gewinnen.	$\Box_1$	$\Box_2$	$\Box_3$	$\Box_4$	$\Box_5$
IF2_7	... berät mich, wie ich eine neue Idee in der Firma durchsetzen kann.	$\Box_1$	$\Box_2$	$\Box_3$	$\Box_4$	$\Box_5$
IF2_8	... gibt mir hilfreiche Rückmeldung zu meinen neuen Ideen.	$\Box_1$	$\Box_2$	$\Box_3$	$\Box_4$	$\Box_5$
IF3_9	... unterstützt mich bei der Umsetzung einer neuen Idee.	$\Box_1$	$\Box_2$	$\Box_3$	$\Box_4$	$\Box_5$
IF3_10	... ermutigt mich, meine neuen Ideen weiter zu ver- folgen und umzusetzen.	$\Box_1$	$\Box_2$	$\Box_3$	$\Box_4$	$\Box_5$
IF3_11	... versucht, gute Bedingungen für die Umsetzung von neuen Ideen zu schaffen, wie Zeitspielräume, fi- nanzielle Ressourcen.	$\Box_1$	$\Box_2$	$\Box_3$	$\Box_4$	$\Box_5$

Die folgenden Aussagen beziehen sich auf den **Umgang Ihres Chefs oder Ihrer Chefin mit Merkmalen der Arbeit, die für Ihre Gesundheit relevant sein könnten**. Bitte bewerten Sie, inwieweit die folgenden Aussagen für ihn oder sie zutreffen.

◘ **Abb. 7.2** (*Fortsetzung*)

Arbeitsmaterialien für das Analysetool IKoNe

Beschäftigtenbefragung   **Seite 6**

Mein direkter **Chef oder meine Chefin …**	Trifft nicht zu	Trifft wenig zu	Trifft mittel- mäßig zu	Trifft häufig zu	Trifft voll zu
Hol_ mb6 … sorgt dafür, wenn wir längere Zeit Stress hatten, dass es im Team auch mal wieder etwas ruhiger zugeht.	$\square_1$	$\square_2$	$\square_3$	$\square_4$	$\square_5$
Hol_ mb10 …hält mich auch unter hohem Zeitdruck dazu an, die Sicherheitsvorschriften konsequent einzuhalten.	$\square_1$	$\square_2$	$\square_3$	$\square_4$	$\square_5$
Hol_ mb11 … spricht mich, wenn ich gestresst wirke, darauf an und versucht, Lösungen aufzuzeigen.	$\square_1$	$\square_2$	$\square_3$	$\square_4$	$\square_5$
Hol_ mb16 … sorgt durch Verbesserungen im Bereich **Arbeitsorganisation** dafür, dass meine Belastungen reduziert werden (z. B. Prioritäten setzen, für ungestörtes Arbeiten sorgen, Tagesplanung).	$\square_1$	$\square_2$	$\square_3$	$\square_4$	$\square_5$
Hol_ mb17 … sorgt durch Verbesserungen im Bereich **Arbeitsbedingungen** dafür, dass meine Belastungen reduziert werden (z. B. einseitige Körperhaltungen vermeiden, für genügend Platz sorgen, Zugluft meiden).	$\square_1$	$\square_2$	$\square_3$	$\square_4$	$\square_5$
Hol_ mb18 … sorgt durch Verbesserungen im Bereich **Arbeitszeit** dafür, dass meine Belastungen reduziert werden (z. B. Pausen einhalten, Überstunden vermeiden, Urlaub nicht verfallen lassen).	$\square_1$	$\square_2$	$\square_3$	$\square_4$	$\square_5$
Hol_ mb19 … sorgt durch die Förderung eines positiven Umgangs untereinander dafür, dass meine Belastungen reduziert werden.	$\square_1$	$\square_2$	$\square_3$	$\square_4$	$\square_5$

2.3. Umgang mit Veränderungen

Die folgenden Fragen beziehen sich auf das letzte Jahr Ihrer beruflichen Tätigkeit. Bitte geben Sie an, wie häufig Sie mit unterschiedlichsten **Veränderungen in Ihrer Arbeit** umgegangen sind.

Wie häufig haben Sie in den letzten 12 Monaten …	kein Mal	ein Mal	zwei Mal	drei Mal	> drei Mal
RV1 … bei Ihrer Arbeit neuartige Instrumente oder Werkzeuge benutzt, die Sie vorher nicht benutzt haben (z. B. neues PC Programm, neue Maschine, neues Herstellungsverfahren, neues Produkt)?	$\square_1$	$\square_2$	$\square_3$	$\square_4$	$\square_5$
RV2 … bei Ihrer Arbeit neue Aufgaben übernommen, die vorher nicht Teil Ihrer Arbeit waren?	$\square_1$	$\square_2$	$\square_3$	$\square_4$	$\square_5$
RV4 … die Reihenfolge oder die Art und Weise, wie Sie bestimmte Aufgaben erledigen, geändert?	$\square_1$	$\square_2$	$\square_3$	$\square_4$	$\square_5$
RV5 … sich neue Wege ausgedacht, wie Sie Ihre Arbeit besser erledigen können?	$\square_1$	$\square_2$	$\square_3$	$\square_4$	$\square_5$

◘ **Abb. 7.2** *(Fortsetzung)*

Arbeitsmaterialien für das Analysetool IKoNe

Beschäftigtenbefragung	Seite 7

3. Angaben zu Ihrem Umgang mit Gesundheit

Die nächsten Aussagen beziehen sich auf **Ihren Umgang mit Ihrer Gesundheit**. Bitte bewerten Sie, inwieweit diese Aussagen für Sie zutreffen.

		Trifft nicht zu	Trifft wenig zu	Trifft mittel- mäßig zu	Trifft häufig zu	Trifft voll zu
Hol_sb8	Auch unter hohem Zeitdruck halte ich Sicherheitsvorschriften konsequent ein.	☐₁	☐₂	☐₃	☐₄	☐₅
Hol_sb11	Ich versuche, meine Belastungen zu reduzieren, indem ich die eigene **Arbeitsweise** optimiere (z. B. Prioritäten setzen, für ungestörtes Arbeiten sorgen, Tagesplanung).	☐₁	☐₂	☐₃	☐₄	☐₅
Hol_sb12	Ich versuche, meine Belastungen zu reduzieren, indem ich meine **Arbeitsbedingungen** optimiere (z. B. einseitige Körperhaltungen vermeiden, für genügend Platz sorgen, Zugluft meiden).	☐₁	☐₂	☐₃	☐₄	☐₅

		Trifft nicht zu	Trifft wenig zu	Trifft mittel- mäßig zu	Trifft häufig zu	Trifft voll zu
Hol_sb13	Ich versuche, meine Belastungen zu reduzieren, indem ich für ein ausgewogenes **Verhältnis zwischen Arbeit und Privatleben** sorge (z. B. Pausen einhalten, Überstunden vermeiden, nicht am Wochenende arbeiten, Urlaub nicht verfallen lassen).	☐₁	☐₂	☐₃	☐₄	☐₅
Hol_sb9	Auch wenn es sehr viel zu tun gibt, mache ich ausreichend Pause.	☐₁	☐₂	☐₃	☐₄	☐₅
Hol_sb1	Ich achte auf eine gesunde Lebensweise (z. B. gesunde Ernährung, nicht rauchen, Sport).	☐₁	☐₂	☐₃	☐₄	☐₅
Hol_sb2	In meiner Freizeit tue ich viel für meine Gesundheit.	☐₁	☐₂	☐₃	☐₄	☐₅

◘ **Abb. 7.2** (*Fortsetzung*)

4. Angaben zu Ihrer Beziehung zur Arbeit

Bitte kreuzen Sie an, in welchem Maße die folgenden Aussagen auf Ihre Person zutreffen!

		Trifft nicht zu	Trifft wenig zu	Trifft mittel- mäßig zu	Trifft häufig zu	Trifft voll zu
Ver4	Mir gefällt eine Arbeit, die sich immer wieder verändert.	$\square_1$	$\square_2$	$\square_3$	$\square_4$	$\square_5$
Zug1	Ich würde gern noch viele Jahre in diesem Betrieb arbeiten.	$\square_1$	$\square_2$	$\square_3$	$\square_4$	$\square_5$
Zug2	Ich fühle mich stark mit dem Betrieb verbunden.	$\square_1$	$\square_2$	$\square_3$	$\square_4$	$\square_5$
Arb1	Es gibt Tage, da freue ich mich über meine Arbeit.	$\square_1$	$\square_2$	$\square_3$	$\square_4$	$\square_5$
Arb2	Es gibt Tage, da bin ich stolz über das, was ich bei der Arbeit geschafft habe.	$\square_1$	$\square_2$	$\square_3$	$\square_4$	$\square_5$
Arb3	Meine Arbeit macht mir Spaß.	$\square_1$	$\square_2$	$\square_3$	$\square_4$	$\square_5$
Arb4	Ich habe das Gefühl, in meiner Arbeit etwas Sinnvolles zu tun.	$\square_1$	$\square_2$	$\square_3$	$\square_4$	$\square_5$

5. Angaben zu Ihrer Gesundheit

Die nachfolgenden Fragen beziehen sich auf die **Einschätzung Ihrer Gesundheit**. Mit „Arbeits-fähigkeit" meinen wir, inwieweit Sie Ihre Arbeit angesichts der Anforderungen bewältigen können. Bitte bewerten Sie, inwieweit diese Aussagen für Sie zutreffen.

abi1	Wenn Sie Ihre beste, je erreichte Arbeitsfähigkeit mit 10 Punkten bewerten: Wie viele Punkte würden Sie dann für Ihre derzeitige Arbeitsfähigkeit geben (0 bedeutet, dass Sie derzeit arbeitsun-fähig sind)?

$\square_0$ $\square_1$ $\square_2$ $\square_3$ $\square_4$ $\square_5$ $\square_6$ $\square_7$ $\square_8$ $\square_9$ $\square_{10}$

		Sehr schlecht	Eher schlecht	Mit-tel	Eher gut	Sehr gut
abi2	Wie schätzen Sie Ihre derzeitige Arbeitsfähigkeit in Bezug auf die *körperlichen* **Arbeitsanforderungen** ein?	$\square_1$	$\square_2$	$\square_3$	$\square_4$	$\square_5$
abi3	Wie schätzen Sie Ihre derzeitige Arbeitsfähigkeit in Bezug auf *die psychischen* **Arbeitsanforderungen** ein?	$\square_1$	$\square_2$	$\square_3$	$\square_4$	$\square_5$

◨ **Abb. 7.2** *(Fortsetzung)*

Arbeitsmaterialien für das Analysetool IKoNe	
Beschäftigtenbefragung	**Seite 9**

	Erholungsfähigkeit	Trifft nicht zu	Trifft wenig zu	Trifft mittel- mäßig zu	Trifft häufig zu	Trifft voll zu
Erh1	Nach der Arbeit fällt es mir schwer, abzuschalten.	$\Box_1$	$\Box_2$	$\Box_3$	$\Box_4$	$\Box_5$
Erh2	Auch am Wochenende muss ich an berufliche Probleme denken.	$\Box_1$	$\Box_2$	$\Box_3$	$\Box_4$	$\Box_5$
Erh3	Auch im Urlaub muss ich an berufliche Probleme denken.	$\Box_1$	$\Box_2$	$\Box_3$	$\Box_4$	$\Box_5$
Erh4	Ich fühle mich häufig überfordert.	$\Box_1$	$\Box_2$	$\Box_3$	$\Box_4$	$\Box_5$
Erh5	Ich bin schnell verärgert.	$\Box_1$	$\Box_2$	$\Box_3$	$\Box_4$	$\Box_5$
Erh6	Ich reagiere gereizt, obwohl ich es gar nicht will.	$\Box_1$	$\Box_2$	$\Box_3$	$\Box_4$	$\Box_5$
Erh7	Ich fühle mich oft leer.	$\Box_1$	$\Box_2$	$\Box_3$	$\Box_4$	$\Box_5$
Erh8	Ich fühle mich schon morgens nach dem Aufstehen energielos.	$\Box_1$	$\Box_2$	$\Box_3$	$\Box_4$	$\Box_5$

	Wie oft hatten Sie im letzten Jahr folgende Beschwerden?	Nie	Alle paar Monate	Alle paar Wochen	Alle paar Tage	Mehr- mals täglich
Som1	Kopfschmerzen	$\Box_1$	$\Box_2$	$\Box_3$	$\Box_4$	$\Box_5$
Som2	Verspannungen oder Rückenschmerzen	$\Box_1$	$\Box_2$	$\Box_3$	$\Box_4$	$\Box_5$
Som3	Schlafstörungen	$\Box_1$	$\Box_2$	$\Box_3$	$\Box_4$	$\Box_5$
Som4	Müdigkeit oder Zerschlagenheit	$\Box_1$	$\Box_2$	$\Box_3$	$\Box_4$	$\Box_5$
Som5	Herz- und Kreislaufbeschwerden	$\Box_1$	$\Box_2$	$\Box_3$	$\Box_4$	$\Box_5$
Som6	Innere Unruhe, Nervosität	$\Box_1$	$\Box_2$	$\Box_3$	$\Box_4$	$\Box_5$

◘ **Abb. 7.2** (*Fortsetzung*)

6. Einschätzung der Kultur im Betrieb

Der letzte Fragenblock beschäftigt sich mit der **Kultur im Betrieb**. Bitte schätzen Sie die nachfolgenden Fragen für Ihren Betrieb ein.

	Fehlerkultur/Vertrauen	Trifft nicht zu	Trifft wenig zu	Trifft mittel- mäßig zu	Trifft häufig zu	Trifft voll zu
Fk1	In unserem Betrieb ist es möglich, Fehler zu machen, wenn man etwas Neues ausprobiert.	$\square_1$	$\square_2$	$\square_3$	$\square_4$	$\square_5$
Fk2	In unserem Betrieb werden Beschäftigte mit ungewöhnlichen Ideen akzeptiert und unterstützt.	$\square_1$	$\square_2$	$\square_3$	$\square_4$	$\square_5$
Fk3	Bei uns wird es als wichtig angesehen, über neue Ideen zu diskutieren.	$\square_1$	$\square_2$	$\square_3$	$\square_4$	$\square_5$
Fk4	Wenn wir über Fehler sprechen, gibt es keine Schuldzuweisung.	$\square_1$	$\square_2$	$\square_3$	$\square_4$	$\square_5$

	Lernkultur	Trifft nicht zu	Trifft wenig zu	Trifft mittel- mäßig zu	Trifft häufig zu	Trifft voll zu
Lk1	In unserem Betrieb finden regelmäßige Qualifizierungen statt.	$\square_1$	$\square_2$	$\square_3$	$\square_4$	$\square_5$
Lk2	In unserem Betrieb erfolgt ein gezielter Erfahrungsaustausch (z. B. durch altersgemischte Teams).	$\square_1$	$\square_2$	$\square_3$	$\square_4$	$\square_5$
Lk3	Wer bei uns etwas nicht weiß, kann jederzeit Fragen stellen.	$\square_1$	$\square_2$	$\square_3$	$\square_4$	$\square_5$

	Teamklima	Trifft nicht zu	Trifft wenig zu	Trifft mittel- mäßig zu	Trifft häufig zu	Trifft voll zu
Tk1	Alle Beschäftigten in unserem Betrieb sind aufgefordert, ihren Beitrag zu einem guten Betriebsklima zu leisten.	$\square_1$	$\square_2$	$\square_3$	$\square_4$	$\square_5$
Tk2	Das Verhältnis der Kolleginnen und Kollegen in unserem Betrieb ist gut.	$\square_1$	$\square_2$	$\square_3$	$\square_4$	$\square_5$

	Soziale Unterstützung	Trifft nicht zu	Trifft wenig zu	Trifft mittel- mäßig zu	Trifft häufig zu	Trifft voll zu
Su1	Unser Betrieb nimmt Rücksicht auf die persönlichen Lebensumstände seiner Beschäftigten.	$\square_1$	$\square_2$	$\square_3$	$\square_4$	$\square_5$
Su2	In unserem Betrieb wird viel Wert gelegt auf das Wohlbefinden und die Gesundheit der Beschäftigten.	$\square_1$	$\square_2$	$\square_3$	$\square_4$	$\square_5$
Su3	Unser Betrieb bietet gute soziale Leistungen für die Beschäftigten.	$\square_1$	$\square_2$	$\square_3$	$\square_4$	$\square_5$

	Gesamtarbeitszufriedenheit	Sehr unzufrieden	ziemlich unzufrieden	Teils/ teils	Ziemlich zufrieden	Sehr zufrieden
Zuf1	Alles in allem, wie zufrieden sind Sie mit Ihrer Arbeit insgesamt?	$\square_1$	$\square_2$	$\square_3$	$\square_4$	$\square_5$

◘ **Abb. 7.2** (Fortsetzung)

Arbeitsmaterialien für das Analysetool IKoNe	
Beschäftigtenbefragung	**Seite 11**

Hier haben Sie Platz, Ihre Verbesserungsideen für Ihren Betrieb aufzuschreiben:

_____

_____

_____

_____

_____

_____

_____

_____

_____

_____

Wir bedanken uns für Ihre Mitarbeit!

Im vorliegenden Fragebogen wurden nachfolgend aufgeführte Quellen verwendet:

[1] Dettmers J (2010) Rolleninnovation und organisationale Innovation. Entwicklung und Validierung des Fragebogens zur Rolleninnovation im Handwerk (FRI-H). Zeitschrift für Arbeits- und Organisationspsychologie, 3, S. 105-116

[2] Ducki A (2000) Diagnose gesundheitsförderliche Arbeit. Eine Gesamtstrategie zur betrieblichen Gesundheitsanalyse. vdf Hochschulverlag, Zürich

[3] Franke F, Felfe J (2011) Diagnose gesundheitsförderlicher Führung – Das Instrument Health-oriented leadership. In: Badura B, Ducki A, Schröder H, Klose J, Meyer M (Hrsg) Fehlzeiten-Report 2011. Führung und Gesundheit. Springer, Berlin Heidelberg New York, S 3–13

[4] Felfe J. (2006) Validierung einer deutschen Version des „Multifactor Leadership Questionnaire" (MLQ Form 5x short) von Bass und Avolio (1995). Zeitschrift für Arbeits- und Organisationspsychologie, 50, 61-78.

[5] Hasselhorn H M, Freude G (2007) Der Work Ability Index - ein Leitfaden. Schriftenreihe der Bundesanstalt für Arbeitsschutz und Arbeitsmedizin, Sonderschrift, S 87

[6] Metz, A.M. Rothe, H.J. (2016) Screening psychischer Arbeitsbelastungen. Wiesbaden: Springer

[7] Stremming S. (2009) Innovationsförderliche Unternehmenskultur in KMU – Der Ausschnitt der Informationskultur am Beispiel des Handwerks. Dissertationsschrift. Universität Hamburg

[8] Vincent-Höper S, Malan J H (in prep.). Innovation-oriented leadership behavior: Development and validation of a new measure.

◘ **Abb. 7.2** (_Fortsetzung_)

InnoGeKo

Innovation ♦ Gesundheit ♦ Kompetenz
Innovationen durch gesunde Unternehmensstrukturen

INNOGEKO

Innoscoutleitfaden – Teil 1

Firma:_____

Innoscout:_____

Zeitraum der Erhebung:_____

◻ **Abb. 7.3** Innoscoutleitfaden – Teil 1 (Foto © Karin & Uwe Annas – Fotolia.com)

Arbeitsmaterialien für das Analysetool IKoNe

Innoscoutleitfaden – Teil 1	Seite 2

Gesamtübersicht der Arbeitsbedingungen über alle bewerteten Arbeitsplätze

Welche Arbeitsplätze haben Sie in Ihrer Firma untersucht? Bitte füllen Sie die folgende Tabelle aus!

Beschreibung des Arbeitsplatzes

Arbeitsplatz 1
(AP 1)

Arbeitsplatz 2
(AP 2)

Arbeitsplatz 3
(AP 3)

Arbeitsplatz 4
(AP 4)

Arbeitsplatz 5
(AP 5)

Arbeitsplatz 6
(AP 6)

Arbeitsplatz 7
(AP 7)

◘ Abb. 7.3 (*Fortsetzung*)

Arbeitsmaterialien für das Analysetool IKoNe

| Innoscoutleitfaden – Teil 1 | Seite 3 |

Bitte tragen Sie die vergebenen Zahlen von 1 bis 5 für alle von Ihnen bewerteten Arbeitsplätze in die nachfolgende Übersicht ein!

	Arbeitsbedingungen	AP 1	AP 2	AP 3	AP 4	AP 5	AP 6	AP 7
Handlungs-spielraum	Der Beschäftigte kann sich seine Arbeit so organisieren, wie er es für richtig hält.							
	Der Beschäftigte kann die Reihenfolge der zu bearbeitenden Aufträge selbstständig festlegen.							
Voll-ständig-keit	Die Arbeitsaufgaben sind ganzheitlich; sie erfordern vom Beschäftigten sowohl vorbereitende, ausführende als auch kontrollierende Teiltätigkeiten.							
Viel-falt	Die Erfüllung der Arbeitsaufgaben erfordert viele unterschiedliche Arbeitsmethoden und -verfahren.							
Ar-beits-platz	Arbeitsplatz-, Raum- und Umgebungsbedingungen sind ergonomisch gestaltet.							
Lern-erfordernisse	In seiner Tätigkeit kann der Beschäftigte anwenden, was er im Verlaufe seines Berufslebens gelernt hat.							
	Um seine Arbeitsaufgaben erfüllen zu können, muss er häufig Neues dazulernen.							
Kooperations-erfordernisse	Aufgabengebundene Kommunikations- und Kooperationserfordernisse sind für den Beschäftigten eindeutig und überschaubar.							
	Die Erfüllung der Arbeitsaufgabe erfordert viele und abwechslungsreiche Kommunikations- und Kooperationsbeziehungen zu Vorgesetzten und Beschäftigten.							
	Bei betrieblichen Veränderungen und Entscheidungen im eigenen Bereich haben die Beschäftigten ein Mitspracherecht.							
	Im Unternehmen sind persönliche Initiative und Engagement der Beschäftigten gefragt.							
Prozesse	Zuständigkeiten und Verantwortlichkeiten sind klar geregelt							
	Die Arbeitsabläufe im Unternehmen sind gut organisiert.							
	Neue Maßnahmen und Projekte werden hinsichtlich Ressourcen und Zeit systematisch geplant.							
	Zeitdruck und Kapazitätsengpässe sind Ausnahmen im Tagesgeschäft.							

■ **Abb. 7.3** (*Fortsetzung*)

Innoscoutleitfaden – Teil 2	Seite 1

Analyse der Arbeitsbedingungen (Innoscoutleitfaden – Teil 2)

Bitte schätzen Sie die nachfolgenden Fragen für jeden unterschiedlichen Arbeitsplatz in Ihrer Firma (z. B. Sekretärin, Tischler, Meister, Geselle) auf einem separaten Arbeitsblatt ein. Übertragen Sie alle Ergebnisse bitte in die Gesamtübersicht „ Innoscoutleitfaden – Teil 1".

Firma:

Arbeitsplatz: Nr.:__ _

Analyse erstellt am:

Analyse erstellt von:

	Trifft nicht zu	Trifft wenig zu	Trifft mittel- mäßig zu	Trifft häufig zu	Trifft völlig zu	Begründung
Handlungsspielraum/Autonomie						
Der Beschäftigte kann sich seine Arbeit so organisieren, wie er es für richtig hält.	$\square_1$	$\square_2$	$\square_3$	$\square_4$	$\square_5$	
Der Beschäftigte kann die Reihenfolge der zu bearbeitenden Aufträge selbstständig festlegen.	$\square_1$	$\square_2$	$\square_3$	$\square_4$	$\square_5$	
Vollständigkeit						
Die Arbeitsaufgaben sind ganzheitlich; sie erfordern vom Beschäftigten sowohl vorbereitende, ausführende als auch kontrollierende Teiltätigkeiten.	$\square_1$	$\square_2$	$\square_3$	$\square_4$	$\square_5$	
Vielfalt						
Die Erfüllung der Arbeitsaufgaben erfordert viele unterschiedliche Arbeitsmethoden und -verfahren.	$\square_1$	$\square_2$	$\square_3$	$\square_4$	$\square_5$	
Arbeitsplatzgestaltung						
Arbeitsplatz-, Raum- und Umgebungsbedingungen sind ergonomisch gestaltet.	$\square_1$	$\square_2$	$\square_3$	$\square_4$	$\square_5$	
Lernerfordernisse						
In seiner Tätigkeit kann der Beschäftigte anwenden, was er im Verlaufe seines Berufslebens gelernt hat.	$\square_1$	$\square_2$	$\square_3$	$\square_4$	$\square_5$	
Um seine Arbeitsaufgaben erfüllen zu können, muss er häufig Neues dazulernen.	$\square_1$	$\square_2$	$\square_3$	$\square_4$	$\square_5$	

◨ **Abb. 7.4** Innoscoutleitfaden – Teil 2 (Foto © Karin & Uwe Annas – Fotolia.com)

Arbeitsmaterialien für das Analysetool IKoNe

| Innoscoutleitfaden – Teil 2 | | | | | Seite 2 |

	Trifft nicht zu	Trifft wenig zu	Trifft mittelmäßig zu	Trifft häufig zu	Trifft völlig zu	Begründung
Kooperationserfordernisse						
Aufgabengebundene Kommunikations- und Kooperationserfordernisse sind für den Beschäftigten eindeutig und überschaubar.	$\square_1$	$\square_2$	$\square_3$	$\square_4$	$\square_5$	
Die Erfüllung der Arbeitsaufgabe erfordert viele und abwechslungsreiche Kommunikations- und Kooperationsbeziehungen zu Vorgesetzten und Beschäftigten.	$\square_1$	$\square_2$	$\square_3$	$\square_4$	$\square_5$	
Prozesse						
Bei betrieblichen Veränderungen und Entscheidungen im eigenen Bereich haben die Beschäftigten ein Mitspracherecht.	$\square_1$	$\square_2$	$\square_3$	$\square_4$	$\square_5$	
Im Unternehmen sind persönliche Initiative und Engagement der Beschäftigten gefragt.	$\square_1$	$\square_2$	$\square_3$	$\square_4$	$\square_5$	
Zuständigkeiten und Verantwortlichkeiten sind klar geregelt.	$\square_1$	$\square_2$	$\square_3$	$\square_4$	$\square_5$	
Die Arbeitsabläufe im Unternehmen sind gut organisiert.	$\square_1$	$\square_2$	$\square_3$	$\square_4$	$\square_5$	
Neue Maßnahmen und Projekte werden hinsichtlich Ressourcen und Zeit systematisch geplant.	$\square_1$	$\square_2$	$\square_3$	$\square_4$	$\square_5$	
Zeitdruck und Kapazitätsengpässe sind Ausnahmen im Tagesgeschäft	$\square_1$	$\square_2$	$\square_3$	$\square_4$	$\square_5$	

Im vorliegenden Fragebogen wurden nachfolgend aufgeführte Quellen verwendet:
[1] Ducki A (2000) Diagnose gesundheitsförderliche Arbeit. Eine Gesamtstrategie zur betrieblichen Gesundheitsanalyse. vdf Hochschulverlag, Zürich
[2] Metz, A.M. Rothe, H.J. (2016) Screening psychischer Arbeitsbelastungen. Wiesbaden: Springer

◻ **Abb. 7.4** (*Fortsetzung*)

Arbeitsmaterialien für das Analysetool IKoNe

Ergebnisse der InnoGeKo-Unternehmensanalyse	Seite 1

InnoGeKo

Innovation ◆ Gesundheit ◆ Kompetenz
Innovationen durch gesunde Unternehmensstrukturen

InnoGeKo

Ergebnisse der
InnoGeKo Unternehmensanalyse

Betrieb: *-Bitte eintragen-*

◘ **Abb. 7.5** Auswertungsdokument „Ergebnisse der InnoGeKo-Unternehmensanalyse" (Foto © Karin & Uwe Annas – Fotolia.com)

Arbeitsmaterialien für das Analysetool IKoNe

Ergebnisse der InnoGeKo-Unternehmensanalyse	Seite 2

Inhalt

◘ **Abb. 7.5** *(Fortsetzung)*

Arbeitsmaterialien für das Analysetool IKoNe	
Ergebnisse der InnoGeKo-Unternehmensanalyse	**Seite 3**

Abbildungsverzeichnis

◼ **Abb. 7.5** (*Fortsetzung*)

Arbeitsmaterialien für das Analysetool IKoNe	
Ergebnisse der InnoGeKo-Unternehmensanalyse	**Seite 4**

◼ **Abb. 7.5** (*Fortsetzung*)

Ergebnisse der InnoGeKo-Unternehmensanalyse	Seite 5

Ort, Datum

Sehr geehrte(r) Frau / Herr xxx,

Sie erhalten heute die Rückmeldung zu der in Ihrem Unternehmen durchgeführten InnoGeKo Analyse. In Ihrem Unternehmen haben sich xx Beschäftigte an der Befragung beteiligt. Davon sind xx Männer und xx Frauen (xx ohne Angabe des Geschlechts). Auf Ihre Person als Führungskraft beziehen sich xx Beschäftigte (xx Männer, x Frauen, x ohne Angabe des Geschlechts). Ihr Innoscout Herr/Frau xx hat gemeinsam mit den Beschäftigten xx Arbeitsplätze identifiziert und analysiert.

1 Gesamtübersicht über alle Ergebnisse

Die erste Grafik zeigt alle im Rahmen der InnoGeKo Unternehmensanalyse erhobenen Ergebnisse im Überblick. Woraus sich der Wert der einzelnen Bereiche (Marktkompetenz, Kommunikation, Führung, Mitarbeiterpotenzial, Arbeitsbedingungen, Kultur) errechnet hat, zeigen die nachfolgenden Einzelgrafiken.

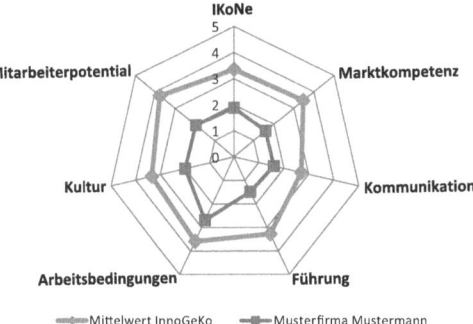

Abbildung 1: Innovationskompetenznetz – IKoNe

Die nachfolgende Grafik zeigt die Mittelwerte zu allen analysierten Bereichen. Die Daten setzten sich aus allen Analysen zusammen, die durchgeführt wurden (Geschäftsführerbefragung (GF); Mitarbeiterbefragung (MA); Arbeitsplatzanalyse (AB)). Bitte betrachten Sie die Ergebnisse entsprechend der nachfolgenden Fragen und notieren Sie ihre Gedanken auf der letzten Seite:

- – Wo sehen Sie Verbesserungsbedarf? Welche Schwächen wollen Sie verringern? Welche Stärken wollen Sie noch ausbauen? (Handlungsbedarf)
- – Welche Schritte führen zur Verbesserung? Was können Sie in Ihrem Unternehmen angehen? (Lösungsidee)

◼ **Abb. 7.5** *(Fortsetzung)*

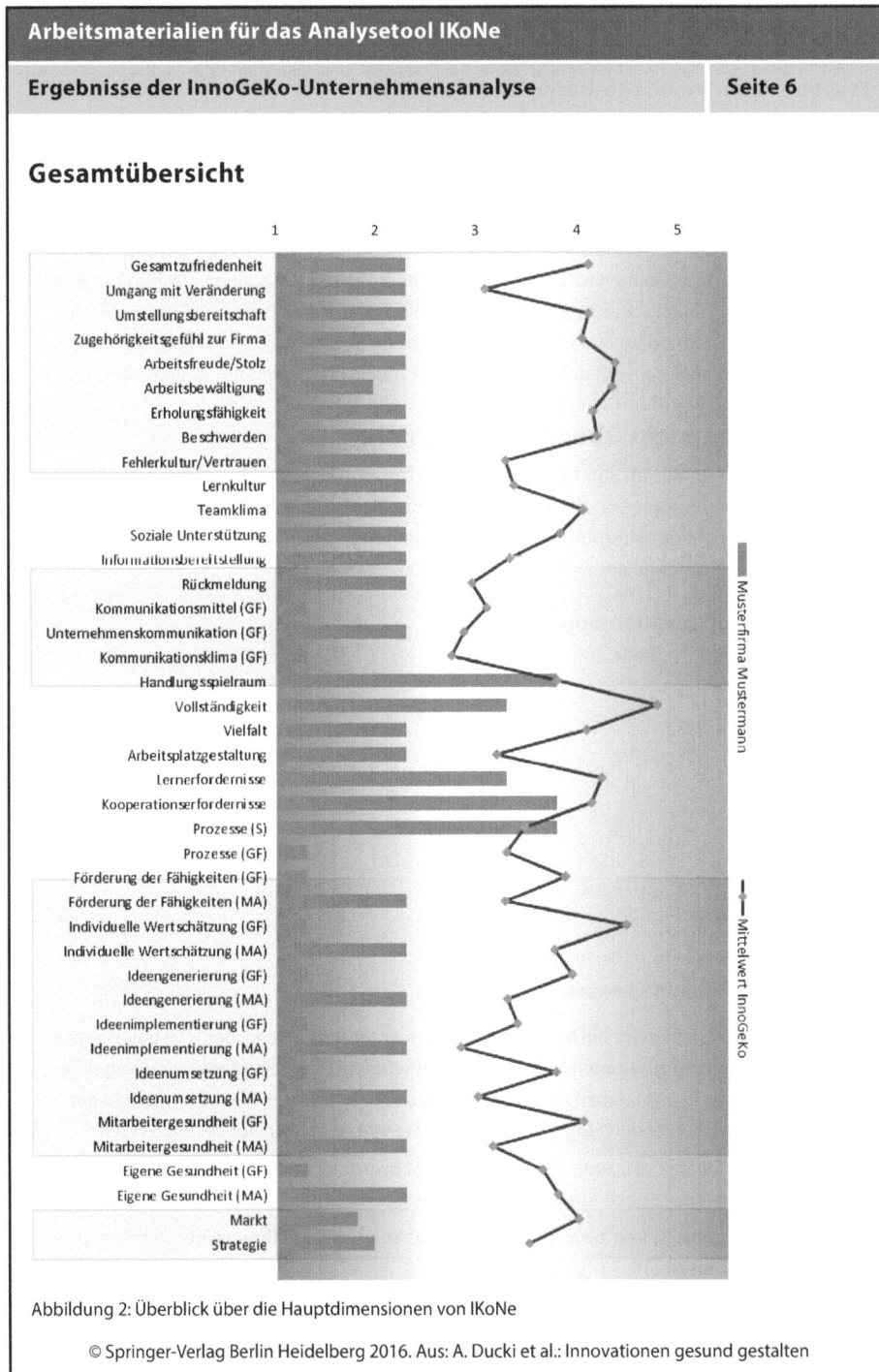

Arbeitsmaterialien für das Analysetool IKoNe

Ergebnisse der InnoGeKo-Unternehmensanalyse | **Seite 6**

Gesamtübersicht

Abbildung 2: Überblick über die Hauptdimensionen von IKoNe

◻ **Abb. 7.5** (*Fortsetzung*)

Arbeitsmaterialien für das Analysetool IKoNe	
Ergebnisse der InnoGeKo-Unternehmensanalyse	**Seite 7**

2. Betrachtung der einzelnen Dimensionen von IKoNe

2.1. Marktkompetenz

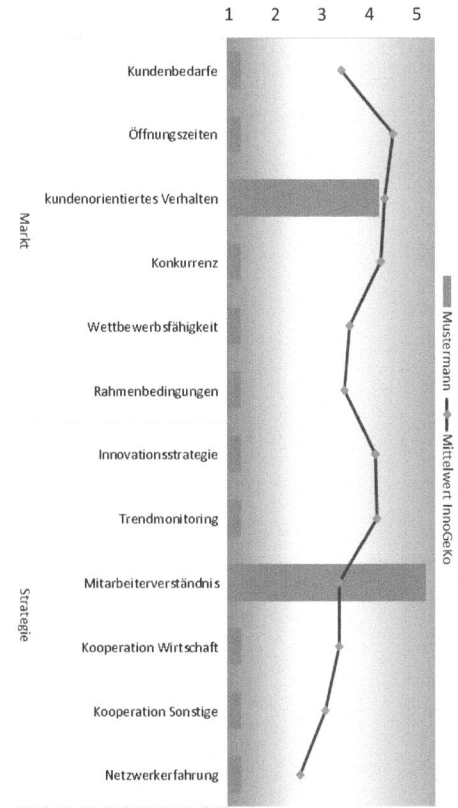

Abbildung 3: Dimension Marktkompetenz

◻ **Abb. 7.5** *(Fortsetzung)*

2.2. Kommunikation

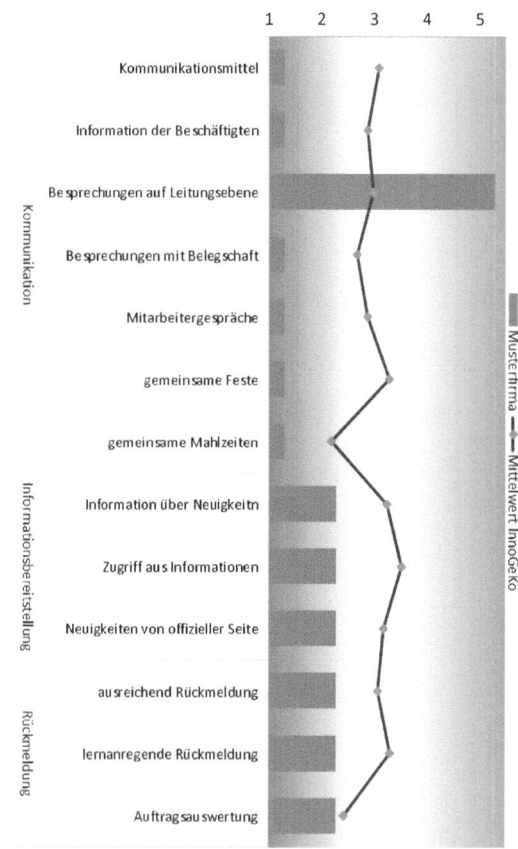

Abbildung 4: Dimension Kommunikation
Quellenangaben zu den Items siehe S. 31 f.

◘ **Abb. 7.5** *(Fortsetzung)*

7.1 · Materialien für das Analysetool

153

7

Arbeitsmaterialien für das Analysetool IKoNe

Ergebnisse der InnoGeKo-Unternehmensanalyse	Seite 9

2.3. Führung

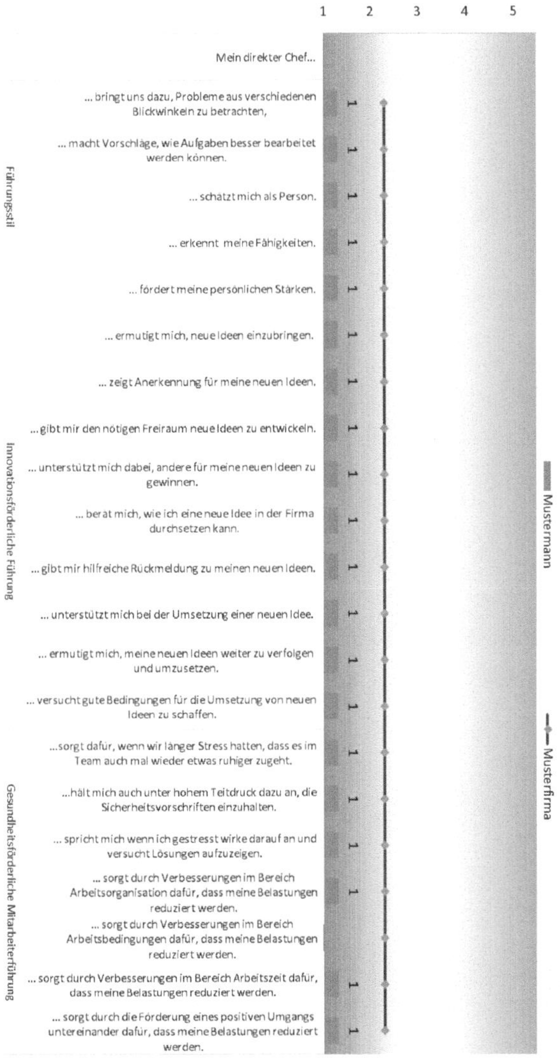

Mein direkter Chef...

Führungsstil
- ... bringt uns dazu, Probleme aus verschiedenen Blickwinkeln zu betrachten,
- ... macht Vorschläge, wie Aufgaben besser bearbeitet werden können.
- ... schätzt mich als Person.
- ... erkennt meine Fähigkeiten.
- ... fördert meine persönlichen Stärken.

Innovationsförderliche Führung
- ... ermutigt mich, neue Ideen einzubringen.
- ... zeigt Anerkennung für meine neuen Ideen.
- ... gibt mir den nötigen Freiraum neue Ideen zu entwickeln.
- ... unterstützt mich dabei, andere für meine neuen Ideen zu gewinnen.
- ... berät mich, wie ich eine neue Idee in der Firma durchsetzen kann.
- ... gibt mir hilfreiche Rückmeldung zu meinen neuen Ideen.
- ... unterstützt mich bei der Umsetzung einer neuen Idee.
- ... ermutigt mich, meine neuen Ideen weiter zu verfolgen und umzusetzen.
- ... versucht gute Bedingungen für die Umsetzung von neuen Ideen zu schaffen.

Gesundheitsförderliche Mitarbeiterführung
- ... sorgt dafür, wenn wir länger Stress hatten, dass es im Team auch mal wieder etwas ruhiger zugeht.
- ... hält mich auch unter hohem Teitdruck dazu an, die Sicherheitsvorschriften einzuhalten.
- ... spricht mich wenn ich gestresst wirke darauf an und versucht Lösungen aufzuzeigen.
- ... sorgt durch Verbesserungen im Bereich Arbeitsorganisation dafür, dass meine Belastungen reduziert werden.
- ... sorgt durch Verbesserungen im Bereich Arbeitsbedingungen dafür, dass meine Belastungen reduziert werden.
- ... sorgt durch Verbesserungen im Bereich Arbeitszeit dafür, dass meine Belastungen reduziert werden.
- ... sorgt durch die Förderung eines positiven Umgangs untereinander dafür, dass meine Belastungen reduziert werden.

Mustermann

Musterfirma

Abbildung 5: Dimension Führung
Quellenangaben zu den Items siehe S. 31 f.

© Springer-Verlag Berlin Heidelberg 2016. Aus: A. Ducki et al.: Innovationen gesund gestalten

☐ **Abb. 7.5** *(Fortsetzung)*

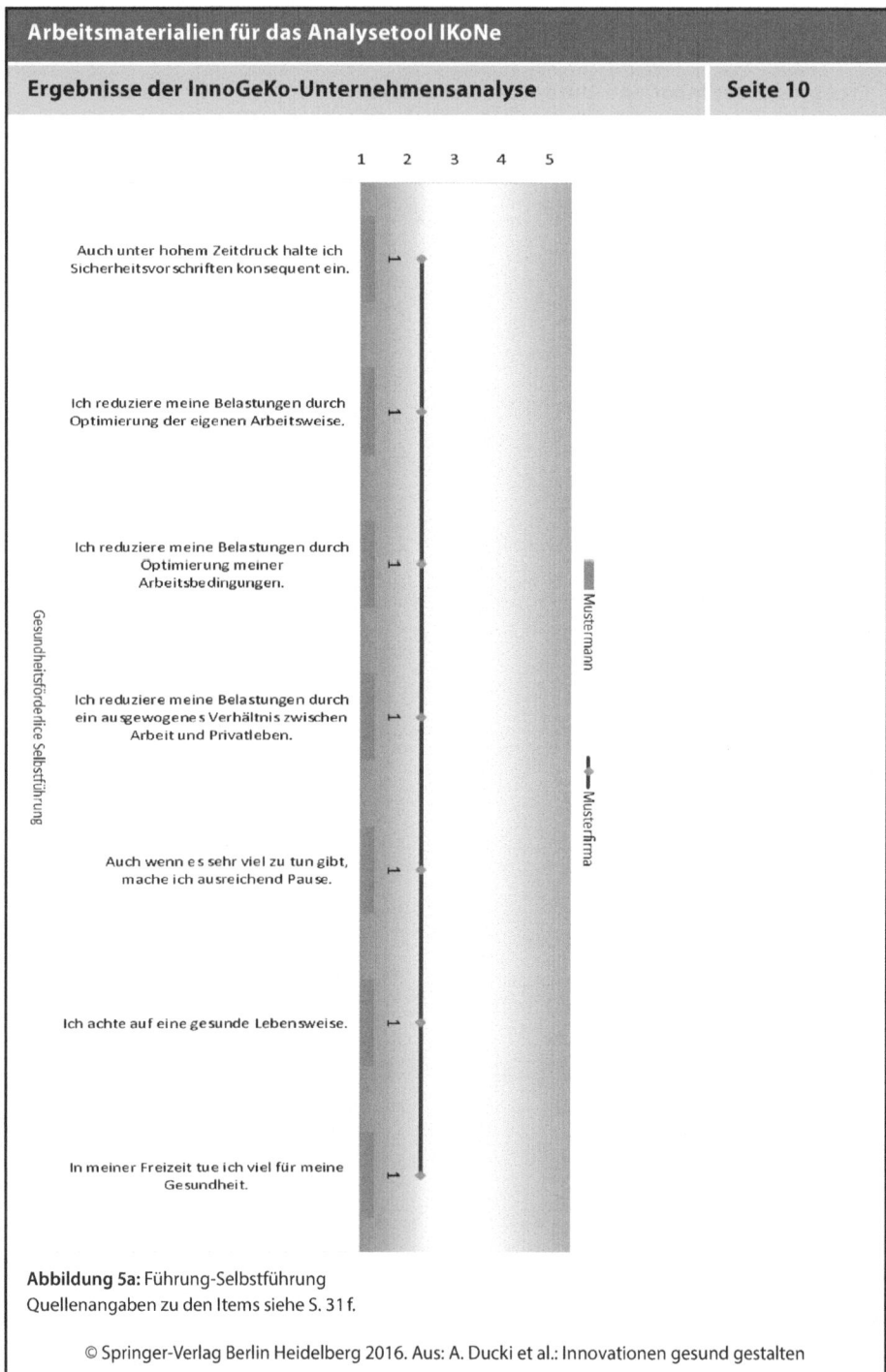

Abbildung 5a: Führung-Selbstführung
Quellenangaben zu den Items siehe S. 31 f.

◻ **Abb. 7.5** *(Fortsetzung)*

Arbeitsmaterialien für das Analysetool IKoNe

Ergebnisse der InnoGeKo-Unternehmensanalyse | Seite 11

2.4. Arbeitsbedingungen

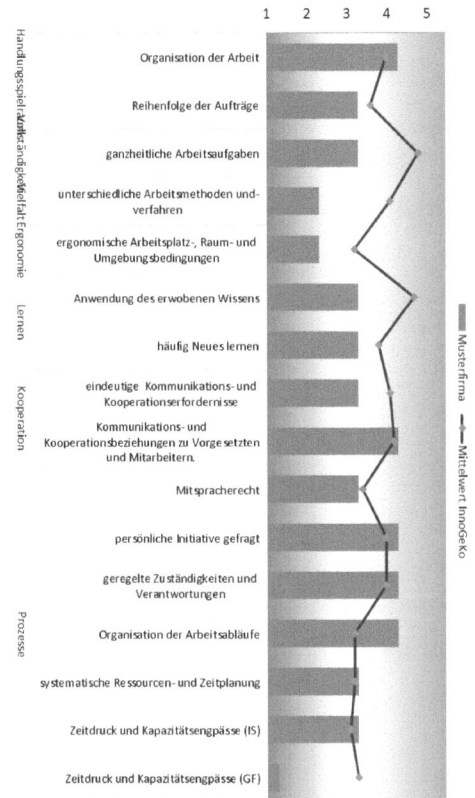

Abbildung 6: Dimension Arbeitsbedingungen
Quellenangaben zu den Items siehe S. 31 f.

◨ Abb. 7.5 *(Fortsetzung)*

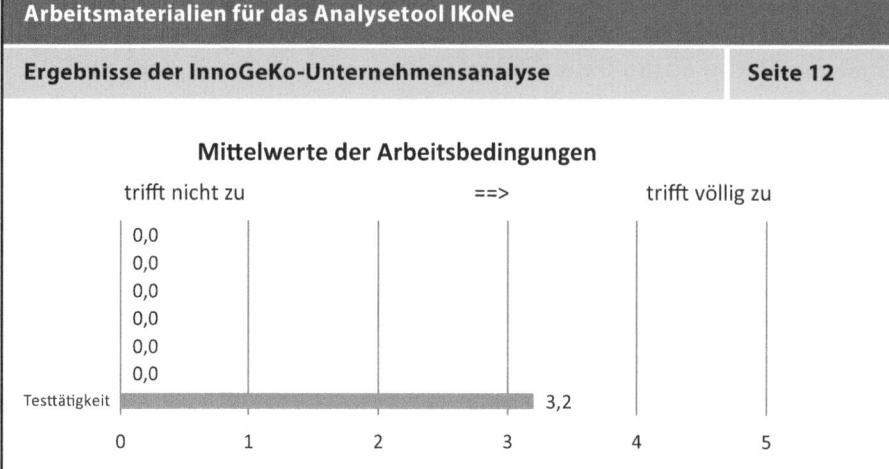

◻ **Abb. 7.5** (*Fortsetzung*)

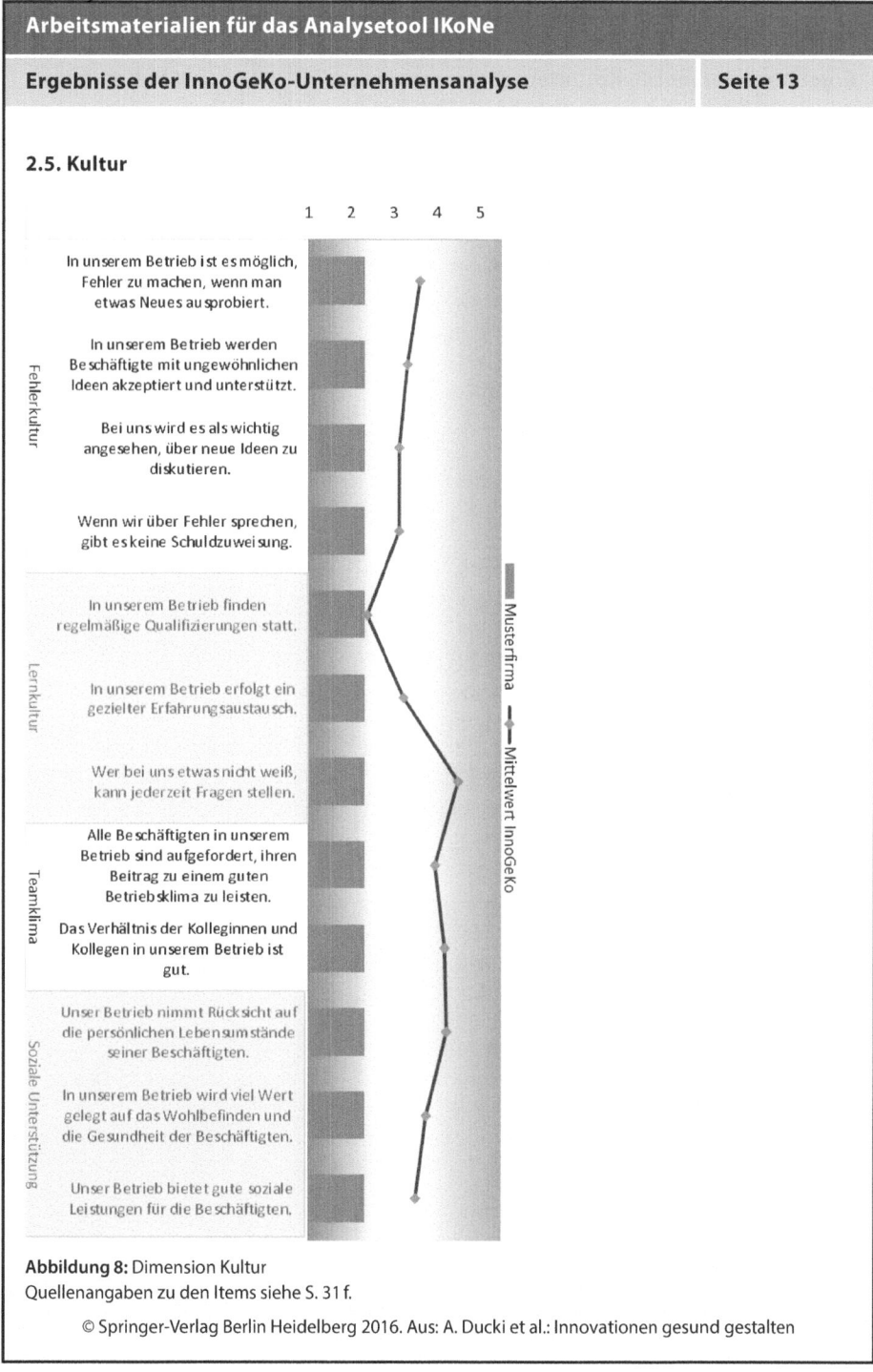

Arbeitsmaterialien für das Analysetool IKoNe

Ergebnisse der InnoGeKo-Unternehmensanalyse	Seite 13

2.5. Kultur

Abbildung 8: Dimension Kultur
Quellenangaben zu den Items siehe S. 31 f.

◼ **Abb. 7.5** (*Fortsetzung*)

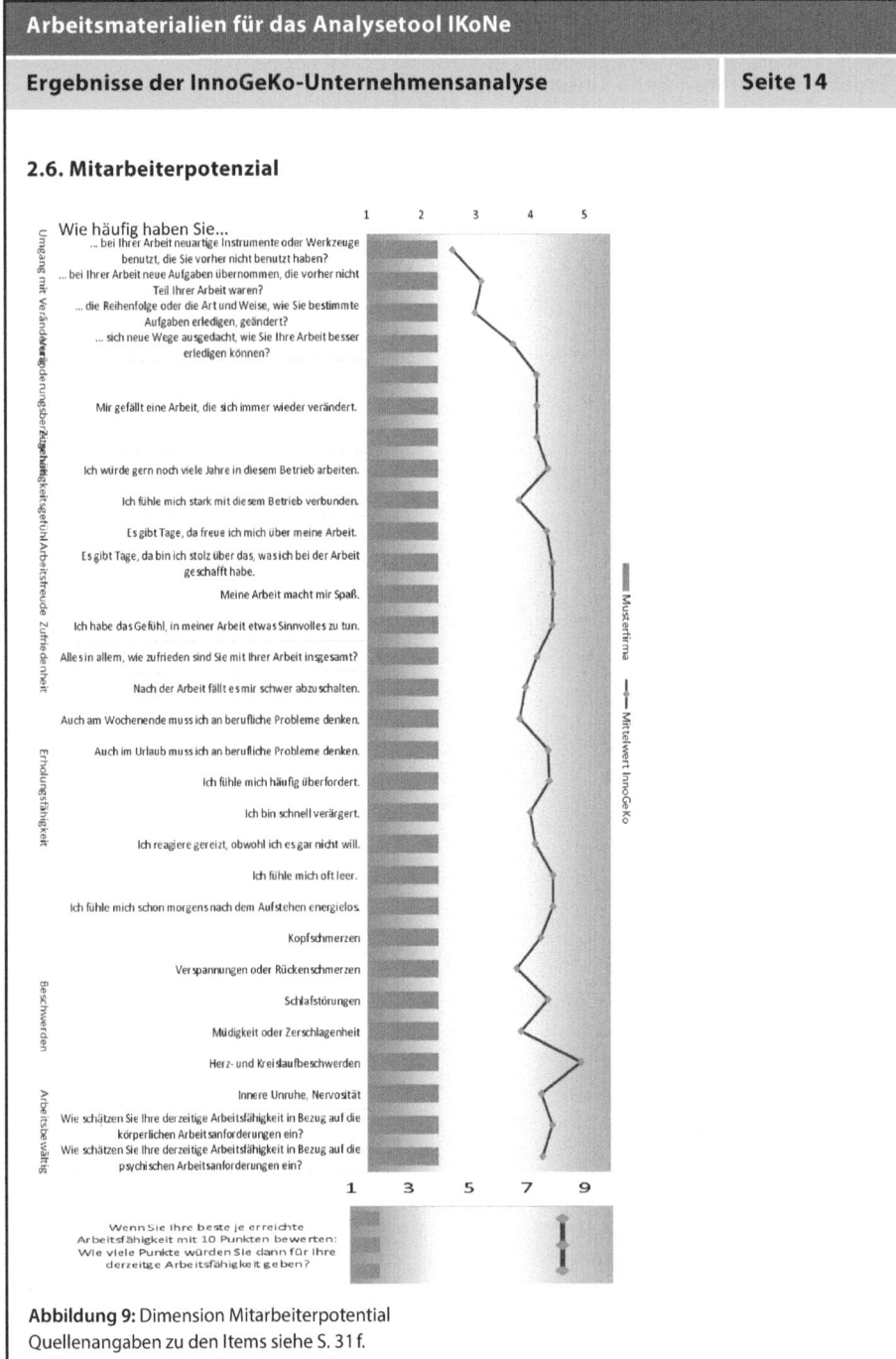

Arbeitsmaterialien für das Analysetool IKoNe

Ergebnisse der InnoGeKo-Unternehmensanalyse   **Seite 14**

2.6. Mitarbeiterpotenzial

Wie häufig haben Sie...

Abbildung 9: Dimension Mitarbeiterpotential
Quellenangaben zu den Items siehe S. 31 f.

◻ **Abb. 7.5** *(Fortsetzung)*

---

3. Detailbetrachtung der einzelnen Grafiken von IKoNe

3.1. Einschätzungen zum Führungsstil

Führungsstil
Mein direkter Chef oder meine direkte Chefin...

trifft nicht zu　　==>　　　　trifft voll zu

Abbildung 10: Führungsstil
Quellenangaben zu den Items siehe S. 31 f.

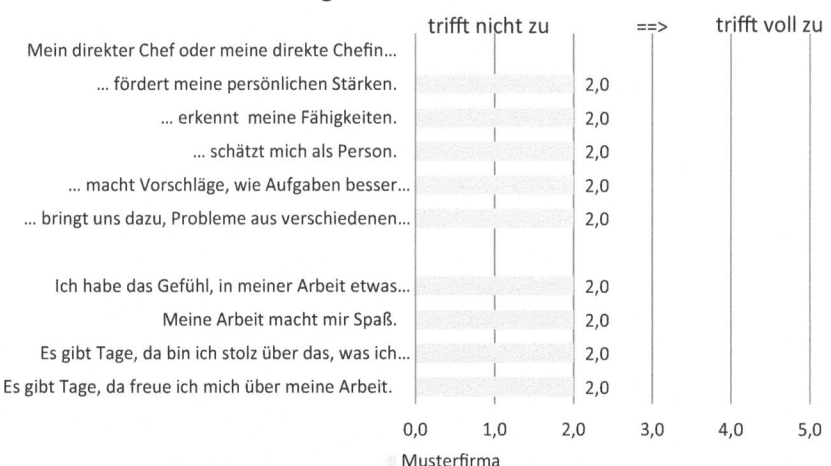

Führungsstil und Arbeitsfreude

trifft nicht zu　　　　==>　　trifft voll zu

Abbildung 11: Führungsstil und Arbeitsfreude
Quellenangaben zu den Items siehe S. 31 f.

◻ **Abb. 7.5** *(Fortsetzung)*

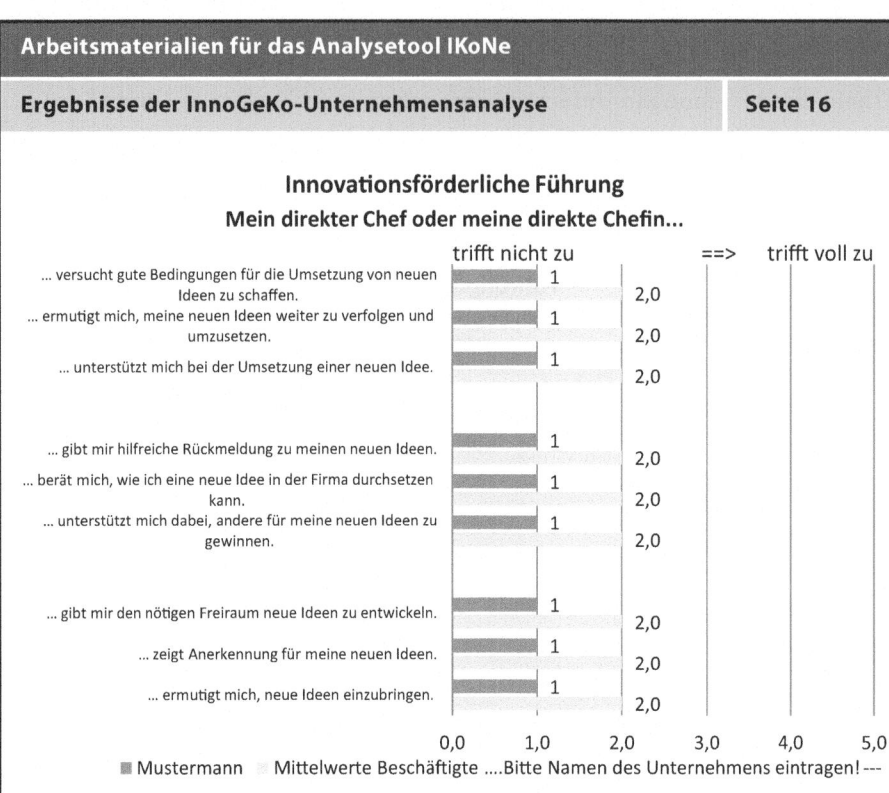

Abbildung 12: Innovationsförderliche Führung
Quellenangaben zu den Items siehe S. 31 f.

◘ **Abb. 7.5** (*Fortsetzung*)

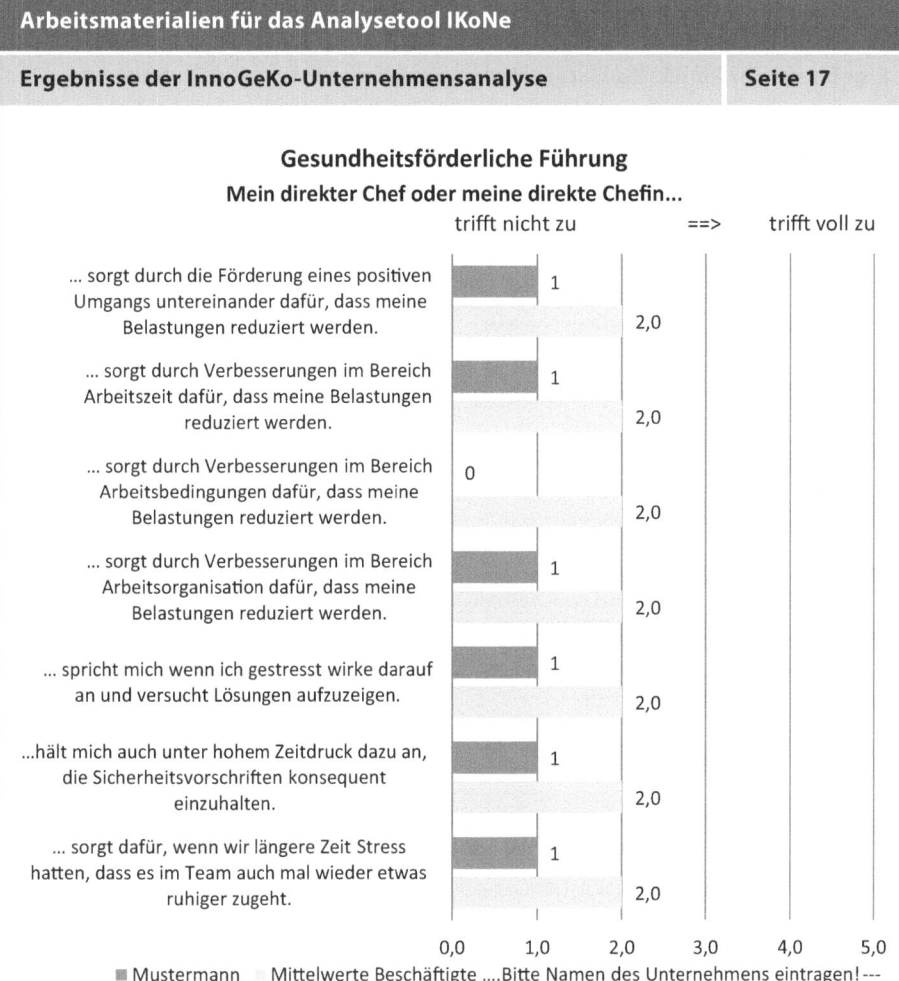

Gesundheitsförderliche Führung
Mein direkter Chef oder meine direkte Chefin...

trifft nicht zu   ==>   trifft voll zu

... sorgt durch die Förderung eines positiven Umgangs untereinander dafür, dass meine Belastungen reduziert werden.
1
2,0

... sorgt durch Verbesserungen im Bereich Arbeitszeit dafür, dass meine Belastungen reduziert werden.
1
2,0

... sorgt durch Verbesserungen im Bereich Arbeitsbedingungen dafür, dass meine Belastungen reduziert werden.
0
2,0

... sorgt durch Verbesserungen im Bereich Arbeitsorganisation dafür, dass meine Belastungen reduziert werden.
1
2,0

... spricht mich wenn ich gestresst wirke darauf an und versucht Lösungen aufzuzeigen.
1
2,0

...hält mich auch unter hohem Zeitdruck dazu an, die Sicherheitsvorschriften konsequent einzuhalten.
1
2,0

... sorgt dafür, wenn wir längere Zeit Stress hatten, dass es im Team auch mal wieder etwas ruhiger zugeht.
1
2,0

0,0   1,0   2,0   3,0   4,0   5,0

■ Mustermann   Mittelwerte Beschäftigte ....Bitte Namen des Unternehmens eintragen! ---

Abbildung 13: Gesundheitsförderliche Führung´
Quellenangaben zu den Items siehe S. 31 f.

◘ **Abb. 7.5** *(Fortsetzung)*

Arbeitsmaterialien für das Analysetool IKoNe

| Ergebnisse der InnoGeKo-Unternehmensanalyse | Seite 18 |

3.2. Ihr Umgang mit Ihrer Gesundheit

Umgang mit der eigenen Gesundheit

trifft nicht zu   ==>   trifft voll zu

In meiner Freizeit tue ich viel für meine Gesundheit. — 1,0 / 2,0

Ich achte auf eine gesunde Lebensweise. — 1,0 / 2,0

Auch wenn es sehr viel zu tun gibt, mache ich ausreichend Pause. — 1,0 / 2,0

Ich versuche, meine Belastungen zu reduzieren, indem ich für ein ausgewogenes Verhältnis zwischen Arbeit und Privatleben sorge. — 1,0 / 2,0

Ich versuche, meine Belastungen zu reduzieren, indem ich meine Arbeitsbedingungen optimiere. — 1,0 / 2,0

Ich versuche, meine Belastungen zu reduzieren, indem ich die eigene Arbeitsweise optimiere. — 1,0 / 2,0

Auch unter hohem Zeitdruck halte ich Sicherheitsvorschriften konsequent ein. — 1,0 / 2,0

0,0   1,0   2,0   3,0   4,0   5,0

■ Mustermann   Mittelwerte Beschäftigte ....Bitte Namen des Unternehmens eintragen! ---

Abbildung 14: Umgang mit der eigenen Gesundheit
Quellenangaben zu den Items siehe S. 31 f.

◘ **Abb. 7.5** *(Fortsetzung)*

Arbeitsmaterialien für das Analysetool IKoNe

Ergebnisse der InnoGeKo-Unternehmensanalyse **Seite 19**

3.3. Angaben Ihrer Beschäftigten zur betrieblichen Situation

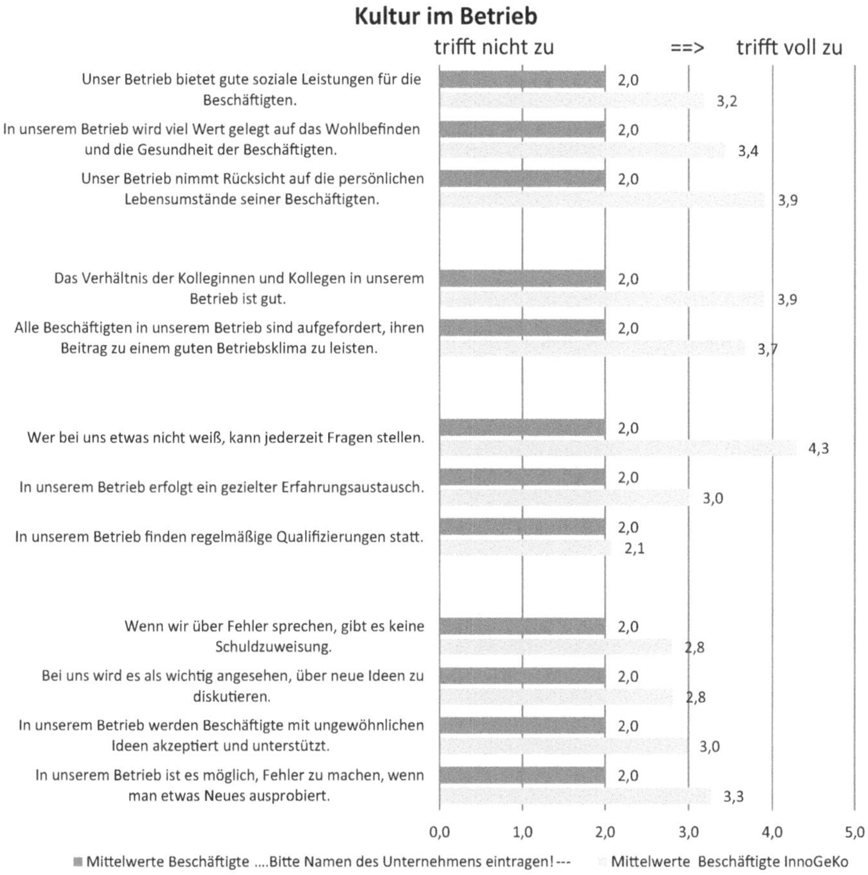
Kultur im Betrieb
trifft nicht zu ==> trifft voll zu
Unser Betrieb bietet gute soziale Leistungen für die Beschäftigten.
2,0
3,2
In unserem Betrieb wird viel Wert gelegt auf das Wohlbefinden und die Gesundheit der Beschäftigten.
2,0
3,4
Unser Betrieb nimmt Rücksicht auf die persönlichen Lebensumstände seiner Beschäftigten.
2,0
3,9
Das Verhältnis der Kolleginnen und Kollegen in unserem Betrieb ist gut.
2,0
3,9
Alle Beschäftigten in unserem Betrieb sind aufgefordert, ihren Beitrag zu einem guten Betriebsklima zu leisten.
2,0
3,7
Wer bei uns etwas nicht weiß, kann jederzeit Fragen stellen.
2,0
4,3
In unserem Betrieb erfolgt ein gezielter Erfahrungsaustausch.
2,0
3,0
In unserem Betrieb finden regelmäßige Qualifizierungen statt.
2,0
2,1
Wenn wir über Fehler sprechen, gibt es keine Schuldzuweisung.
2,0
2,8
Bei uns wird es als wichtig angesehen, über neue Ideen zu diskutieren.
2,0
2,8
In unserem Betrieb werden Beschäftigte mit ungewöhnlichen Ideen akzeptiert und unterstützt.
2,0
3,0
In unserem Betrieb ist es möglich, Fehler zu machen, wenn man etwas Neues ausprobiert.
2,0
3,3
0,0
1,0
2,0
3,0
4,0
5,0
Mittelwerte Beschäftigte ....Bitte Namen des Unternehmens eintragen! ---
Mittelwerte Beschäftigte InnoGeKo

Abbildung 15: Kultur im Betrieb
Quellenangaben zu den Items siehe S. 31 f.

Abb. 7.5 *(Fortsetzung)*

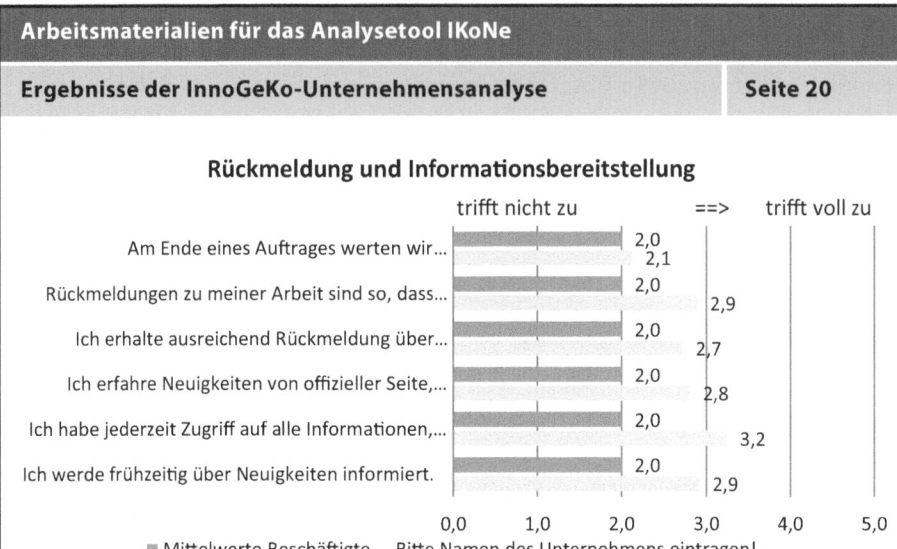

Abbildung 16: Rückmeldung und Informationsbereitstellung
Quellenangaben zu den Items siehe S. 31 f.

▸ Abb. 7.5 *(Fortsetzung)*

Arbeitsmaterialien für das Analysetool IKoNe

Ergebnisse der InnoGeKo-Unternehmensanalyse	**Seite 21**

3.4. Angaben zur Beziehung Ihrer Beschäftigten zur Arbeit

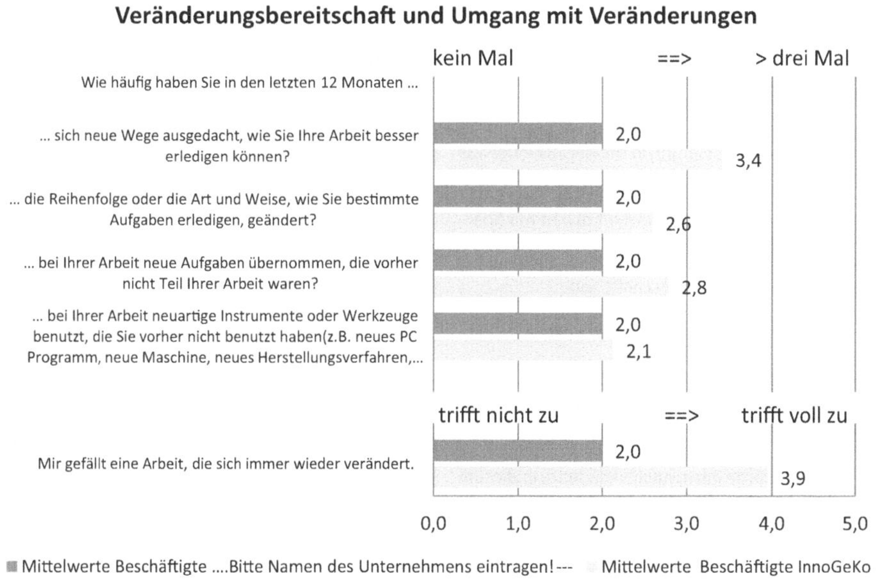

Veränderungsbereitschaft und Umgang mit Veränderungen

Abbildung 17: Veränderungsbereitschaft und Umgang mit Veränderungen

Quellenangaben zu den Items siehe S. 31 f.

◻ **Abb. 7.5** *(Fortsetzung)*

Arbeitsmaterialien für das Analysetool IKoNe

Ergebnisse der InnoGeKo-Unternehmensanalyse | **Seite 22**

Arbeitszufriedenheit, Zugehörigkeitsgefühl zur Firma und Arbeitsfreude

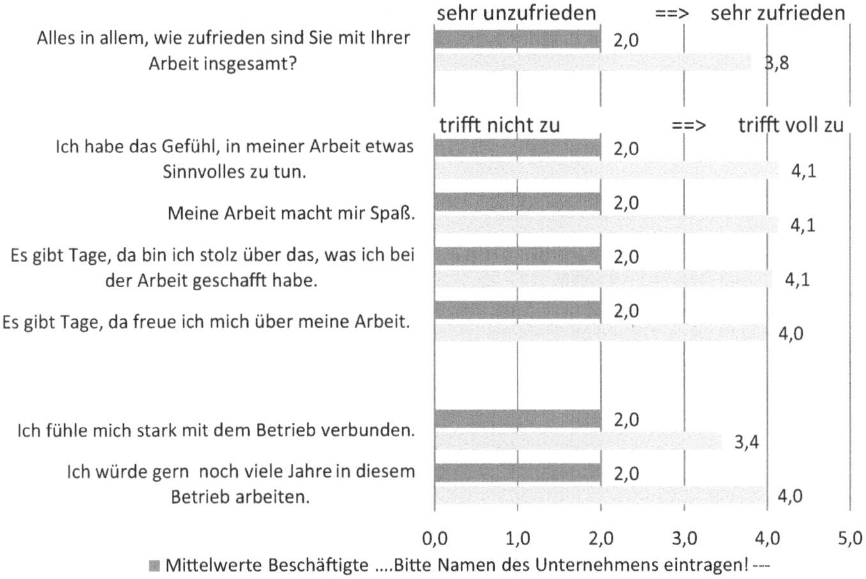

Abbildung 18: Arbeitszufriedenheit, Zugehörigkeitsgefühl zur Firma und Arbeitsfreude

Quellenangaben zu den Items siehe S. 31 f.

◘ Abb. 7.5 (Fortsetzung)

Arbeitsmaterialien für das Analysetool IKoNe

| Ergebnisse der InnoGeKo-Unternehmensanalyse | Seite 23 |

3.5. Angaben zum Umgang der Beschäftigten mit ihrer Gesundheit

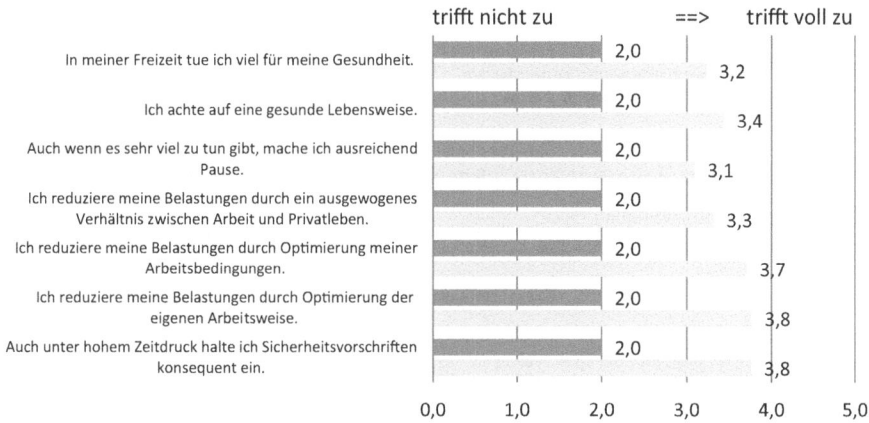

Abbildung 19: Umgang mit der eigenen Gesundheit

Quellenangaben zu den Items siehe S. 31 f.

◗ Abb. 7.5 *(Fortsetzung)*

Arbeitsmaterialien für das Analysetool IKoNe

Ergebnisse der InnoGeKo-Unternehmensanalyse	Seite 24

3.6. Angaben zur Gesundheit Ihrer Beschäftigten

Arbeitsbewältigung

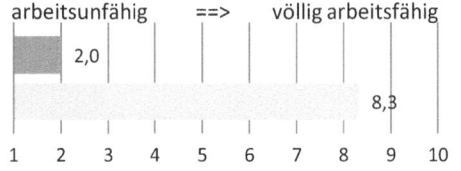

arbeitsunfähig   ==>   völlig arbeitsfähig

Wenn Sie Ihre beste je erreichte Arbeitsfähigkeit mit 10 Punkten bewerten: Wie viele Punkte würden Sie dann für Ihre derzeitge Arbeitsfähigkeit geben?   2,0

8,3

1   2   3   4   5   6   7   8   9   10

■ Mittelwerte Beschäftigte ....Bitte Namen des Unternehmens eintragen! ---

Abbildung 20: Arbeitsbewältigung
Quellenangaben zu den Items siehe S. 31 f.

Arbeitsbewältigung II

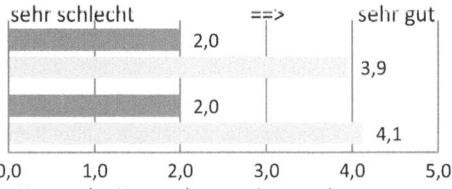

sehr schlecht   ==>   sehr gut

Wie schätzen Sie Ihre derzeitige Arbeitsfähigkeit in Bezug auf die psychischen Arbeitsanforderungen ein?   2,0

3,9

Wie schätzen Sie Ihre derzeitige Arbeitsfähigkeit in Bezug auf die körperlichen Arbeitsanforderungen ein?   2,0

4,1

0,0   1,0   2,0   3,0   4,0   5,0

■ Mittelwerte Beschäftigte ....Bitte Namen des Unternehmens eintragen! ---

Abbildung 21: Arbeitsbewältigung II
Quellenangaben zu den Items siehe S. 31 f.

❏ **Abb. 7.5** (*Fortsetzung*)

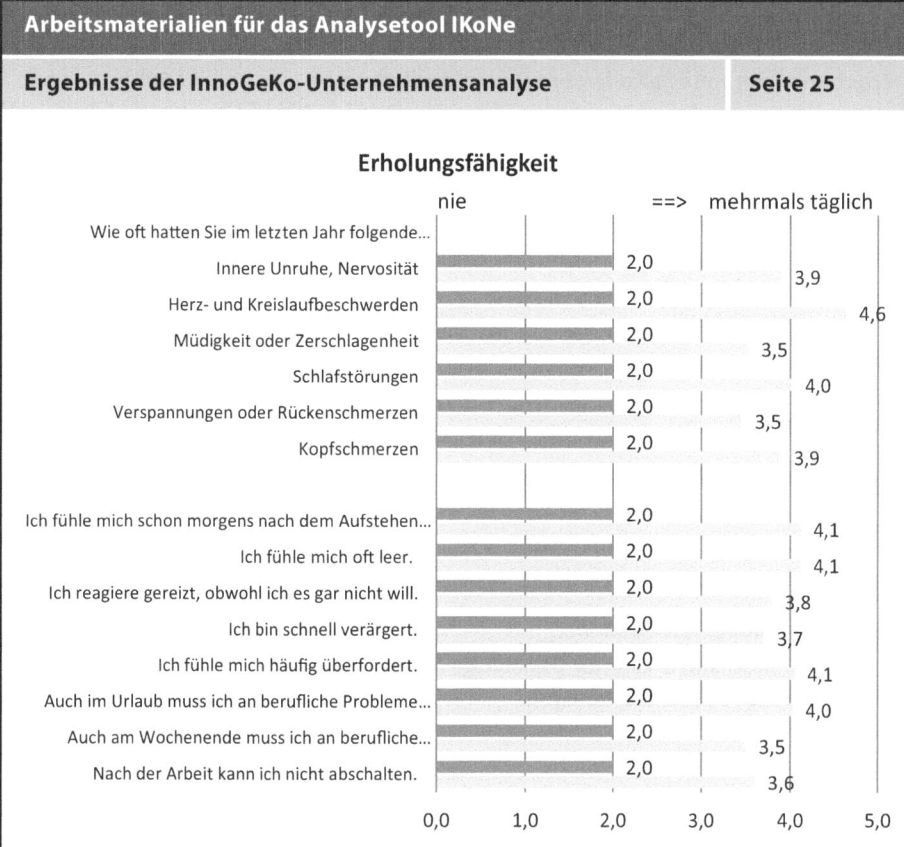

Arbeitsmaterialien für das Analysetool IKoNe

Ergebnisse der InnoGeKo-Unternehmensanalyse **Seite 25**

Erholungsfähigkeit

nie ==> mehrmals täglich

Wie oft hatten Sie im letzten Jahr folgende...

Item	Mittelwert Beschäftigte	Unternehmen
Innere Unruhe, Nervosität	2,0	3,9
Herz- und Kreislaufbeschwerden	2,0	4,6
Müdigkeit oder Zerschlagenheit	2,0	3,5
Schlafstörungen	2,0	4,0
Verspannungen oder Rückenschmerzen	2,0	3,5
Kopfschmerzen	2,0	3,9
Ich fühle mich schon morgens nach dem Aufstehen...	2,0	4,1
Ich fühle mich oft leer.	2,0	4,1
Ich reagiere gereizt, obwohl ich es gar nicht will.	2,0	3,8
Ich bin schnell verärgert.	2,0	3,7
Ich fühle mich häufig überfordert.	2,0	4,1
Auch im Urlaub muss ich an berufliche Probleme...	2,0	4,0
Auch am Wochenende muss ich an berufliche...	2,0	3,5
Nach der Arbeit kann ich nicht abschalten.	2,0	3,6

0,0   1,0   2,0   3,0   4,0   5,0

■ Mittelwerte Beschäftigte ....Bitte Namen des Unternehmens eintragen! ---

Abbildung 22: Erholungsfähigkeit
Quellenangaben zu den Items siehe S. 31 f.

◪ **Abb. 7.5** (*Fortsetzung*)

Arbeitsmaterialien für das Analysetool IKoNe

Ergebnisse der InnoGeKo-Unternehmensanalyse	Seite 26

3.7. Analyse der Arbeitsplätze

Handlungsspielraum 1
Der Beschäftigte kann sich seine Arbeit so organisieren, wie er es für richtig hält.

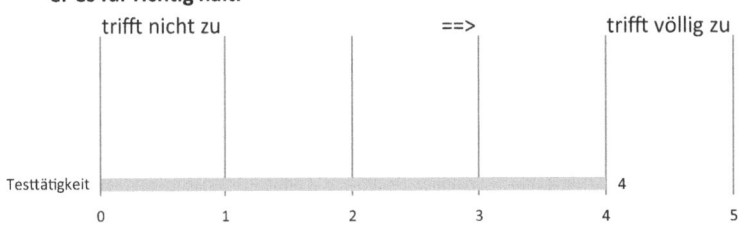

Abbildung 23: Handlungsspielraum 1
Quellenangaben zu den Items siehe S. 31 f.

Handlungsspielraum 2
Der Beschäftigte kann die Reihenfolge der zu bearbeitenden Aufträge selbständig festlegen.

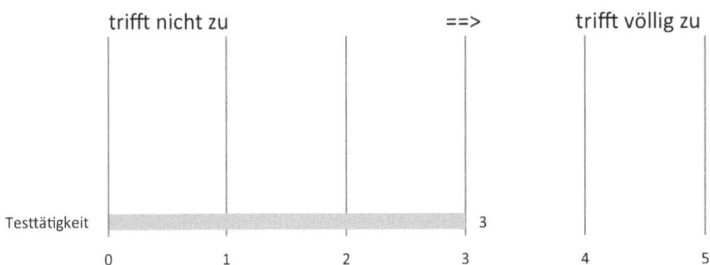

Abbildung 24: Handlungsspielraum 2
Quellenangaben zu den Items siehe S. 31 f.

◻ **Abb. 7.5** *(Fortsetzung)*

Arbeitsmaterialien für das Analysetool IKoNe

| Ergebnisse der InnoGeKo-Unternehmensanalyse | Seite 27 |

Vollständigkeit

Die Arbeitsaufgaben sind ganzheitlich; sie erfordern vom Beschäftigten sowohl vorbereitende, ausführende als auch kontrollierende Teiltätigkeiten.

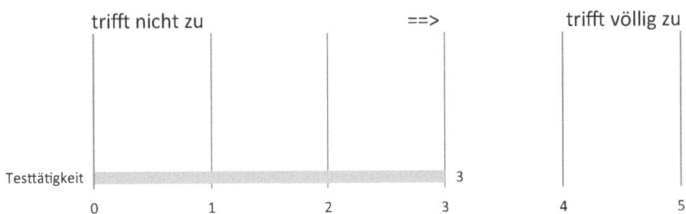

Abbildung 25: Vollständigkeit, Quellenangaben zu den Items siehe S. 31 f.

Vielfalt

Die Erfüllung der Arbeitsaufgaben erfordert viele unterschiedliche Arbeitsmethoden und -verfahren.

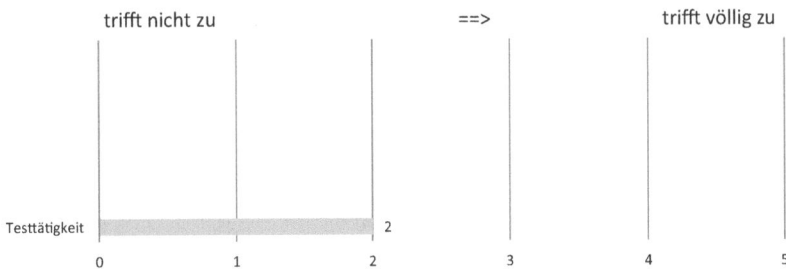

Abbildung 26: Vielfalt, Quellenangaben zu den Items siehe S. 31 f.

Ergonomie

Arbeitsplatz-, Raum-und Umgebungsbedingungen sind ergonomisch gestaltet.

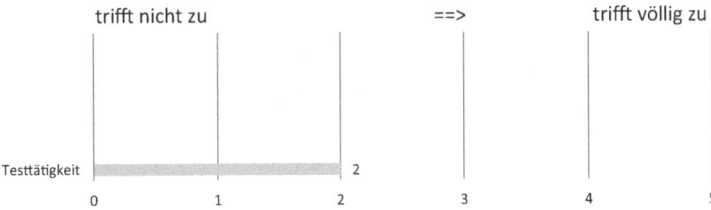

Abbildung 27: Ergonomie, Quellenangaben zu den Items siehe S. 31 f.

◻ **Abb. 7.5** (*Fortsetzung*)

Arbeitsmaterialien für das Analysetool IKoNe

Ergebnisse der InnoGeKo-Unternehmensanalyse	Seite 28

Qualifikation 1

In seiner Tätigkeit kann der Beschäftigte anwenden, was er im Verlauf seines Berufslebens gelernt hat.

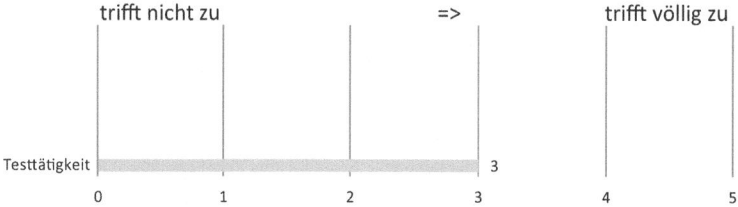

Abbildung 28: Qualifikation 1
Quellenangaben zu den Items siehe S. 31 f.

Qualifikation 2

Um seine Arbeitsaufgaben erfüllen zu können, muss er häufig Neues dazulernen.

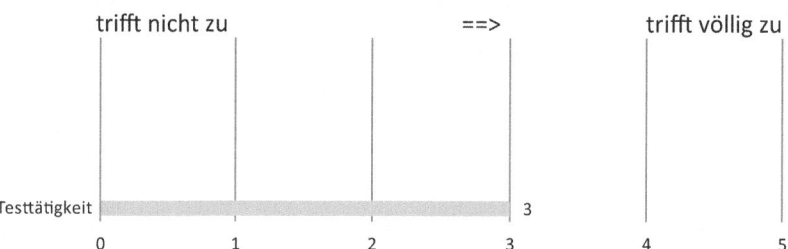

Abbildung 29: Qualifikation 2
Quellenangaben zu den Items siehe S. 31 f.

◻ **Abb. 7.5** *(Fortsetzung)*

Arbeitsmaterialien für das Analysetool IKoNe

Ergebnisse der InnoGeKo-Unternehmensanalyse	Seite 29

Kooperation 1
Aufgabenbezogene Kommunikations- und Kooperationserfordernisse sind für den Beschäftigten eindeutig und überschaubar.

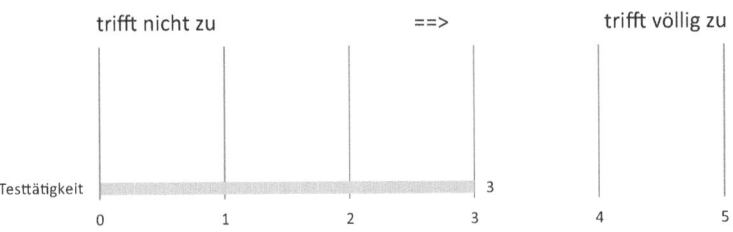

Abbildung 30: Kooperation 1
Quellenangaben zu den Items siehe S. 31 f.

Kooperation 2
Die Erfüllung der Arbeitsaufgabe erfordert viele und abwechslungsreiche Kommunikations- und Kooperationsbeziehungen zu Vorgesetzten und Mitarbeitern.

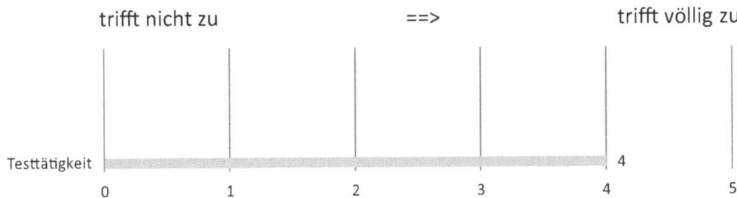

Abbildung 31: Kooperation 2
Quellenangaben zu den Items siehe S. 31 f.

◼ **Abb. 7.5** *(Fortsetzung)*

Arbeitsmaterialien für das Analysetool IKoNe

Arbeitsmaterialien für das Analysetool IKoNe

Ergebnisse der InnoGeKo-Unternehmensanalyse	**Seite 30**

3.8. Analyse der Arbeitsprozesse

Der zweite Teil des Innoscoutleitfadens bestand aus der Beurteilung der Arbeitsprozesse.
Die nächsten Grafiken zeigen die Einschätzung der einzelnen Aussagen für jeden Arbeitsplatz.

Prozesse 1

Bei betrieblichen Veränderungen und Entscheidungen im eigenen Betrieb haben die Beschäftigten ein Mitspracherecht.

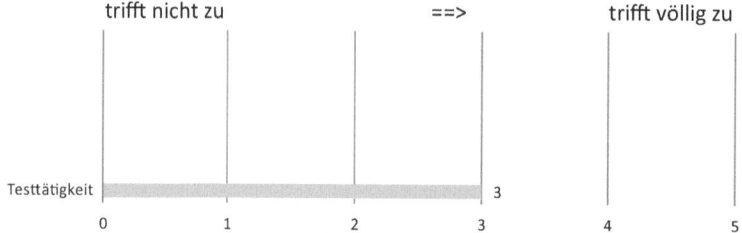

Abbildung 32: Prozesse 1
Quellenangaben zu den Items siehe S. 31 f.

Prozesse 2

Im Unternehmen sind persönliche Initiative und Engagement der Beschäftigten gefragt.

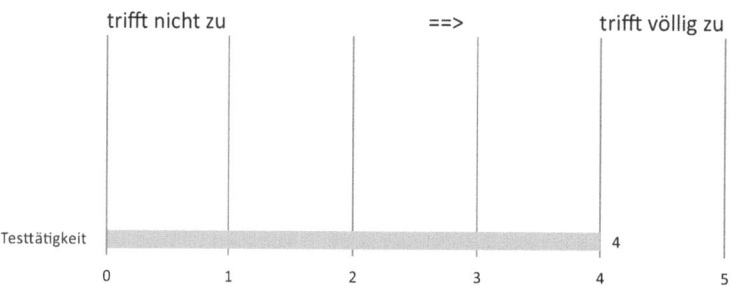

Abbildung 33: Prozesse 2
Quellenangaben zu den Items siehe S. 31 f.

◘ **Abb. 7.5** (Fortsetzung)

Ergebnisse der InnoGeKo-Unternehmensanalyse   **Seite 31**

Prozesse 3
Zuständigkeiten und Verantwortungen sind klar geregelt.

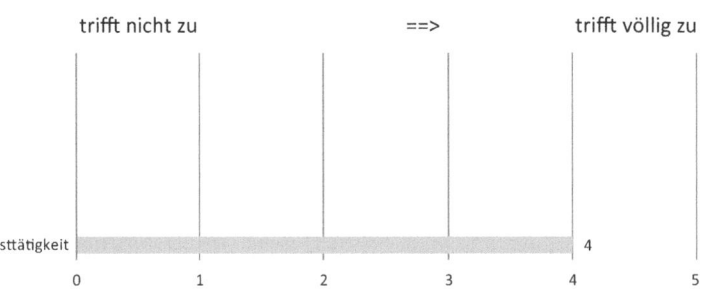

Abbildung 34: Prozesse 3, Quellenangaben zu den Items siehe S. 31 f.

Prozesse 4
Die Arbeitsabläufe im Unternehmen sind gut organisiert.

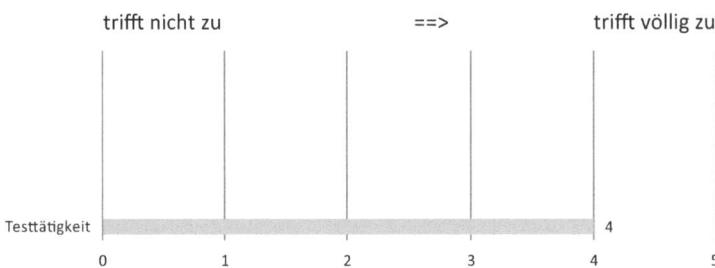

Abbildung 35: Prozesse 4, Quellenangaben zu den Items siehe S. 31 f.

Prozesse 5
Neue Maßnahmen und Projekte werden hinsichtlich Ressourcen und Zeit systematisch geplant.

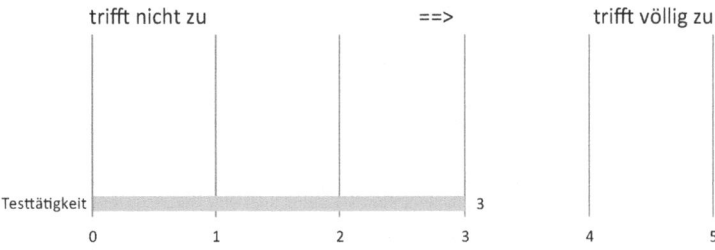

Abbildung 36: Prozesse 5, Quellenangaben zu den Items siehe S. 31 f.

☐ **Abb. 7.5** *(Fortsetzung)*

Ergebnisse der InnoGeKo-Unternehmensanalyse   **Seite 32**

Prozesse 6
Zeitdruck und Kapazitätsengpässe sind Ausnahmen im Tagesgeschäft.

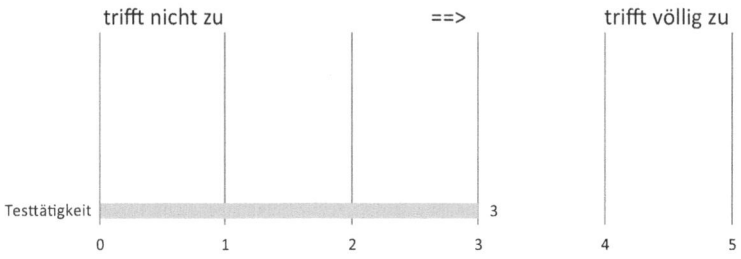

Abbildung 37: Prozesse 6
Quellenangaben zu den Items siehe S. 31 f.

◘ **Abb. 7.5** (*Fortsetzung*)

Arbeitsmaterialien für das Analysetool IKoNe		
Ergebnisse der InnoGeKo-Unternehmensanalyse		**Seite 33**

Datenquellen

Datenquellen

Dimensionen	Was genau?	Quelle
Marktkompetenz	Markt (Kundenbedarfe, Öffnungszeiten, Kundenorientiertes Verhalten, Wettbewerbsfähigkeit, Konkurrenz, Rahmenbedingungen) Strategie/Netzwerke (Innovationsstrategie, Trendmonitoring, Mitarbeiterverständnis, Kooperation Wirtschaft und Sonstige, Netzwerkerfahrung)	Geschäftsführerbefragung
Kommunikation	Kommunikationsmittel Unternehmenskommunikation Kommunikationsklima	Geschäftsführerbefragung
	Informationsbereitstellung Rückmeldung	Mitarbeiterbefragung
Führung	Führungsstil Innovationsförderliche Führung Gesundheitsförderliche Mitarbeiterführung Gesundheitsförderliche Selbstführung	Führungsanalyse (Abgleich Fremd- und Selbsteinschätzung) Geschäftsführerbefragung Mitarbeiterbefragung,
Arbeitsbedingungen	Handlungsspielraum, Vollständigkeit, Vielfalt, Arbeitsplatzgestaltung, Qualifikationserfordernisse , Kooperationserfordernisse	Arbeitsplatzanalyse
	Mitspracherecht, Persönliche Initiative, Zuständigkeiten, Arbeitsabläufe, Planung von Ressourcen, Controlling von Ressourcen, Zeitdruck*	Arbeitsplatzanalyse *Geschäftsführerbefragung
Kultur	Fehlerkultur/Vertrauen, Lernkultur, Teamklima, Soziale Unterstützung	Mitarbeiterbefragung
Mitarbeiterpotential	Umgang mit Veränderungen, Veränderungsbereitschaft, Zugehörigkeitsgefühl zur Firma, Arbeitsfreude, Arbeitsbewältigung, Somatische Beschwerden, Erholungsfähigkeit	Mitarbeiterbefragung

☐ **Abb. 7.5** (Fortsetzung)

Arbeitsmaterialien für das Analysetool IKoNe

Ergebnisse der InnoGeKo-Unternehmensanalyse	Seite 34

Übersicht über die Handlungsbedarfe und Lösungsmöglichkeiten

Zur besseren Übersichtlichkeit und zum einfacheren Weiterarbeiten übertragen Sie bitte Ihre Arbeitsergebnisse aus den einzelnen Bereichen in die Tabelle.

Themenbereich	Verbesserungsbedarf	Lösungsideen
Marktkompetenz		
Kommunikation		
Führung		
Arbeitsbedingungen		
Kultur		
Mitarbeiterpotenzial		
Weiteres:		

© Springer-Verlag Berlin Heidelberg 2016. Aus: A. Ducki et al.: Innovationen gesund gestalten

◻ **Abb. 7.5** *(Fortsetzung)*

7.2 Materialien für Motivationsinterviews (► Abschn. 4.1)

◨ Abb. 7.6, ◨ Abb. 7.7, ◨ Abb. 7.8

Arbeitsmaterialien für Motivationsinterviews

| **Gesprächsleitfaden** | **Seite 1** |

1. Hintergrund des Gesprächs erläutern

- Auf der einen Seite: Fachkräftemangel, Schwierigkeiten, geeigneten Nachwuchs zu finden, alternde Belegschaften
- Auf der anderen Seite: Zwang, sich ständig zu erneuern, um wettbewerbsfähig zu bleiben
- Beides schwer unter einen Hut zu bringen
- Notwendigkeit zukunftsfähige, gesunde Unternehmen schaffen
- Wir bieten ein Verfahren an, mit dem sie ihre Beschäftigten fit halten und gleichzeitig Innovationen voranbringen können
- Bevor wir es vorstellen, möchten wir vorab über ihre eigenen bisherigen Erfahrungen mit Innovationen und Gesundheit sprechen
- Die Gespräche werden in anonymisierter Form ausgewertet, und Sie erhalten die Ergebnisse in Form eines Benchmarks
- Termin dafür nennen

2. Interview führen (Fragen siehe folgende Seiten)

3. Für die erhaltenen Informationen danken und das InnoGeKo-Verfahren vorstellen (Schaubild des Ablaufs benutzen)

- Eine Gruppe von 10 bis 12 Unternehmen wird unterstützt durch
  - eine kostenlose gezielte Qualifizierung zum Thema „Gesundheitsmanagement und Innovation" sowie
  - persönliche Betreuung vor Ort darin, vor dem Hintergrund des demografischen Wandels Innovationen zu entwickeln, umzusetzen und auf dem Markt zu realisieren
  - Grundlage bildet eine umfangreiche Analyse der betrieblichen Situation in 6 Unternehmensbereichen
- Qualifizierung richtet sich sowohl an den Inhaber als auch einen weiteren Mitarbeiter (Innoscout)
- Zeitaufwand für das Unternehmen:
  - Teilnahme an Qualifizierungen (Modul 1 und 2): jeweils 1 Tag
  - Teilnahme an Workshops (Zukunftswerkstatt, Modul 4): jeweils 1 Tag
  - 3-monatige Begleitung der Umsetzungsphase im Unternehmen
- Vorgesehen auch überbetrieblicher Erfahrungsaustausch zwischen den Teilnehmenden (Netzwerk)

◨ **Abb. 7.6** Gesprächsleitfaden für Motivationsinterviews

Arbeitsmaterialien für Motivationsinterviews

Gesprächsleitfaden	Seite 2

4. Erfragen, ob die Führungskraft und eine weitere Person aus der Belegschaft am Projekt teilnehmen

Erfassen der Unternehmensstammdaten

Interview geführt am: _____   von: _____

Angaben zur Firma	**Angaben zur Führungskraft**
Firma: _____ Anschrift: _____ _____ Gründung des Unternehmens: _____	Name: _____ Telefon: _____ E-Mail: _____ Alter: _____ weitere Ansprechpartner: _____ Telefon: _____
Branche: _____ | Bei Handwerk Gewerk: _____	
Leistungsangebot/Geschäftsfeld der Firma: _____ _____ _____	Welche Position nehmen Sie in Ihrer Firma ein? ☐ Inhaber/in ☐ Geschäftsführer/in Sonstiges: _____
Geschlecht der Belegschaft: | ____% weiblich | ____% männlich	Geschlecht der Führungskraft: | ☐ weiblich | ☐ männlich
Alter der Belegschaft: _____% bis 35 Jahre _____% 36 bis 50 Jahre _____% über 50 Jahre	Führen Sie das Unternehmen allein? ☐ ja, seit _____ ☐ nein, weitere/r Geschäftsführer/in, seit _____
Wie viele Beschäftigte hat das Unternehmen? _____	
Art der Kundschaft: _____% private Kunden, _____% gewerbliche Kunden	

◘ **Abb. 7.6** *(Fortsetzung)*

Arbeitsmaterialien für Motivationsinterviews

Gesprächsleitfaden	Seite 3

Fragen zum Thema Innovation

Im ersten Themenbereich würden wir gern Ihre Erfahrungen mit Innovationsprozessen kennen lernen. Dabei interessieren uns nicht nur Ihre neuen oder verbesserten Leistungsangebote, sondern auch unternehmensintern realisierte Veränderungen, da diese oft erst die Voraussetzungen für marktbezogene Neuheiten schaffen.

		Bemerkungen	Schlagworte
1	Haben Sie sich in Ihrem Unternehmen bereits mit dem Thema Innovation auseinandergesetzt?	In welcher Form? Was sind aus Ihrer Sicht Innovationen?	Erfahrungen
2	Welche Innovationen oder Innovationsversuche haben Sie in den letzten 5 Jahren durchgeführt? • Neues bzw. deutlich verbessertes Produkt im Markt eingeführt • Neue bzw. verbesserte Dienstleistung im Markt eingeführt • Neue bzw. weiterentwickelte Prozesse im Unternehmen eingesetzt (z. B. elektronische Lagerhaltung, Einführung CNC-Maschinen) • Neue Methoden oder Strukturen im Unternehmen eingesetzt (z. B. Veränderungen in der Arbeitsorganisation oder bei der Personalentwicklung, strategische strukturelle Veränderungen (z. B. Umfirmierung, Verkauf von Betriebsteilen), neue Managementmethoden (z. B. Arbeitszeitflexibilisierung) • Neue Absatz- bzw. Beschaffungsmärkte erschlossen • Sonstiges:_____	Falls keine, nach Hinderungsgründen fragen und weiter mit Frage 6 Art und Anzahl Innovationen sowie Anteil erfolgreicher Innovationen resümieren und bestätigen lassen	Innovationsarten

◨ **Abb. 7.6** (*Fortsetzung*)

Arbeitsmaterialien für Motivationsinterviews

Gesprächsleitfaden		Seite 4

3	Wie schätzen Sie die Neuheit dieser Innovationen ein? – Bei Produkt/DL/Verfahren: Eher Weiter- oder eher Neuentwicklung? – Gewerbliche Schutzrechte angemeldet? – Geringfügige Änderung in betrieblichen Abläufen oder völlige Umgestaltung?	1 sehr hoch 2 hoch 3 mittel 4 gering 5 sehr gering	Innovations-merkmale
4	Welche Bedingungen waren aus Ihrer Sicht hinderlich für den Erfolg dieser Innovationen?	z. B. Zeitdruck, Ressourcenknappheit Finanzierungsprobleme, Bürokratie	Innovations-hemmnisse
5	Welche Bedingungen waren dagegen förderlich für den Innovationserfolg?	z. B. Kundenorientierung, Ressourcenstärke, Führungsstil	Förderfaktoren
6	Welche Möglichkeiten haben Sie, Ihre Belegschaft zu Innovationen und innovationsförderlichem Denken anregen?		Mitarbeiter-motivation

◘ **Abb. 7.6** (*Fortsetzung*)

Arbeitsmaterialien für Motivationsinterviews

Gesprächsleitfaden   **Seite 5**

Fragen zum Thema Gesundheit

Im nächsten Themenbereich interessieren wir uns für den Bereich Gesundheit der Beschäftigten in Ihrem Unternehmen. Durch die immer älter werdenden Belegschaften werden die Unternehmen bei der Gestaltung der Arbeitsbedingungen und des Arbeitsumfeldes vor neue Herausforderungen gestellt.

		Bemerkungen	Schlagworte
1	Welche Erfahrungen haben Sie bereits mit der Gestaltung gesunder Arbeitsplätze im Unternehmen gesammelt?	Haben Sie sich mit BGM oder BGF schon einmal beschäftigt?	Erfahrung
2	Was sind die größten gesundheitlichen Risiken für einen frühzeitigen Berufsausstieg in Ihrem Unternehmen?	Ergänzend: Haben Sie aktuell damit Schwierigkeiten?	Gesundheitsgefährdungen
3	Was tun Sie bislang, um diese Gefahren zu begrenzen?	Welche Maßnahmen des Gesundheitsschutzes/ BGF haben Sie bereits umgesetzt?	BGF-Maßnahmen/ Gesundheitsschutz
4	Welche Belastungen nennen Ihre Mitarbeiter selbst?	z. B. Lärm, ungenügende Pausen, familienunfreundliche Arbeitszeit	Belastungen
5	Was macht Ihren Mitarbeitern Spaß in ihrem Job?	z. B. handwerkliche Arbeit, Teamzugehörigkeit	Ressourcen
6	Was verbindet Ihre Mitarbeiter mit Ihrer Firma? Warum bleiben Ihre Mitarbeiter in Ihrer Firma?	Arbeitsbedingungen, Teamklima, Arbeitsplatzsicherheit, …	Commitment
7	Wie hoch schätzen Sie die Veränderungsbereitschaft Ihrer Mitarbeiter ein? 1 sehr hoch, 2 hoch, 3 mittel, 4 niedrig, 5 sehr niedrig	Gibt es starken Widerstand oder konstruktive Diskussionen bei neuen Vorschlägen?	Veränderungsbereitschaft

© Springer-Verlag Berlin Heidelberg 2016. Aus: A. Ducki et al.: Innovationen gesund gestalten

◩ **Abb. 7.6** *(Fortsetzung)*

Arbeitsmaterialien für Motivationsinterviews

| Gesprächsleitfaden | | | Seite 6 |

8	Wenn Sie das Thema Gesundheit in Ihrem Betrieb zusammenfassend betrachten, was wirkt darauf positiv?		Förderfaktoren
9	Was hemmt bzw. stört in Ihrem Betrieb die Umsetzung einer gesunden Arbeit?		Hemmnisse
10	Scheiden in nächster Zeit viele Beschäftigte aus Ihrem Unternehmen aus?	Alters- oder gesundheitsbedingt oder andere Gründe?	
11	Sehen Sie Schwierigkeiten in der Nachbesetzung ausscheidender Beschäftigter?		

◘ **Abb. 7.6** (*Fortsetzung*)

Arbeitsmaterialien für Motivationsinterviews

Musterbenchmark | **Seite 1**

InnoGeKo
Innovation ◆ Gesundheit ◆ Kompetenz
Innovationen durch gesunde Unternehmensstrukturen

Ergebnisse der Interviews
Rückmeldung

Betrieb:

Berater/in:

InnoGeKo

© Springer-Verlag Berlin Heidelberg 2016. Aus: A. Ducki et al.: Innovationen gesund gestalten

▣ **Abb. 7.7** Musterbenchmark (Foto © Karin & Uwe Annas – Fotolia.com)

Arbeitsmaterialien für Motivationsinterviews

Musterbenchmark   **Seite 2**

Ort, Datum

Sehr geehrte/r Herr/Frau…,

wir freuen und bedanken uns, dass Sie sich
für ein Interview im Zusammenhang mit der
Vorstellung des InnoGeKo-Verfahrens in Ihrem
Hause entschieden haben.

Ziel dieses Verfahrens ist es, Betriebsabläufe
gesundheitsförderlich zu gestalten und die
Innovationsfähigkeit zu stärken, um besser
mit den Auswirkungen des demografischen
Wandels umgehen zu können (z. B. alternde
Belegschaften, veränderte Kundenansprüche,
Fachkräftemangel).

Nachfolgend finden Sie eine Auswahl der Inter-
viewergebnisse, die Ihnen an ausgewählten Fragen aufzeigt, wie Sie im Vergleich zu anderen
befragten Unternehmen geantwortet haben.

Angaben zu den Vergleichsdaten

Im Zeitraum von Oktober 2012 bis März 2013
wurden bereits 70 Betriebe aus der Region
Osnabrück – Emsland – Grafschaft Bentheim
zu den Themen Innovation und Gesundheit
befragt.

In Abb. 1 ist die Anzahl der befragten Unternehmen nach Gewerken dargestellt.

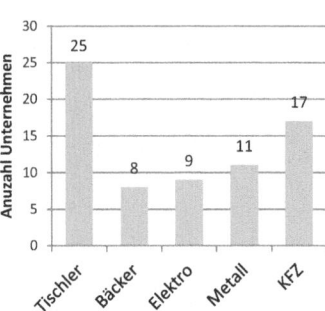

Abbildung 1: Anzahl befragter Unternehmen
nach Gewerken (n = 70)

Wie aus Abbildung 2 ersichtlich wird, hat
die überwiegende Mehrheit der befragten
Unternehmen (87 %) weniger als 50 Beschäftigte.

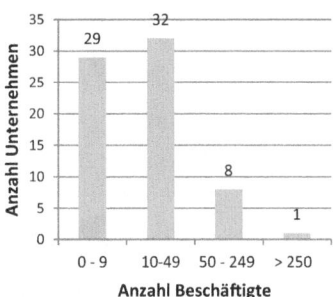

Abbildung 2: Anzahl befragter Unternehmen
nach Größenklassen

☐ **Abb. 7.7** *(Fortsetzung)*

Arbeitsmaterialien für Motivationsinterviews

| **Musterbenchmark** | **Seite 3** |

Interviewergebnisse zum Thema Innovation

Gründe für die Beschäftigung mit dem Thema Innovation

Auseinandersetzung mit dem Thema Innovation

Fast alle befragten Betriebe (97 %) haben sich bereits mit dem Thema Innovation auseinandergesetzt, zwei Betriebe aus dem KFZ-Gewerbe verneinten dies.

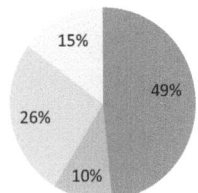

Ihre Antwort war: XXX (z. B. ja)

Als Gründe für die Beschäftigung mit dem Thema Innovation nannten die meisten Befragten externe Veränderungen bezogen auf Märkte, Kundenanforderungen, Technik oder Händlervorgaben, auf die sie reagieren mussten.

■ externe Anforderungen
▨ Verbesserung betriebsinterner Abläufe
▤ Innovationen grundsätzlich notwendig
☐ sonstiges

Abbildung 3: Gründe für die Auseinandersetzung mit dem Thema Innovation (68 Betriebe)

Ein erheblicher Teil der Befragten äußerte als Begründung, dass Innovationen für die Erhaltung der Wettbewerbsfähigkeit bzw. den Fortbestand des Unternehmens grundsätzlich unabdingbar seien.

Ihre Antwort haben wir der Kategorie xxx zugeordnet.

Ein Zehntel der Befragten gab als Begründung die Verbesserung betriebsinterner Abläufe bzw. Strukturen an (vgl. Abb. 3).

◼ **Abb. 7.7** *(Fortsetzung)*

Anzahl, Art und Neuheitsgrad durchgeführter Innovationen

Bis auf eine Ausnahme haben alle befragten Unternehmen in den letzten 5 Jahren Innovationen durchgeführt, und zwar insgesamt 232. Durchschnittlich sind damit 3,4 Innovationen pro Unternehmen realisiert worden (vgl. Abb. 4).

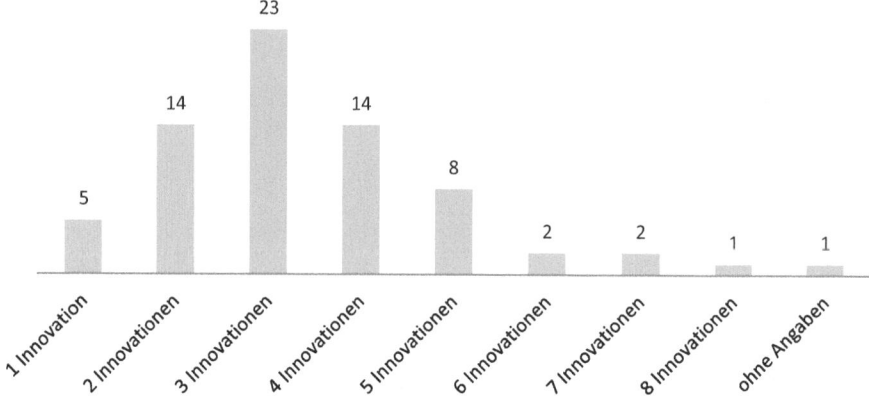

Abbildung 4: Häufigkeit der Nennungen von Innovationen (232 Innovationen in 70 Betrieben)

Ihre Antwort war: xxx (z. B. 3 Innovationen)

◘ **Abb. 7.7** *(Fortsetzung)*

Arbeitsmaterialien für Motivationsinterviews

| **Musterbenchmark** | **Seite 5** |

Wie aus Abbildung 5 ersichtlich wird, realisierten die Unternehmen fast genauso viele Prozessinnovationen wie kundenorientierte Produkt- bzw. Dienstleistungsinnovationen. Bei den 100 Produkt- bzw. Dienstleistungsinnovationen zeigte sich eine große Bandbreite, die neben neuen oder verbesserten Leistungsangeboten – je nach Gewerk – vielfältige Maßnahmen zur Verbesserung des Kundenservices umfasste. Die meisten der 96 Prozessinnovationen bezogen sich auf die Änderung von Abläufen/ Verfahren (49), gefolgt vom Einsatz neuer Maschinen/Geräte/Software (36) und Betriebserweiterungen/-verlagerungen (11).

Unter Sozialinnovationen wurden spezielle Schulungen (14), veränderte Arbeitszeitregelungen (8), gesundheitsförderliche Maßnahmen (7) und Teambildungs-aktivitäten (6) zusammengefasst.

Betrachtet man den Neuheitsgrad der durchgeführten Innovationen in der Selbsteinschätzung der Befragten (vgl. Abb. 6), so wurde 65 % aller genannten Innovationen ein hoher oder sehr hoher Innovationsgrad zuerkannt.

Begründet wurde dies beispielsweise mit der bislang geringen Verbreitung, dem Neuheitsgrad im Vergleich zur Konkurrenz, der existenziellen Notwendigkeit der Innovation oder der regionalen Alleinstellung.

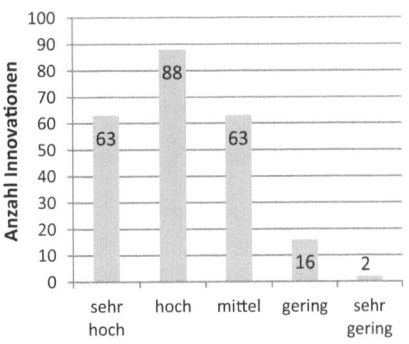

Abbildung 6: Innovationen nach Neuheitsgrad (232 Innovationen)

Ihre Antwort war: xxx (z. B. 1 Innovation mit hohem Innovationsgrad, 2 Innovationen mit mittlerem Innovationsgrad)

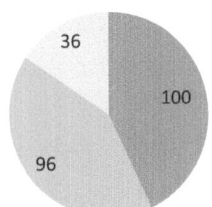

■ Produkt-/Dienstleistungsinnovationen

■ Prozessinnovationen

▢ Sozialinnovationen

Abbildung 5: Anzahl Innovationen nach Arten (232 Innovationen)

Ihre Innovationen haben wir wie folgt kategorisiert: xxx (z. B. 1 Produkt/DL-Innovation, 2 Sozialinnovationen)

◨ **Abb. 7.7** (Fortsetzung)

Arbeitsmaterialien für Motivationsinterviews

Musterbenchmark	Seite 6

Förderliche und hinderliche Faktoren für den Innovationserfolg

Befragt nach förderlichen und hinderlichen Bedingungen für den Innovationserfolg, zählten die Befragten zumeist mehrere Faktoren auf (2-mal keine Angabe). In den Tabellen 1 und 2 sind die am häufigsten genannten Bedingungen aufgelistet.

Förderliche Bedingungen

- Engagierte und motivierte Mitarbeiter(innen) (22 Betriebe)
- Finanzielle Förderung/Externe Unterstützung (15 Betriebe)
- Gute Arbeitsbedingungen (14 Betriebe)
- Starke Führung (9 Betriebe)

Tabelle 1: Förderliche Bedingungen für den Innovationserfolg

Hinderliche Bedingungen

- Fehlende Finanzen (38 Betriebe)
- Rechtliche Rahmenbedingungen / Bürokratie (16 Betriebe)
- Stress/Zeitdruck (16 Betriebe)
- Fehlende Motivation der Mitarbeiter(innen) (15 Betriebe)
- Führungsverhalten (11 Betriebe)

Tabelle 2: Hinderliche Bedingungen für den Innovationserfolg

Resümierend lässt sich festhalten, dass das Thema Innovation in den befragten Unternehmen von hoher Relevanz ist. Dies belegen die große Zahl in den letzten Jahren realisierter Innovationen, das breite Spektrum an Produkt-/Dienstleistungssowie Prozess- und Sozialinnovationen und der mehrheitlich als hoch bis sehr hoch eingeschätzte Innovationsgrad dieser Innovationen. Der Motivation der Beschäftigten wird für den Innovationserfolg ein hoher Stellenwert zugemessen. Hingegen waren fehlende Finanzen die am häufigsten genannte hinderliche Bedingung.

◻ **Abb. 7.7** *(Fortsetzung)*

Musterbenchmark   **Seite 7**

Interviewergebnisse zum Thema Gesundheit

Risiken für vorzeitigen Berufsausstieg

Auf die Frage nach den größten gesundheitlichen Risiken für einen vorzeitigen Berufsausstieg haben 69 von 70 Betrieben geantwortet und nannten insgesamt 350 Risiken, die in 7 Kategorien zusammengestellt wurden (vgl. Abb. 7). Es wird ersichtlich, dass Muskel-Skelett-Erkrankungen in allen Gewerken an vorderster Stelle liegen.

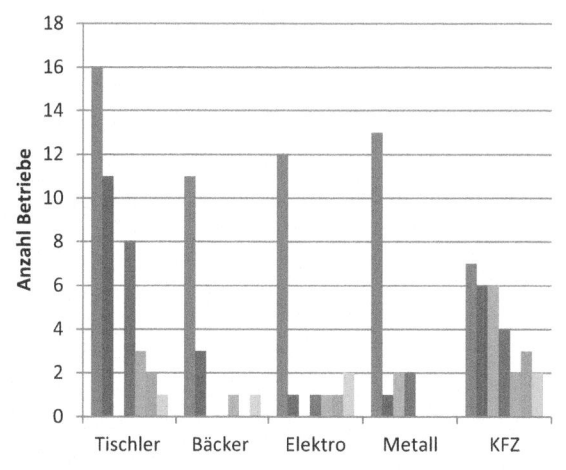

- ■ Kategorie 1: Muskel- Skelett-Erkrankungen
- ■ Kategorie 2: Allergien / Atemwegserkrankungen
- ■ Kategorie 3: Schädigung der Sinnesorgane
- ■ Kategorie 4: Arbeitsunfälle
- ■ Kategorie 5: ungünstige Arbeitsbedingungen
- ■ Kategorie 6: pychische Beanspruchungen
- ■ Kategorie 7: sonstiges

Abbildung 7: Risiken für einen vorzeitigen Berufsausstieg (70 Betriebe)

Ihre Antworten waren: …xxx… und wurden in Kategorie: .xxx… eingeordnet.

◻ **Abb. 7.7** *(Fortsetzung)*

Gegenmaßnahmen

Die folgende Liste zeigt die fünf am häufigsten genannten Gegenmaßnahmen, um einen frühzeitigen Ausstieg der Mitarbeiter(innen) aus dem Beruf entgegenzuwirken.

Gegenmaßnahmen

- Einsetzen von Hilfsmitteln (35 Nennungen)
- Persönliche Schutzausrüstung (23 Nennungen)
- Schulungen der Mitarbeiter/innen (20 Nennungen)
- Verbesserte Arbeitsorganisation (16 Nennungen)

Tabelle 3: Die fünf häufigsten Maßnahmen, um den Risiken des frühzeitigen Berufsausstiegs zu begegnen

Spaß im Beruf

Die nachfolgende Liste stellt eine Zusammenfassung der fünf häufigsten Antworten auf die Frage dar, was ihren Mitarbeiter(innen) Spaß in ihrem Beruf bereitet.

Übersicht der Antworten

- Arbeitsinhalt (36 Nennungen)
- Arbeitsklima (30 Nennungen)
- Wertschätzung (15 Nennungen)
- Tätigkeitsspielraum (14 Nennungen)
- Stolz/Erfolg (12 Nennungen)

Tabelle 4: Die fünf häufigsten Antworten auf die Frage, was den Mitarbeitern(innen) Spaß in ihrem Job macht

Förderliche und Hemmende Faktoren

In den Tabellen 5 und 6 sind die fünf am häufigsten genannten förderlichen und hemmenden Faktoren für die Umsetzung einer gesunden Arbeit im Betrieb aufgelistet.

Förderliche Faktoren

- Positives Betriebsklima (28 Nennungen)
- Gesunde Arbeitsbedingungen (13 Nennungen)
- Gute Arbeitsorganisation (9 Nennungen)
- Rahmenbedingungen (9 Nennungen)
- Sport (8 Nennungen)

Tabelle 5: Förderliche Faktoren für gesunde Arbeit

Hemmende Faktoren

- Körperliche/klimatische Belastungen (19 Nennungen)
- Stress/Zeitdruck (17 Nennungen)
- Finanzielle Gründe (14 Nennungen)
- Individuelle Gründe (13 Nennungen)
- Betriebsklima (8 Nennungen)

Tabelle 6: Hemmende Faktoren für gesunde Arbeit

◼ **Abb. 7.7** *(Fortsetzung)*

Arbeitsmaterialien für Motivationsinterviews

Musterbenchmark · Seite 9

Einstellung zur Gesundheitsförderung im Betrieb

Die nachfolgende Abbildung 8 zeigt, dass der größte Teil der Unternehmer (80 %) eine positive Einstellung zur Gesundheitsförderung im Betrieb geäußert hat.

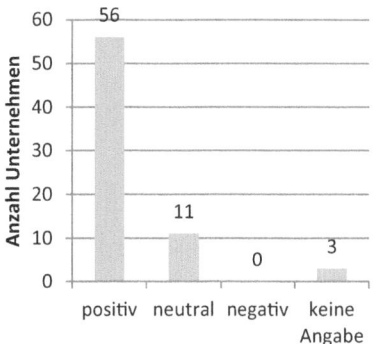

Abbildung 8: Einstellung zur Gesundheitsförderung im Betrieb (70 Betriebe)

Ihre Antwort war: …xxx… (z. B. positiv)

Ausscheiden aus dem Betrieb

Die Frage, ob in nächster Zeit viele Beschäftigte aus dem Unternehmen ausscheiden, bejahten 28 der 70 befragten Unternehmer (40 %). Die Häufigkeit der genannten Gründe wird aus Abbildung 9 ersichtlich.

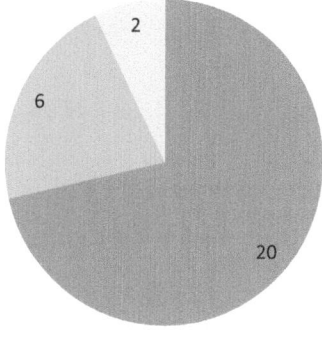

■ altersbedingt   ■ leistungsbedingt

　 Lehrzeit beendet

Abbildung 9: Häufigkeit genannter Gründe für Ausscheiden aus dem Unternehmen

Ihre Antwort war: xxx (z. B. ja, altersbedingt)

◻ **Abb. 7.7** *(Fortsetzung)*

Arbeitsmaterialien für Motivationsinterviews

Musterbenchmark	Seite 10

Nachbesetzung frei werdender Positionen

Wie aus Abbildung 10 ersichtlich wird, sieht ein großer Teil der Firmen (63 %) Schwierigkeiten in der Nachbesetzung von Positionen ausscheidender Mitarbeiter(innen).

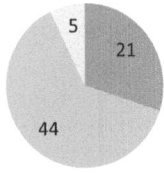

■ Firmen, die keine Schwierigkeiten mit der Nachbesetzung sehen
■ Firmen, die Schwierigkeiten mit der Nachbesetzung sehen
☐ keine Angabe

Abbildung 10: Perspektivisch gesehene Schwierigkeiten mit der Nachbesetzung von Positionen (70 Betriebe)

Ihre Antwort war: xxx… (z. B. nein)

◘ **Abb. 7.7** (*Fortsetzung*)

Arbeitsmaterialien für Motivationsinterviews	
Musterbenchmark	**Seite 11**

Abbildungsverzeichnis

◻ **Abb. 7.7** *(Fortsetzung)*

Arbeitsmaterialien für Motivationsinterviews

Musterbenchmark	Seite 12

Tabellenverzeichnis

◻ **Abb. 7.7** (*Fortsetzung*)

Arbeitsmaterialien für Motivationsinterviews	
Beispielliste für Veränderungsideen	**Seite 1**

INNOVATION KOMPETENZ GESUNDHEIT
InnoGeKo

Marktkompetenz	• Kundenbefragung • neue Produkte und Dienstleistungen • Verbesserung der Internetpräsenz (z. B. Einbindung des Kundenfeedback)
Kommunikation	• Einführung von Mitarbeitergesprächen • Einführung regelmäßiger Besprechungstermine
Führung	• Führungskräfteschulungen zu verschiedene Themen (u. a. Rückkehrgespräche, Mitarbeitergespräche, soziale Kompetenz) • Maßnahmen zum Wissenstransfer zur reibungslosen Unternehmensnachfolge
Arbeitsbedingungen	• Veränderung des Arbeitszeitmodells • Einrichtung eines stillen Raumes • Beteiligung der Beschäftigten an der Um-/Neugestaltung des Arbeitsbereiches
Kultur	• Verbesserung des Corporate Identity (z. B. Firmenlogo, Kleidung) • Arbeitstandems junge und erfahrene Beschäftigte • Betriebsfeiern
Mitarbeiterpotenzial	• Mitarbeiterschulungen • Qualitätszirkel • Azubirotation zwischen verschiedenen Betrieben

Abb. 7.8 Beispielliste für Veränderungsideen

7.3   Materialien für Modul 1 Führungskräfte (▶ Abschn. 4.2)

◘ Abb. 7.9, ◘ Abb. 7.10, ◘ Abb. 7.11, ◘ Abb. 7.12, ◘ Abb. 7.13, ◘ Abb. 7.14, ◘ Abb. 7.15

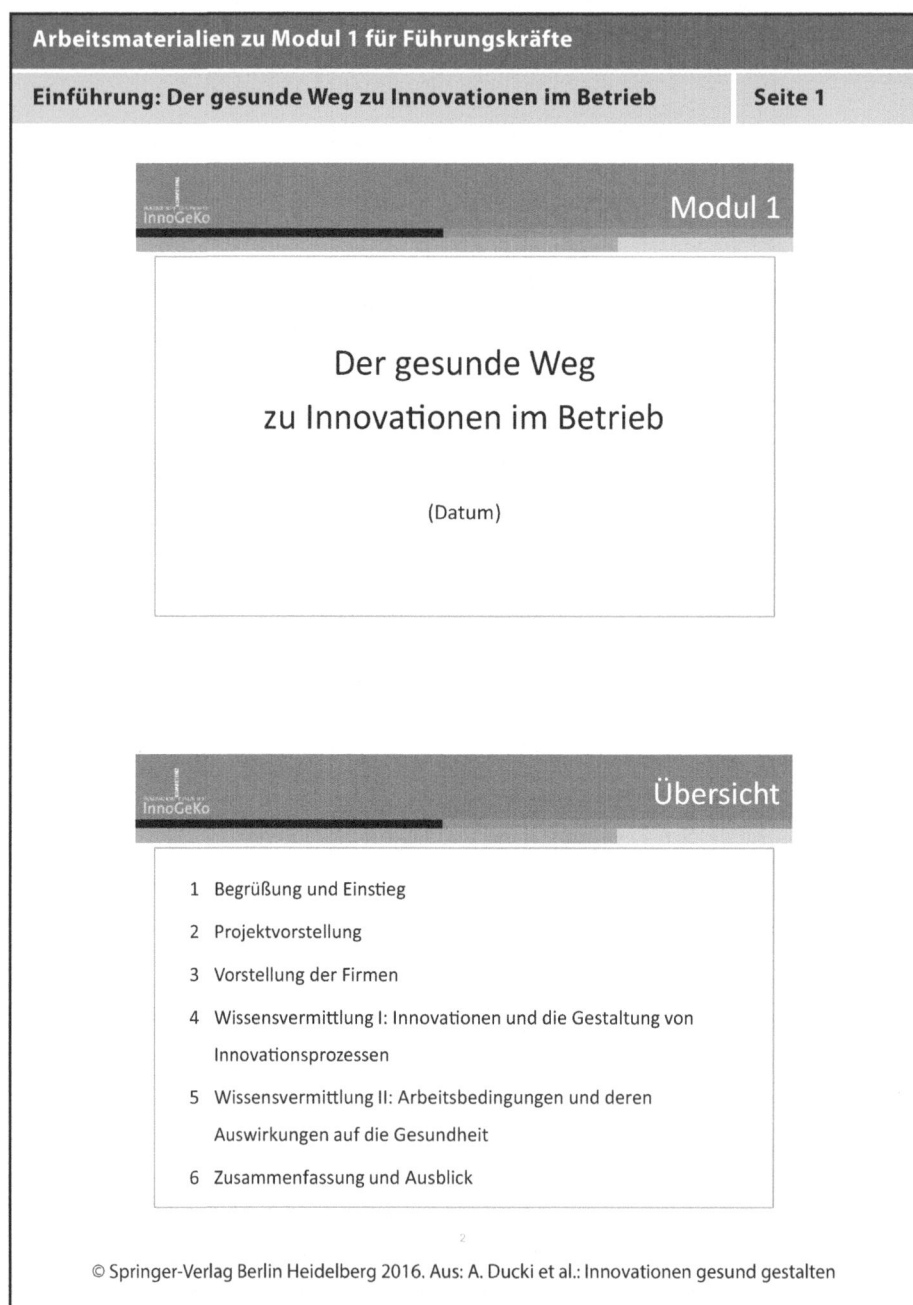

◘ **Abb. 7.9** Präsentation „Einführung: Der gesunde Weg zu Innovationen im Betrieb"

Arbeitsmaterialien zu Modul 1 für Führungskräfte

Einführung: Der gesunde Weg zu Innovationen im Betrieb | **Seite 2**

Wer sind wir?

Vorstellung der Berater und ihres institutionellen Hintergrundes

Warum gibt es InnoGeKo?

Herausforderung: demografischer Wandel
- Alternde Belegschaften
- Fachkräftemangel
- Veränderte Kundenstrukturen
- Dienstleistungsansprüche älterer Kunden (alles aus einer Hand)

Betriebe brauchen Innovationen
- Kundenwünsche ändern sich
  (neue Produkte/Verfahren und Dienstleistungen)
- Arbeitsbedingungen müssen angepasst werden
  (unternehmensinterne Veränderungen)

**Kleinen Betrieben fehlen oft Ressourcen und das passende „Werkzeug",
um jetzt für die Zukunft vorzusorgen**

→InnoGeKo – ein vom BMBF gefördertes Verfahren zur Unterstützung

◻ **Abb. 7.9** *(Fortsetzung)*

Arbeitsmaterialien zu Modul 1 für Führungskräfte

Einführung: Der gesunde Weg zu Innovationen im Betrieb	Seite 3

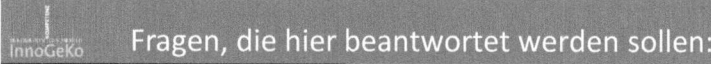

Fragen, die hier beantwortet werden sollen:

- Wo stehe ich aktuell im Vergleich mit anderen Betrieben?
- Wie stelle ich mein eigenes Unternehmen zukunftsfähig auf?
- Wie kann ich Wissen und Erfahrung im Betrieb halten?
- Wie kann ich Fachkräfte bis zur Rente gesund erhalten?
- Wie kann ich neue Fachkräfte gewinnen?

5

Welche Betriebe sind dabei?

Zuordnung nach Branchen oder Gewerken vornehmen

6

© Springer-Verlag Berlin Heidelberg 2016. Aus: A. Ducki et al.: Innovationen gesund gestalten

◘ **Abb. 7.9** (*Fortsetzung*)

Einführung: Der gesunde Weg zu Innovationen im Betrieb   Seite 4

Was können Sie mitnehmen?

Tools und Anwendungshilfen
- Innovationscheck für ihr Unternehmen
- Potenzialcheck (Qualifikationen der Mitarbeiter)
- Kundencheck
- Altersstrukturcheck
- Gesundheitscheck

Unterstützung und Beratung bei
- der Stärkung Ihrer Innovationsfähigkeit
- der gesundheitsförderlichen Gestaltung Ihrer Arbeitsprozesse
- der Stärkung der Motivation Ihrer Mitarbeiter

Erfahrungsaustausch
- Voneinander lernen – miteinander stärker werden im regionalen Netzwerk

In wenigen Schritten zum Ziel

Zukunftsperspektiven erkennen
- Zahlen, Daten, Fakten zu Kunden, Märkten, Innovationen und Gesundheit im Betrieb

Ideen entwickeln
- Gezielt Veränderungspotenziale suchen und finden

Vorhaben umsetzten
- Maßnahmen zur Innovationsstärkung und Gesundheitsförderung begleitend umsetzten

Erfolg verstetigen
- Qualifizierung zum Thema Innovation und Gesundheit
- Innoscouts aus den eigenen Reihen entwickeln

Region stärken
- Erfahrungsaustausch zu Innovationen durch regionale Netzwerke

◪ **Abb. 7.9** *(Fortsetzung)*

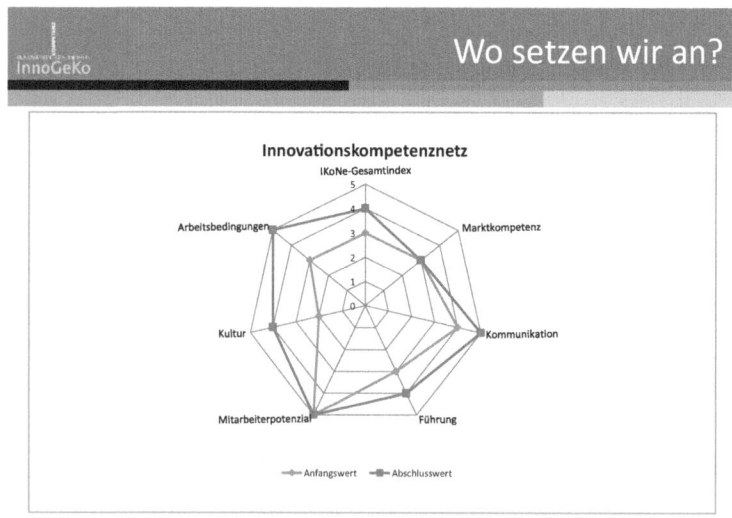

Arbeitsmaterialien zu Modul 1 für Führungskräfte

Einführung: Der gesunde Weg zu Innovationen im Betrieb   Seite 5

Was erwartet Sie?

InnoGeKo

Modul 1	Basisqualifizierung Führungskraft Innovation / Gesundheit Auswahl Innoscout	Basisqualifizierung Innoscout Innovation/Gesundheit
Modul 2	überbetriebliche Qualifizierung Führen im Innovationsprozess	überbetriebliche Qualifizierung Innoscoutleitfaden
	Analyse vor Ort	Analyse vor Ort
Modul 3	Zukunftswerkstatt	
Modul 4	überbetrieblicher Austausch - Projektcafe	
	Maßnahmenumsetzung vor Ort	Maßnahmenumsetzung vor Ort
Modul 5	überbetriebliche Netzwerkvereinbarung Kontinuitätssicherung, Qualifizierung der Innovationsberater	

9

Wo setzen wir an?

InnoGeKo

Innovationskompetenznetz

IKoNe-Gesamtindex
Arbeitsbedingungen
Marktkompetenz
Kultur
Kommunikation
Mitarbeiterpotenzial
Führung

— Anfangswert — Abschlusswert

10

◘ Abb. 7.9 (*Fortsetzung*)

Arbeitsmaterialien zu Modul 1 für Führungskräfte

| Einführung: Der gesunde Weg zu Innovationen im Betrieb | Seite 6 |

Was müssen Sie einbringen?

- Interesse und Offenheit
- Bereit sein zum Austausch
- Ihr betriebliches Erfahrungswissen
- Innoscout benennen
- Dran bleiben

11

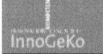

Ihre Aufgaben

Modul 1

- Geschäftsführerfragebogen ausfüllen und abgeben
- Fragbögen für Mitarbeiterbefragung mitnehmen und für Verteilung, Ausfüllen und Einsammeln sorgen
- Innoscout suchen und benennen
- Belegschaft über das Projekt und die Rolle und Aufgaben des Innoscouts informieren

12

© Springer-Verlag Berlin Heidelberg 2016. Aus: A. Ducki et al.: Innovationen gesund gestalten

◻ **Abb. 7.9** *(Fortsetzung)*

Arbeitsmaterialien zu Modul 1 für Führungskräfte

Einführung: Der gesunde Weg zu Innovationen im Betrieb   Seite 7

Aufgaben des Innoscout

Modul 1
- Arbeitsplätze des Betriebes beschreiben
- Arbeitsplatzanalysen für die unterschiedlichen Arbeitsplätze gemeinsam mit den jeweiligen Beschäftigten durchführen
- Innoscoutleitfaden ausfüllen und zurückgeben
- Unterstützung für die Aufgaben des Chefs

13

Wie geht es weiter?

Modul	Was	Führungskraft	Innoscout
M1	Basisqualifizierung		
M2	Basisqualifizierung		
M3	Zukunftswerkstatt		
M4	Überbetrieblicher Erfahrungsaustausch		
M5	Netzwerktreffen		

14

◻ **Abb. 7.9** (*Fortsetzung*)

InnoGeKo

Modul 1

Wissensvermittlung I:

Innovationen und die Gestaltung von Innovationsprozessen

(Beispiel: Handwerk)

InnoGeKo

Inhalt

1 Innovationsverständnis

2 Trends und Nachfragepotenziale im Handwerk

3 Innovative Ideen mit InnoGeKo entwickeln und umsetzen

© Springer-Verlag Berlin Heidelberg 2016. Aus: A. Ducki et al.: Innovationen gesund gestalten

◨ **Abb. 7.10** Präsentation „Wissensvermittlung I: Innovationen und die Gestaltung von Innovationsprozessen"

Arbeitsmaterialien zu Modul 1 für Führungskräfte

Wissensvermittlung I: Innovationen und die Gestaltung von Innovationsprozessen	**Seite 2**

Ergebnisse einer Firmenbefragung

70 Handwerksbetriebe der Region Osnabrück-Emsland aus 5 Gewerken realisierten im Fünfjahreszeitraum 2009 bis 2013 insgesamt 232 Innovationen:

100 Produkt-/Dienstleistungsinnovationen
- Verbessertes Marketing
- Spezialisierung/Angebotsänderung/Kundenwechsel
- Verbessertes/neues Produkt/Neue Dienstleistung

96 Prozessinnovationen
- Einsatz neuer Maschinen/Geräte/Software
- Änderung von Abläufen/Verfahren
- Betriebserweiterungen/-verlagerungen

36 Sozialinnovationen
- Veränderte Arbeitszeitregelungen
  Teambildungsmaßnahmen
- Spezielle Schulungen
- Gesundheitsförderliche Maßnahmen

Quelle: Firmenbefragung im Rahmen des BMBF-geförderten Verbundprojekts HanD/I: Innovationen durch gesunde Unternehmensstrukturen im handwerklichen Kleinbetrieb im Zeitraum von Oktober 2012 bis März 2013

Innovationsverständnis

- Betriebliche Veränderung ist eine Innovation, wenn sie erstmals durchgeführt wird – unabhängig davon, ob diese bereits in anderen Betrieben realisiert wurde

- Das Ausmaß der Veränderung bestimmt den sog. Innovationsgrad (z. B. gering, mittel, groß), wobei es kein objektives Bewertungsmaß gibt

- Innovationen können nicht nur auf das Leistungsangebot (Produkte und Dienstleistungen für den Kunden) bezogen sein, sondern auch auf betriebliche Prozesse und Maßnahmen im sozialen Bereich

- Es gibt interne und externe Anstöße für Innovationen: Kunden, Konkurrenten, technologische Entwicklung, ineffiziente betriebliche Abläufe, veränderte Anforderungen an die Gestaltung von Arbeitsplätzen (Alterung), ...

◘ **Abb. 7.10** *(Fortsetzung)*

Arbeitsmaterialien zu Modul 1 für Führungskräfte

Wissensvermittlung I: Innovationen und die Gestaltung von Innovationsprozessen	Seite 3

Inhalt

1 **Innovationsverständnis**

2 Trends und Nachfragepotenziale im Handwerk

3 **Innovative Ideen mit InnoGeKo entwickeln und umsetzen**

5

Bedeutende Trends für das Handwerk

Drei bedeutende Trends für das Handwerk:

• Demografische Entwicklung

• Zunehmende Verbreitung von IKT

• Steigendes Umweltbewusstsein

Quelle: DHI (Hrsg.): Bernhard Zoch (2011): Wichtige Trends und daraus resultierende Marktpotenziale für das Handwerk. München

6

© Springer-Verlag Berlin Heidelberg 2016. Aus: A. Ducki et al.: Innovationen gesund gestalten

◻ **Abb. 7.10** (*Fortsetzung*)

Arbeitsmaterialien zu Modul 1 für Führungskräfte

Wissensvermittlung I: Innovationen und die Gestaltung von Innovationsprozessen	**Seite 4**

 ## Trend 1: Demografischer Wandel

Potenziale:

- Weiter wachsendes Marktsegment der Älteren

- Hohes Kaufkraftpotenzial

- Hohe Erwartungen an Qualität und Service

 ## Entwicklung der Nachfrage

Wie verändert der demografische Wandel das Handwerk?

Ergebnisse einer Studie:

- Rein demografische Faktoren beeinflussen die Konsumentwicklung deutlich weniger als ökonomische Faktoren

- Relative Bedeutung von Konsumenten unterschiedlichen Alters wird sich für die Nachfrage innerhalb einzelner Konsumentensegmente stark verändern

- Die insgesamt positiven Botschaften für einzelne Branchen gelten nicht für jedes Einzelunternehmen (Bevölkerungsdynamik lokal sehr unterschiedlich)

Quelle: Haverkamp, Katarzyna (2011): Nachfragepotenziale und Absatzchancen des Handwerks im demografischen Wandel. Göttinger Handwerkswirtschaftliche Arbeitshefte Nr. 69, Duderstadt

◻ **Abb. 7.10** *(Fortsetzung)*

Arbeitsmaterialien zu Modul 1 für Führungskräfte

Wissensvermittlung I: Innovationen und die Gestaltung von Innovationsprozessen	Seite 5

Auswirkungen für einzelne Gewerke

- KFZ-Handwerk (Serviceleistungen für Fahrzeughalter) bleibt mittelfristig von gravierenden demografischen Effekten unbeeinflusst

- Lebensmittelhandwerke können kaum profitieren

- Wirtschaftlich positive Auswirkungen für Bauhauptgewerbe, die Ausbau- und Gesundheitshandwerke sowie haushaltsnahe Dienstleistungen

9

Trend 2: zunehmende Verbreitung von IKT

Potenziale
- Zusätzlicher Service über die Website (Anfahrtskizze, Simulation des Leistungsangebots, Angebotskalkulation, ...)
- Auftragsakquise über Internet
- Onlineshop
- Soziale Netzwerke

Maßnahmen
- Aktive und kontinuierliche Kundenansprache über das Internet
- Steigerung Bekanntheit durch Nutzung sozialer Netzwerke
- Angebot von zusätzlichem Service

10

© Springer-Verlag Berlin Heidelberg 2016. Aus: A. Ducki et al.: Innovationen gesund gestalten

◘ Abb. 7.10 *(Fortsetzung)*

Wissensvermittlung I: Innovationen und die Gestaltung von Innovationsprozessen   **Seite 6**

 Trend 3: zunehmendes Umweltbewusstsein

Potenziale
- Energetische Optimierung von Kraftfahrzeugen
- Vertrieb von ökologisch hergestellten Produkten
- Reduktion des Energieverbrauchs von Gebäuden
- Erzeugung von Energie an Gebäuden

Maßnahmen
- Aufgaben von verschiedenen Gewerken verschmelzen
- Strategische Orientierung auf Nischenstrategie
- Handwerker als Technologiewegbereiter beim Kunden
- Zielgruppe derzeit noch hohe Preisbereitschaft

11

 **Trends im Bäckereigewerbe**

Hoher Stellenwert des Bäckereigewerbes:
2011 rund 50 % der Brote bei Handwerksbäckereien gekauft (3000 Brotspezialitäten)

Betriebe reagieren mit Angebots- und Qualitätsoptimierung auf:
- Wachsende Nachfrage nach mediterranen Brotspezialitäten
- Gesundheitsbewusste Ernährung
- Zunehmenden Außer-Haus-Verzehr

Mit Maßnahmen wie
- Frontbaking
- Computer in der Backstube, Einsatz von Kältetechnik
- Beratung im Verkauf
- Produktion von gesunden Lebensmitteln verbunden mit Beratung und Zustellservice
- Kaffeekonzepten jenseits von Coffee-to-go
- Prozessoptimierung
- Energiemanagement vor dem Hintergrund steigender Energiepreise

→ **Wachstumsfelder sind Snack- und Cafébereich**

Quellen: Zentralverband des Deutschen Bäckerhandwerks e.V.: Geschäftsbericht 2011/12;
http://www.baeckerhandwerk.de/baeckerhandwerk/trends/#/tag/1576

12

◘ Abb. 7.10 (*Fortsetzung*)

Wissensvermittlung I: Innovationen und die Gestaltung von Innovationsprozessen

Seite 7

Trends im KFZ-Gewerbe

Rückläufiges Marktvolumen – älterer Fahrzeugbestand
Ursachen: Zunehmende Fahrzeug- und Komponentenqualität
Rückläufige Entwicklung der Fahrleistungen je PKW
Neue Kundenanforderungen, weniger Neuzulassungen

Intensivierung der Kontakte zu Bestandskunden
(1500 Euro Umsatz/Kunde im After-Sales-Geschäft bereits im 1. Fahrzeugjahr möglich)

Orientierung auf junge Menschen als Gebrauchtwagenkunden und auf Frauen
(starkes Wachstum weiblicher Autobesitzer mit anderen Ansprüchen als Männer)

Orientierung auf alternative Antriebe, steigenden Elektronikanteil, bessere Diagnostik

Optimierung des Werkstattgeschäfts als tragende Säule
Neue Leistungsbausteine (z. B. Hol-Bring-Dienst), Verankerung alternativer Antriebsformen,
Ausbau von Internetdienstleistungen, ...)

Quellen: Studien „Zeitenwende im Automobilservice (2010)", „Automobilservice 2025 – Entwicklungslinien im Servicegeschäft der Zukunft",
„Junge Autofahrer – Wie man sie gewinnt und an das Autohaus bindet" DIW-Wochenbericht 47/2012, Fokus Studie „Werkstatt der Zukunft"

13

Trends im Tischlereigewerbe

Mittelfristig **Neuausrichtung der Tätigkeitsfelder** aufgrund des intensiven
Wettbewerbsdrucks durch Montagebetriebe
(für Möbeltischler ist Industriefertigung stärkster Konkurrent)

Zunehmende **Spezialisierung** auf bestimmte Tätigkeitsfelder
(Trend zu kleineren Betriebsgrößen – im Durchschnitt 5 Mitarbeiter)

Erschließung neuer Kundengruppen und Absatzmärkte

60 % der **Erlöse mit privaten Haushalten** erzielt
(Nachfragerelevante Entscheidungskriterien: Wunsch nach individualisiertem Umfeld,
Werterhalt/-steigerung von Immobilien)

Wohnungsbau mittelfristig **als Impulsgeber** für die Branche

Absatzchancen durch demografischen Wandel:
(Individuelle Wohnraumanpassung, z. B. durch barrierefreien Umbau)

Quellen: VR Branchen special, Berichte Nr. 8 (Februar 2013), DHI (Hrsg.): Bernhard Zoch: Wichtige Trends ...aa.O.

14

◻ **Abb. 7.10** *(Fortsetzung)*

Trends im Metall- und Elektro-Gewerbe

Hoher Stellenwert des Kundendienstgeschäfts für Installateure und Heizungsbauer (Wartung und Reparatur von Anlagen)

63 % der Aufträge von privaten Haushalten

Einbau und Wartung neuartiger Heizsysteme (Wärmepumpen, Festbrennstoffkessel, Solaranlagen, Anlagen zur Wohnungslüftung)

Hohes Potenzial: Badmodernisierung (21,5 Millionen noch nicht renoviert)

Unternehmenspolitik: Fachliche Kompetenz und Leistungsfähigkeit durch aktives Marketing sichtbar machen

Absatzchancen durch demografischen Wandel
- Technische Unterstützung der zu Hause Lebenden im Alter
- Herstellung und Reparatur von technischen Geräten
- Technische Unterstützung bei Hilfs- und Pflegetätigkeiten
- Altersgerechte Umgestaltung von Bädern

Quellen: VR Branchen special, Berichte Nr. 40 (Febr. 2013), Nr. 78 (März 2013); DHI (Hrsg.): B. Zoch: Wichtige Trends …a.a.O.

 15

 # Wettbewerbssituation in den Gewerken

	Wettbewerbssituation
Bäcker	Harter Verdrängungswettbewerb (Großbäckereien, LEH, …) Preisdruck durch SB-Backshops Beschäftigtenzahl in letzten Jahren stetig zugenommen
Bau- und Möbeltischler	Stark zunehmende Konkurrenz durch Montagebetriebe Trend zu kleineren Betriebsgrößen
KFZ-Gewerbe	Hohe Konkurrenz zwischen Vertragswerkstätten, Filialsystemen, Franchisebetrieben und freien Werkstätten Rückläufige Beschäftigung und Umsätze
Installateure und Heizungsbauer	Hohe Wettbewerbsintensität Wartung neuartiger Heizsysteme möglich durch Aufhebung des Kehrmonopols der Schornsteinfeger

Quellen: ifoInstitut (Hrsg.): VR Branchen special, Berichte Nr. 8 (Februar 2013), Nr. 14 (März 2013), Nr. 40 (Februar 2013); Nr: 78 (März 2013), Fokus-Studie „Werkstatt der Zukunft"

16

◘ **Abb. 7.10** *(Fortsetzung)*

Arbeitsmaterialien zu Modul 1 für Führungskräfte	
Wissensvermittlung I: Innovationen und die Gestaltung von Innovationsprozessen	**Seite 9**

Inhalt

1 Innovationsverständnis

2 Trends und Nachfragepotenziale im Handwerk

3 Innovative Ideen mit InnoGeKo entwickeln und umsetzen

Innovationen mit InnoGeKo

	Kundenorientierte Produkt- / Dienstleistungsinnovation	Prozess- oder Sozialinnovation
Quellen	Kundenanalyse Mitarbeitergespräch Anregungen des heutigen Tages Wettbewerbsanalyse	Innoscoutanalyse zu Arbeitsbedingungen Beschäftigtenbefragung Mitarbeiter/innengespräch Altersstrukturanalyse
Umsetzbarkeits-kriterien	Realistische Finanzierung (ggf. nötige Investitionen gesichert) Aufwand für Entwicklung und Umsetzung (keine Banalitäten) Zeithorizont für Umsetzung maximal 1 Jahr Bereitschaft zum Erfahrungsaustausch im Netzwerk	
Beispiele	Tischler: Rampen für Türschwellen (Barrierefreiheit) Bäcker: Entwicklung einer speziellen Werbeaktion	Metall: Einführung eines online-Bestellsystems KFZ: Gesundheitsförderliche Umgestaltung eines Werkstattarbeitsplatzes

© Springer-Verlag Berlin Heidelberg 2016. Aus: A. Ducki et al.: Innovationen gesund gestalten

◻ **Abb. 7.10** *(Fortsetzung)*

Arbeitsmaterialien zu Modul 1 für Führungskräfte

Wissensvermittlung I: Innovationen und die Gestaltung von Innovationsprozessen	**Seite 10**

Kundenanalyse

Wissen Sie über Ihre Kunden Bescheid?

Wer sind Ihre Kunden?
Wie gut kennen Sie Ihre Bedürfnisse, Wünsche oder Probleme?
Wie gut nutzen Sie die bereits vorhandenen Informationen über Ihre Kunden?

Möglicher Nutzen einer Kundenanalyse:

Ideen für neue/verbesserte Leistungsangebote
bessere Akquisestrategie
bessere Kundenbindung
Zugang zu neuen Kunden

Wir bieten Ihnen gern Unterstützung an.

19

Wettbewerbsanalyse

Wissen Sie über Ihre Hauptwettbewerber Bescheid?

Welchen **Marktanteil** haben Ihre Hauptwettbewerber?

Worin unterscheidet sich deren **Leistungsangebot** von Ihrem?

Wer weist die erfolgreichste **Entwicklung** in den letzten Jahren auf?

Welche **Marketingstrategien** verfolgen die Hauptwettbewerber?

Welches **Image** haben die Hauptwettbewerber?

Haben Sie **Aufträge** gegen wichtige Wettbewerber **verloren** und warum?

→ Welche **Anregungen** lassen sich aus der Arbeit der Wettbewerber auf Ihr
Unternehmen übertragen?

Wir bieten Ihnen gern Unterstützung an.

Quelle: Pleschak, F., Sabisch, H. (1996): Innovationsmanagement, Stuttgart

20

◘ **Abb. 7.10** *(Fortsetzung)*

Arbeitsmaterialien zu Modul 1 für Führungskräfte

Wissensvermittlung I: Innovationen und die Gestaltung von Innovationsprozessen | **Seite 11**

InnoGeKo

Altersstrukturanalyse

Wissen Sie über die Altersstruktur und das Kompetenzprofil Ihrer Belegschaft Bescheid?

Wie entwickelt sich die Altersstruktur der Belegschaft in den nächsten 10 Jahren?
Welche Mitarbeiter scheiden wann altersbedingt aus?
Wie verändert sich dadurch das Kompetenzprofil der Belegschaft?
Wie sieht Ihr zukünftiger Personalbedarf aus?

→ Der Einsatz von Analysetools könnte hilfreich sein.

Wir bieten Ihnen gern Unterstützung an.

Quelle: Pleschak, F., Sabisch, H. (1996): Innovationsmanagement, Stuttgart

21

Abb. 7.10 *(Fortsetzung)*

Arbeitsmaterialien zu Modul 1 für Führungskräfte

Wissensvermittlung II: Arbeitsbedingungen und deren Auswirkungen auf die Gesundheit	Seite 1

InnoGeKo

Modul 1

Wissensvermittlung II:

Arbeitsbedingungen und deren Auswirkung auf die Gesundheit

InnoGeKo

Inhalt

1 Notwendigkeit von Gesundheitsförderung

2 Mögliche Ursachen von Erkrankungen

3 Gesunde Arbeitsbedingungen

4 Gestaltungsmöglichkeiten

© Springer-Verlag Berlin Heidelberg 2016. Aus: A. Ducki et al.: Innovationen gesund gestalten

◘ **Abb. 7.11** Präsentation „Wissensvermittlung II: Arbeitsbedingungen und deren Auswirkungen auf die Gesundheit"

Arbeitsmaterialien zu Modul 1 für Führungskräfte

Wissensvermittlung II: Arbeitsbedingungen und deren Auswirkungen auf die Gesundheit Seite 2

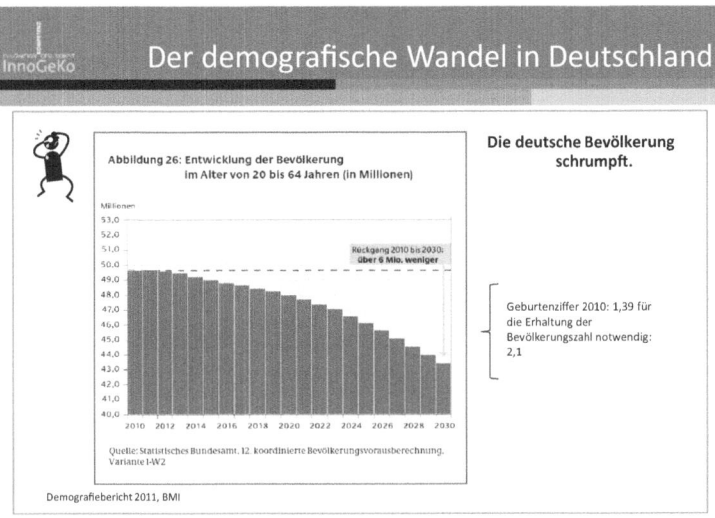

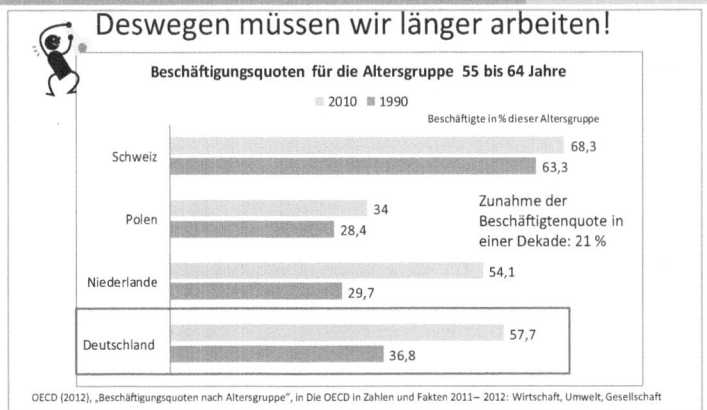

© Springer-Verlag Berlin Heidelberg 2016. Aus: A. Ducki et al.: Innovationen gesund gestalten

◻ **Abb. 7.11** (*Fortsetzung*)

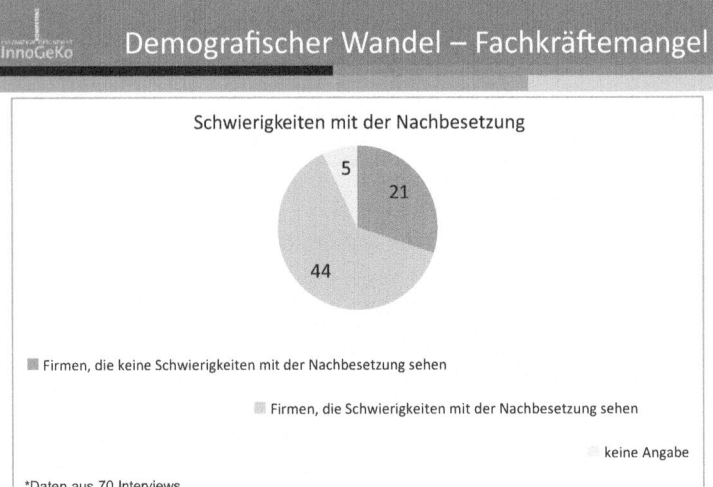

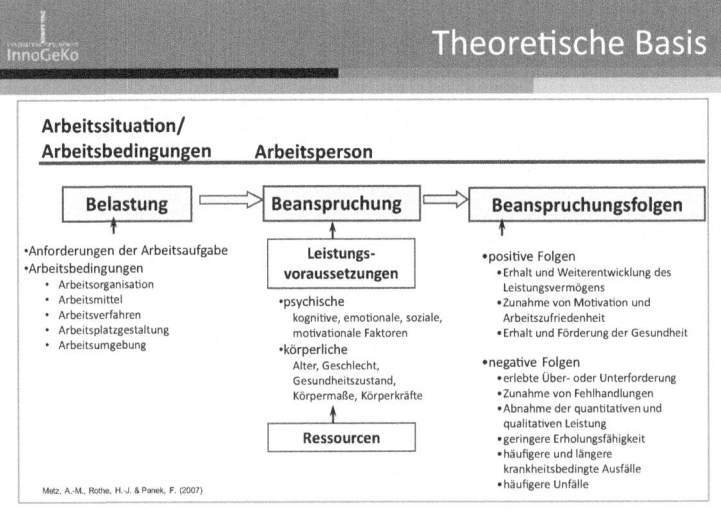

◻ **Abb. 7.11** (*Fortsetzung*)

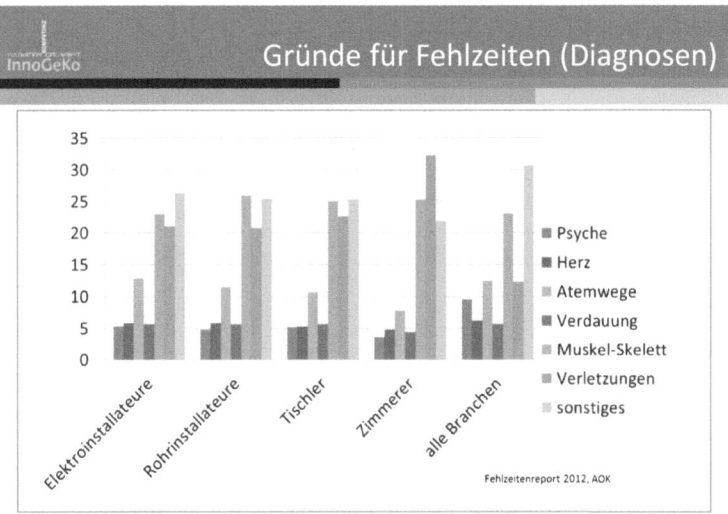

▣ **Abb. 7.11** (*Fortsetzung*)

Arbeitsmaterialien zu Modul 1 für Führungskräfte

Wissensvermittlung II: Arbeitsbedingungen und deren Auswirkungen auf die Gesundheit	Seite 5

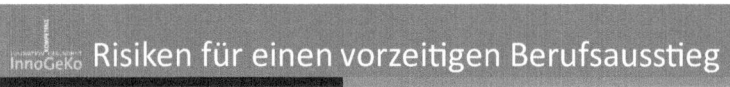

Risiken für einen vorzeitigen Berufsausstieg

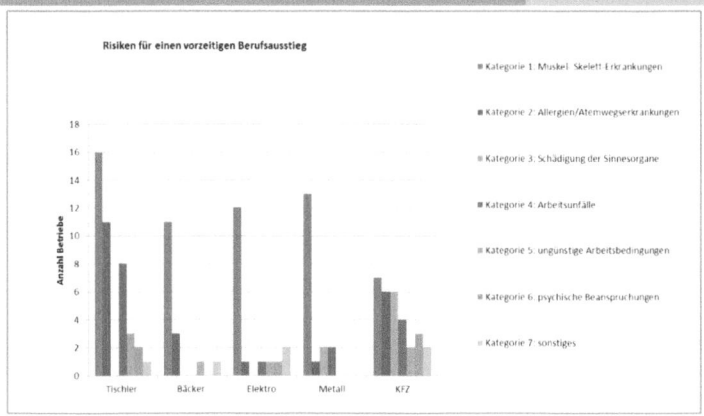

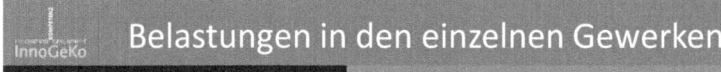

Belastungen in den einzelnen Gewerken

Beispiele aus den Interviews

	Belastungen
Tischler	Schweres Heben, hohe Auftragsdichte, Partikelbelastung bei Oberflächenbehandlung
Bäcker	Hitze in der Backstube, Zugluft, schweres Heben, Stress durch Personalmangel
Elektro	Staub, Witterungsbedingungen, schweres Heben
Metall	Gebückte oder knieende Körperhaltung, schweres Heben, Schweißrauch, Arbeiten in großer Höhe
KFZ	Lack-, Farbendämpfe, Kältegefälle beim Öffnen der Tore, Hektik, Stress durch Leistungsdruck (Herstellertest)

→ Welche Belastungen haben Ihre Mitarbeiter?

◻ **Abb. 7.11** *(Fortsetzung)*

Arbeitsmaterialien zu Modul 1 für Führungskräfte

Wissensvermittlung II: Arbeitsbedingungen und deren Auswirkungen auf die Gesundheit

Seite 6

InnoGeKo

Ressourcen

Kategorien zur Frage Spaß in Beruf	Beispiele
Arbeitsinhalt (36 Nennungen)	Tätigkeiten, Abwechslung in der Arbeit, Produkte
Arbeitsklima (30 Nennungen)	Team, Kollegen, Miteinander
Wertschätzung (15 Nennungen)	Lob und Anerkennung von der Firmenleitung, positive Kundenresonanz
Tätigkeitsspielraum (14 Nennungen)	Arbeitszeit selbst zu regeln, Flexibilität, eigenständiges Handeln/dürfen Entscheidungen immer selbst treffen und müssen nicht ständig von der Baustelle anrufen
Stolz/Erfolg (12 Nennungen)	Zufriedenheit mit der Arbeit: Produkte werden von Kunden angenommen, Stolz sein auf eigene Leistung, wenn man sieht, dass etwas fertig ist und gut geworden ist

➤ Ressourcen sind Arbeitsbedingungen, die den Mitarbeitern Kraft und Energie geben und ungünstige Arbeitsbedingungen „abpuffern" können.

11

InnoGeKo

Umsetzung einer gesunden Arbeit

Förderliche Faktoren	Hemmende Faktoren
• Positives Betriebsklima (28 Nennungen)	• Körperliche/klimatische Belastungen (19 Nennungen)
• Gesunde Arbeitsbedingungen (13 Nennungen)	• Stress/Zeitdruck (17 Nennungen)
• Gute Arbeitsorganisation (9 Nennungen)	• Finanzielle Gründe (14 Nennungen)
• Rahmenbedingungen (9 Nennungen)	• Individuelle Gründe (13 Nennungen)
• Sport (8 Nennungen)	• Betriebsklima (8 Nennungen)

12

◻ **Abb. 7.11** (*Fortsetzung*)

Arbeitsmaterialien zu Modul 1 für Führungskräfte

Wissensvermittlung II: Arbeitsbedingungen und deren Auswirkungen auf die Gesundheit	Seite 7

 Maßnahmen zur Minderung von Stress

	Veränderung der Bedingungen	Veränderung des Verhaltens
Belastungen abbauen	• Ergonomische Arbeitsplatzgestaltung • Optimierung der Arbeitsorganisation • Zeitdruck vermindern • Unfallgefahren beseitigen • Passung Arbeitsaufgabe Qualifikation (Qualifizierung, Einarbeitung) • Arbeitsanforderungen überschaubar und eindeutig • Altersgemischte Teams	• Rückenschule • Unterweisungen • Anwendung von Hebehilfen • Zeitmanagement
Ressourcen stärken	• Handlungs-/Entscheidungsspielraum erhöhen • Gute Kommunikation • Flexible Arbeitszeitmodelle • Gutes Betriebsklima • Gute Führung (gesundheitsförderlich, demografiesensibel)	• Gesundheitsberatung • Betriebssport • Qualifizierung (auch für Ältere) • Erfahrungsaustausch fördern

13

 Maßnahmen der Gesundheitsförderung

Beispiele aus den Interviews

	Maßnahmen der Gesundheitsförderung
Tischler	Höhenverstellbare Werkbänke, Transportwagen in der Werkstatt zum Rollen, im Arbeitsablauf gegensteuern, Reduktion der Arbeitsschritte, immer Hinweise an Maschinen zur richtigen und sicheren Handhabe
Bäcker	Einhaltung einer korrekten Arbeitshaltung, Rückenschule, Abdeckungen auf Knetmaschinen, Lüftungsanlage, auch für Ofendämpfe, geeignetes Schuhwerk, Arbeitsplatzhöhe: Anpassung, wo es geht, durch Unterbauung, Sockel etc., konzentriertes Arbeiten, um z. B. wenig Mehlstaubentwicklung zu erzeugen
Elektro	Ergonomische Stühle, Knieschoner und auch Einsatz von Hilfsmitteln (z. B. LKW mit Kran für Beleuchtungsmasten), mache selbst Lehrgänge als Sicherheitsbeauftragter der Firma zertifizierte Kurse dürfen für einen Pauschalbetrag von 16 € von den Mitarbeitern in Anspruch genommen werden (Kooperationen mit Sportanbietern) Staubabsaugungen, Staubmasken
Metall	Rückenschule, Kräne an den Arbeitsplätzen, schwere Lasten zu zweit tragen, die Mitarbeiter anhalten und auf Eigeninitiative hoffen, ergonomische Gestaltung der Arbeitsplätze, transportable Hebemittel zum Rollen, Kettenzüge über den Arbeitstischen um Gewicht zu minimieren
KFZ	Abgase in der Halle vermeiden, Absauganlage, Gehörschutz, nicht überarbeiten, regelmäßige Ruhepausen einlegen, Vorschläge zu Thema Arbeitssicherheit umsetzen, Seminar zur Vermeidung von Stress, Angebot Rückenfitness (Betriebsarzt)

→ Was haben Sie in Ihrem Betrieb bereits umgesetzt, wie sind Sie vorgegangen?

14

◨ **Abb. 7.11** (*Fortsetzung*)

Arbeitsmaterialien zu Modul 1 für Führungskräfte

Handout „Innovationen und die Gestaltung von Innovationsprozessen im Handwerk"	Seite 1

InnoGeKo

Innovation • Gesundheit • Kompetenz
Innovationen durch gesunde Unternehmensstrukturen

Innovationen und die Gestaltung von Innovationsprozessen im Handwerk

InnoGeKo

▣ **Abb. 7.12** Handout „Innovationen und die Gestaltung von Innovationsprozessen im Handwerk" (Foto © Karin & Uwe Annas – Fotolia.com)

Arbeitsmaterialien zu Modul 1 für Führungskräfte	
Handout „Innovationen und die Gestaltung von Innovationsprozessen im Handwerk"	Seite 2

Inhalt

◘ **Abb. 7.12** *(Fortsetzung)*

1. Innovationsverständnis

Hohes Engagement für Innovationen im Handwerk

Eine im Zeitraum von Oktober 2012 bis März 2013 durchgeführte Befragung bei 70 Handwerksbetrieben der Region Osnabrück-Emsland aus 5 Gewerken offenbarte ein hohes Engagement für Innovationen. Die Betriebe realisierten in den letzten 5 Jahren insgesamt 232 Innovationen:

100 Produkt-/Dienstleistungsinnovationen

- Verbessertes Marketing
- Spezialisierung/Angebotsänderung/Kundenwechsel
- Verbessertes/neues Produkt
- Neue Dienstleistung

96 Prozessinnovationen

- Einsatz neuer Maschinen/Geräte/Software
- Änderung von Abläufen/Verfahren
- Betriebserweiterungen/-verlagerungen

36 Sozialinnovationen

- Veränderte Arbeitszeitregelungen
- Teambildungsmaßnahmen
- Spezielle Schulungen
- Gesundheitsförderliche Maßnahmen

Innovationsverständnis

- Eine betriebliche Veränderung ist eine Innovation, wenn sie erstmals durchgeführt wird – unabhängig davon, ob diese bereits in anderen Betrieben realisiert wurde.
- Das Ausmaß der Veränderung bestimmt den sog. Innovationsgrad (z. B. gering, mittel, groß), wobei es kein objektives Bewertungsmaß gibt.
- Innovationen können nicht nur auf das Leistungsangebot (Produkte und Dienstleistungen für den Kunden) bezogen sein, sondern auch auf betriebliche Prozesse und Maßnahmen im sozialen Bereich.
- Es gibt interne und externe Anstöße für Innovationen: Kunden, Konkurrenten, technologische Entwicklung, ineffiziente betriebliche Abläufe, veränderte Anforderungen an die Gestaltung von Arbeitsplätzen (Alterung), …

◨ **Abb. 7.12** (*Fortsetzung*)

Arbeitsmaterialien zu Modul 1 für Führungskräfte

Handout „Innovationen und die Gestaltung von Innovationsprozessen im Handwerk" **Seite 4**

2. Drei Bedeutende Trends im Handwerk [1]

1. Demografische Entwicklung

- Zahl erwerbsfähiger Bundesbürger sinkt bis 2050 um 22 % bis 29 % → Fachkräftesicherung und Umgang mit alternden Belegschaften
- Anteil der Bevölkerung im Alter 60+ steigt von heute 20 % auf 33 % im Jahr 2030) → zunehmende Bedeutung der Senioren als Kundensegment

Potenziale	Maßnahmen
– Weiter wachsendes Marktsegment der Älteren – Hohes Kaufkraftpotenzial – Hohe Erwartungen an Qualität und Service	– Wohnungsanpassung – Technische Unterstützung zu Hause Lebender im Alter – Produktion von gesunden Lebensmitteln, Beratung und Zustellservice – Herstellung und Reparatur von technischen Geräten

Wie verändert der demografische Wandel das Handwerk? – Ergebnisse einer Studie: [2]

- Nachfrageveränderungen auch durch Veränderungen in der Konsumstruktur, technischen Fortschritt, Einkommensveränderungen oder rechtliche Regulierungen beeinflusst
- Rein demografische Faktoren beeinflussen die Konsumentwicklung deutlich weniger als ökonomische Faktoren
- Relative Bedeutung von Konsumenten unterschiedlichen Alters wird sich für die Nachfrage innerhalb einzelner Konsumentensegmente stark verändern
- Aufgrund einer lokal sehr unterschiedlichen Bevölkerungsdynamik gelten die insgesamt positiven Botschaften für einzelne Branchen nicht für jedes Einzelunternehmen

[1] Bernhard Zoch: Wichtige Trends und daraus resultierende Marktpotenziale für das Handwerk. Deutsches Handwerksinstitut, Ludwig-Fröhler-Institut, München 2011

[2] Katarzyna Haverkamp: Nachfragepotenziale und Absatzchancen des Handwerks im demografischen Wandel. Göttinger Handwerkswirtschaftliche Arbeitshefte Nr. 69, Duderstadt 2011

Abb. 7.12 *(Fortsetzung)*

**Handout „Innovationen und die Gestaltung von
Innovationsprozessen im Handwerk"**   **Seite 5**

→ **KFZ-Handwerk (Serviceleistungen für Fahrzeughalter) bleibt mittelfristig von
gravierenden demografischen Effekten unbeeinflusst:**

– Veränderungen in altersspezifischen Mustern der Autoverfügbarkeit und Nutzungsinten-
  sität erwartet: Abnehmende Motorisierung bei Jüngeren, zunehmende Autoverfügbarkeit
  und leicht steigende Nutzungsintensität bei Älteren
– Überproportionale Verschiebung in der Struktur der Fahrzeughalter im Vergleich zur
  Verschiebung im Altersaufbau der Bevölkerung
– Mittelfristig stabil bleibende Nachfrage nach PKWs → keine wesentliche Änderung des
  Absatzvolumens des KFZ-Handwerks

→ **Lebensmittelhandwerke können kaum profitieren:**

– Allgemeiner gesellschaftlicher Trend zur sinkenden Bedeutung des Konsumsegments
  Nahrungsmittel → Prognose stark zurückgehender anteiliger Ausgaben für Lebensmittel
– Steigende Bedeutung von Nischenmärkten (Bio-Lebensmittel, Außer-Haus-Verzehr) →
  Hoffnung auf Trendumkehr

→ **Wirtschaftlich positive Auswirkungen für Bauhauptgewerbe, die Ausbau- und
Gesundheitshandwerke sowie haushaltsnahe Dienstleistungen:**

– Alleinstehende Personen < 60 Jahre und Paare ohne Kinder sind größte Nachfragegruppe
  nach „familienunterstützenden" Dienstleistungen
– Bereits heute unerschlossenes Potenzial

2. Zunehmende Verbreitung von Informations- und Kommunikationstechnologien (IKT)
– IKT verändern den Inhalt der Produkte von Handwerksbetrieben eher geringfügig, vielmehr
  wird der Wertschöpfungsprozess durch technische Erleichterungen sowie die Integration
  bisher getrennter Informationswege unterstützt
– Herausforderung für Handwerk: Vorteile aus den Potenzialen von IKT zu ziehen
– Rasche Verbreitung internetbasierter Anwendungen → Kommunikationsverkehr mit Kun-
  den, Lieferanten, Behörden über Internet sowie Beschaffung von Aufträgen über Internet,
  Kunden kaufen über Internet,
– Informationen nahezu überall und zu jeder Zeit abrufbar → Verhandlungsmacht der Kunden
  steigt
– Neue Medien bieten große Potenziale für Kundengewinnung und Pflege von Kundenkon-
  takten im Handwerk

◼ **Abb. 7.12** (*Fortsetzung*)

Potenziale	Maßnahmen
– Zusätzlicher Service über die Website (Anfahrtskizze, Simulation des Leistungsangebots, Angebotskalkulation – Auftragsakquise über Internet – Onlineshop – Soziale Netzwerke	– Aktive und kontinuierliche Kundenansprache über das Internet – Steigerung Bekanntheit durch Nutzung sozialer Netzwerke – Angebot von zusätzlichen Service

3. Steigendes Umweltbewusstsein

– Potenziale in verschiedenen Gewerken (z. B. Ökoprodukte in Bäckereien, Werkstätten stellen sich auf veränderte Antriebstechniken im KFZ-Bereich ein)
– Wichtiger Schwerpunkt: Moderne Gebäudetechnologien zur Verbesserung der Wohnqualität
– Integrierte Informationssteuerungen für einzelne Handwerksbetriebe schwer beherrschbar
  → Aufgabenbereiche verschiedener Gewerke des Handwerks verschmelzen miteinander
– Wissen über Potenziale in der Gebäudetechnik in der Bevölkerung noch zu wenig ausgeprägt → Handwerker als Technologiewegbereiter beim Kunden

Potenziale	Maßnahmen
– Energetische Optimierung von Kraftfahrzeugen – Vertrieb von ökologisch hergestellten Produkten – Reduktion des Energieverbrauchs von Gebäuden – Erzeugung von Energie an Gebäuden	– Aufgaben von verschiedenen Gewerken verschmelzen – Strategische Orientierung auf Nischenstrategie – Handwerker als Technologiewegbereiter beim Kunden – Zielgruppe derzeit noch hohe Preisbereitschaft

◘ **Abb. 7.12** *(Fortsetzung)*

3. Trends in einzelnen Gewerken

→ **Trends im Bäckereigewerbe**[3]

– Hoher Stellenwert des Bäckereigewerbes: 2011 rund 50 % der Brote bei Handwerksbäckereien gekauft (3000 Brotspezialitäten)

– Betriebe reagieren mit Angebots- und Qualitätsoptimierung auf:
  – Wachsende Nachfrage nach mediterranen Brotspezialitäten
  – Gesundheitsbewusste Ernährung
  – Zunehmenden Außer-Haus-Verzehr

Mit Maßnahmen wie:
  – Frontbaking
  – Computer in der Backstube
  – Einsatz von Kältetechnik
  – Beratung im Verkauf
  – Produktion von gesunden Lebensmitteln verbunden mit Beratung und Zustellservice
  – Kaffeekonzepten jenseits von Coffee-to-go
  – Prozessoptimierung
  – Energiemanagement vor dem Hintergrund steigender Energiepreise

– Wachstumsfelder sind Snack- und Cafébereich

→ **Trends im KFZ-Gewerbe**[4]

– Rückläufiges Marktvolumen – älterer Fahrzeugbestand
  Ursachen:
  – Zunehmende Fahrzeug- und Komponentenqualität
  – Rückläufige Entwicklung der Fahrleistungen je PKW
  – Neue Kundenanforderungen
  – Eingeschränktes Wachstum bei Neuzulassungen

---

[3] Zentralverband des Deutschen Bäckerhandwerks e.V.: Geschäftsbericht 2011/12; http://www.baecker-handwerk.de/baeckerhandwerk/trends/#/faq/1576
[4] Studien „Zeitenwende im Automobilservice (2010)", „Automobilservice 2025 – Entwicklungslinien im Servicege-schäft der Zukunft", „Junge Autofahrer – Wie man sie gewinnt und an das Autohaus bindet" DIW-Wochenbericht 47/2012, Fokus-Studie „Werkstatt der Zukunft"

◻ **Abb. 7.12** (*Fortsetzung*)

Arbeitsmaterialien zu Modul 1 für Führungskräfte

Handout „Innovationen und die Gestaltung von Innovationsprozessen im Handwerk"	Seite 8

– Intensivierung der Kontakte zu Bestandskunden (durchschnittlicher Umsatz im After-Sales-Geschäft bereits im ersten Fahrzeugjahr von 1500 Euro pro Kunde möglich)

– Orientierung auf junge Menschen als Gebrauchtwagenkunden und auf Frauen (starkes Wachstum weiblicher Autobesitzer mit anderen Ansprüchen als Männer)

– Orientierung auf alternative Antriebe, steigenden Elektronikanteil in den Fahrzeugen, bessere Diagnosegeräte

– Optimierung des Werkstattgeschäfts als tragende Säule
  – Neue Segment- und Kundengruppenspezifische Leistungsbausteine (mit kostenfreien Zusatzleistungen Differenzierungspotenzial ausschöpfen, z. B. Ersatzfahrzeug, Hol-Bring-Dienst, verlängerte Öffnungszeiten, …)
  – Alternative Antriebsformen im Leistungsportfolio verankern
  – Qualifizierungs- und Trainingsprogramme intensivieren
  – Werkstattformate ausdifferenzieren und neue Kooperationsformen finden
  – Internetdienstleistungen ausbauen

→ **Trends im Tischlereigewerbe[5]**
– Mittelfristig Neuausrichtung der Tätigkeitsfelder aufgrund des intensiven Wettbewerbsdrucks durch Montagebetriebe (für Möbeltischler ist Industriefertigung stärkster Konkurrent)

– Zunehmende Spezialisierung auf bestimmte Tätigkeitsfelder → Trend zu kleineren Betriebsgrößen (im Durchschnitt 5 Beschäftigte)

– Erschließung neuer Kundengruppen und Absatzmärkte → 60 % der Erlöse mit privaten Haushalten erzielt (nachfragerelevante Entscheidungskriterien: Wunsch nach individualisiertem Umfeld, Werterhalt/-steigerung von Immobilien)

– Wohnungsbau mittelfristig als Impulsgeber für die Branche

– Absatzchancen durch demografischen Wandel: Anpassung der Wohnung an die individuellen Bedürfnisse der Menschen (z. B. durch barrierefreien Umbau)

[5] VR Branchen special, Berichte Nr. 8 (Februar 2013); Bernhard Zoch (2011) Wichtige Trends und daraus resultierende Marktpotenziale für das Handwerk. Deutsches Handwerksinstitut, Ludwig-Fröhler-Institut, München

◻ **Abb. 7.12** *(Fortsetzung)*

Arbeitsmaterialien zu Modul 1 für Führungskräfte	
Handout „Innovationen und die Gestaltung von Innovationsprozessen im Handwerk"	**Seite 9**

→ **Trends im Metall- und Elektrogewerbe[6]**

– Hoher Stellenwert des Kundendienstgeschäfts für Installateure und Heizungsbauer (Wartung und Reparatur von Anlagen), 63 % der Aufträge von privaten Haushalten

– Einbau und Wartung neuartiger Heizsysteme (Wärmepumpen, Festbrennstoffkessel, Solaranlagen, Anlagen zur Wohnungslüftung)

– Hohes Potenzial: Badmodernisierung (21,5 Millionen noch nicht renoviert)

– Unternehmenspolitik: fachliche Kompetenz und Leistungsfähigkeit durch aktives Marketing sichtbar machen

– Absatzchancen durch demografischen Wandel:
  – Technische Unterstützung der zu Hause Lebenden im Alter
  – Herstellung und Reparatur von technischen Geräten
  – Technische Unterstützung bei Hilfs- und Pflegetätigkeiten
  – Altersgerechte Umgestaltung von Bädern

[6] VR Branchen special, Berichte Nr. 40 (Febr. 2013), Nr. 78 (März 2013); Bernhard Zoch (2011) Wichtige Trends und daraus resultierende Marktpotenziale für das Handwerk. Deutsches Handwerksinstitut, Ludwig-Fröhler-Institut, München

◻ **Abb. 7.12** (*Fortsetzung*)

Arbeitsmaterialien zu Modul 1 für Führungskräfte

Handout „Innovationen und die Gestaltung von Innovationsprozessen im Handwerk"	Seite 10

4. Innovationen mit InnoGeKo

	Kundenorientierte Produkt-/ Dienstleistungsinnovation	Prozess- oder Sozialinnovation
Quellen	– Kundenanalyse – Mitarbeitergespräch – Anregungen des heutigen Tages – Wettbewerbsanalyse	– Innoscout-Analyse zu Arbeitsbedingungen – Beschäftigtenbefragung – Mitarbeitergespräch – Altersstrukturanalyse
Umsetzbarkeitskriterien Im InnoGeKo-Verfahren	– Realistische Finanzierung (ggf. nötige Investitionen gesichert) – Aufwand für Entwicklung und Umsetzung (keine Banalitäten) – Möglichst Bezug zum demografischen Wandel – Zeithorizont für Umsetzung maximal 1 Jahr – Bereitschaft zum Erfahrungsaustausch im Netzwerk	
Beispiele	Tischler: Rampen für Türschwellen (Barrierefreiheit)	Metall: Einführung eines Onlinebestellsystems

5. Ergänzende Hinweise zur verwendeten Literatur

– Trends im Bäckereihandwerk auch unter:
  http://www.baeckerhandwerk.de/baeckerhandwerk/trends/#/faq/1576
– Die Studien „Automobilservice 2025 – Entwicklungslinien im Servicegeschäft der Zukunft" (Forschungsbericht Nr. 10/2012) und „Auswirkungen der Elektromobilität auf das Servicegeschäft vertragsgebundener Autohäuser" (Arbeitspapier Nr. 6/2012) können kostenpflichtig beim Institut für Automobilwirtschaft bestellt werden
– Die Studie „Junge Autofahrer - Wie man sie gewinnt und an das Autohaus bindet!" kann bei der CG Car-Garantie Versicherungs Aktiengesellschaft bezogen werden unter: servicecenter@cargarantie.at
– Die Studie „Führt Kundenzufriedenheit zu einer höheren Profitabilität im Automobilhandel?" kann bei der DEKRA Automobil GmbH angefordert werden: *www.dekra.de*
– Die Studie „Zeitenwende im Automobilservice (2010)" ist zu beziehen unter *www.automechanika.com*

❑ **Abb. 7.12** *(Fortsetzung)*

Arbeitsmaterialien zu Modul 1 für Führungskräfte

| Handout „Arbeitsbedingungen und die Auswirkungen auf Gesundheit" | Seite 1 |

InnoGeKo
Innovation ◆ Gesundheit ◆ Kompetenz
Innovationen durch gesunde Unternehmensstrukturen

Arbeitsbedingungen und die
Auswirkungen auf Gesundheit

InnoGeKo

◘ **Abb. 7.13** Handout „Arbeitsbedingungen und Auswirkungen auf die Gesundheit" (Foto © Karin & Uwe Annas – Fotolia.com)

Arbeitsmaterialien zu Modul 1 für Führungskräfte

Handout „Arbeitsbedingungen und die Auswirkungen auf Gesundheit"	Seite 2

Inhalt

◘ **Abb. 7.13** *(Fortsetzung)*

Arbeitsmaterialien zu Modul 1 für Führungskräfte

Handout „Arbeitsbedingungen und die Auswirkungen auf Gesundheit"	Seite 3

1. Warum Gesundheitsförderung

Gesundheitsförderung geht deutlich über die Einhaltung des Arbeitsschutzes und Gesundheitsschutzes hinaus. Langfristige Ziele einer gut geplanten Gesundheitsförderung sind:

– Abbau der Fehlzeiten und damit Reduzierung der betrieblichen Kosten
– Verbesserung der Gesundheit und des Wohlbefindens der Belegschaft und dadurch Steigerung der Produktivität und Qualität der Arbeit
– Verbesserung der internen Prozesse und Kommunikation
– Steigerung der Motivation und Arbeitszufriedenheit der Belegschaft und dadurch Verbesserung des Betriebsklimas und des Images des Betriebes

2. Wo liegen arbeitsbedingte Gesundheitsgefahren im Handwerk?

Auf die Beschäftigten „prasseln" im Laufe eines Arbeitslebens viele körperliche und psychische Anforderungen ein. Dazu gehören beispielsweise: Heben und Tragen schwerer Gegenstände, kritische Kundengespräche, zugige Werkhallen. Schon die Aufzählung zeigt, wie unterschiedlich die Anforderungen sind.

Körperliche Belastung

Die Ergebnisse der Benchmarks spiegeln viele andere Untersuchungen wieder. Eine der Hauptbelastungen im Handwerk ist die körperliche Belastung und die dadurch bedingten Muskel- und Skeletterkrankungen durch Heben und Tragen schwerer Gegenstände, ungünstige Körperhaltungen, ständig wiederkehrende Bewegungen (z. B. bei der Montage am Fließband). Aber Rückenschmerzen und Verspannungen können nicht nur von körperlich belastender Arbeit kommen, auch psychische Belastungen wie Arbeitsplatzunsicherheit oder Mobbing können zu Verspannungen und in der Folge zu Rückenschmerzen führen.

Handlungsmöglichkeiten:

Bedingungsbezogen (Änderung der Arbeitsbedingungen)

– Einrichtung ergonomische Arbeitsplätze
– Dynamisches Sitzen (häufiges Wechseln der Sitzhaltung)
– Bedarfssitze und Stehhilfen für „Dauersteher"
– Trittdämpfender Fußboden
– Vermeidung einseitiger körperlicher Belastungen durch Gestaltung der Arbeitsinhalte

Personenbezogen (Änderungen des individuellen Mitarbeiterverhaltens)

– Schulung „Rückengerechtes Heben und Tragen"
– Sport und Rückenschulkurse, u. v. a

© Springer-Verlag Berlin Heidelberg 2016. Aus: A. Ducki et al.: Innovationen gesund gestalten

---

■ **Abb. 7.13** (*Fortsetzung*)

Arbeitsmaterialien zu Modul 1 für Führungskräfte

Handout „Arbeitsbedingungen und die Auswirkungen auf Gesundheit"   **Seite 4**

Umgebungsbelastungen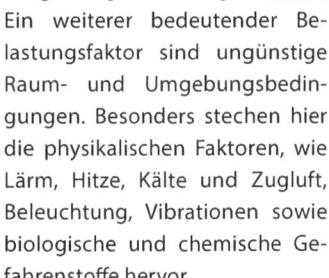
Ein weiterer bedeutender Be-
lastungsfaktor sind ungünstige
Raum- und Umgebungsbedin-
gungen. Besonders stechen hier
die physikalischen Faktoren, wie
Lärm, Hitze, Kälte und Zugluft,
Beleuchtung, Vibrationen sowie
biologische und chemische Ge-
fahrenstoffe hervor.

Handlungsmöglichkeiten:

Bedingungsbezogen
– Arbeitsorganisation (z. B. Ruhezonen für kon-
   zentrative Arbeiten, Arbeitszeitgestaltung)
– Persönliche Schutzausrüstung (z. B. Knieschoner)
– Arbeitsplatzgestaltung (z. B. Schallwände)
– Einsatz von Hilfsmitteln (z. B. Lastenkräne)

Personenbezogen
– Arbeitsschutzunterweisung, u. v. a

Psychische Belastungen
Weniger Beachtung, aber eine umso größere Bedeutung haben die arbeitsbedingten psychi-
schen Belastungen. Dazu gehören Faktoren der Arbeitsaufgabe, der Arbeitsumgebung, der
Arbeitsorganisation sowie psychosoziale Arbeitsbedingungen.

Arbeitsaufgabe
Vorrangig geht es bei der Betrachtung der Arbeitsaufgabe um Art und
Umfang der einzelnen Tätigkeiten
der Beschäftigten. Eine gut gestal-
tete Arbeitsaufgabe ist inhaltlich
ansprechend, abwechslungsreich
und entspricht der Qualifikation des
Beschäftigten.

Handlungsmöglichkeiten Arbeitsaufgabe:

Bedingungsbezogen
– Vermeiden Sie Überforderungen durch zu
   große Arbeitsmengen
– Bei eintönigen Arbeiten den Tätigkeitsbereich
   erweitern, z. B. durch zusätzliche Vor- und Nach-
   bereitungsarbeiten
– Verantwortungsbereiche der Beschäftigten
   erweitern, das fördert die Kreativität und Eigen-
   initiative

Personenbezogen
– Qualifizierung entsprechend der Tätigkeit
– Schulungen ggf. im Bereich Zeit- und Projekt-
   management

◘ **Abb. 7.13** *(Fortsetzung)*

Arbeitsmaterialien zu Modul 1 für Führungskräfte

| **Handout „Arbeitsbedingungen und die Auswirkungen auf Gesundheit"** | **Seite 5** |

Arbeitsumgebung

Hierbei geht es neben den oben schon besprochenen Umgebungsbelastungen (wie Lärm, Beleuchtung, Schadstoffe) vor allem um die psychosozialen Rahmenbedingungen. Damit sind das Arbeitsklima, die Kommunikation zwischen den Beschäftigten sowie das Verhältnis Belegschaft und Chef gemeint.

Handlungsmöglichkeiten Arbeitsumgebung:

Bedingungsbezogen
- Arbeitsplatzgestaltung (ergonomisch, sichere und angemessene Arbeitsmittel, weitestgehend störungsfreie Arbeitsumgebung)
- Beteiligen Sie die Belegschaft an der Gestaltung
- Nutzen Sie ein betriebliches Vorschlagswesen
- Übernehmen Sie Führungsverantwortung (faire Konflikt- und Problembehandlung, Schaffung einer vertrauensvollen Beziehung zwischen Chef und Belegschaft,)
- Regelmäßige Mitarbeitergespräche (Feedback zu Arbeitsleistung und Arbeitsbedingungen)

Personenbezogen
- private Gestaltungsmöglichkeiten des Arbeitsplatzes

Arbeitsorganisation

Die sinnvolle und effiziente Organisation der Arbeit ist eines der wichtigsten Mittel bei der gesundheitsförderlichen Gestaltung der Arbeit der Belegschaft und ist somit eine bedeutende Führungsaufgabe.

Handlungsmöglichkeiten Arbeitsaufgabe:

Bedingungsbezogen
- Arbeitszeitgestaltung (z. B. Gleitzeit)
- Frühzeitige Information und Einbeziehung der Belegschaft bei Veränderungen oder absehbarem Zeitdruck
- Einsatz der MA nach ihren Qualifikationen

Personenbezogen
- Qualifizierung

3. Wie können Beschäftigte „Kraft" und Energie tanken?

Jeder Beschäftigte reagiert verschieden auf die Arbeitsanforderungen, die an ihn gestellt werden. Was den einen „stresst" und damit auf lange Sicht krank machen kann, das stört einen anderen Beschäftigten nicht. Verantwortlich dafür sind die Ressourcen, d. h. Bedingungen, aus denen die Beschäftigten Kraft ziehen können, die jeder Einzelne den Belastungen entgegensetzen kann.

☐ **Abb. 7.13** *(Fortsetzung)*

Arbeitsmaterialien zu Modul 1 für Führungskräfte

Handout „Arbeitsbedingungen und die Auswirkungen auf Gesundheit"	**Seite 6**

Einige Belastungen gehören zum Job und lassen sich auch nicht abstellen (z. B. Nachtschicht bei Bäckern, ungünstige Körperhaltungen bei Tischlern und Elektroinstallateuren in Kundenwohnungen etc.). Umso wichtiger ist es zusätzlich zur Reduzierung von arbeitsbedingten Belastungen Ressourcen aufzubauen. Wichtige Ressourcen sind u. a.:

- Möglichkeiten der Weiterqualifizierung und -entwicklung,
- Raum für Kreativität,
- Sinngehalt der Aufgabe,
- klarer Informationsfluss,
- Führungsqualität (Anerkennung und Wertschätzung durch die Vorgesetzten),
- Betriebskultur.

4. Wie können Sie vorgehen?

Es gibt viele Möglichkeiten, Maßnahmen der betrieblichen Gesundheitsförderung sowie Verbesserungen der Arbeitsbedingungen einzuführen. Nachfolgend ist ein prototypisches Vorgehen geschildert.

1. Fragestellung eingrenzen
Der erste Schritt ist die Erkenntnis.
Wo lassen sich Defizite auffinden?
Informationsquellen sind u. a.:

- Krankenstandsanalyse,
  Altersstrukturanalyse
- Arbeitsplatzanalyse,
  Gefährdungsanalyse
- Mitarbeitergespräche

2. Ursachen analysieren
Zur sinnvollen und effektiven Beseitigung von Defiziten gehört die genaue Analyse der Ursache. Wenn beispielsweise ein Beschäftigter über Rückenschmerzen klagt, sollten Sie herausfinden, woher die Rückenschmerzen kommen. Möglichkeiten sind: falsche Hebe oder Tragetechnik, zu schwere Lasten, falsches Einsetzen der Hilfsmittel, ungünstiges Raumklima (Zug oder Kälte), psychische Belastungen u. a.

◘ **Abb. 7.13** *(Fortsetzung)*

3. Maßnahmen planen

Der nächste Schritt ist die Planung der Maßnahmen zur Beseitigung der Ursachen. Ein Rücken-schulkurs zur Beseitigung der Rückenschmerzen ist nur dann erfolgreich, wenn die Ursachen der Schmerzen z. B. falsches Heben oder zu hohe Lasten behoben sind. Sie sollten Prioritäten setzten und die Maßnahmen z. B. bereichsweise einführen. Erstellen Sie einen Zeitplan und legen Sie die Ziele, die Sie erreichen wollen, fest.

4. Maßnahmen umsetzen und überprüfen

Entsprechend ihrer Umsetzungsplanung sollten Sie die Maßnahmen schrittweise umsetzen und dokumentieren. Überprüfen Sie regelmäßig die Umsetzung und die Erreichung der Ziele.

In festgelegten Abständen sollten Sie den beschriebenen Prozess erneut durchlaufen und somit einen kontinuierlichen Verbesserungsprozess anstreben.

5. Weitere Informationen

Informationsbroschüren der Bundesanstalt für Arbeitsschutz und Arbeitsmedizin (www.baua.de):

- Klein, aber fein! Sicherheit und Gesundheit in Handwerksbetrieben – Tipps für Betriebsinhaber
- Stress im Betrieb? Handlungshilfen für die Praxis
- Heben und Tragen ohne Schaden
- Ziehen und Schieben ohne Schaden
- Neue kooperative Zugangswege zur Erkennung von Ursachen arbeitsbedingter Muskel-Skelett-Erkrankungen in Klein- und Mittelbetrieben

◻ **Abb. 7.13** (*Fortsetzung*)

Arbeitsmaterialien zu Modul 1 für Führungskräfte

Planung und Durchführung einer Kundenanalyse	Seite 1

Ziel

Systematisches Erfassen, Bewerten und Aufbereiten von Informationen über latente und zukünftige Bedürfnisse, Wünsche und Probleme Ihrer Kunden als Ansatzpunkte für die Generierung kundenorientierter Produkt und Dienstleistungsinnovationen

INNOVATION KOMPETENZ GESUNDHEIT
InnoGeKo

Mögliche Wege

- Mündliche Befragung im direkten Kundenkontakt durch Betriebsmitarbeiter (und anschließende schriftliche Erfassung)
- Schriftliche Befragung
- Durchführung von Kundenveranstaltungen
- Einzelinterviews mit Kunden vor Ort
- Beobachtung der Kunden bei der Produktanwendung

Mögliche Erhebungsinhalte

- Welche Altersstruktur kennzeichnet Ihre Kundschaft (< 30, 30–50, > 50)?
- Wie ist das Verhältnis von Stammkunden zu Gelegenheitskunden?
- Welchen Umsatz machen Sie mit welchen Kunden?
- Welchen Teil Ihres Leistungsangebots kennen und nutzen Ihre Kunden?
- Welchen Teil nutzen sie nicht und aus welchen Gründen?
- Nach welchen Kriterien wird die Kaufentscheidung getroffen?
- In welchem Umfeld nutzen Ihre Kunden Ihr Leistungsangebot?
- Welche bislang ungelösten Probleme haben Ihre Kunden?
- Wo sehen die Kunden ggf. Ansatzpunkte für Veränderungen?
- Wie zufrieden sind Ihre Kunden mit Ihrem Leistungsangebot (Produktpalette, Öffnungszeiten, Service)?
- Wie beurteilen Ihre Kunden die Stärken und Schwächen Ihres Angebots im Vergleich zur Konkurrenz hinsichtlich Preis, Qualität, Funktionalität und Service?
- Welchen Anfahrtsweg nehmen ihre Kunden in Kauf (fußläufig, mit Fahrzeug bis 10 Minuten, mit Fahrzeug länger als 10 Minuten)?

◨ **Abb. 7.14** Informationsblatt „Planung und Durchführung einer Kundenanalyse"

Arbeitsmaterialien zu Modul 1 für Führungskräfte

| **Planung und Durchführung einer Kundenanalyse** | **Seite 2** |

Empfohlene Vorgehensweise

1. Auswählen der für Sie relevanten Erhebungsinhalte
2. Prüfen, welche Informationen über die Kunden bereits zur Verfügung stehen
3. Aufbereiten dieser Informationen, z. B.
   - Kundenstruktur (gewerblich/privat, Stamm-/Gelegenheitskunden)
   - Kundenmerkmale (Altersstruktur, Geschlecht, räumliche Verteilung)
   - Entwicklung des Kundenstamms im Zeitverlauf
4. Erstellen eines strukturierten Fragebogens auf Basis der zusätzlich benötigten Informationen
5. Durchführung und Auswertung, ggf. vorher Pretest

Praktische Hinweise zur Durchführung im InnoGeKo-Verfahren

- Erfassen Sie in den nächsten Wochen die benötigten Informationen von Ihren Kunden im Anschluss an jeden Kundenkontakt (z. B. Strichliste in der Bäckerei, vorbereitetes Kundendatenblatt in der Autowerkstatt).
- Schätzen Sie ab, ob auf diesem Weg alle relevanten Kunden(gruppen) erreicht werden können. Falls nicht, befragen Sie die restlichen Kunden zielgerichtet telefonisch.
- Der Erhebungszeitraum richtet sich folglich nach der Intensität der Kundenkontakte. Bis zur Zukunftswerkstatt sollten die Ergebnisse ausgewertet sein, damit sie im weiteren Vorgehen berücksichtigt werden können.

◘ **Abb. 7.14** (*Fortsetzung*)

Arbeitsmaterialien zu Modul 1 für Führungskräfte

Feedbackbogen	Seite 1

Ihr Feedback ist uns wichtig!

INNOVATION KOMPETENZ GESUNDHEIT
InnoGeKo

Veranstaltung: Wissensvermittlung Modul 1 (Führungskräfte) am ....

	Stimme voll zu	Stimme teilweise zu	Stimme nicht zu
Die Veranstaltungsdauer war den Inhalten angemessen.			
Die Zielsetzung der Veranstaltung wurde klar vermittelt.			
Die Vorstellung des InnoGeKo-Verfahrens und des Analyseinstruments „Innovationskompetenznetz" waren verständlich.			
Die Vorstellung der Teilnehmenden erfolgte in angemessenem Rahmen.			
Die Pausen waren angemessen.			
Ich habe eine gute Orientierung zum weiteren Vorgehen bekommen.			
Baustein „Innovationen und die Gestaltung von Innovationsprozessen"			
Der Umfang der Wissensvermittlung war angemessen.			
Die vermittelten Inhalte waren interessant.			
Die Inhalte wurden ansprechend vermittelt.			
Die behandelten Themen sind für unseren Betrieb relevant.			
Baustein „Arbeitsbedingungen und deren Auswirkungen auf die Gesundheit"			
Der Umfang der Wissensvermittlung war angemessen.			
Die vermittelten Inhalte waren interessant.			
Die Inhalte wurden ansprechend vermittelt.			
Die behandelten Themen sind für unseren Betrieb relevant.			

◘ **Abb. 7.15** Feedbackbogen „Modul 1 für Führungskräfte"

7.4 Materialien für Modul 1 Innoscouts (▶ Abschn. 4.3)

◘ Abb. 7.16, ◘ Abb. 7.17, ◘ Abb. 7.18, ◘ Abb. 7.19

Arbeitsmaterialien zu Modul 1 für Innoscouts

Einführung für Innoscouts	Seite 1

InnoGeKo **Modul 1**

Innovationen im Betrieb
Einführung zum
InnoGeKo-Verfahren

InnoGeKo **Worum geht es?**

Herausforderung: demografischer Wandel

- Alternde Belegschaften
- Fachkräftemangel
- Veränderte Kundenstrukturen
- Dienstleistungsansprüche älterer Kunden (alles aus einer Hand)

→ **Innovationen**

- Kundenwünsche ändern sich
  (neue Produkte/Verfahren und Dienstleistungen)
- Arbeitsbedingungen müssen angepasst werden
  (unternehmensinterne Veränderungen)

Kleinbetrieben fehlen oft Ressourcen und das passende
„Werkzeug", um jetzt für die Zukunft vorzusorgen → InnoGeKo-Verfahren

◘ **Abb. 7.16** Präsentation „Einführung für Innoscouts"

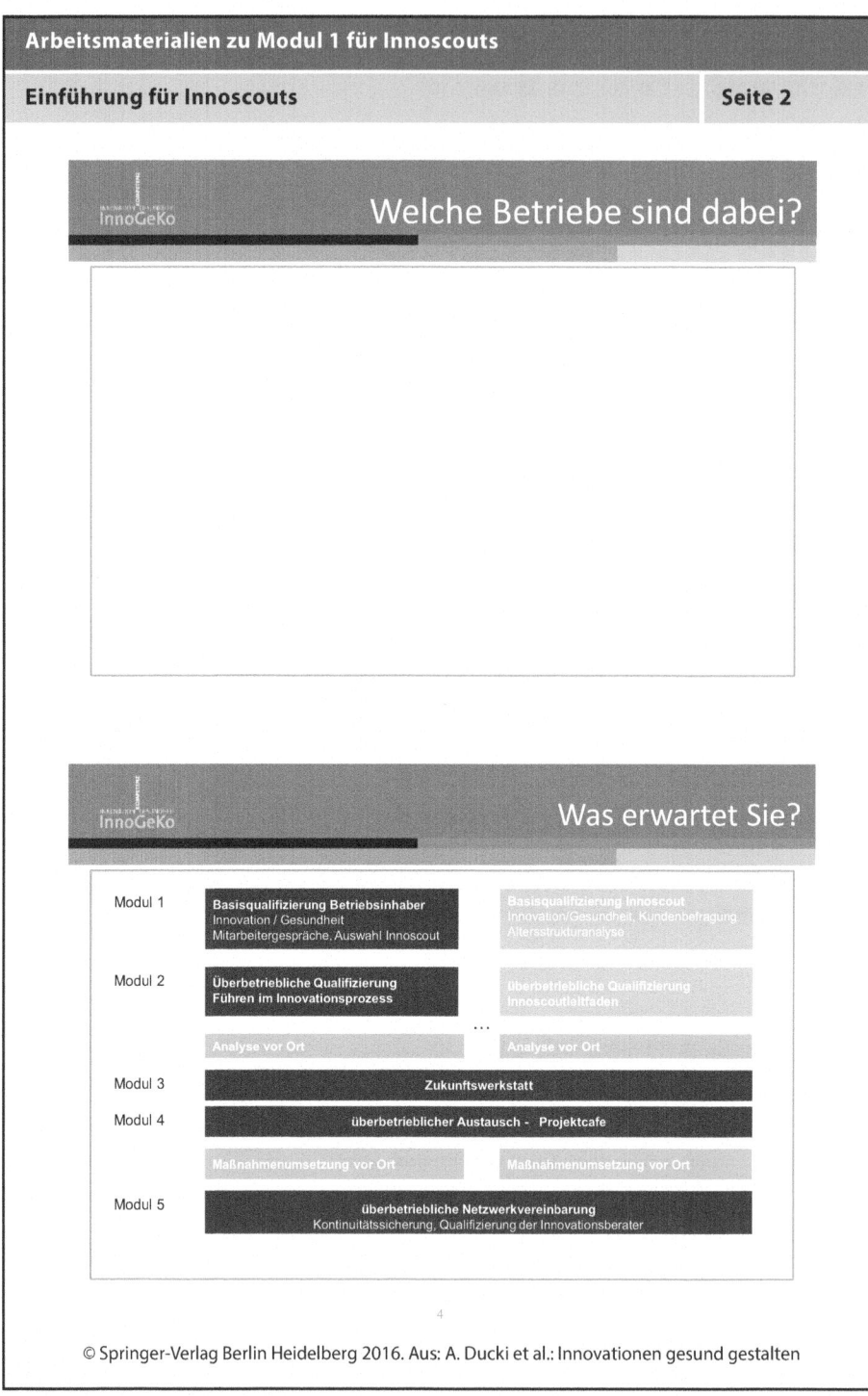

◨ **Abb. 7.16** *(Fortsetzung)*

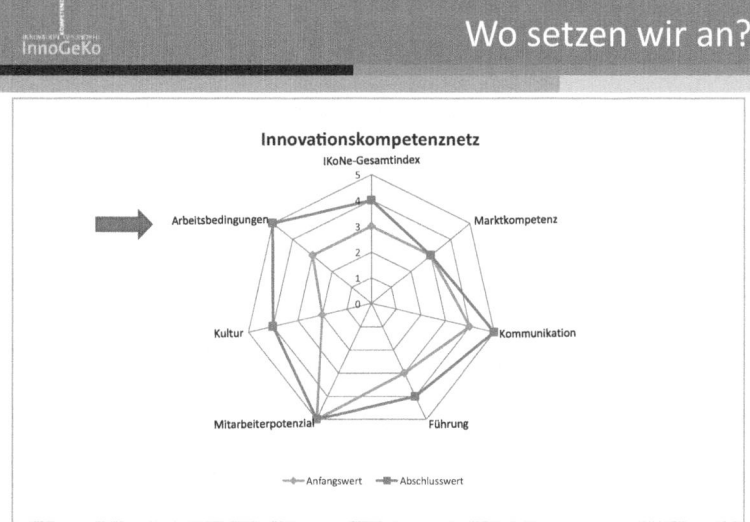

Arbeitsmaterialien zu Modul 1 für Innoscouts

Einführung für Innoscouts | **Seite 3**

InnoGeKo

Was müssen Sie einbringen?

- Interesse und Offenheit
- Bereit sein zum Austausch
- Ihr betriebliches Erfahrungswissen
- Dran bleiben

InnoGeKo

Wo setzen wir an?

Innovationskompetenznetz

IKoNe-Gesamtindex

Arbeitsbedingungen — Marktkompetenz

Kultur — Kommunikation

Mitarbeiterpotenzial — Führung

Anfangswert — Abschlusswert

© Springer-Verlag Berlin Heidelberg 2016. Aus: A. Ducki et al.: Innovationen gesund gestalten

◻ **Abb. 7.16** (*Fortsetzung*)

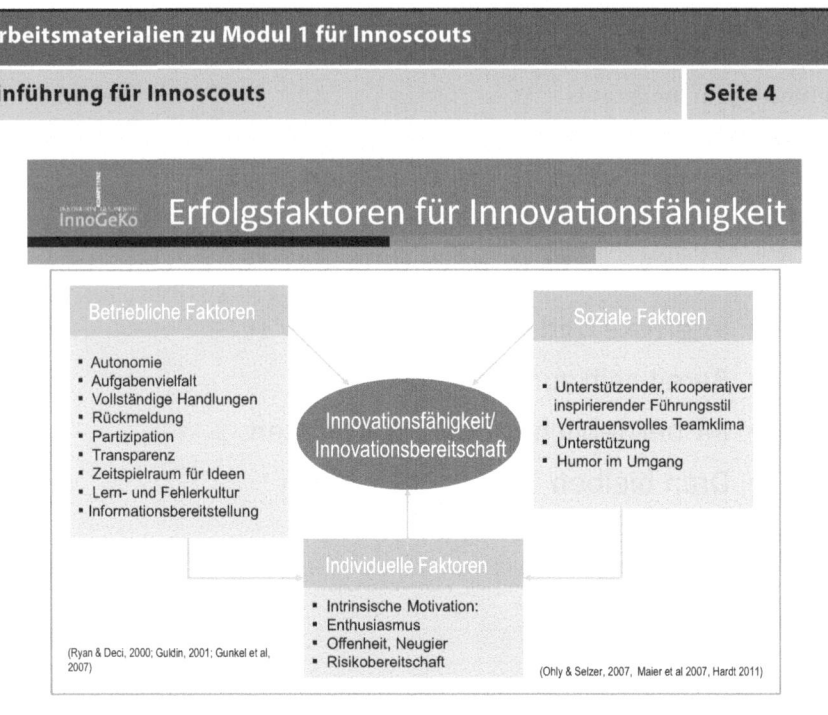

Erfolgsfaktoren für Innovationsfähigkeit

Betriebliche Faktoren

* Autonomie
* Aufgabenvielfalt
* Vollständige Handlungen
* Rückmeldung
* Partizipation
* Transparenz
* Zeitspielraum für Ideen
* Lern- und Fehlerkultur
* Informationsbereitstellung

Innovationsfähigkeit/ Innovationsbereitschaft

Soziale Faktoren

* Unterstützender, kooperativer inspirierender Führungsstil
* Vertrauensvolles Teamklima
* Unterstützung
* Humor im Umgang

Individuelle Faktoren

* Intrinsische Motivation:
* Enthusiasmus
* Offenheit, Neugier
* Risikobereitschaft

(Ryan & Deci, 2000; Guldin, 2001; Gunkel et al, 2007)

(Ohly & Selzer, 2007, Maier et al 2007, Hardt 2011)

7

Wann geht es wie weiter?

Modul	Was	Inhaber	Mitarbeiter
M1	Basisqualifizierung		
M2	Basisqualifizierung	*(Termine eintragen)*	
M3	Zukunftswerkstatt		
M4	Überbetrieblicher Erfahrungsaustausch		
M5	Netzwerktreffen		

8

◘ **Abb. 7.16** *(Fortsetzung)*

Arbeitsmaterialien zu Modul 1 für InnoScouts

| Innovationsverständnis | Seite 1 |

InnoGeKo

Modul 1

Wissensvermittlung zu Innovationsprozessen (Beispiel Handwerk)

InnoGeKo

Inhalt

1 Innovationsverständnis

2 Innovative Ideen mit InnoGeKo entwickeln und umsetzen

Abb. 7.17 Präsentation „Innovationsverständnis"

Innovationsverständnis   **Seite 2**

 Ergebnisse einer Firmenbefragung

70 Handwerksbetriebe der Region Osnabrück-Emsland aus 5 Gewerken realisierten im Fünfjahreszeitraum 2009 bis 2013 insgesamt 232 Innovationen:

100 Produkt-/Dienstleistungsinnovationen
- Verbessertes Marketing
- Spezialisierung / Angebotsänderung / Kundenwechsel
- Verbessertes / neues Produkt / Neue Dienstleistung

96 Prozessinnovationen
- Einsatz neuer Maschinen / Geräte / Software
- Änderung von Abläufen / Verfahren
- Betriebserweiterungen / -verlagerungen

36 Sozialinnovationen
- Veränderte Arbeitszeitregelungen
- Teambildungsmaßnahmen
- Spezielle Schulungen
- Gesundheitsförderliche Maßnahmen

Quelle: Firmenbefragung im Rahmen des BMBF-geförderten Verbundprojekts HanD/I: Innovationen durch gesunde Unternehmensstrukturen im handwerklichen Kleinbetrieb im Zeitraum von Oktober 2012 bis März 2013

 Innovationsverständnis

- Betriebliche Veränderung ist eine Innovation, wenn sie erstmals durchgeführt wird – unabhängig davon, ob diese bereits in anderen Betrieben realisiert wurde

- Das Ausmaß der Veränderung bestimmt den sog. Innovationsgrad (z. B. gering, mittel, groß), wobei es kein objektives Bewertungsmaß gibt

- Innovationen können nicht nur auf das Leistungsangebot (Produkte und Dienstleistungen für den Kunden) bezogen sein, sondern auch auf betriebliche Prozesse und Maßnahmen im sozialen Bereich

- Es gibt interne und externe Anstöße für Innovationen: Kunden, Konkurrenten, technologische Entwicklung, ineffiziente betriebliche Abläufe, veränderte Anforderungen an die Gestaltung von Arbeitsplätzen (Alterung), …

☐ **Abb. 7.17** *(Fortsetzung)*

Arbeitsmaterialien zu Modul 1 für InnoScouts

Innovationsverständnis　　　　　　　　　　　　**Seite 3**

Innovationen mit InnoGeKo

	Kundenorientierte Produkt-/ Dienstleistungsinnovation	Prozess- oder Sozialinnovation
Quellen	Kundenanalyse Mitarbeitergespräch Anregungen des heutigen Tages Wettbewerbsanalyse	Innoscout-Analyse zu Arbeitsbedingungen Beschäftigtenbefragung Mitarbeitergespräch Altersstrukturanalyse
Umsetzbarkeits-kriterien	Realistische Finanzierung (ggf. nötige Investitionen gesichert) Aufwand für Entwicklung und Umsetzung (keine Banalitäten) Zeithorizont für Umsetzung maximal 1 Jahr Bereitschaft zum Erfahrungsaustausch im Netzwerk	
Beispiele	Tischler: Rampen für Türschwellen (Barrierefreiheit) Bäcker: Entwicklung einer speziellen Werbeaktion	Metall: Einführung eines online-Bestellsystems KFZ: Gesundheitsförderliche Umgestaltung eines Werkstattarbeitsplatzes

5

Kundenanalyse

Wissen Sie über Ihre Kunden Bescheid?

Wer sind Ihre Kunden?
Wie gut kennen Sie Ihre Bedürfnisse, Wünsche oder Probleme?
Wie gut nutzen Sie die bereits vorhandenen Informationen über Ihre Kunden?

Möglicher Nutzen einer Kundenanalyse:

Ideen für neue/verbesserte Leistungsangebote
bessere Akquisestrategie
bessere Kundenbindung
Zugang zu neuen Kunden

Wir bieten Ihnen gern Unterstützung an.

8

◨ **Abb. 7.17** (*Fortsetzung*)

Wettbewerbsanalyse

Wissen Sie über Ihre Hauptwettbewerber Bescheid?

Welchen **Marktanteil** haben Ihre Hauptwettbewerber?

Worin unterscheidet sich deren **Leistungsangebot** von Ihrem?

Wer weist die erfolgreichste **Entwicklung** in den letzten Jahren auf?

Welche **Marketingstrategien** verfolgen die Hauptwettbewerber?

Welches **Image** haben die Hauptwettbewerber?

Haben Sie **Aufträge** gegen wichtige Wettbewerber **verloren** und warum?

→ Welche **Anregungen** lassen sich aus der Arbeit der Wettbewerber auf Ihr Unternehmen übertragen?

Wir bieten Ihnen gern Unterstützung an.

Quelle: Pleschak, F., Sabisch, H. (1996): Innovationsmanagement, Stuttgart

7

Altersstrukturanalyse

Wissen Sie über die Altersstruktur und das Kompetenzprofil Ihrer Belegschaft Bescheid?

Wie entwickelt sich die Altersstruktur der Belegschaft in den nächsten 10 Jahren?

Welche Mitarbeiter scheiden wann altersbedingt aus?

Wie verändert sich dadurch das Kompetenzprofil der Belegschaft?

Wie sieht Ihr zukünftiger Personalbedarf aus?

→ Der Einsatz von Tools zur Analyse der Altersstruktur könnte hilfreich sein.

Wir bieten Ihnen gern Unterstützung an.

Quelle: Pleschak, F., Sabisch, H. (1996): Innovationsmanagement, Stuttgart

8

Abb. 7.17 *(Fortsetzung)*

Arbeitsmaterialien zu Modul 1 für InnoScouts

Aufgaben des Innoscouts	Seite 1

INNOVATION KOMPETENZ GESUNDHEIT
InnoGeKo

Zeit	Aufgabe/Aktivität	Erläuterung	Ort	Erledigt
	Qualifizierung Modul 1 „Innovationen im Betrieb"	Das Projekt wird vorgestellt und die Aufgaben und Rolle des Scouts erläutert. Die ersten Aufgaben der Scouts werden ausführlich beschrieben.	Schulungs-ort	✓
	Qualifizierung Modul 2 „Arbeitsbedingungen und deren Beurteilung"	In dieser Schulung werden Sie auf die Analyse der Arbeitsplätze vorbereitet.	Schulungs-ort	
	Arbeitsplatz-analysen	Entsprechend der Schulung M2 führen Sie an den relevanten Arbeitsplätzen mithilfe des Innoscout- Leitfadens eine Arbeitsplatzanalyse durch und dokumentieren die Ergebnisse. Unterstützt werden Sie dabei von Ihrem Berater.	Betrieb	
	Zukunftswerk-statt I	Gemeinsam mit Ihrem Chef und allen Beratern werden die Ergebnisse der Analysen zusammengeführt. Verbesse-rungen der Arbeitsbedingungen und Veränderungen des Angebotes Ihrer Firma werden entwickelt, und die Umsetzung wird geplant.	Schulungs-ort	
	Zukunftswerk-statt II	Die entstandenen Ideen werden gemeinsam mit dem Berater für Ihre Firma angepasst und den Mitarbeitern vorgesellt.	Betrieb	

◻ **Abb. 7.18** Arbeitsblatt „Aufgaben des Innoscouts"

Arbeitsmaterialien zu Modul 1 für InnoScouts

Aufgaben des Innoscouts				Seite 2

INNOVATION KOMPETENZ GESUNDHEIT
InnoGeKo

Zeit	Aufgabe/Aktivität	Erläuterung	Ort	Erledigt
	Umsetzung	Sie unterstützen Ihren Chef bei der Anregung und Umsetzung der Idee. In Abstimmung mit Ihrem Chef sorgen sie dafür, dass im Alltagsgeschäft nichts vergessen wird. Dabei steht Ihnen erneut Ihr Berater zur Seite.	Betrieb	
	Überbetrieblicher Erfahrungsaustausch	Sie und Ihr Chef besprechen die Ideen und den aktuellen Stand der Bearbeitung mit den anderen Projektteilnehmenden.	Schulungsort	

© Springer-Verlag Berlin Heidelberg 2016. Aus: A. Ducki et al.: Innovationen gesund gestalten

◻ **Abb. 7.18** (*Fortsetzung*)

Arbeitsmaterialien zu Modul 1 für InnoScouts

Feedbackbogen	Seite 1

Ihr Feedback ist uns wichtig!

INNOVATION KOMPETENZ GESUNDHEIT
InnoGeKo

Veranstaltung: Wissensvermittlung Modul 1 (Innoscouts) am ....

	Stimme voll zu	Stimme teilweise zu	Stimme nicht zu
Die Veranstaltungsdauer war den Inhalten angemessen.			
Die Zielsetzung der Veranstaltung wurde klar vermittelt.			
Die Vorstellung des InnoGeKo-Verfahrens und des Analyseinstruments „Innovationskompetenznetz" waren verständlich.			
Die Vorstellung der Teilnehmenden erfolgte in angemessenem Rahmen.			
Die Pausen waren angemessen.			
Das Innovationsverständnis wurde klar vermittelt.			
Ich habe eine Vorstellung bekommen, welche Analysen wir im InnoGeKo-Verfahren nutzen können, um Anregungen für Innovationen zu erhalten.			
Ich habe jetzt eine klare Vorstellung zur Beschreibung der Arbeitsplätze (Hausaufgabe).			
Ich habe eine gute Orientierung zum weiteren Vorgehen bekommen.			

◼ **Abb. 7.19** Feedbackbogen „Modul 1 für Innoscouts"

7.5   Materialien für Modul 2 Führungskräfte (▶ Abschn. 4.4)

◘ Abb. 7.20, ◘ Abb. 7.21, ◘ Abb. 7.22, ◘ Abb. 7.23, ◘ Abb. 7.24

◘ **Abb. 7.20** Präsentation „innovations- und gesundheitsförderliche Führung"

Arbeitsmaterialien zu Modul 2 für Führungskräfte

Innovations- und gesundheitsförderliche Führung   **Seite 2**

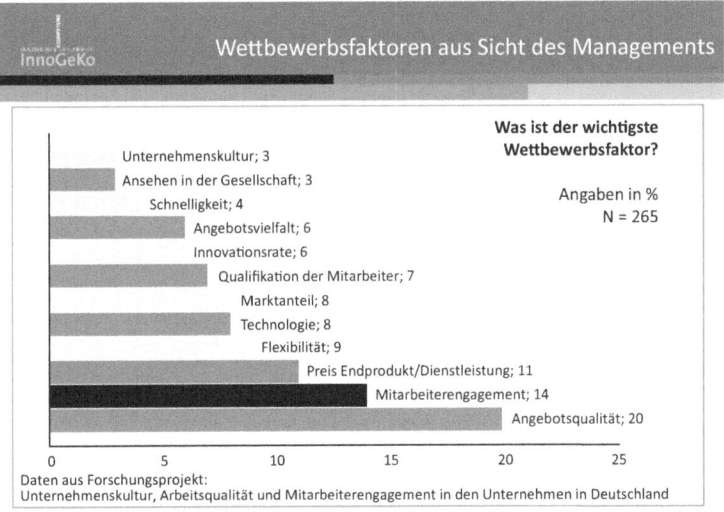

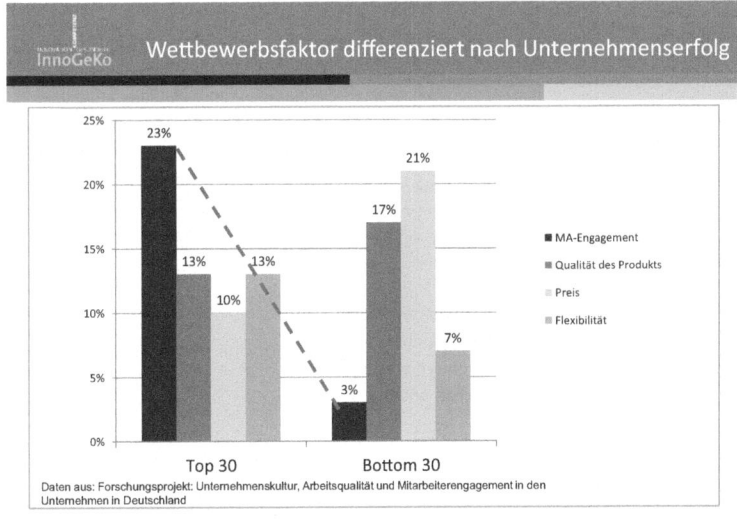

© Springer-Verlag Berlin Heidelberg 2016. Aus: A. Ducki et al.: Innovationen gesund gestalten

---

◘ **Abb. 7.20** (*Fortsetzung*)

Erfolgreiche Unternehmen erkennen den Wert der Mitarbeiter für den Unternehmenserfolg

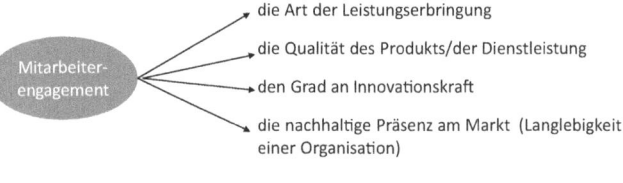

Mitarbeiter-engagement

→ die Art der Leistungserbringung

→ die Qualität des Produkts/der Dienstleistung

→ den Grad an Innovationskraft

→ die nachhaltige Präsenz am Markt (Langlebigkeit einer Organisation)

➜ Wenn das so ist, lohnt es sich, sich mit der Frage zu befassen, wie Mitarbeiterengagement gefördert werden kann

5

Motivation und Innovation

Innovatives Verhalten kann nicht erzwungen werden, sondern **ist eine „freiwillige" Leistung:**

– vorgegebener Rahmen der Aufgabenerledigung muss eigenständig überschritten werden

– Impulse für Innovationen müssen aktiv gesucht und erkannt werden

– über die Routinen hinausgehendes zukunftsorientiertes Denken muss gefördert werden

Innovative Ideen können nur dort entstehen, wo

– Freiräume verfügbar sind und genutzt werden

– Mitarbeiter angstfrei und motiviert arbeiten

– Führung Innovationsbereitschaft und -freude weckt

6

◩ **Abb. 7.20** *(Fortsetzung)*

Arbeitsmaterialien zu Modul 2 für Führungskräfte

Innovations- und gesundheitsförderliche Führung | **Seite 4**

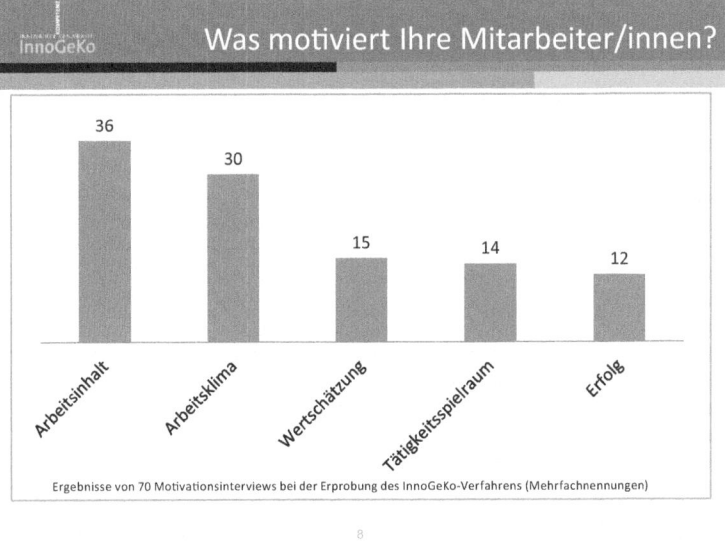

InnoGeKo **Bedürfnisse steuern die Motivation**

- Selbstverwirklichung — Wachstum und Autonomie
- Wertschätzung gebraucht werden
- Zugehörigkeit — soziale Zugehörigkeit
- Sicherheit — Existenz
- physiologische Bedürfnisse wie Hunger

Bedürfnispyramide, Maslow

InnoGeKo **Was motiviert Ihre Mitarbeiter/innen?**

| | 36 | 30 | 15 | 14 | 12 |
| Arbeitsinhalt | Arbeitsklima | Wertschätzung | Tätigkeitsspielraum | Erfolg |

Ergebnisse von 70 Motivationsinterviews bei der Erprobung des InnoGeKo-Verfahrens (Mehrfachnennungen)

◻ **Abb. 7.20** (Fortsetzung)

Arbeitsmaterialien zu Modul 2 für Führungskräfte

| Innovations- und gesundheitsförderliche Führung | Seite 5 |

InnoGeKo   Ansatzpunkte für die Stärkung der Mitarbeitermotivation

Von innen heraus	Von außen
Interessante abwechslungsreiche Aufgaben	Bezahlung
Verantwortungsreiche Aufgabe	Klima
Anerkennung	Gute äußere Rahmenbedingungen (Ergonomie, Räumlichkeiten,…)
Beteiligung an Entscheidungen	
Weiterbildung	

⬇   ⬇

😊 **Bedient Wachstumsmotive**
macht glücklich

😐 **Bedient Basismotive verhindert**
Unzufriedenheit

9

InnoGeKo   Motivation braucht positive Erlebnisse

- Will man Mitarbeiter zu besonderen Leistungen motivieren, sollte man Bedingungen schaffen, in denen positive Gefühle wie Stolz, Begeisterung oder Flow entwickelt werden können.

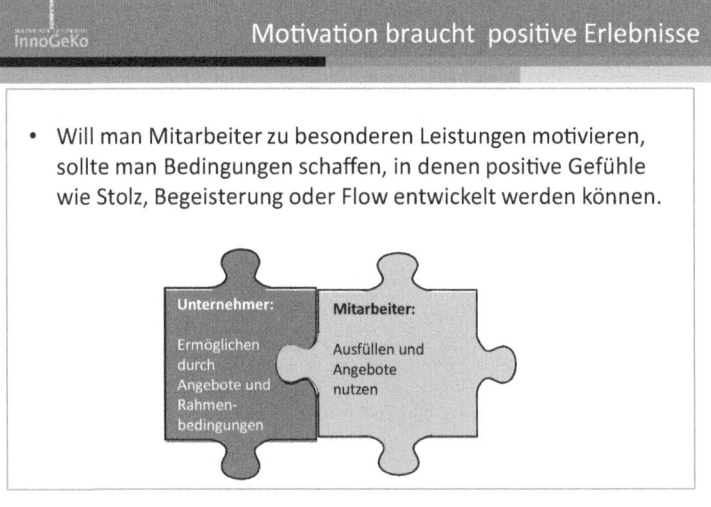

Unternehmer:
Ermöglichen durch Angebote und Rahmenbedingungen

Mitarbeiter:
Ausfüllen und Angebote nutzen

10

◨ **Abb. 7.20** (*Fortsetzung*)

Arbeitsmaterialien zu Modul 2 für Führungskräfte

| Innovations- und gesundheitsförderliche Führung | Seite 6 |

Wertschätzung ist …

… eine Würdigung des Verhaltens oder der Leistung des anderen

Wertschätzung „von oben" ist besonders angenehm

Formen der Wertschätzung
- Verantwortungsübergabe
- Mitarbeiter um Rat fragen
- Information(spreisgabe)
- Finanzielle und ideelle Anreize (Prämien, Preise,…)
- Aufstieg, verbesserte Arbeitsbedingungen
- Respekt, Lob, Komplimente
- Aufmerksamkeit
- Verständnis

11

Merkmale **echter** Wertschätzung

Persönlich adressiert
- Ich als Person werde gewürdigt

Konkret und Informativ
- Was genau habe ich wann getan?
- Was hat mein Handeln positiv bewirkt?

Sprachlich möglichst präzise
- Sachlich – nicht überschwänglich – und realistisch
- Positive Worte
- Respektvolle und höfliche Formulierungen

Zeitnah zum Ereignis

12

Quelle: Busch et al., 2009

© Springer-Verlag Berlin Heidelberg 2016. Aus: A. Ducki et al.: Innovationen gesund gestalten

◘ **Abb. 7.20** *(Fortsetzung)*

Arbeitsmaterialien zu Modul 2 für Führungskräfte

| Innovations- und gesundheitsförderliche Führung | Seite 7 |

Unechte Wertschätzung

Nicht stimmig
- Relativierende Vermutungen über das zu Lobende:
  - „... war bei dem Aufwand auch zu erwarten"
- Verbaler und nonverbaler Ausdruck stimmen nicht überein
  - Gesten, die Gesagtes relativieren oder in Frage stellen (Hände nach unten, Gesten, die etwas klein halten)

Unpersönlich adressiert
- „Sie als Sohn des Meisters..."

Unkonkret und – nur positiv
- ... Immer alles super
- „Prima Leistung"

Sprachlich unpräzise oder unpassend
- [Versteckte] negative Formulierungen:
- „Ich hätte nicht gedacht, dass Sie es noch mal schaffen, die Vorgaben fehlerfrei umzusetzen"
- Eigentlich abwertend
- „Für Sie als Mann ein erstaunliches Einfühlungsvermögen"

13

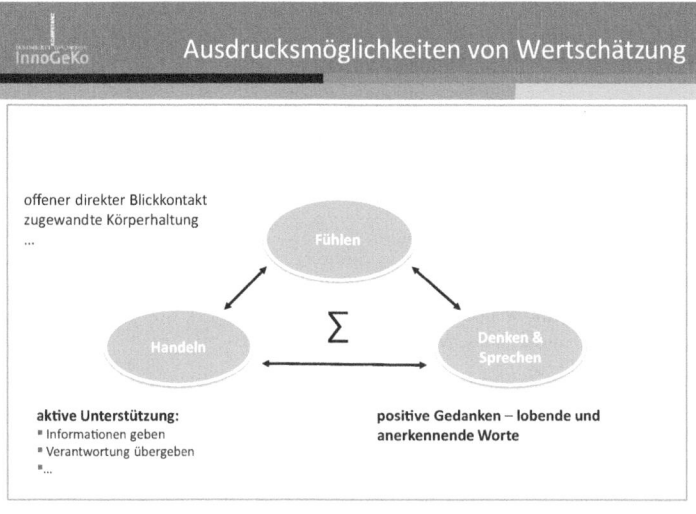

Ausdrucksmöglichkeiten von Wertschätzung

Quelle: Busch et al., 2009

© Springer-Verlag Berlin Heidelberg 2016. Aus: A. Ducki et al.: Innovationen gesund gestalten

◘ **Abb. 7.20** *(Fortsetzung)*

Arbeitsmaterialien zu Modul 2 für Führungskräfte

Innovations- und gesundheitsförderliche Führung	Seite 8

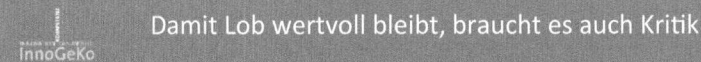

Damit Lob wertvoll bleibt, braucht es auch Kritik

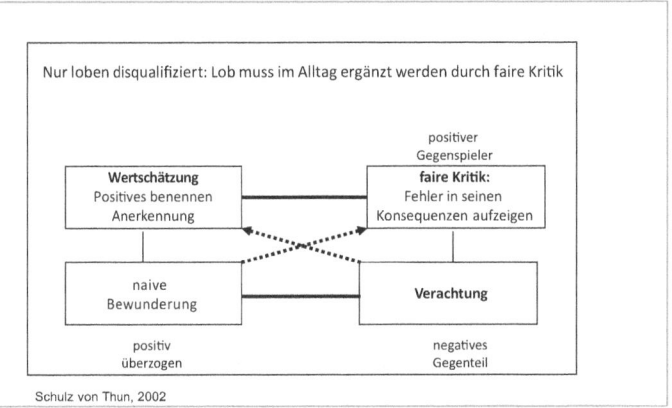

Nur loben disqualifiziert: Lob muss im Alltag ergänzt werden durch faire Kritik

positiver Gegenspieler

Wertschätzung
Positives benennen
Anerkennung

faire Kritik:
Fehler in seinen
Konsequenzen aufzeigen

naive
Bewunderung

Verachtung

positiv
überzogen

negatives
Gegenteil

Schulz von Thun, 2002

15

...und jetzt Sie!

Wer von Ihnen hat bereits
Erfahrungen mit dem Führen von
Mitarbeitergesprächen?

Was ist Ihr Eindruck?
Wie empfanden Sie diese?

16

Quelle: Busch et al., 2009

◘ **Abb. 7.20** *(Fortsetzung)*

Arbeitsmaterialien zu Modul 2 für Führungskräfte

Innovations- und gesundheitsförderliche Führung   **Seite 9**

 **Nutzen des Mitarbeitergespräches**

Nutzen für Beschäftigte	Nutzen für Führungskraft
Rückmeldung über erzielte Leistung	Bessere Arbeitsergebnisse durch bessere Zusammenarbeit
Aussagen über Stärken und Schwächen	Kennenlernen der MA-Sichtweise, Qualifikation der MA
Klärung von Förderungs- und Verbesserungsmaßnahmen	Vermeidung von Missverständnissen, Mitarbeiterzufriedenheit
Überprüfung des eigenen Tätigkeitsbereiches	Einblick in Pläne und Absichten der MA, Führungskultur
Besprechung von möglichen Zielen	Entdeckung von Innovationspotential
Aktive Mitgestaltung der zukünftigen Aufgaben	Erhöhung der Akzeptanz als Führungskraft, Aufdeckung organisatorischer und personeller Defizite

- Stärkung der Partizipation und Zufriedenheit der Mitarbeiter
- Stärkung der Mitarbeiter-Vorgesetzten-Beziehung
- Erhöhung des Commitment

17

 Einige goldene Regeln für´s   von Mitarbeiterjahresgesprächen

1. Reden Sie möglichst viel, aber bleiben Sie hinreichend ungenau: „Wer nicht überzeugen kann, sollte wenigstens verwirren".

2. Beantworten Sie Fragen an den Mitarbeiter generell selbst.

3. Lassen Sie abwechselnd den Hierarchen heraushängen und verbünden Sie sich mit dem Mitarbeiter: „Zuckerbrot und Peitsche".

4. Lassen Sie es bei pauschalem Lob und allgemeiner Kritik bewenden.

5. Schaffen Sie eine hinreichend bedrohliche Atmosphäre und erzeugen Sie Zeitdruck: „Angst schafft Zustimmung".

6. Fassen Sie große Teile der Ergebnisdokumentation bereits vor dem Gespräch ab.

7. Lassen Sie Fakten und Ergebnisse aus der Vergangenheit außen vor, „Schnee von gestern"!

8. Reflektieren Sie nicht lange; sagen Sie einfach, was Ihnen spontan in den Sinn kommt.

9. Wozu über Personalentwicklung sprechen, Sie haben ja auch keine Zeit für Fortbildung.
                                                    (Nach Hossiep 2008, S. 10)

18

◘ **Abb. 7.20** *(Fortsetzung)*

Arbeitsmaterialien zu Modul 2 für Führungskräfte

Innovations- und gesundheitsförderliche Führung	Seite 10

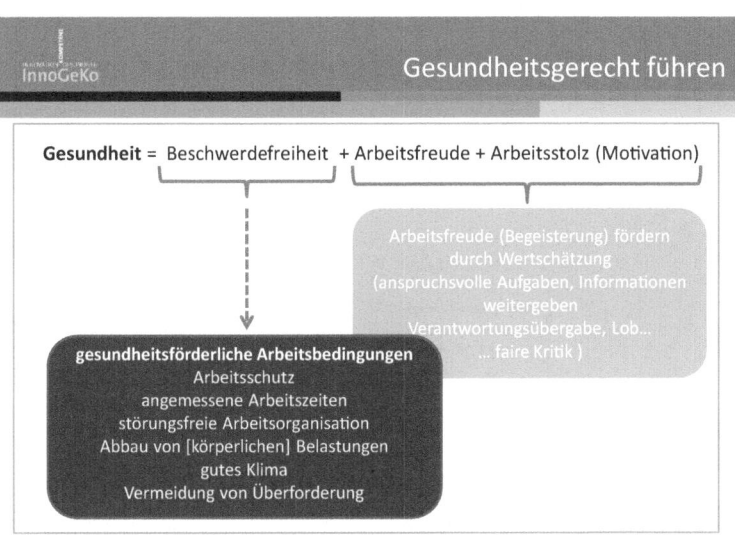

InnoGeKo

Gesundheitsgerecht führen

Gesundheit = Beschwerdefreiheit + Arbeitsfreude + Arbeitsstolz (Motivation)

Arbeitsfreude (Begeisterung) fördern
durch Wertschätzung
(anspruchsvolle Aufgaben, Informationen
weitergeben
Verantwortungsübergabe, Lob...
... faire Kritik)

gesundheitsförderliche Arbeitsbedingungen
Arbeitsschutz
angemessene Arbeitszeiten
störungsfreie Arbeitsorganisation
Abbau von [körperlichen] Belastungen
gutes Klima
Vermeidung von Überforderung

19

InnoGeKo

Innovations- und gesundheitsförderliche Führung

Innovationsfähigkeit eines Unternehmens stärken = Arbeitsbedingungen so zu gestalten, dass die Mitarbeiter die Chance haben, ihre Stärken weiter zu entwickeln, sich selbst zu verwirklichen und gesund zu bleiben.

Sie können aktiv beeinflussen

- Wertschätzung für die Talente der Mitarbeiter zeigen
- Talente weiterentwickeln durch ...
  - Verantwortung abgeben: Zuversicht und Zutrauen in die Mitarbeiter stecken
  - Anreize für neue Ideen geben
  - Feedback geben (positiv wie negativ)
  - Gute Informationspolitik
- Gutes Teamklima schaffen
- Belastungen abbauen, Ressourcen stärken
  Aufgabe des Innoscouts: Konkrete Veränderungsvorschläge finden

20

◻ **Abb. 7.20** (*Fortsetzung*)

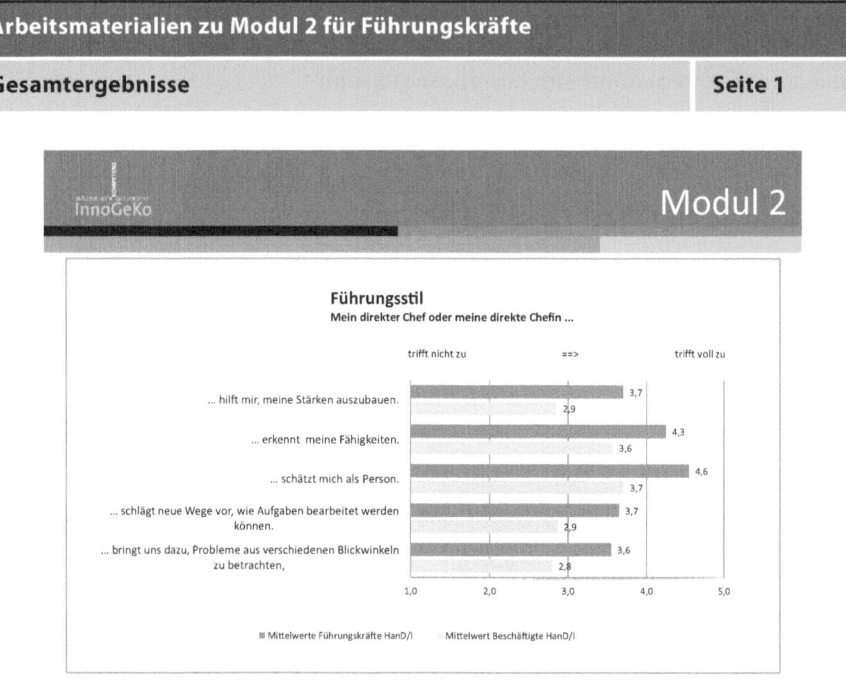

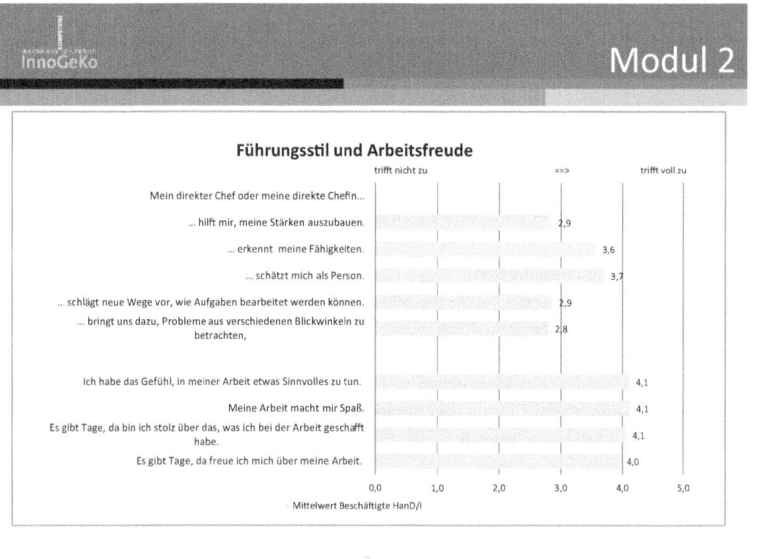

Quellenangaben zu den Items siehe S. 31 f.
© Springer-Verlag Berlin Heidelberg 2016. Aus: A. Ducki et al.: Innovationen gesund gestalten

◨ **Abb. 7.21** Präsentation „Gesamtergebnisse"

Arbeitsmaterialien zu Modul 2 für Führungskräfte

Gesamtergebnisse | **Seite 2**

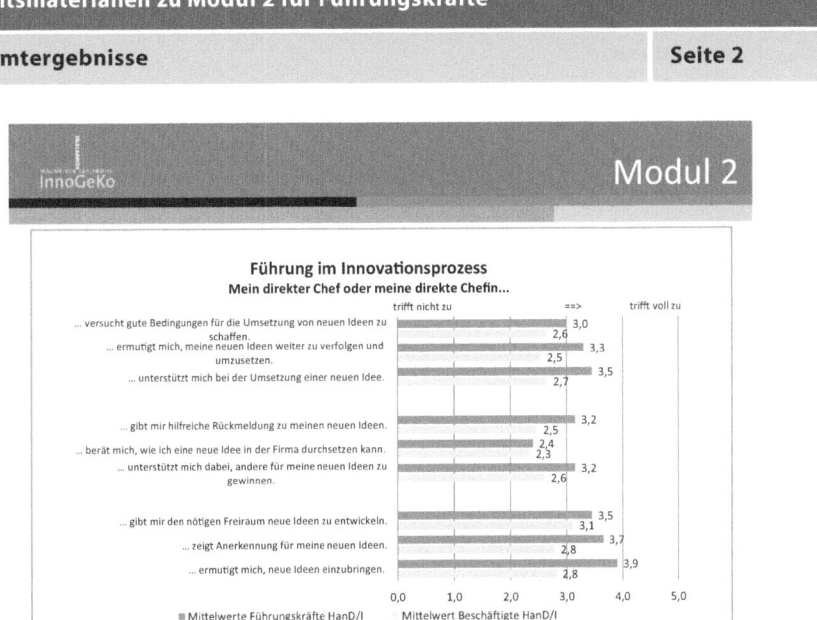

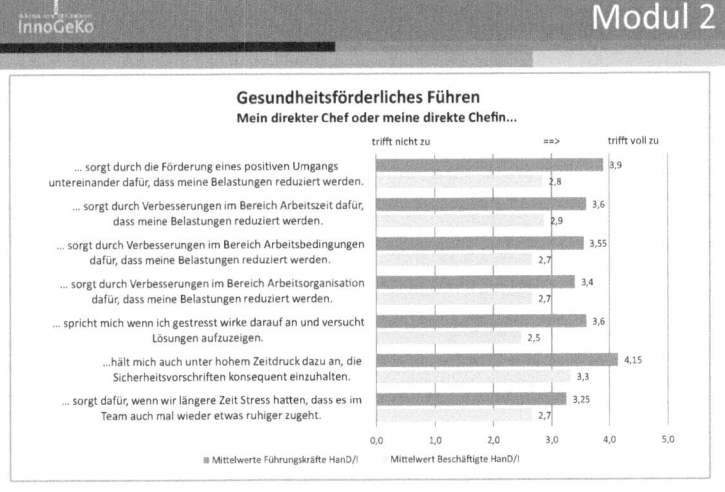

Quellenangaben zu den Items siehe S. 31 f.
© Springer-Verlag Berlin Heidelberg 2016. Aus: A. Ducki et al.: Innovationen gesund gestalten

◘ **Abb. 7.21** *(Fortsetzung)*

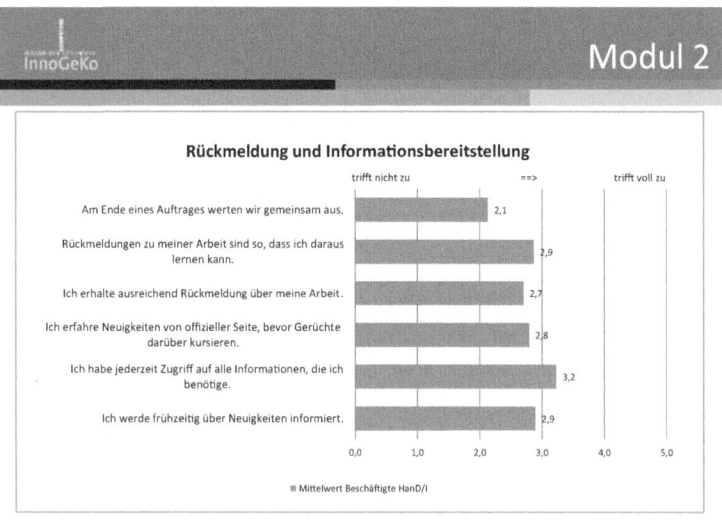

Arbeitsmaterialien zu Modul 2 für Führungskräfte

Gesamtergebnisse | **Seite 3**

InnoGeKo — **Modul 2**

Kultur im Betrieb

trifft nicht zu   ==>   trifft voll zu

Item	Wert
Unser Betrieb bietet gute soziale Leistungen für die Beschäftigten.	3,2
In unserem Betrieb wird viel Wert gelegt auf das Wohlbefinden und die Gesundheit der Beschäftigten.	3,4
Unser Betrieb nimmt Rücksicht auf die persönlichen Lebensumstände seiner Beschäftigten.	3,9
Das Verhältnis der Kolleginnen und Kollegen in unserem Betrieb ist gut.	3,9
Alle Beschäftigten in unserem Betrieb sind aufgefordert, ihren Beitrag zu einem guten Betriebsklima zu leisten.	3,6
Wer bei uns etwas nicht weiß, kann jederzeit Fragen stellen.	4,3
In unserem Betrieb erfolgt ein gezielter Erfahrungsaustausch.	3,0
In unserem Betrieb finden regelmäßige Qualifizierungen statt.	2,1
Wenn wir über Fehler sprechen, gibt es keine Schuldzuweisung.	2,8
Bei uns wird es als wichtig angesehen, über neue Ideen zu diskutieren.	2,8
In unserem Betrieb werden Beschäftigte mit ungewöhnlichen Ideen akzeptiert und unterstützt.	3,0
In unserem Betrieb ist es möglich, Fehler zu machen, wenn man etwas Neues ausprobiert.	3,3

0,0   1,0   2,0   3,0   4,0   5,0

▥ Mittelwert Beschäftigte HanD/I

5

InnoGeKo — **Modul 2**

Rückmeldung und Informationsbereitstellung

trifft nicht zu   ==>   trifft voll zu

Item	Wert
Am Ende eines Auftrages werten wir gemeinsam aus.	2,1
Rückmeldungen zu meiner Arbeit sind so, dass ich daraus lernen kann.	2,9
Ich erhalte ausreichend Rückmeldung über meine Arbeit.	2,7
Ich erfahre Neuigkeiten von offizieller Seite, bevor Gerüchte darüber kursieren.	2,8
Ich habe jederzeit Zugriff auf alle Informationen, die ich benötige.	3,2
Ich werde frühzeitig über Neuigkeiten informiert.	2,9

0,0   1,0   2,0   3,0   4,0   5,0

▥ Mittelwert Beschäftigte HanD/I

6

Quellenangaben zu den Items siehe S. 31 f.

© Springer-Verlag Berlin Heidelberg 2016. Aus: A. Ducki et al.: Innovationen gesund gestalten

◗ **Abb. 7.21** *(Fortsetzung)*

Arbeitsmaterialien zu Modul 2 für Führungskräfte

Gesamtergebnisse · Seite 4

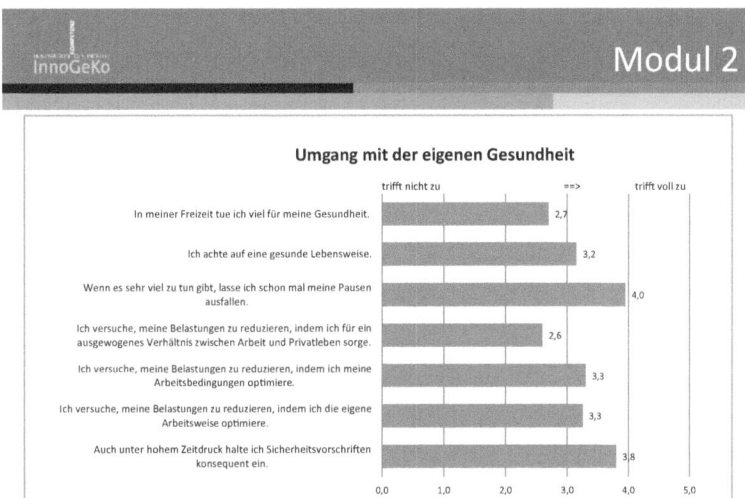

Umgang mit der eigenen Gesundheit

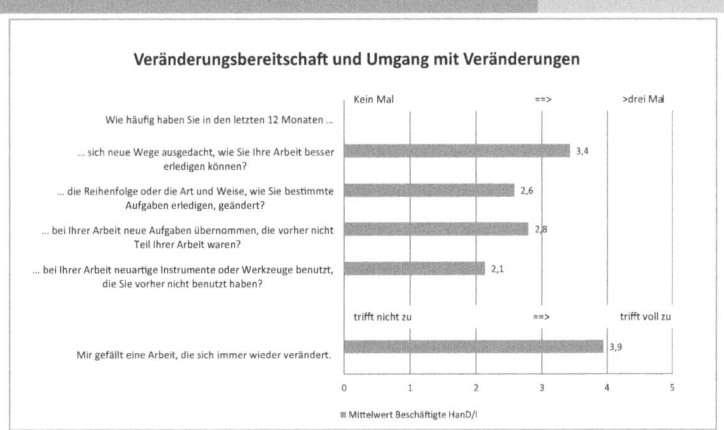

Veränderungsbereitschaft und Umgang mit Veränderungen

Quellenangaben zu den Items siehe S. 31 f.
© Springer-Verlag Berlin Heidelberg 2016. Aus: A. Ducki et al.: Innovationen gesund gestalten

◻ Abb. 7.21 *(Fortsetzung)*

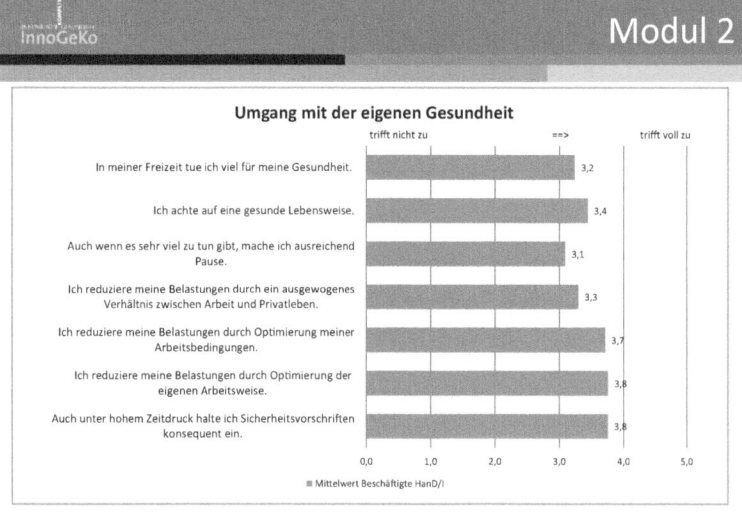

Arbeitsmaterialien zu Modul 2 für Führungskräfte

Gesamtergebnisse   **Seite 5**

InnoGeKo   **Modul 2**

Arbeitszufriedenheit, Zugehörigkeitsgefühl zur Firma und Arbeitsfreude

sehr unzufrieden   sehr zufrieden

Alles in allem, wie zufrieden sind Sie mit Ihrer Arbeit insgesamt?   3,8

trifft nicht zu   ==>   trifft voll zu

Ich habe das Gefühl, in meiner Arbeit etwas Sinnvolles zu tun.   4,1
Meine Arbeit macht mir Spaß.   4,1
Es gibt Tage, da bin ich stolz über das, was ich bei der Arbeit geschafft habe.   4,1
Es gibt Tage, da freue ich mich über meine Arbeit.   4,0

Mein Betrieb hat eine große persönliche Bedeutung für mich.   3,5
Ich empfinde mich als «Teil der Familie» meines Betriebes.   3,5
Probleme des Betriebes beschäftigen mich häufig so, als seien sie meine eigenen.   3,4
Ich wäre sehr froh, mein weiteres Berufsleben in diesem Betrieb verbringen zu können.   3,9

0,0   1,0   2,0   3,0   4,0   5,0
▪ Mittelwert Beschäftigte HanD/I

9

InnoGeKo   **Modul 2**

Umgang mit der eigenen Gesundheit

trifft nicht zu   ==>   trifft voll zu

In meiner Freizeit tue ich viel für meine Gesundheit.   3,2
Ich achte auf eine gesunde Lebensweise.   3,4
Auch wenn es sehr viel zu tun gibt, mache ich ausreichend Pause.   3,1
Ich reduziere meine Belastungen durch ein ausgewogenes Verhältnis zwischen Arbeit und Privatleben.   3,3
Ich reduziere meine Belastungen durch Optimierung meiner Arbeitsbedingungen.   3,7
Ich reduziere meine Belastungen durch Optimierung der eigenen Arbeitsweise.   3,8
Auch unter hohem Zeitdruck halte ich Sicherheitsvorschriften konsequent ein.   3,8

0,0   1,0   2,0   3,0   4,0   5,0
▪ Mittelwert Beschäftigte HanD/I

10

Quellenangaben zu den Items siehe S. 31 f.
© Springer-Verlag Berlin Heidelberg 2016. Aus: A. Ducki et al.: Innovationen gesund gestalten

☐ **Abb. 7.21** *(Fortsetzung)*

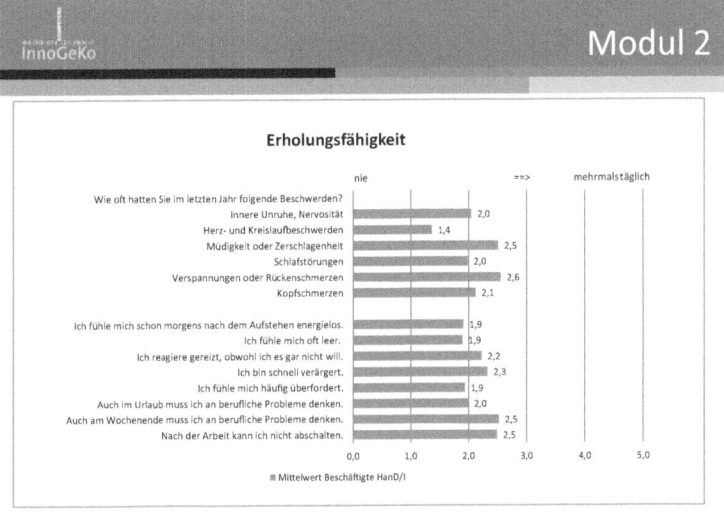

Abb. 7.21 (*Fortsetzung*)

Arbeitsmaterialien zu Modul 2 für Führungskräfte		
Formen der Wertschätzung		**Seite 1**

InnoGeKo

Formen der Wertschätzung:	Wie schätze ich mich ein	Zu welcher Gelegenheit
Verantwortung übergeben	☺ ☻ ☹	
Mitarbeiter um Rat fragen	☺ ☻ ☹	
Information weitergeben	☺ ☻ ☹	
• Was Informationen	☺ ☻ ☹	
• Wie Informationen	☺ ☻ ☹	
• Warum Informationen	☺ ☻ ☹	
Aufstieg, verbesserte Arbeitsbedingungen	☺ ☻ ☹	
Finanzielle Anreize (Prämien, Zuschläge)	☺ ☻ ☹	
Ideelle Anreize (Auszeichnungen, Preise, kostspielige Fortbildungen, ...)	☺ ☻ ☹	
Lob äußern	☺ ☻ ☹	
Aufmerksamkeit	☺ ☻ ☹	
Verständnis zeigen	☺ ☻ ☹	
Sonstiges		
•	☺ ☻ ☹	
•	☺ ☻ ☹	
•	☺ ☻ ☹	

◘ **Abb. 7.22** Arbeitsblatt „Formen der Wertschätzung"

Arbeitsmaterialien zu Modul 2 für Führungskräfte

Mitarbeitergespräch	**Seite 1**

Nutzen des Mitarbeitergespräches:

✓ Verbesserung der Gesprächsbasis und Zusammenarbeit

✓ Förderung von Motivation, Arbeitszufriedenheit und Qualifikation

✓ Verbesserung des Informationsflusses

✓ Verbesserung des Betriebsklimas

Worauf sollten Sie bei der Vorbereitung eines Mitarbeitergespräches achten?

✓ Vereinbaren Sie rechtzeitig einen Termin mit Ihrem Beschäftigten, am besten zwei Wochen vorher.

✓ Sagen Sie Ihrem Beschäftigten worum es gehen wird, damit dieser sich vorbereiten kann.

✓ Bereiten Sie sich auf den Inhalt des Gespräches vor (Unterlagen bereitlegen, Schulungen, Beschwerden, Erfolgsberichte).

✓ Was für Ziele verfolgen Sie mit dem Gespräch?

Was ist bei der Durchführung wichtig?

✓ Planen Sie ausreichend Zeit für das Gespräch ein, damit alle Fragen in Ruhe besprochen werden können (ca. 60 Minuten).

✓ Während des Gesprächs soll sichergestellt sein, dass keine Störungen durch Besucher, Telefongespräche etc. stattfinden.

✓ Schreiben Sie die besprochenen Themen und Vereinbarungen systematisch auf.

✓ Kontrollieren Sie die Umsetzung getroffener Vereinbarungen.

Gesprächsführung:

✓ Rückmeldungen immer wertschätzend und verhaltensbezogen formulieren.

✓ Loben Sie angemessen und zeitnah!

✓ Kritisieren Sie immer konkret auf die Situation bezogen und zeitnah!

✓ Anweisungen sehr sparsam einsetzen – für die Beschäftigten verständliche Handlungsaufforderungen fördern die Verantwortungsübernahme.

✓ Vereinbaren Sie mit ihren Beschäftigten erfüllbare Ziele.

◻ **Abb. 7.23** Arbeitsblatt „Mitarbeitergespräch"

Mitarbeitergespräch – Gesprächsleitfaden

Mitarbeiter: _____   **Datum:** _____

1. Rückblick (ab dem zweiten Gespräch)
Erfolgskontrolle des letzten Gespräches

- Wie ist der Stand der Bearbeitung der Themen aus dem letzten Gespräch?
- Wie sind die Fragestellungen aus dem letzten Mitarbeitergespräch bearbeitet worden? (Einschätzung vom Vorgesetzten und vom Mitarbeiter)
- Was lief gut, was hätte besser laufen können?
- Hat sich das Gespräch positiv auf die Arbeit ausgewirkt?

2. Arbeitssituation
Arbeitsschwerpunkte/Inhalte:

- Wie zufrieden ist der Mitarbeiter mit seinen Aufgaben?
- Hat der Mitarbeiter ein klares Bild seiner Aufgaben?
- Welches Interesse gibt es an weiteren Arbeitsinhalten/Projekten?

Einschätzung der Arbeit:

- Wie zufrieden ist der Mitarbeiter mit den Arbeitsergebnissen in unserem Bereich?
- Wie ist die Aufgabenerfüllung einzuschätzen?
- Was beeinflusste die Aufgabenerfüllung (positiv oder negativ)? (Einschätzung vom Vorgesetzten und vom Mitarbeiter)
- Gibt es Über- oder Unterforderung durch die Arbeitsinhalte und/oder durch die Arbeitsmenge? (Einschätzung vom Vorgesetzten und vom Mitarbeiter)

3. Rahmenbedingungen/Arbeitsorganisation
Arbeitsabläufe und Schnittstellen

- Wie zufrieden ist der Mitarbeiter mit den Arbeitsabläufen?
- Bekommt der Mitarbeiter alle wichtigen Informationen zur Erfüllung seiner Aufgaben?
- Gibt es ausreichend Gelegenheit zum gegenseitigen Austausch?
- Welche Aufträge /Arbeiten sind in letzter Zeit gut gelungen und warum?
- Welche Aufträge /Arbeiten sind in letzter Zeit weniger gut gelungen und warum? Wie kann man in Zukunft ähnliche Probleme reduzieren oder verhindern?

Arbeitszeit:

- Wie zufrieden ist der Mitarbeiter mit seiner Arbeitszeitgestaltung?
- Wie werden Probleme bei der Vereinbarkeit von Familie/Freizeit und Beruf angegangen?

Arbeitsplatz, Arbeitsmittel:

- Welche Arbeitsmittel und Rahmenbedingungen am Arbeitsplatz fördern oder hemmen?
- Ist der Arbeitsplatz entsprechend den gesundheitlichen Bedürfnissen des Mitarbeiters gestaltet?

◘ **Abb. 7.23** *(Fortsetzung)*

Arbeitsmaterialien zu Modul 2 für Führungskräfte

Mitarbeitergespräch	**Seite 3**

4. Zusammenarbeit
Interne Zusammenarbeit
- Welche Unterstützung braucht der Mitarbeiter durch den Vorgesetzten?
- Wie ausreichend ist der Handlungsspielraum für selbstständiges Arbeiten und eigene Entscheidungen?
- Wie ist das beiderseitige Informationsverhalten (u.a. Rückmeldungen)?
- Wie erfährt der Mitarbeiter Anerkennung und Kritik?
- Hat der Mitarbeiter auch die Möglichkeit, Anerkennung und Kritik am Vorgesetzten zu äußern?
- Welche Rahmenbedingungen und Einflüsse gibt es, die die Zusammenarbeit im Team positiv und /oder negativ beeinflussen? (Einschätzung vom Vorgesetzten und vom Mitarbeiter)

Externe Zusammenarbeit
- Welche Ideen oder Anregungen für neue Produkte oder Dienstleistungen wurden von Kunden oder Firmenpartnern genannt?
- Welche Produkte oder Dienstleistungen kommen bei den Kunden oder Firmenpartnern nicht oder nicht mehr gut an?
- Wie gestaltet sich die Zusammenarbeit mit Kunden/Partnern/Zulieferern? Wo liegen Reibungspunkte?

5. Berufliche und persönliche Entwicklung des Mitarbeiters
Welche fachlichen und persönlichen Stärken hat der Mitarbeiter
- Fühlt sich der Mitarbeiter momentan angemessen qualifiziert?
- An welcher Stelle benötigt der Mitarbeiter zur Erfüllung der Anforderungen und zur Bewältigung seiner Aufgaben Unterstützung?

Entwicklungswünsche des Mitarbeiters
- Welche Entwicklungsmöglichkeiten sieht der Mitarbeiter bei sich?
- Möchte der Mitarbeiter seinen Aufgabenbereich erweitern oder gegebenenfalls verändern oder wechseln?
- Welcher Qualifizierungsbedarf ergibt sich daraus?
- Hat der Mitarbeiter noch weitere Fähigkeiten oder Kenntnisse, die er gerne einbringen möchte?

6. Zusätzliche Themen
Gibt es noch etwas, was der Mitarbeiter oder der Vorgesetzte besprechen möchte?

◻ **Abb. 7.23** (*Fortsetzung*)

Arbeitsmaterialien zu Modul 2 für Führungskräfte

| Feedbackbogen | Seite 1 |

Ihr Feedback ist uns wichtig!

INNOVATION · GESUNDHEIT · KOMPETENZ
InnoGeKo

Veranstaltung: Wissensvermittlung (Modul 2) für Führungskräfte am ....

	Stimme voll zu	Stimme teilweise zu	Stimme nicht zu
Die Veranstaltungsdauer war den Inhalten angemessen.			
Die Zielsetzung der Veranstaltung wurde klar vermittelt.			
Die Pausen waren angemessen.			
Ich habe eine gute Orientierung zum weiteren Vorgehen bekommen.			
Baustein „Motivation"			
Der Umfang der Wissensvermittlung war angemessen.			
Die vermittelten Inhalte waren interessant.			
Die Inhalte wurden ansprechend vermittelt.			
Das behandelte Thema ist für unseren Betrieb relevant.			
Die Übungseinheit lieferte Anregungen für zukünftiges Verhalten.			
Falls keine Zustimmung, bitte kurz begründen:			
Baustein „Wertschätzende Kommunikation"			
Der Umfang der Wissensvermittlung war angemessen.			
Die vermittelten Inhalte waren interessant.			
Die Inhalte wurden ansprechend vermittelt.			
Das behandelte Thema ist für unseren Betrieb relevant.			
Die Übung lieferte Anregungen für zukünftiges Verhalten.			
Falls keine Zustimmung, bitte kurz begründen:			

◻ **Abb. 7.24** Feedbackbogen „Modul 2 für Führungskräfte"

Arbeitsmaterialien zu Modul 2 für Führungskräfte

Feedbackbogen	Seite 2

Ihr Feedback ist uns wichtig!

KOMPETENZ

INNOVATION GESUNDHEIT

InnoGeKo

	Stimme voll zu	Stimme teilweise zu	Stimme nicht zu
Baustein „Gesundheit und Führung"			
Der Umfang der Wissensvermittlung war angemessen.			
Die vermittelten Inhalte waren interessant.			
Die Inhalte wurden ansprechend vermittelt.			
Das behandelte Thema ist für unseren Betrieb relevant.			
Die Übung lieferte Anregungen für zukünftiges Verhalten.			
Falls keine Zustimmung, bitte kurz begründen:			

◘ **Abb. 7.24** (*Fortsetzung*)

7.6   Materialien für Modul 2 Innoscouts (► Abschn. 4.5)

◘ Abb. 7.25, ◘ Abb. 7.26

Arbeitsmaterialien zu Modul 2 für Führungskräfte

Beurteilungskriterien						Seite 1

(Logo: InnoGeKo — IN NOVATION GESUNDHEIT KOMPETENZ)

	Trifft nicht zu	Trifft wenig zu	Trifft mittelmäßig zu	Trifft häufig zu	Trifft voll zu
Handlungsspielraum/Autonomie					
Der Beschäftigte kann sich seine Arbeit so organisieren, wie er es für richtig hält.	□₁	□₂ Wenn:	□₃ Wenn:	□₄ Wenn:	□₅
Der Beschäftigte kann die Reihenfolge der zu bearbeitenden Aufträge selbstständig festlegen.	□₁	□₂ Wenn:	□₃ Wenn:	□₄ Wenn:	□₅
Vollständigkeit					
Die Arbeitsaufgaben sind ganzheitlich; sie erfordern vom Beschäftigten sowohl vorbereitende, ausführende als auch kontrollierende Teiltätigkeiten.	□₁	□₂ Wenn:	□₃ Wenn:	□₄ Wenn:	□₅
Vielfalt					
Die Erfüllung der Arbeitsaufgaben erfordert viele unterschiedliche Arbeitsmethoden und -verfahren.	□₁	□₂ Wenn:	□₃ Wenn:	□₄ Wenn:	□₅

Quellenangaben zu den Items siehe S. 31 f.

© Springer-Verlag Berlin Heidelberg 2016. Aus: A. Ducki et al.: Innovationen gesund gestalten

---

◘ **Abb. 7.25** Arbeitsblatt „Beurteilungskriterien"

Arbeitsmaterialien zu Modul 2 für Führungskräfte

Beurteilungskriterien

Seite 2

INNOVATION KOMPETENZ GESUNDHEIT InnoGeKo

Arbeitsplatzgestaltung	**Trifft nicht zu**	**Trifft wenig zu**	**Trifft mittelmäßig zu**	**Trifft häufig zu**	**Trifft voll zu**
Arbeitsplatz-, Raum- und Umgebungsbedingungen sind ergonomisch gestaltet.	□1	□2 Wenn:	□3 Wenn:	□4 Wenn:	□5

Lernerfordernisse	**Trifft nicht zu**	**Trifft wenig zu**	**Trifft mittelmäßig zu**	**Trifft häufig zu**	**Trifft voll zu**
In seiner Tätigkeit kann der Beschäftigte anwenden, was er im Verlaufe seines Berufslebens gelernt hat.	□1	□2 Wenn:	□3 Wenn:	□4 Wenn:	□5
Um seine Arbeitsaufgaben erfüllen zu können, muss er häufig Neues dazulernen.	□1	□2 Wenn:	□3 Wenn:	□4 Wenn:	□5

Kooperationserfordernisse	**Trifft nicht zu**	**Trifft wenig zu**	**Trifft mittelmäßig zu**	**Trifft häufig zu**	**Trifft voll zu**
Aufgabengebundene Kommunikations- und Kooperationserfordernisse sind für den Beschäftigten eindeutig und überschaubar.	□1	□2 Wenn:	□3 Wenn:	□4 Wenn:	□5
Die Erfüllung der Arbeitsaufgabe erfordert viele u. abwechslungsreiche Kommunikations- und Kooperationsbeziehungen zu Vorgesetzten und Beschäftigten.	□1	□2 Wenn:	□3 Wenn:	□4 Wenn:	□5

Quellenangaben zu den Items siehe S. 31 f.

Abb. 7.25 *(Fortsetzung)*

Arbeitsmaterialien zu Modul 2 für Führungskräfte

Beurteilungskriterien	Seite 3

INNOVATION GESUNDHEIT
InnoGeKo
KOMPETENZ

Prozesse	Trifft nicht zu	Trifft wenig zu	Trifft mittelmäßig zu	Trifft häufig zu	Trifft voll zu
Bei betrieblichen Veränderungen und Entscheidungen im eigenen Bereich haben die Beschäftigten ein Mitspracherecht.	$\square_1$	$\square_2$ Wenn:	$\square_3$ Wenn:	$\square_4$ Wenn:	$\square_5$
Im Unternehmen sind persönliche Initiative und Engagement der Beschäftigten gefragt.	$\square_1$	$\square_2$ Wenn:	$\square_3$ Wenn:	$\square_4$ Wenn:	$\square_5$
Zuständigkeiten und Verantwortlichkeiten sind klar geregelt	$\square_1$	$\square_2$ Wenn:	$\square_3$ Wenn:	$\square_4$ Wenn:	$\square_5$
Die Arbeitsabläufe im Unternehmen sind gut organisiert.	$\square_1$	$\square_2$ Wenn:	$\square_3$ Wenn:	$\square_4$ Wenn:	$\square_5$
Neue Maßnahmen und Projekte werden hinsichtlich Ressourcen und Zeit systematisch geplant.	$\square_1$	$\square_2$ Wenn:	$\square_3$ Wenn:	$\square_4$ Wenn:	$\square_5$
Zeitdruck und Kapazitätsengpässe sind Ausnahmen im Tagesgeschäft.	$\square_1$	$\square_2$ Wenn:	$\square_3$ Wenn:	$\square_4$ Wenn:	$\square_5$

Quellenangaben zu den Items siehe S. 31 f.

◘ **Abb. 7.25** *(Fortsetzung)*

Arbeitsmaterialien zu Modul 2 für Innoscouts			
Feedbackbogen			**Seite 1**

Ihr Feedback ist uns wichtig!

INNOVATION GESUNDHEIT KOMPETENZ

InnoGeKo

Veranstaltung: Wissensvermittlung (Modul 2) für InnoScouts am ....

	Stimme voll zu	Stimme teilweise zu	Stimme nicht zu
Die Veranstaltungsdauer war den Inhalten angemessen.			
Die Zielsetzung der Veranstaltung wurde klar vermittelt.			
Die Pausen waren angemessen.			
Ich habe eine gute Orientierung zum weiteren Vorgehen bekommen.			
Baustein „Innoscoutleitfaden"			
Der Umfang der Wissensvermittlung war angemessen.			
Die vermittelten Inhalte waren interessant.			
Die Inhalte wurden ansprechend vermittelt.			
Ich habe jetzt eine klare Vorstellung, wie ich den Innoscoutleitfaden umsetzen soll.			

Falls keine Zustimmung, bitte kurz begründen:

■ **Abb. 7.26** Feedbackbogen „Modul 2 für Innoscouts"

7.7   Materialien für Modul 3.1 Zukunftswerkstatt (▶ Abschn. 4.6)

◼ Abb. 7.27

Arbeitsmaterialien zu Modul 3.1 Zukunftswerkstatt			
Feedbackbogen			**Seite 1**

Ihr Feedback ist uns wichtig!

INNOVATION KOMPETENZ GESUNDHEIT
InnoGeKo

Veranstaltung: Modul 3 für Führungskräfte und Innoscouts am ....
Ich bin   ☐ Führungskraft   *(Zutreffendes bitte ankreuzen!)*
                  ☐ Innoscout

	Stimme voll zu	Stimme teilweise zu	Stimme nicht zu
Die Veranstaltungsdauer war den Inhalten angemessen.			
Die Zielsetzung der Veranstaltung wurde klar vermittelt.			
Die Pausen waren angemessen.			
Ich habe eine gute Orientierung zum weiteren Vorgehen bekommen.			
Moderierte Thementische			
Die zur Verfügung gestellte Zeit war angemessen.			
Durch das systematische Vorgehen konnten wir weitere Ansatzpunkte für Veränderungen zusammentragen.			
Erste Lösungsideen konnten entwickelt werden.			
Der Erfahrungsaustausch war nützlich für unsere Entscheidung zu künftigen Veränderungen.			
Die Moderation war zielführend.			
Falls keine Zustimmung, bitte kurz begründen:			
Ideenaustausch im Plenum			
Die zur Verfügung gestellte Zeit war angemessen.			
Der Erfahrungsaustausch war nützlich für unsere Entscheidung zu künftigen Veränderungen.			
Falls keine Zustimmung, bitte kurz begründen:			

◼ Abb. 7.27 Feedbackbogen „Modul 3 Zukunftswerkstatt"

7.8 Materialien für Modul 3.2 Umsetzungsberatung (▸ Abschn. 4.7)

◘ Abb. 7.28

Arbeitsmaterialien zu Modul 3.2 Umsetzungsberatung	
Protokollvorlage für Beratungsgespräch	**Seite 1**

INNOVATION KOMPETENZ GESUNDHEIT
InnoGeKo

Firmenname	
Datum	
Gesprächsdauer	
Gesprächsteilnehmende	
Initiator(in) des Gesprächs	
Anlass des Gesprächs	
Kurze Darstellung der betrieblichen Situation	
Kurze Darstellung der geleisteten Beratung	
Kurze Darstellung der erreichten Ergebnisse/ getroffenen Vereinbarungen	
Ansatzpunkte für Innovationen	

◘ **Abb. 7.28** Protokollvorlage für Beratungsgespräche

7.9   Materialien für Modul 4 Projektcafé (▶ Abschn. 4.8)

◘ Abb. 7.29, ◘ Abb. 7.30, ◘ Abb. 7.31

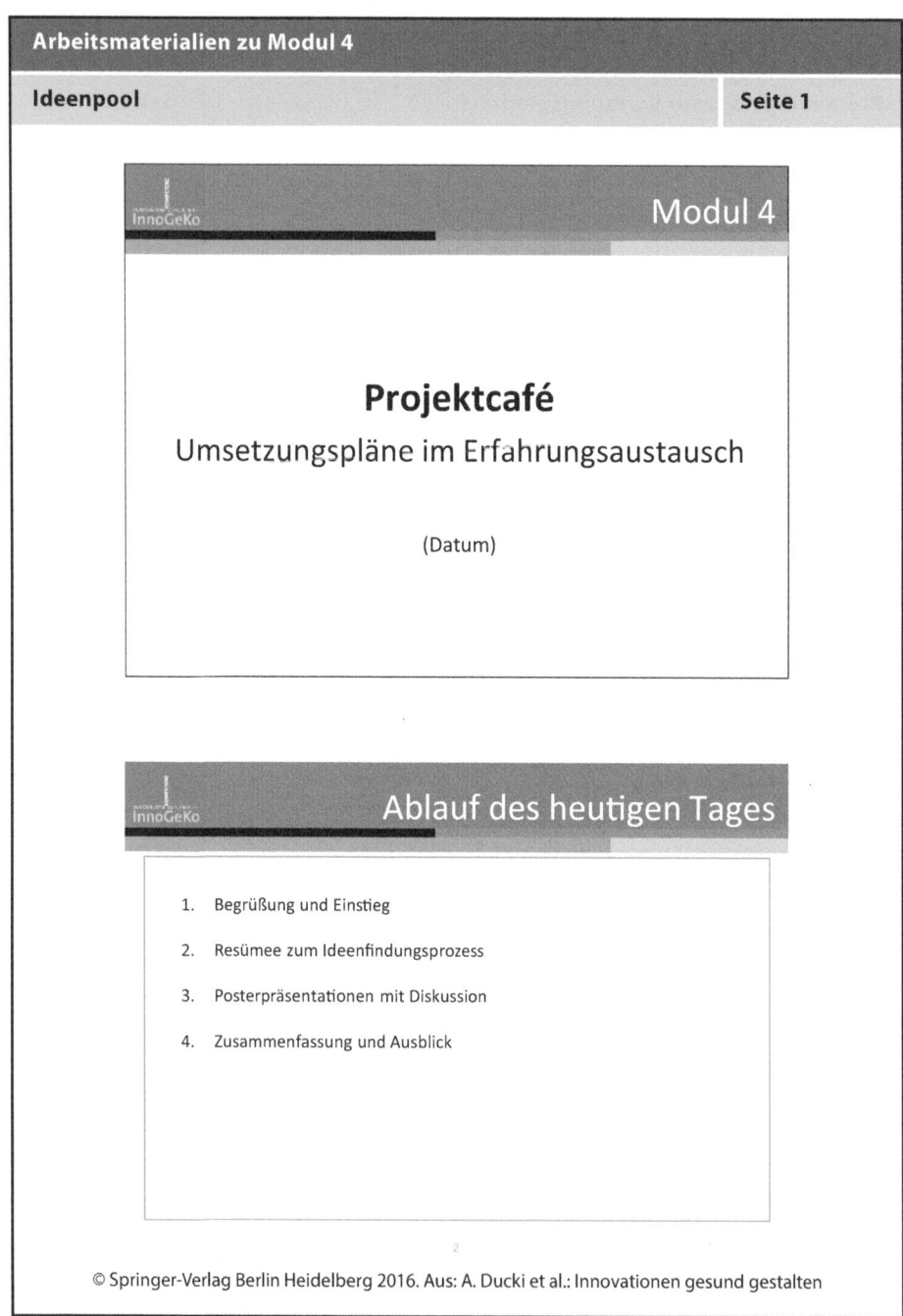

◘ **Abb. 7.29** Präsentation „Ideenpool"

Arbeitsmaterialien zu Modul 4

Ideenpool	**Seite 2**

Rückblick auf Modul 3

InnoGeKo

Teil 1: **Zusammenführen aller Analyseergebnisse**
- ✓ Ergebnisse der Mitarbeiterbefragung
- ✓ Ergebnisse der Arbeitsplatzanalysen (Innoscout)
- ✓ Ergebnisse der Geschäftsführerbefragung
- ✓ Gespiegelte Ergebnisse zu Führung (GF/MA)
- ✓ Ergebnisse weiterer Analysen (ASA, Kundenanalyse)

Ideengenerierung und Austausch
Moderierte Diskussion an 3 Thementischen
Rotationsprinzip, wechselnde Teams

Teil 2: **Priorisierung von Ideen, Erarbeitung von Umsetzungsplänen**
(begleitet vor Ort)

3

Innovationskompetenznetz „IKONE"

InnoGeKo

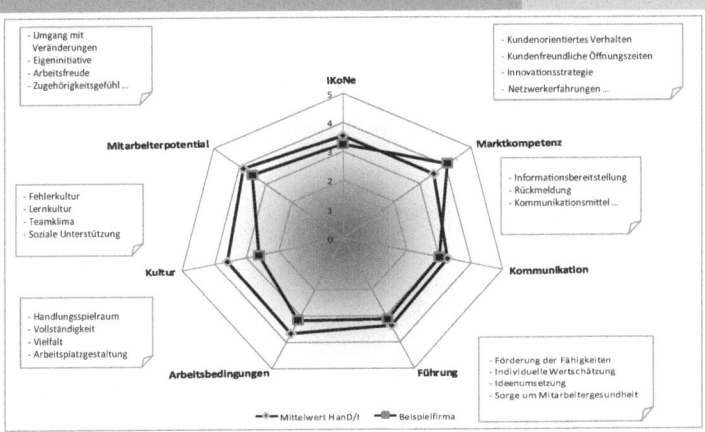

🔲 **Abb. 7.29** *(Fortsetzung)*

Arbeitsmaterialien zu Modul 4

Ideenpool	Seite 3

 Führung/Markt /Netzwerke

Eingeschätzt wurden:
Führungsstil, Innovationsförderliche Führung, gesundheitsförderliche Mitarbeiter- und Selbstführung, Kundennähe, Wettbewerbsfähigkeit, Kooperationen und Netzwerke

Identifizierte Veränderungsbedarfe:
z. B.:
- Arbeitgebermarke aufbauen
- ein neues Geschäftsfeld erschließen
- Kundenanalyse durchführen
- ...

5

 Arbeitsbedingungen/Prozesse

Eingeschätzt wurden:
Mitspracherecht und Initiative Mitarbeiter, Zuständigkeiten, Planung, Controlling von Ressourcen und Zeit, Organisation von Abläufen, Arbeitsplätze nach Handlungsspielraum, Vollständigkeit, Vielfalt, Ergonomie

Identifizierte Veränderungsbedarfe:
z. B.:
-Stellenbeschreibungen überarbeiten
-Zuständigkeiten erläutern
-Projektverantwortung rotieren lassen
- ...

6

◘ **Abb. 7.29** (*Fortsetzung*)

Ideenpool   **Seite 4**

InnoGeKo Kommunikation/Kultur/Mitarbeiterpotenzial

Eingeschätzt wurden:
Informationsmittel, -bereitstellung, Rückmeldung, Fehler- und Lernkultur, Teamklima
und soziale Unterstützung, Umgang mit Veränderungen, Umgang mit Gesundheit,
Beziehung zur Arbeit

Identifizierte Veränderungsbedarfe:
　z. B.:
　- Regelmäßig Verbesserungsvorschläge der Beschäftigten einholen
　- Frühzeitig über Projekte informieren
　- Fehlerkonsequenzen für Beschäftigte sichtbar machen
　- „Dienstagsgespräch" fest einplanen

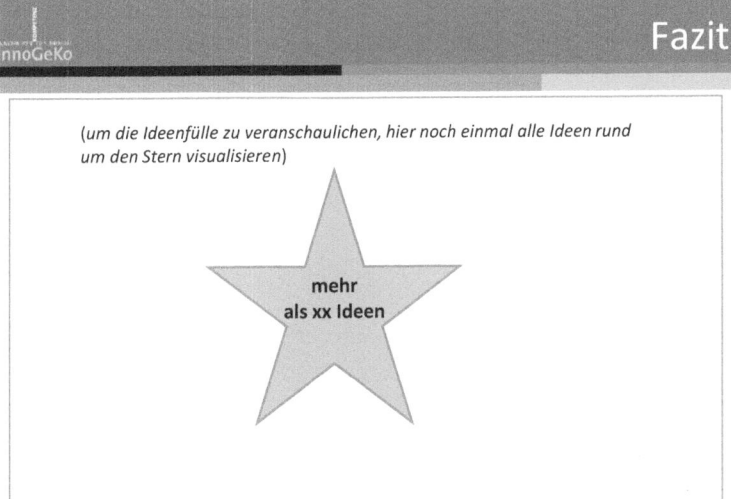

InnoGeKo   Fazit

*(um die Ideenfülle zu veranschaulichen, hier noch einmal alle Ideen rund
um den Stern visualisieren)*

**mehr
als xx Ideen**

◼ **Abb. 7.29** *(Fortsetzung)*

Umgesetzte Ideen

(Hier die Präsentationsthemen bündeln und die Reihenfolge der Präsentationen festlegen, z. B. ...)

Bei Kunden und Mitarbeitern neue Wege beschreiten
- Firma a
- Firma b
- Firma c

Unternehmenskommunikation verbessern
- Firma d
- Firma e
- Firma f

Prozesse effizient gestalten
- Firma g
- Firma h
- Firma i

◼ **Abb. 7.29** *(Fortsetzung)*

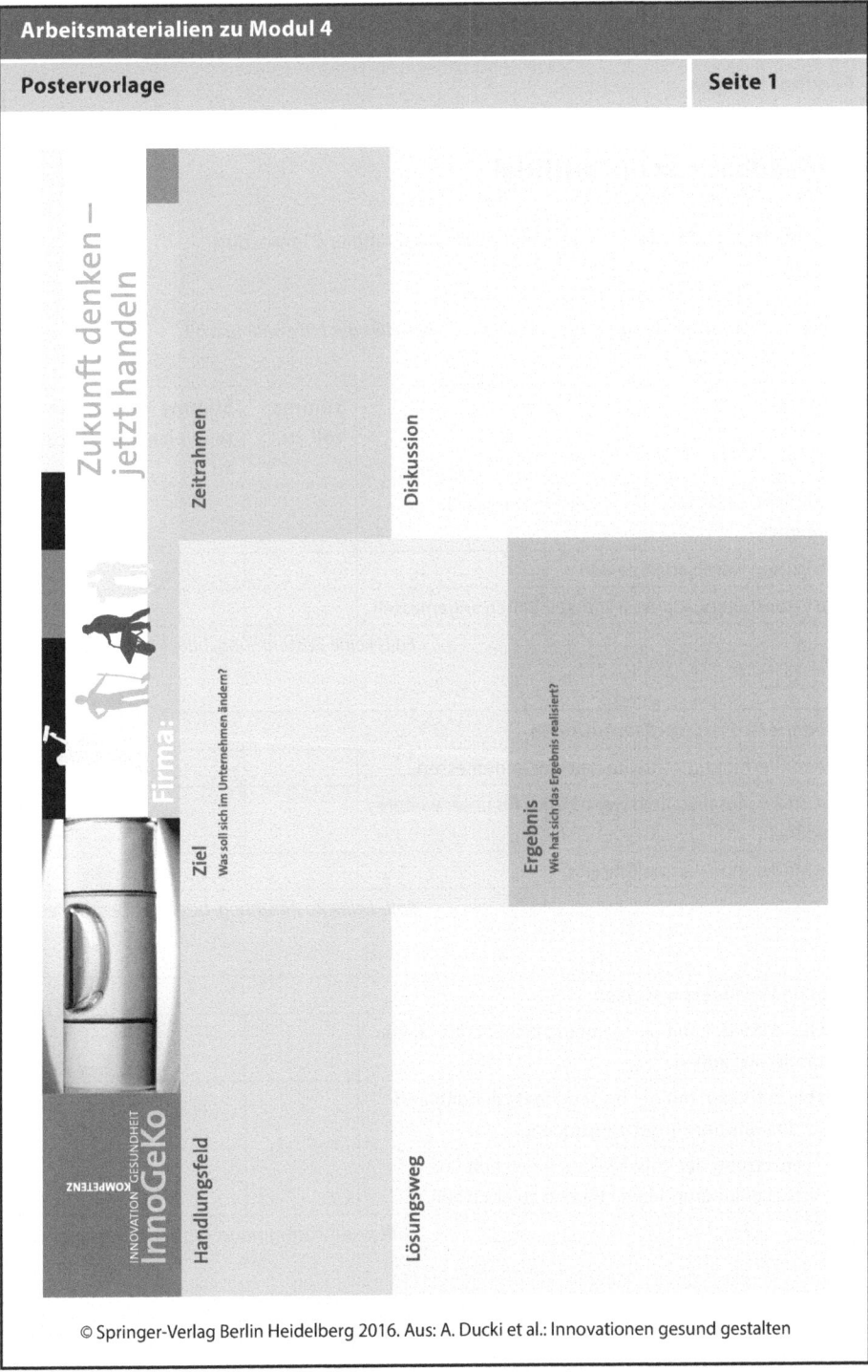

Arbeitsmaterialien zu Modul 4

Postervorlage | **Seite 1**

Zukunft denken –
jetzt handeln

Firma:

Zeitrahmen

Diskussion

Ziel
Was soll sich im Unternehmen ändern?

Ergebnis
Wie hat sich das Ergebnis realisiert?

Handlungsfeld

Lösungsweg

InnoGeKo
INNOVATION GESUNDHEIT KOMPETENZ

◻ **Abb. 7.30** Postervorlage

Arbeitsmaterialien zu Modul 4

| Feedbackbogen | Seite 1 |

Ihr Feedback ist uns wichtig!

INNOVATION KOMPETENZ GESUNDHEIT
InnoGeKo

Veranstaltung: Modul 4 (Projektcafé) für Führungskräfte und Innoscouts

am ....

Ich bin ☐ Führungskraft   *(Zutreffendes bitte ankreuzen!)*
        ☐ Innoscout

	Stimme voll zu	Stimme teilweise zu	Stimme nicht zu
Die Inhalte der Veranstaltung wurden ansprechend vermittelt.			
Die Pausen waren angemessen.			
Die Veranstaltungsdauer war den Inhalten angemessen.			
Falls keine Zustimmung, bitte kurz begründen:			

Moderierte Posterpräsentationen

Die zur Verfügung gestellte Zeit war angemessen.			
Der Erfahrungsaustausch war nützlich für unser weiteres Vorgehen.			
Die Moderation war zielführend.			
Falls keine Zustimmung, bitte kurz begründen:			

Eigene Veränderungsideen

Ich bin zufrieden mit dem Umfang bisher entwickelter Veränderungsideen.			
Ich bin zufrieden mit der bisherigen Begleitung und Beratung unserer Umsetzungsideen.			
Die Umsetzung der entwickelten Ideen hilft uns, positive Veränderungen im Betrieb zu erreichen.			
Falls keine Zustimmung, bitte kurz begründen:			

☐ **Abb. 7.31** Feedbackbogen „Modul 4 Projektcafé"

7.10   Materialien für Modul 5 Netzwerktreffen (▶ Abschn. 4.9)

◨ Abb. 7.32

Arbeitsmaterialien zu Modul 5	
Feedbackbogen	**Seite 1**

Ihr Feedback ist uns wichtig!

KOMPETENZ

INNOVATION GESUNDHEIT

InnoGeKo

Veranstaltung: Modul 5 (Netzwerktreffen) für Führungskräfte und Innoscouts

am ....

Ich bin ☐ Führungskraft   *(Zutreffendes bitte ankreuzen!)*
　　　　☐ Innoscout

	Stimme voll zu	Stimme teilweise zu	Stimme nicht zu
Die vermittelten Inhalte der Veranstaltung waren interessant.			
Die Veranstaltungsdauer war den Inhalten angemessen.			
Die Moderation war zielführend.			
Die Durchführung der Veranstaltung am Nachmittag/ Abend war angenehm.			
Der Zeitraum für persönlichen Erfahrungsaustausch untereinander war ausreichend.			

Falls keine Zustimmung, bitte kurz begründen:

Ich habe folgende Anregungen für künftige Netzwerktreffen:

◨ **Abb. 7.32** Feedbackbogen „Modul 5 Netzwerktreffen"

Serviceteil

A. Ducki, M. Brandt, D. Kunze, M. Drupp (Hrsg.), *Innovationen gesund gestalten*,
DOI 10.1007/978-3-662-48276-6, © Springer-Verlag Berlin Heidelberg 2016

Stichwortverzeichnis

 **Springer**

Willkommen zu den Springer Alerts

- Unser Neuerscheinungs-Service für Sie:
  aktuell *** kostenlos *** passgenau *** flexibel

Springer veröffentlicht mehr als 5.500 wissenschaftliche Bücher jährlich in gedruckter Form. Mehr als 2.200 englischsprachige Zeitschriften und mehr als 120.000 eBooks und Referenzwerke sind auf unserer Online Plattform SpringerLink verfügbar. Seit seiner Gründung 1842 arbeitet Springer weltweit mit den hervorragendsten und anerkanntesten Wissenschaftlern zusammen, eine Partnerschaft, die auf Offenheit und gegenseitigem Vertrauen beruht.

Die SpringerAlerts sind der beste Weg, um über Neuentwicklungen im eigenen Fachgebiet auf dem Laufenden zu sein. Sie sind der/die Erste, der/die über neu erschienene Bücher informiert ist oder das Inhalts-verzeichnis des neuesten Zeitschriftenheftes erhält. Unser Service ist kostenlos, schnell und vor allem flexibel. Passen Sie die SpringerAlerts genau an Ihre Interessen und Ihren Bedarf an, um nur diejenigen Informa-tion zu erhalten, die Sie wirklich benötigen.

Mehr Infos unter: springer.com/alert

The manufacturer's authorised representative in the EU is Springer
Nature Customer Service Centre GmbH, Europaplatz 3, 69115 Heidelberg,
Germany. If you have any concerns regarding our products, please
contact ProductSafety@springernature.com

Printed and bound by CPI Group (UK) Ltd, Croydon, CR0 4YY
27/04/2026
02097614-0009